Ralf Vielhaber | Stefan Ziermann (Hg.)

Die große Verstaatlichung

Anlagechancen 2017

Die Deutsche Bibliothek – CIP-Einheitsaufnahme

Ein Titeldatensatz für diese Publikation ist bei
der Deutschen Bibliothek erhältlich.

Umwelthinweis:

Dieses Buch wurde auf chlorfrei gebleichtem Papier gedruckt.
Die Einschrumpffolie – zum Schutz vor Verschmutzung – ist aus
umweltverträglichem und recycelbarem PE-Material.

ISBN 978-3-943124-48-4

Albrechtstr. 22
10117 Berlin
www.fuchsbriefe.de

Redaktionsschluss: 23. September 2016
Datenquelle Charts Aktiendepots: vwdgroup:
Redaktion: FUCHSBRIEFE, Berlin
Einbandgestaltung: Creeativ Design Christian Reetsch
Titelabbildung: zefa visual media
Satz: Verlag FUCHSBRIEFE, Berlin
Druck und Verarbeitung: Wilhelm & Adam, Heusenstamm
Printed in Germany

Ralf Vielhaber | Stefan Ziermann (Hg.)

Die große Verstaatlichung

Anlagechancen 2017

Ralf Vielhaber und sein internationales Team von Experten und Fachjournalisten aus Wirtschaft und Politik begleiten das Geschehen in der Weltwirtschaft und an den Börsen täglich mit ausgefeilten Analysen und Prognosen. FUCHSBRIEFE sind das Flaggschiff des Verlages Dr. Hans Fuchs GmbH. Sie genießen hohes Ansehen und erfahren weite Verbreitung in den Chefetagen von Unternehmen und Banken. Der Herausgeber ist gefragter Kolumnist und Kommentator in Presse, Rundfunk und TV sowie bei Vortragsveranstaltungen.

Kapitelübersicht

Inhaltsverzeichnis

Haspa
Private Banking
Kontaktieren Sie Jörg Finck, Direktor Private Banking, und Jörg Ludewig, Generalbevollmächtigter, unter 040 3579-3232 für ein persönliches Gespräch.
„Wir denken und handeln hanseatisch."
FUCHS REPORT
Herausragender Anbieter
STIFTUNGEN 2016
Verlag FUCHSBRIEFE.
DR RICHTER IQF

Tanz auf dünnem Eis

Ralf Vielhaber, FUCHSBRIEFE

Die Finanzwelt steht im Herbst 2016 auf glattem Eis. Wie dünn es ist, weiß niemand. Die Notenbanken drucken Geld ohne Unterlass und pumpen auf diese Weise die realen Vermögenswerte auf. Was davon bereits den Charakter einer Preisblase hat, ist nicht eindeutig zu sagen.

Der erste zaghafte Versuch der US-Notenbank Fed, das Eis langsam und auf Knien zu verlassen, ist nicht geglückt. Bei jedem Schritt wimmert und knackt die blanke Fläche. Die Fed bleibt stehen und wartet ab.

Die Unfallgefahr wächst

Da hilft es nicht, dass hier und da konjunkturell die Sonne scheint. Wir gehen im „Big Picture" näher darauf ein. Von der stetig wachsenden Gefahr eines Unfalls im Finanzsystem lenkt das eher ab. Klar ist: Dieser ist jederzeit möglich. Das Eis kann großflächig brechen, und das Wasser darunter ist tief. Ob die Rettungsringe ausreichen, das Finanzsystem dann vor dem Absaufen zu bewahren – auch das ist offen.

Es gilt, die denkbaren Szenarien zu skizzieren, Eintrittswahrscheinlichkeiten auszuloten und danach den Versicherungsschutz zu gestalten. Dafür werden wir in diesen Anlagechancen ebenso einen Vorschlag machen wie für den Fall, dass doch wieder „alles gut geht".

Gold als Versicherungsschutz

In unserem Versicherungsdepot deponieren wir bereits zuvorderst Gold und Kunst. Um möglichst flexibel zu bleiben, ist Gold aber die erste Wahl. Dessen Anteil stocken wir schrittweise auf. Egal, wie der Preis heute ist. Es geht nicht darum, damit Spekulationsgewinne einzufahren oder sich über einen zu hohen Einkaufspreis zu ärgern. Es geht um eine angemessene letzte Reserve.

Rosa Brille

Ist das nicht etwas arg geunkt, fragen Sie sich jetzt womöglich? Nein. Wer das Glück hat, in Deutschland zu leben, sollte sich bewusst sein, dass er umhüllt ist von einem weichen Kokon glücklicher Umstände. Er betrachtet die Welt zumindest durch eine rosa getönte Brille. Unsere

Produkte sind weltweit gefragt, es sind mehr Menschen in Arbeit als jemals zuvor in der Republik und der Staat schwimmt im Geld, weil die Einnahmen sprudeln. Gleichzeitig zahlt er fast keine Zinsen mehr. Und noch ist die Anzahl der Rentner gemessen an der Zahl der arbeitenden Bevölkerung gut verkraftbar. Das ist eine historische Ausnahmesituation! Ihre Halbwertzeit endet etwa zu Beginn des neuen Jahrzehnts.

Deutschland in historischer Ausnahmesituation

Das Eis kann an vielen Stellen brechen ...

Die Flüchtlingswelle, die Deutschland erlebt hat, war ein Bote der Außenwelt. Sie kostet uns viel Kraft, finanziell und mental. Sie hat letzten Endes Großbritannien aus der EU getrieben. Eine schwere Bedrohung unseres Lebensstandards ist sie – bislang – noch nicht. Doch es gibt eine Reihe weiterer Hinweise, die unsere Aufmerksamkeit schärfen.

War es nicht der deutsche Innenminister Thomas de Maizière, der im August wieder Notfallpläne für eine nationale Ausnahmesituation – Terroranschlag, Kriegsfall – in Kraft gesetzt hat? War es nicht der ehemalige französische Präsidentenberater Jacques Attali, der jüngst in düsteren Vorahnungen von einer militärischen Konfrontation Deutschlands und Frankreichs in diesem Jahrhundert fabulierte, „wenn wir so weitermachen"? Und hat nicht Außenminister Frank-Walter Steinmeier vor einem erneuten Kalten Krieg mit Russland gewarnt? Hat es nicht Terroranschläge in Frankreich und zuletzt auch in Deutschland gegeben? Gibt es nicht das Risiko, dass eine neue Flüchtlingswelle über die Türkei nach Europa schwappt?

Notfallpläne

Europas Süden will nicht mehr sparen. Er will Geld ausgeben. Das wird die Spannungen in der EU erhöhen. Für die Europäische Zentralbank, die viele widerstrebende Interessen unter einen Hut bringen muss, wird es nicht leichter, Zustimmung für die eigene Geldpolitik zu erhalten. Sicher, sie kann im Rahmen ihres Mandats tun, was sie will. Doch ohne die Akzeptanz der Bürger im Euroraum wird Geldpolitik für Europa zur mission impossible.

Widerstreitende Interessen in Europa

... aber es hält noch

Die positive Seite der Medaille ist zumindest aus Anlegersicht ebenso klar erkennbar. Billiges Geld zu Hauf drängt weiter an die Börsen, auf die Immobilienmärkte, in den Rohstoffsektor und auch auf die Anleihenmärkte. Kurssteigerungen sind demgemäß fast schon unvermeidbar. Einbrüche gibt es selbstverständlich auch, so wie zu Anfang dieses Jahres. Doch noch spielt die Musik, und es wäre dumm, nicht mitzutanzen. Ja, wir tanzen auf dünnem Eis, aber es hält noch.

Die Notenbanken als Akteure auf den Märkten

Das verdanken die Märkte vor allem den Notenbanken, den Kreditgebern letzter Instanz. Doch die verleihen das Geld längst nicht mehr nur zum Nulltarif. Sie setzen es auch selbst ein. Sie sind zu Akteuren auf den Märkten geworden. Sie kaufen längst nicht nur Anleihen von Staaten, sondern auch von Unternehmen. Inzwischen machen sie selbst vor dem Aktienmarkt nicht mehr Halt.

Große Verstaatlichungswelle

Spätestens jetzt sollte es allen mulmig werden, denen an einer funktionierenden Marktwirtschaft gelegen ist. Vor unser aller Augen läuft eine große Verstaatlichungswelle, an der neben den Notenbanken auch immer mächtiger werdende Staatsfonds beteiligt sind. Ehemals privates Eigentum wandert zu Marktpreisen in Staatshände. Was bedeutet das für unser Wirtschaftssystem und die Kapitalmärkte? Dem wollen wir im Fokus-Kapitel dieses Buches „Die große Verstaatlichung“ nachspüren.

Daneben erwartet Sie die bewährte Vorgehensweise dieses Buches: Zunächst analysieren wir die konjunkturelle Situation in den wichtigsten Ländern und Regionen und leiten daraus Anlagechancen ab. Dann widmen wir uns konkret den Möglichkeiten, die sich in den einzelnen Anlageklassen ergeben. Schließlich geben wir Tipps zum Umgang mit Geld – etwa indem wir eine Vorschau auf die geplante Abschaffung der Abgeltungssteuer vornehmen und sagen, wie man sich als Anleger klug darauf einstellen kann. Wie immer endet das Buch mit einem Blick über den Tellerrand des kommenden Anlagejahres in die Zukunft.

Mein Dank

Dank an Autoren, Mitarbeiter und Leser

... gilt allen, die zur Entstehung der Anlagechancen 2017 beigetragen haben. Mein Kollege und Mitherausgeber Stefan Ziermann hat sich erneut bei der Autorenführung, Organisation und Redaktion des Buches verdient gemacht. Meine Kollegen Joachim Nöhre, Franziska Kast und Emma Askin haben sich der Korrektur der 380 Seiten angenommen. Ich danke sehr den Autoren, die das Buch mit ihren klugen Gedanken bereichern. Aber auch den regelmäßigen und neuen Nutzern dieses Leitfadens für Kapitalanleger – denn was dem Künstler der Beifall des Publikums, ist dem Autor der Zuspruch der Leser. Mögen Sie in vielerlei Hinsicht von der Lektüre profitieren, wünscht Ihr

I. Thesen, Trends und Portfolio

Wahljahr
Big Picture 2017

Ralf Vielhaber, FUCHSBRIEFE

Politische Börsen haben kurze Beine, sagt Anlegers Volksmund. Wer mit kurzen Beinen unterwegs ist, kommt nicht weit. Den Aktienmärkten steht ein Jahr bevor, in dem sie politische Ereignisse mehr als einmal zum Stolpern bringen könnten.

Wer wird der 45. Präsident der USA?

Die Wahl des 45. US-Präsidenten am 8. November 2016 könnte einen ähnlich überraschenden Verlauf nehmen wie das Brexit-Votum der Briten im Juni. Auch wenn eine Mehrheit für die Demokratin Hillary Clinton wahrscheinlich ist, sicher ist sie keineswegs. Die Wahlumfragen bei Redaktionsschluss dieses Buches zeigen ein Kopf-an-Kopf-Rennen der Kontrahenten und lassen den Ausgang offen erscheinen. Ein Ereignis, eine Stimmungslage, kann Amerikas Schicksal und damit auch das der Welt für die kommenden vier Jahre und darüber hinaus bestimmen.

Keiner der Kandidaten wird das Land einen

Von beiden Präsidentschafts-Kandidaten ist nicht zu erwarten, dass sie die tief gespaltene amerikanische Gesellschaft wieder zusammenführen können. Donald Trump ist der Kandidat der weißen Männer in den USA und all jener, die das Regime in Washington satt haben – für das die Favoritin auf den Präsidentensessel, Hillary Clinton, steht. Das sind mehr als genug. Clinton hat Vorteile bei den Frauen, den Schwarzen und den Latinos.

Die US-Gesellschaft ist im Umbruch

Beiden Kandidaten vertreten also Gesellschaftsteile, die sich zurückgesetzt fühlen. Denn bei Ausbildung, Beschäftigungsgrad und Einkommen stehen längst die eingewanderten Asiaten an der Spitze der gesellschaftlichen Pyramide. Die weiße Mittelschicht kann ihren eigenen gesellschaftlichen Abstieg bei Bildungsgrad und Lohn beobachten. Die zahlenmäßig stark vertretenen Latinos wie auch die schwarze Bevölkerungsschicht sind in beiden Kategorien nach wie vor nicht auf Augenhöhe mit den Weißen (vgl. Tabelle).

Durchschnittliche Arbeitlosenquote nach Hintergrund und Hispano- oder Lateinamerikanern	
HINTERGRUND	PROZENT 2015
Insgesamt	5,3%
Weiße	4,6%
Afro-Amerikaner	9,6%
Asiaten	3,8%
Indigen (Indianer und Inuit)	9,9%
Hawaiianer und Pazifische Insulaner	5,7%
Gemischte Herkunft	8,4%
Hispano- oder Lateinamerikaner	6,6%
Quelle: US-Bureau of Economic Analysis	

Hillary Clinton wird von vielen Amerikanern als das kleinere Übel gewählt werden. Sie wird vor allem jene an die Wahlurne bringen, die Trump fürchten. Als Person motiviert sie jedoch auch die eigene demokratische Anhängerschaft nicht. Ihr könnte – abgesehen von ihrer offensichtlich gewordenen gesundheitlichen Schwäche – ihre Unnahbarkeit, ihre Raffke-Mentalität und ihre Nähe zum großen Geld der Wall Street zum Verhängnis werden.

Die Wahlbeteiligung wird zum entscheidenden Faktor

Trump gilt dem gebildeten Amerika als hohle Nuss – was er mit diversen Äußerungen – etwa zum Mauerbau an der Grenze zu Mexiko, zu bezahlen von den Mexikanern oder mit unfinanzierbaren Steuerversprechen – auch schon bewiesen hat. Doch für das einfache Volk ist er ein Rebell, der es nach ganzen oben geschafft hat. Ein nicht zu unterschätzender Vorteil in Zeiten des großen Frustes, der in weiten Teilen der US-Gesellschaft herrscht. Am Ende dürfte die Wahlbeteiligung über den Wahlausgang entscheiden. Gelingt es Clinton nicht, ihre Anhänger zu mobilisieren, wird es äußerst knapp und Donald Trump könnte am Ende gar den Sieg davontragen.

Dass die Börsen auf einen Wahlsieg Trumps ähnlich panisch reagieren werden wie viele Medien und die politische Klasse, ist eher unwahrscheinlich. Seine Steuerversprechen dürften auf viele Amerikaner sogar einen Reiz ausüben. So will Trump die Anzahl der Steuerklassen von sieben auf drei mit Sätzen von 12%, 25% und 33% reduzieren.

Umsetzung von Trumps Steuerversprechen wären Ruin für den US-Haushalt

Viele Amerikaner würden laut Trump als Folge gar keine Einkommensteuern mehr bezahlen. Gleichzeitig versprach er, die Unternehmensteuer zu vereinheitlichen und auf 15 % zu senken. Derzeit beträgt der Satz auf Bundesebene 35 % – das ist einer der weltweit höchsten Werte. Darüber hinaus will er die Erbschaftssteuer abschaffen. Mit der Umsetzung dürfte er den US-Haushalt allerdings schnell in den Ruin treiben.

Hillary Clinton wiederum wäre die Garantin für Business as Usual. Vor allem außenpolitisch ist sie erfahren und somit berechenbar. Trump wiederum hat Sympathien für Russlands Autokraten Wladimir Putin geäußert und will die Beziehungen zu Moskau aufbessern. In Europa löst das vor allem eines aus: Ratlosigkeit.

Weichenstellungen in Europa

Schicksalhaftes Referendum in Italien

Mit Erscheinen dieses Buches stellt auch Italien die Weichen für weitere Reformen – oder gar den Austritt aus der EU. Ministerpräsident Matteo Renzi hat für den Herbst 2016 ein Referendum über die italienische Verfassung anberaumt. Das derzeitige blockadeanfällige System aus zwei gleichberechtigten Parlamentskammern soll abgeschafft werden. Der neue Senat soll nur noch aus 100 Mitgliedern bestehen (bisher 315). Geändert werden soll auch der Wahlmodus für den Staatspräsidenten: Das Staatsoberhaupt soll vom Parlament künftig in einer Geheimabstimmung möglichst mit Zweidrittelmehrheit gewählt werden.

Matteo Renzis riskantes Pokerspiel

Der Regierungschef hat sein politisches Schicksal mit dem Ausgang des Referendums verknüpft. Scheitert er, dürfte Italien in eine schwere Krise geraten. Selbst wenn Renzi bis 2018 im Amt bleibt, was er angedeutet hat, wäre er in Europa eine lame duck, ein Regierungschef ohne Einfluss. Gewinnt er und macht Italien regierbar und reformierbar, würden seine und auch Italiens Stellung in Brüssel deutlich aufgewertet.

Die wichtigsten Wahltermine 2016-2017	
Volksabstimmung Italien zur Verfassungsänderung	15. November bis 5. Dezember 2016
Präsidentschaftswahl USA	8. November 2016
Präsidentenwahl Österreich	4. Dezember 2016
Parlamentswahl Niederlande	15. März 2017
Präsidentschaftswahl Frankreich	23. April 2017
Bundestagswahl Deutschland	September 2017

Quelle: eigene Recherchen

Die Wiederholung der Wahl des österreichischen Bundespräsidenten ist sicher kein Termin, von dem die Börsen Notiz nehmen werden. Aber er wird signalisieren, wie weit sich Europa renationalisiert, sollte der Kandidat der Freiheitlichen Partei, Norbert Hofer, vor dem Grünen Alexander van der Bellen liegen.

Holland wählt: Signal für Europa

Eine ähnliche Randnotiz ist normalerweise die Wahl des niederländischen Parlaments am 15. März 2017. Doch auch sie wird zum Lackmustest für die Stimmung in der Europäischen Union. Das Abschneiden der Rechten wird als Signal für Europas künftigen Kurs gewertet werden.

Frankreich wählt einen neuen Präsidenten

Bündnis von Sozialisten und Gaullisten gegen den Front National

Der Mai 2017 wird nicht unbedingt ein Wonnemonat. Dann steht der nächste spannende Wahltermin an: Frankreich bestimmt einen neuen Präsidenten. Normalerweise wäre auch das kein Ereignis, das die Börsen erschüttern könnte. Doch diesmal ist es anders. Dass es François Hollande nicht noch einmal wird, steht jetzt schon zu 99 % fest, wenn die Franzosen am 23. April und bei der Stichwahl am 7. Mai ihr Kreuzchen machen. Die Gaullisten Alain Juppé sowie Nicolas Sarkozy haben gute Chancen, ihn zu beerben. Sarkozy könnte zum zweiten Mal nach 2007 in den Élysée-Palast einzuziehen. Und wenn Marine Le Pen vom Front National im ersten Wahldurchgang vorne liegt, werden sich Sozialisten und Republikaner dagegen verbünden. So wie sie es bereits bei den Regionalwahlen Ende 2015 taten.

Unsicherheitsfaktor islamistischer Terror

Dennoch bleibt auch hier ein Quäntchen Ungewissheit. Der Front National hat im Zuge der Terroranschläge, die Frankreich seit Januar 2015 mehrfach erschütterten, weiter an Zustimmung in der französischen Bevölkerung hinzugewonnen. Niemand kennt genau die Absichten des Islamischen Staates, der hinter den Anschlägen stecken soll. Möglicherweise ist es seine Absicht, die Spaltung der Bevölkerung herbeizuführen, die Muslime Frankreichs von der übrigen Gesellschaft zu isolieren. Auf welche perfiden Ideen die Terrorpaten aus dem arabischen Raum noch kommen, kann niemand sagen. Und ob ihre Absichten Erfolg haben werden, ebenso wenig.

Das Ende des Euro ist nicht ausgeschlossen

Eine – unwahrscheinliche, aber nicht auszuschließende – Präsidentin Marine Le Pen würde jedenfalls das institutionelle Brüsseler Europa, das noch den Brexit verwinden muss und orientierungslos wirkt, in seinen Grundfesten erschüttern. Das könnte ein Börsenbeben auslösen. Denn damit wäre auch die Zukunft des Euro mehr als ungewiss. Und es stünden kein starker Mann, keine starke Frau zur Verfügung, die sich der Erosion Europas entgegenstellen könnte.

Merkels Stern sinkt im Inland und Ausland

Vielleicht wäre dies die amtierende deutsche Kanzlerin Angela Merkel. Doch sie steht am 17. oder 24. September 2017 selbst zur Wahl. Den Zenit ihrer Macht hat sie schon überschritten. Es ist noch nicht lange her, da galt sie selbst den Angelsachsen als mächtigste Frau der Welt. Doch die Flüchtlingskrise hat ihre starke Position erschüttert. In Europa hat sie mit ihrer Politik kaum noch Rückhalt weder im Umgang mit der Flüchtlingsfrage noch bei der Sparpolitik. Ihre Widersacher in Paris, Rom, Athen, Madrid und Lissabon wittern Morgenluft. Rückenwind kommt weder aus Wien noch Den Haag, Helsinki oder Kopenhagen.

Im Inland gibt der Dauerstreit mit der Schwesterpartei CSU einem linken Bündnis aus Linken, Grünen und SPD Hoffnung. Und die an Stärke und gesellschaftlicher Akzeptanz beständig zunehmende AfD sitzt der Kanzlerin ebenfalls im Nacken. Ihre bis zum Sommer 2015 als sicher geltende Wiederwahl ist offen.

Europa vor einjähriger Hängepartie

Die USA und Europa könnten in einem Jahr politisch nicht mehr wiederzuerkennen sein. Amerika muss sich neu erfinden, die Europäische Union ebenfalls. Doch bevor die Wahl in Deutschland gelaufen ist, wird es keine wichtigen Entscheidungen in der EU geben. Allerdings festigen sich neue Allianzen. Die alleinige Führerschaft der Union durch Deutschland und Frankreich erkennen die osteuropäischen Visegrádstaaten Polen, Ungarn, Tschechien und die Slowakei nicht mehr an. Italien und Griechenland opponieren ebenfalls.

Noch ist also nicht abzusehen, wer künftig die Impulse für die Gemeinschaft gibt. Die Briten werden sich zudem mit ihrem Austrittsgesuch Zeit lassen. Europa steht politisch eine einjährige Hängepartie bevor. Das wiederum hebt noch einmal die Bedeutung der Europäischen Zentralbank. Sie ist nicht nur lender of last resort, Kreditgeber letzter Instanz, sondern inzwischen auch die letzte politische Konstante im Euroraum.

Krisenherde

Anhaltende Konflikte um Ukraine und Syrien

Diese Unwägbarkeiten kommen zu den ohnehin vorhandenen Krisenherden hinzu. Nach wie vor trägt der Konflikt zwischen der Ukraine und Russland den Keim der Eskalation in sich. Der Nahe Osten bleibt ein Brandherd – im Syrienkonflikt dürfte es noch Jahre dauern, bis sich die Lage grundlegend beruhigen kann. Alles sieht derzeit danach aus, dass der im Westen geächtete Herrscher Baschar al-Assad mit Moskaus Hilfe an der Macht bleibt. Und dann? Wie will die Region wieder zu einer gewissen Normalität zurückfinden? Die aus Syrien geflohenen Menschen dürften kaum in ihr Heimatland mit der alten Herrschaftsclique an der Spitze zurückkehren wollen.

Das türkische Wirtschaftswunder ist vorbei

Auch die Türkei unter Präsident Recep Tayyip Erdogan bleibt ein schwieriger Partner für Europa, nicht nur politisch, auch wirtschaftlich. Die Leistungsbilanz ist schwach, das Wachstum allenfalls moderat mit 2,9 % in diesem und 3,2 % im nächsten Jahr, bei steigender Inflation von zuletzt über 9 %. Die Zeiten des Wirtschaftswunders scheinen vorerst vorbei. Als Produktionsstandort wird das Land zunehmend kritisch betrachtet, die Rechtssicherheit angezweifelt.

China nimmt eine dominierende Rolle ein

China, eine zunehmend selbstbewusste Weltmacht

In Fernost nimmt China inzwischen eine dominante Rolle ein. Den USA bietet das Land offen die Stirn. Beim G-20-Gipfel Anfang September wurde US-Präsident Barack Obama geradezu desavouiert. Nicht nur, dass die Chinesen mehrfach das Protokoll missachteten; sie ließen die USA unmissverständlich ihren Machtanspruch in der Region wissen: China zeigte sich zu keinerlei Konzessionen im Streit um seine extremen Territorialansprüche im Südchinesischen Meer bereit. Es betrachtet Menschenrechtsdiskussionen als Einmischung in innere Angelegenheiten und werde im koreanischen Konflikt nicht tätig werden, durfte Obama mit auf die Heimreise nehmen.

Im Übrigen erneuerte China seine Ansprüche auf die Rückgliederung Taiwans. Laut Nachrichtenagentur Xinhua sagte Staatschef Xi, seine Regierung werde „alle Formen von taiwanischer Unabhängigkeit unterbinden". Auch der Dauerstreit mit Japan um die Senkaku-Inselgruppe (chinesisch: Diaoyu(tai)-Inseln), etwa 350 km vor der chinesischen Ostküste und 170 km nordwestlich von Taiwan gelegen, kann zu einem heißen Konflikt eskalieren.

Brasilien lähmt sich selbst

In Lateinamerika bleibt die innenpolitische Situation in Brasilien auch nach der Absetzung der wiedergewählten Präsidentin Dilma Rousseff und der Bildung einer neuen Regierung labil. Auch die neuen Machthaber unter Regierungschef Michel Temer werden der Korruption bezichtigt, eine handlungsfähige Regierung hat das Land nach wie vor nicht. Das Defizit ist auf rund 10 % vom BIP angeschwollen.

Die unumgänglichen Schnitte bringen einen Wachstumsschock. Schon für sich genommen würde er eine neue Rezession auslösen. Fallende Produzentenpreise und stagnierende Industrieproduktion unterstreichen die Schwäche. Unterstützung von der Geldpolitik durch Lockerungen ist bei 8,7 % Inflation nicht zu erwarten. Wir sind noch nicht sicher, dass nach zwei Jahren Rezession mit hohen Schrumpfungsraten von 3,9 und 3,1 % im nächsten Jahr wieder ein Plus erreicht wird.

13 Prozent für Deutschlands Zukunft

Deutschland im Herbst 2016 eine Insel der Seligen

Deutschland scheint im Herbst 2016 eine Insel der Seligen, zumindest an europäischen Maßstäben gemessen. Die Wirtschaft läuft gut. Das Institut für Weltwirtschaft in Kiel prognostiziert den konjunkturellen Gipfel für das Jahr 2019. Die Steuereinnahmen sprudeln. 317 Milliarden Euro stehen dem Bund für 2016 zur Verfügung. 328,7 Milliarden sind für 2017 eingeplant – eine Steigerung um 3,7 %. Sie lassen – für den Moment – auch zweistellige zusätzliche Milliardenbeträge für die Flüchtlingsintegration, Rente mit 63 und Mütterrente verkraftbar erscheinen.

Ausgaben sicher, Einnahmen nicht

So sicher die Ausgaben dauerhaft sind, so sicher sind die Einnahmen längst nicht. 130 Milliarden (41 %) schluckt 2016 allein das Ministerium für Arbeit und Soziales. Rechnet man die Ausgaben für Gesundheit, Familie, Senioren, Frauen und Jugend hinzu, kommen 161,5 Milliarden (51 % der Ausgaben) für Soziales zusammen. Bis 2020 soll der Anteil bis auf 57,3 % ansteigen. Und das bei Beinahe-Vollbeschäftigung und einem Rekordstand an sozialversicherungspflichtiger Erwerbsarbeit.

34,2 Milliarden (11 %), beansprucht der Verteidigungshaushalt. Weitere 25 Milliarden oder 8 % verpuffen für Zinszahlungen an die Gläubiger des Bundes (Bundesschuld). Verkehr und digitale Infrastruktur sowie Bildung und Forschung, und damit die Zukunft dieses Landes, bekommen zusammen 41 Milliarden – knappe 13 % – der Ausgaben ab.

Zinsrisiken für den Bundeshaushalt

Die Risiken für den Bundeshaushalt sind allein aufgrund seiner Abhängigkeit von niedrigen Zinsen mittelfristig sehr groß. Ein Prozent Zinssteigerung bedeutet Mehrausgaben von rund 13 Milliarden Euro.Trotz der gewaltigen Summen, die die Bundesregierung zur Verfügung hat, steht es nicht gut um die Infrastruktur im Inland. Vor allem beim Ausbau seiner IT-Infrastruktur hinkt Deutschland anderen Ländern hinterher. Langsam legen sich diese Einsichten wie Mehltau über die nach den reinen Wirtschaftsdaten eigentlich gut aussehenden Perspektiven.

Weltwirtschaft im BBB-Modus

bumpy, below-par, brittle

Dennoch: Deutschland bleibt bis auf weiteres ein Leuchtturm im weltwirtschaftlich nicht sonderlich hellen Umfeld. Pimco nennt es eine BBB-Expansion: holprig (bumpy), unzureichend (below-par) und zerbrechlich (brittle). Auch das Institut für Weltwirtschaft (IfW) geht in seiner Herbstprognose von einem moderaten Wachstumstempo der Weltwirtschaft aus. Nach lediglich 3,1 % im laufenden Jahr wird sich die Zuwachsrate des globalen Bruttoinlandsprodukts, gerechnet auf Basis von Kaufkraftparitäten, in den Jahren 2017 und 2018 auf 3,5 bzw. 3,7 % erhöhen, erwarten die Konjunkturforscher des IWF. Das Wachstum der Weltwirtschaft habe sich auf mittlere Sicht „nachhaltig verlangsamt". Wir meinen: 3,2 % sind wahrscheinlicher.

USA haben ihren Konjunktur-Zenit überschritten

China bleibt mit dem Umbau von einer exportorientierten hin zu einer auf den Binnenkonsum orientierten Wirtschaft und dem Abbau riesiger (fauler) Kreditvolumina beschäftigt. Die USA haben den Höhepunkt im Konjunkturzyklus ohnehin längst überschritten und können nur auf moderates Wachstum hoffen. Japans Regierung unter Shinzo Abe ist es nicht gelungen, die enormen fiskalischen und geldpolitischen Impulse in dauerhaft höhere Wachstumsraten zu übersetzen. Das Land kämpft permanent mit dem Abgleiten in eine neue Deflationsphase.

Europa ist für Direktinvestments nicht attraktiv

Europa hat sich etwas berappelt. Doch wird die Wachstumsrate im Euroraum nur minimal über die diesjährige hinauskommen, erwartet das IfW. Was die Region mehr beunruhigen muss, ist ihr Mangel an Attraktivität. 2015 ging die Anzahl der Direktinvestments erneut zurück. Und zwar um 9 %. Ausgerechnet Irland und Großbritannien waren noch die attraktivsten Länder für ausländische Unternehmen. Das dürfte für das UK so nicht mehr gelten. Frankreich und Spanien verloren weiter an Anziehungskraft, wenn auch das Kapitalvolumen gegenüber 2014 anstieg. Vor allem aber Deutschland ließ stark Federn: Die Zahl der Direktinvestments hier ging um 54 % zurück (laut FDI Report 2016 der Financial Times).

Schotten dicht

Protektionismus als weltweites Phänomen

Während offen bleibt, ob der neue US-Präsident Wachstumsimpulse setzen kann, ist die Befürchtung umso größer, dass er einen isolationistischen Kurs einschlägt – ein Risiko, dass bei dem schwer einzuschätzenden Kandidaten Donald Trump sicher größer ist als bei der erfahrenen und berechenbaren Politikerin Hillary Clinton. Protektionismus, der Schutz des eigenen Wirtschaftsraums vor Konkurrenz von außen, ist eine weltweit zu beobachtende Tendenz. Doch weit über drei Viertel entsprechender Schutzmaßnahmen gehen auf das Konto der 20 größten Wirtschaftsnationen, vermerkt Simon Evenett von der Universität St. Gallen in seiner neusten Publikation des Global Trade Alert.

Emotionale Woge gegen den Freihandel

In Europa hat sich eine emotionale Woge gegen das transatlantische Freihandelsabkommen TTIP aufgetürmt, die die Politik kaum noch zu brechen in der Lage ist. Der deutsche Wirtschaftsminister Sigmar Gabriel hat die Verhandlungen mit den Amerikanern bereits für tot erklärt. Frankreich zeigt unter seiner sozialistischen Regierung ebenfalls keine Ambitionen, den Verhandlungen neue Impulse zu geben.

Schwerindustrie gilt als schützenswert

Südamerikanische Staaten wie Argentinien und Brasilien haben die Einfuhrabgaben auf mehr als 500 Güter teilweise kräftig angehoben. Besonders um die metallverarbeitenden Industrien mit ihrer großen Zahl an Arbeitsplätzen werden weltweit Barrieren gebaut. Die Türkei verdreifachte beispielsweise im Januar Einfuhrzölle für verschiedene Eisenprodukte auf 15 %. Auch Ägypten, Indien, Indonesien, die Vereinigten Arabischen Emirate und Vietnam haben Zölle für Stahl erhöht oder neu eingeführt. Russland setzte die Einfuhrzölle für Stahl, Autos und Lkw zeitweise auf bis zu 30 % herauf, um die eigene Produktion zu schützen.

Das weltweite Handelsvolumen stagniert

Inzwischen – im September 2016 – stagniert das globale Handelsvolumen seit 15 Monaten. Etwas, das sonst nur in weltweiten Rezessionen zu beobachten und seit dem Fall der Berliner Mauer nicht vorgekommen ist. 38 Produktgruppen ziehen mittlerweile den Welthandel nach unten, zählt der Global Trade Alert. Allein in den ersten vier Monaten 2016 wurden 150 Schutzmaßnahmen ausgerufen – eine ungewöhnlich hohe Zahl. Seit 2010 waren es stets zwischen 50 und 100.

Fazit

Düsteres Bild voller Chancen

Das Bild, das wir für das Anlagejahr 2016/17 zeichnen müssen, wirkt eher düster und voller Risiken für die Märkte. Doch darin liegt wiederum eine große Chance. Sollten sich die vielen Sorgen gerade in der Politik als unbegründet erweisen – macht sich Italien reformfähig, bleibt der Welt ein Präsident Trump erspart und gelingt es der EU, wieder in die Spur zu finden – wird das den Märkten Impulse der Erleichterung verschaffen. Die Notenbanken jedenfalls werden es gerade in diesen labilen politischen Zeiten nicht wagen, den Märkten den Sauerstoff in Form billigen Geldes abzudrehen.

Leistungsbilanz

Unsere Prognosen im Rückblick

Unsere **Konjunkturprognosen** waren nur teilweise treffsicher. Die Welt wächst nur um 3,2 % statt 3,4 %. Die USA haben wir mit 3 % Wachstum deutlich überschätzt. Es werden wohl nur 1,6 %. Den Euroraum haben wir mit 1 % statt 1,8 % deutlich zu zurückhaltend eingeschätzt. Japan gönnten wir mit einer Wachstumserwartung von 1,2 % zu viel, es werden wohl nur 0,7 %.

Wachstum mal über-, mal unterschätzt

Den Anstieg der **Verbraucherpreise** haben wir unterschätzt. Es werden deutlich mehr als 3 % sein. 5,3 % für 2016 sehen die Konjunkturforscher des IfW. Preistreiber sind Lateinamerika, Indien, Russland. Der Euroraum unterbietet mit 0,3 % die erwarteten 0,5 %. Die USA kommen nur auf 1,2 % und bleiben damit unter unserer Prognose von 1,5 %. In Japan werden es statt 1,5 % Preissteigerungsrate wohl -0,2 %.

Verbraucherpreisanstieg unterschätzt

Die **Leitzinsen** in den USA sahen wir bis auf 0,5 % steigen. Das ist bis zum Jahresende möglich. Für den Euroraum und Japan war die Prognose „keine Veränderung" nicht ganz zutreffend. Die EZB senkte von 0,05 auf 0,0 %, die BoJ von 0,1 % auf -0,1 %.

Leitzinsen in etwa wie erwartet

Den US-Dollar sahen wir – korrekt – in der Bandbreite zwischen 1,00 und 1,20 zum Euro. Beim Yen haben wir die **Wechselkurs**-Bandbreite mit 115-130 JPY | EUR gut eingeschätzt.

Treffsichere Wechselkursprognosen

Unsere **Börsenprognosen** waren zutreffend. Zum einen blieben die Börsen in den von uns vorgezeichneten Bandbreiten. Zum anderen stach der Hinweis auf starke Volatilität mit hohem Korrekturpotenzial.

... und Börsenprognosen

Bei **(Staats-)Anleihen** der Industrieländer hatten wir erwartet, dass die Kurse noch eine Weile auf ihren hohen Niveaus verharren würden. Der Deutsche Rentenindex REX legte auf Jahressicht noch einmal um 4,1 % zu – und machte damit das beinahe Unmögliche möglich.

Staatsanleihen: starken Kursanstieg nicht erwartet

Bei **Rohstoffen** sahen wir bei gedämpfter Weltkonjunktur keinen Preisanstieg. Aufs Jahr gesehen trifft das voll zu. Zwischenzeitlich ging es aber sogar noch einmal nach unten.

Rohstoffpreise richtig eingeschätzt

Bei **Immobilien** erwarteten wir eine Preisabflachung in den Top-7-Städten – die auch eingesetzt hat.

Immobilienpreise wie erwartet

Thesen und Trends 2017

Die wichtigsten Marktsegmente auf einen Blick

FUCHSBRIEFE-Redaktion

Marktlage Industrieländer

„Schwacher Handel und Risiken im Finanzsystem dämpfen die globalen Wachstumsaussichten", schreibt die OECD in ihrem Herbstreport – dem schließen wir uns an. Die Industrieländer haben nicht genügend Dampf im Kessel, um einen starken Impuls zu geben. Die geldpolitischen Maßnahmen der Notenbanken drohen zunehmend zu verpuffen.

Marktlage Schwellenländer

Die Schwellenländer leiden vielfach unter hausgemachten Problemen. China hat einen Riesenberg fauler Kredite angehäuft. Brasiliens Führung hat sich politisch mit Korruption und Korruptionsvorwürfen schachmatt gesetzt. Thailand leidet unter der Diktatur durch das Militär. Die Türkei ist unter dem autokratisch regierenden Staatschef Erdogan politisch und wirtschaftlich zu einem Unsicherheitsfaktor geworden.

Währungen

Im Währungssystem hat sich eine Pattsituation herausgebildet. Die Notenbanken der Industrieländer haben kaum Chancen, die Zinsen anzuheben. Da inzwischen ihre geldpolitischen Mittel weitgehend ausgeschöpft sind, können auch keine starken Abwertungsimpulse mehr gesetzt werden. Wir gehen von relativ stabilen Wechselkursen auf Jahressicht aus.

Zinsen

Der Begriff Zinsen wird allmählich zum Fremdwort, das Wort Minuszinsen gehört schon zum Alltagssprachgebrauch. Das ist im Kern eine Wette auf Deflation, denn das Signal heißt: Morgen ist alles billiger. Vor dem Hintergrund schwacher Wachstumsaussichten sehen wir keine Leitzinserhöhungen voraus, bestenfalls einen gesichtswahrenden Schritt der amerikanischen Notenbank Fed auf 0,5% Bei den Marktzinsen kann es von den jetzigen Niveaus aus dennoch zu Schocks kommen, die die Kurse purzeln lassen!

Liquidität

Billiges Notenbankgeld wird auch 2017 mehr als genug vorhanden sein. Nur gerät es weiter nicht in Umlauf. Es ist nicht zu erkennen, dass sich Inflationserwartungen herausbilden.

Aktien

Auf Aktien zu setzen, scheint weiterhin alternativlos zu sein. Aber es wird zunehmend riskant. Das Pendant zu mäßigem Wachstum sind mäßige Unternehmensgewinne. Immer höhere Bewertungsniveaus machen die Aktienmärkte anfällig.

Anleihen

Es gilt das Credo aus dem Vorjahr: Die Anleihenkurse haben luftige Höhen erreicht – aber keine Notenbank wird es wagen, die wacklige Statik des Weltfinanzsystems durch unbedachte Schritte zu gefährden. Marktseitig kann es natürlich zu einem Impuls kommen, der die Zinsen steigen lässt. Dann aber wird es blutig auf den Anleihenmärkten. Auch hier gilt: ein anfälliges Marktsegment.

Gold

Der kluge Mann baut vor. Die Ratlosigkeit der Notenbanken ist ein wichtiges Kaufargument für das edle Metall. Am fernen Horizont zeichnet sich jedenfalls eine Währungsreform ab. Da ist es gut, eine sichere Ersatzwährung gehortet zu haben. Der Preis für Gold ist dabei zweitrangig. Wichtiger ist das Liquiditätsargument. Wir werden jedenfalls unser Versicherungsdepot um einen zusätzlichen Goldanteil aufstocken.

Rohstoffe

Für die Rohstoffmärkte sehen wir bei schwachen Wachstumserwartungen kaum Preis-Impulse. Nur zyklische Faktoren können den ein oder anderen Rohstoff bewegen. Der Ölpreis hat seinen Tiefpunkt gesehen. Auftriebsfaktoren gibt es aber keine. Das gleiche gilt für Industrierohstoffe. Weiterhin sehen wir die größten Chancen für steigende Preise bei den Agrarrohstoffen.

Immobilien

Noch immer treiben interessierte Kreise den Immobilienboom in Deutschland an. Doch die Nachfrage beginnt bereits nachzulassen. Billiger Wohnraum ist zwar gesucht, aber als Neu-Anlage immer seltener rentabel. Der Staat greift in den Mietmarkt ein. Auf einen anhaltenden Flüchtlingszuzug zu setzen, ist riskant. Perspektivisch wird Deutschlands Bevölkerungszahl sinken. Altersgerechtes Bauen in Städten wird immer interessanter.

Steuern

Bund und Länder haben sich kurz vor Redaktionsschluss dieses Buches auf ein neues Erbschaftsteuergesetz geeinigt. Es kommt im Ergebnis einer Steuererhöhung gleich. Im September 2017 ist noch keine Lösung zwischen Bund und Ländern in Sicht. Inzwischen müssen sich Anleger aber mit der Abschaffung der Abgeltungsteuer befassen. Sie wird mit hoher Wahrscheinlichkeit nach der Bundestagswahl durch die individuelle Einkommensteuer ersetzt.

Aktivdepot

in % des Gesamtvermögens

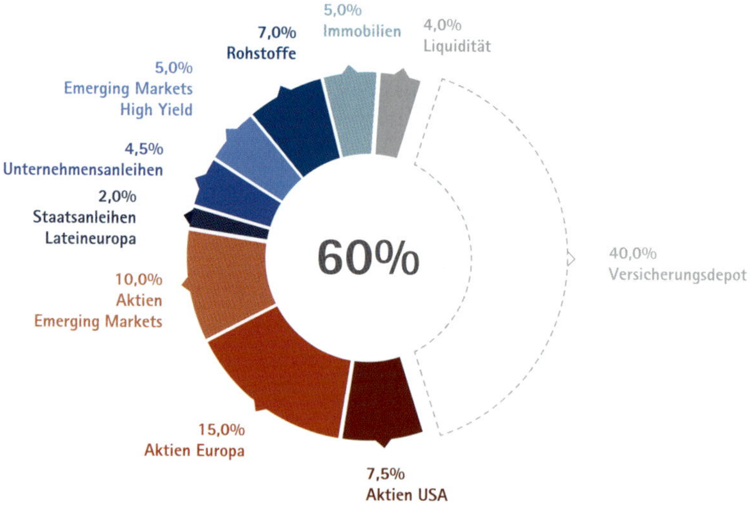

Wir verändern unser Depot diesmal deutlich: Wir stocken den Anteil des Versicherungsdepots von 30 % auf 40 % zu Lasten des Aktivdepots auf. Die Liquidität im Aktivdepot setzen wir für Käufe ein und stocken die günstigen Rohstoffe von 5 auf 7% auf. Den Anteil von Unternehmensanleihen fahren wir von 7,5% auf 4,5% zurück, den Anteil von US-Aktien von 10 auf 7,5%.

Versicherungsdepot

in % des Gesamtvermögens

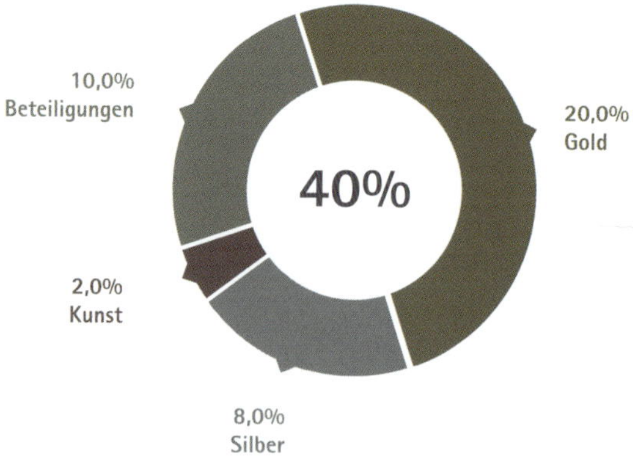

Den Goldanteil in unserem Versicherungsdepot setzen wir von 15 % auf 20 % herauf. Die Anteile von Silber und Kunst behalten wir bei.

Anlagekompass 2017

Stand: Herbst 2016

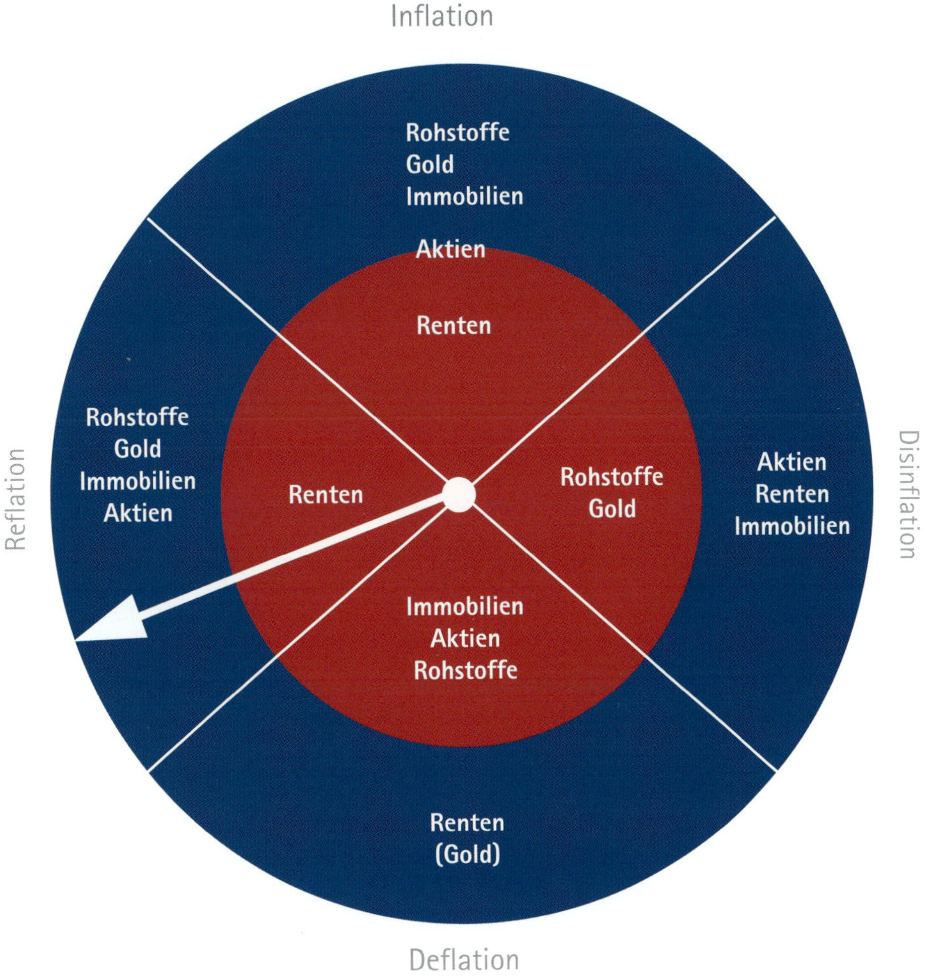

Wir befinden uns in einem reflationären Umfeld. Es gilt: Der Umschwung Richtung Inflation könnte schnell und rasant kommen. Nur lässt sich der Zeitpunkt nicht bestimmen. Dies drücken wir mit der Positionierung des Pfeils aus.

Der Pfeil zeigt, wo wir uns derzeit – in Europa – befinden. Je nach Heimatmarkt weicht die Situation unter Umständen ab. Je nach Anlageszenario entwickeln sich verschiedene Anlagen positiv (äußerer, blauer Kreis) oder negativ (innerer, roter Kreis). Dabei handelt es sich selbstverständlich um ein stark vereinfachtes Schema zur groben Orientierung. Durch die Politik der Notenbanken ist der klassische Zyklus aufgehoben.

Unsere Erwartungen für das Jahr 2017 im Überblick

	WELT	USA	EURO-RAUM	JAPAN	EMMA
Wachstum (real)	Die Weltwirtschaft wächst um 3,2 %.	Das Bruttosozialprodukt der USA wächst um ca. 2 %.	1,7 % Wachstum; darunter D 1,7 % und F 1,4 % sowie I 1,0 %	Nippons Wirtschaft wächst um 1,2 %.	Chinas Wirtschaft wächst um 6,0 %, Indiens um 7,0 % und Brasiliens um 0,5 %.
Handel	Das weltweite Handelsvolumen wächst um 2,2 %.	Die Exporte legen ggü. 2016 zu (+3,2 %), die Importe ebenfalls (+4,2 %).	Exporte und Importe beleben sich geringfügig (beide ca. 2 %).	Der starke Yen hemmt die Exporte (+1%); die Importe legen auch nur geringfügig um 1,5 % zu.	Der Handel bleibt aufgrund der konjunkturellen Schwächen und zunehmender Handelsrestriktionen gehemmt.
Inflation	Anstieg der Verbraucherpreise um 3,5 %	Verbraucherpreise steigen weiter um 1,5 % an.	Preissteigerung im Jahresdurchschnitt 0,7 %	Leichte Reflation (+0,3 %)	Ostasien und China um 2,5 %; Indien 5 %, Brasilien 5 %, Russland um 7 %
Zinsen	Weltweit ist keine grundlegende Zinswende in Sicht	Leitzins steigt im Jahresverlauf bis auf max. 0,75 % 3M: bis 0,5 % (akt. 0,18 %) 10J: 2,0 % (akt. 1,6 %)	Leitzins: kostant bei 0,00 % 3M: bis 0,1 % (akt. -0,3 %) 10J (BUND): 0,2 % (akt. -0,08 %)	Leitzins: konstant 0 bis 0,1 % 3M: 0,1 % (akt. -0,3 %) 10J: 0,1 % (akt. -0,05 %)	kein einheitliches Bild; stark auseinander laufend
Wechselkurse	Die Notenbanken greifen weiter ins Geschehen ein. Sie bestimmen die Kurse.	1,05 – 1,20 USD|EUR (akt. 1,12) 80 - 115 JPN|USD (akt. 101)	90 – 130 JPN|EUR (akt. 113)	Der Yen tendiert weiter aufwärts.	Der chinesische Renminbi tendiert leicht abwärts (akt. 6,66 CNY|USD)
Firmengewinne	Die Firmengewinne wachsen geringfügig. Die Kurs-Gewinn-Verhältnisse liegen im Herbst 2016 über den langfristigen Normalniveaus.				
Börsen	2017 volatil mit mäßigem Kurspotenzial	DJI-Bandbreite 16.500 bis 19.500 (akt. 18.261)	DAX-Bandbreite 9.300 bis 12.000 (akt. 10.626)	NIKKEI-Bandbreite 15.000 bis 18.000 (akt. 16.754)	„gefallene Engel" (Russland, Brasilien) holen auf

** Werte in Klammern geben den aktuellen Kurs zum Redaktionsschluss am 23.9.2016 an; Quellen: IWF, OECD, IfW Kiel, RWI, DIW, eigene Berechnungen; akt. = Stand zum Redaktionsschluss*

II. Die große Verstaatlichung

» Man erinnert sich kaum noch: Ende des letzten Jahrhunderts hatte eine Diskussion begonnen, wie weit der private Markt staatliches Handeln dominiert und Regierungen zum Handeln zwingt. Inzwischen ist es umgekehrt: Der Staat reguliert vor allem die Finanzwirtschaft nach Kräften. Aber er wird auch immer stärker zum Akteur, zum Gläubiger und zum Eigentümer von Unternehmen. Staatsfonds und Zentralbanken sind zur (un)heimlichen Macht auf den Märkten geworden. «

Unheimliche Eigentümer

Die große Verstaatlichung

Ralf Vielhaber, FUCHSBRIEFE

Verstaatlichung: Darunter verstand man bis vor Kurzem gemeinhin die Konfiskation von Eigentum – Grundstücke, Häuser, Firmen, Kunst – durch autoritäre Regierungen. In Europa waren es sozialistische oder nationalsozialistische. Mit Markt hatte das alles wenig bis nichts zu tun. Doch die Situation hat sich geändert.

Verlängerte Arme von Staaten: Staatsfonds und Notenbanken

Mittlerweile gibt es zwei Gruppen von „Spielern" auf den Märkten, die als verlängerter Arm von Staaten enorme Vermögenswerte aufkaufen: Staatsfonds und Notenbanken. Während die erste Gruppe nach dem Ausbruch der Finanzkrise als Retter in höchster Not für manche Bank auftrat, sind derzeit die Notenbanken im Fokus, die mit frisch gedrucktem Geld längst nicht mehr nur Staatstitel aufkaufen. Inzwischen gehen auch Anteile an Unternehmen in großem Umfang in ihren Besitz über.

Verstaatlichung in großem Stil

Das alles geschieht unter den Blicken einer Öffentlichkeit, die sich bisher nicht bewusst macht, was das bedeutet: Verstaatlichung in großem Stil. „Verstaatlichung ist die Überführung von Privateigentum in Staatseigentum ", meint dazu schlicht das Universallexikon Wikipedia. Das Gabler Wirtschaftslexikon ergänzt um einen Aspekt, der in Europa ebenfalls zu beobachten ist: „Verstaatlichung ist sowohl die Sozialisierung von Privateigentum als auch eine Nationalisierung von Verkehrs- und Versorgungsbetrieben in allen denkbaren Rechtsformen."

Versorger zurück in Staatshand

Während die Sozialisierung in aller Regel entweder durch Beschlagnahme oder durch Zwangsverkauf an den Staat zu Preisen unter Marktwert umgesetzt wird, läuft die Verstaatlichung in der Marktwirtschaft insofern fair ab, als ein Marktpreis für den zwanghaften Eigentümerwechsel zugrunde gelegt wird. Wie jüngst im Fall des Rückkaufs der Berliner Wasserbetriebe, des größten städtischen Wasserversorgungsunternehmens in Deutschland, durch das Land Berlin. Im Oktober 2012 erwarb es die Anteile von RWE und im November 2013 die Anteile von Veolia zurück – die Wasserbetriebe waren wieder vollständig in Staatshand.

Die größten Staatsfonds

Abb. 1

Größte Staatsfonds weltweit nach der Höhe des verwalteten Vermögens (in Milliarden US-Dollar; Stand: Juni 2016)

Quelle: SWFI

Staatsfonds: Riesige Vermögen angehäuft

Staatsfonds: Herren über 7,4 Billionen US-Dollar

Auch die Sovereign Wealth Funds, die Staatsfonds, kaufen ihre Vermögenswerte zu Marktpreisen. Im Sommer 2016 besitzen sie zusammen Vermögenswerte von 7,369 Billionen US-Dollar oder umgerechnet 6,553 Billionen Euro, veröffentlicht das Sovereign Wealth Funds Institute, ein in den USA angesiedeltes Research-Institut.

Quellen des Reichtums: Öl und Zentralbankreserven

Der größte und zugleich auch am transparentesten agierende ist der norwegische Government Pension Fund (GPFG) mit einem Volumen von 774 Mrd. Euro. Er übertrifft damit den viele Jahre größten Fonds dieser Art, den ADIA oder Abu Dhabi Investment Authority, den Staatsfonds Saudi Arabiens (siehe Grafik 1), der noch 704 Mrd. Euro auf die Waage bringt und damit weniger als die China Investment Corporation mit 724 Mrd. Euro. Ihren Reichtum beziehen sie aus den Ölverkäufen ihrer Länder oder den Zentralbankreserven (China). Ältester seiner Art ist der 1953 gegründete Staatsfonds der Kuwaitischen Regierung. Er umfasst heute ein Anlagevolumen von etwa 526,5 Mrd. Euro.

Die Finanzkrise als Geburtsstunde

Viele Neugründungen gab es 2007 – das Jahr in dem die jüngste große Finanzkrise begann. Damals entstanden die China Investment Corporation, das Abu Dhabi Investment Council, Chiles Social and Economic Stabilisation Fund, die Emirates Investment Authority und der chinesische China-Africa-Development Fund.

Staatsfonds als Retter in der Finanzkrise

Die Staatsfonds agierten in der Krise oftmals als Retter in höchster Not und paukten vor allem Großbanken heraus. Für Schlagzeilen sorgte die

Beteiligung über 9 % der Government of Singapore Investment Corporation an der Schweizer Großbank UBS, deren Investmentbanking-Arm in eine Schieflage geraten war. Auch an der Citigroup beteiligte sich die GIC damals mit knapp 7 Mrd. Dollar.

Länder wie Singapur oder Russland haben mehrere Fonds eingerichtet, die zum Teil unterschiedliche Zielsetzungen verfolgen.

Mehr als doppelt soviel Vermögen wie die Hedgefonds

Bereits für das Jahr 2008 konstatierte die gewerkschaftsnahe Hans-Böckler-Stiftung in einer Studie, dass die Staatsfonds weltweit doppelt so viel Vermögen wie Hedgefonds verwalteten, fast das Sechsfache der Private-Equity-Gesellschaften, mehr als 15 % des von Pensionsfonds verwalteten Vermögens, fast zwei Prozent des Vermögens, das von globalen Investmentfonds verwaltet wurde, gut 20 Prozent des von Versicherungsgesellschaften verwalteten Vermögens und cirka 5 Prozent des weltweiten Gesamtvermögens der Banken – die wiederum selbst zum Teil Eigentum der SWF waren und sind.

Die Quoten dürften sich inzwischen zugunsten der Staatsfonds verschoben haben. Denn im Jahrzehnt nach 2004 hatte sich das Anlagevolumen der Fonds bereits verdreifacht und überstieg laut Böckler-Stiftung 2013 wohl das Gesamtvolumen der zu diesem Zeitpunkt bekannten Zentralbankreserven.

Unterschiedliche Zielsetzungen

Unterschiedliche Vermögensangaben

Die Zielsetzungen der Fonds sind durchaus unterschiedlich. Manche sollen den Staatshaushalt ihres Landes gegen Schwankungen bei den Rohstoffpreisen absichern. Hierzu gehört etwa der Stabilisierungsfonds der Russischen Föderation. Er wurde 2004 aufgelegt und soll den Staatshaushalt unterfüttern, wenn der Ölpreis unter 27 US-Dollar fällt. Doch inzwischen ist angesichts des Russland-Embargos durch die Europäer und des angegriffenen Staatshaushalts der Fonds bald erschöpft. Im April 2016 hatte Präsident Wladimir Putin angekündigt, dass der Fonds mindestens noch „vier Jahre“ (so zitiert von der staatlichen Agentur TASS) erhalten bleiben solle. Den neuen Angaben zufolge war das Volumen per Ende Juni bereits auf 39 Mrd. Dollar gefallen. Interessanterweise gibt das Sovereign Wealth Fund Institute für den gleichen Zeitpunkt ein Volumen von 65,7 Mrd. Dollar (58 Mrd. Euro) an.

Vorsorge und Infrastrukturausbau

Andere Zielsetzungen von Fonds sind die Versorgung späterer Generationen (Beispiel: Norwegen, Russland, Kuwait, Singapur), wenn etwa die Rohstoffreserven eines Landes erschöpft sind. Oder es soll die Entwicklung der heimischen Wirtschaft und Infrastruktur vorangebracht werden (Singapur).

Anlagestrategie: Die Regierung gibt vor

Die Anlagestrategie der Staatsfonds wird regelmäßig maßgeblich durch die jeweilige Regierung – gewöhnlich hat das Finanzministerium die Federführung – bestimmt. Das operative Anlagemanagement macht oft, wie im Falle des norwegischen Government Pension Funds, die Zentralbank mit Unterstützung externer Berater wie etwa der US-Investmentbank Morgan Stanley. Auch bei der Government of Singapore Investment Corporation (GIC) legt das Finanzministerium Risikotoleranz und Investitionsziele fest.

Norwegens Staatsfonds als Vorbild für Transparenz

Doch ein genauerer Einblick in das Investitionsverhalten der Fonds ist nur selten möglich. Als Vorbild für Transparenz gilt der norwegische Staatsfonds: Er legt etwa 60 % in Aktien und 40 % in festverzinsliche Wertpapiere an. Die Anlageziele International sind 35 % USA und Afrika, 50 % Europa (ohne Skandinavien) und 15 % Asien mit Ozeanien.

Der jüngste Quartalsbericht (für das 2. Quartal 2016) weist einen Gewinn von 1,3 % oder 94 Mrd. Norwegische Kronen, rund 10 Mrd. Euro, aus. 0,7 % „Return" brachten Aktien, 2,5 % Anleihen; ein Verlust von 1,4 % entstammt den Immobilieninvestments des Fonds, die einen Anteil von insgesamt 3,1 % am Fondsvermögen ausmachen. Seit Auflegung des Fonds 1996 brachte er den rund 5 Millionen Norwegern rund 290 Mrd. Euro an Gewinn aus seinen Investmentaktivitäten ein – das sind 58.000 Euro pro Einwohner.

Investmentvorbild für andere

Der Fonds bekommt ein zusätzliches Gewicht, da er in der Finanzwelt einige Aufmerksamkeit genießt und mit seiner Anlagepolitik für andere Vermögensmanager als Vorbild fungiert. Zu den größten Investments in Einzelaktien zählten per Ende Juni 2016 Nestlé mit 5,9 Mrd. Euro, Royal Dutch Shell (4,4 Mrd.), Apple (4,2 Mrd.), Roche (3,76 Mrd.), Novartis (3,7 Mrd.), Alphabet (Google; 3,2 Mrd.), Microsoft (2,96 Mrd.), Exxon Mobil (2,8 Mrd.), Johnson & Johnson (2,8 Mrd.) und Blackrock (2,65 Mrd.) – das Who is Who der Internationalen Unternehmen.

Zielland Schweiz

Allein im Industrieland Schweiz ist der norwegische Staatsfonds an dreißig Gesellschaften aus dem Swiss Leader Index (SLX) mit mehr als 3 % beteiligt, der Untergrenze der Meldepflicht. Darunter sind die beiden Großbanken UBS und Credit Suisse. Der Fonds ist in Aktien von 7.900 Unternehmen außerhalb Norwegens investiert und hielt im letzten Jahrzehnt nach eigenen Angaben einen Anteil am europäischen Aktienmarkt von 1,3 %. Mehr als zehn Prozent der Anteile an einem Unternehmen darf der Fonds nach seinen Anlagerichtlinien nicht halten. Dieser Anteil war aber erst jüngst verdoppelt worden: Vor wenigen Jahren noch betrug er erst fünf Prozent. Der Saudische ADIA-Staatsfonds verfolgt eine ähnliche Anlagepolitik: 50 bis 60 % Aktien, 20 bis 25 % Festverzinsliche, fünf bis acht Prozent Immobilien, fünf bis zehn Prozent Private Equity und ebenso viel Alternative Investments.

Singapurs Temasek greift aktiv in Unternehmensführung ein

Temasek, der zweite Singapurer Staatsfonds, gibt in seinem jüngsten Quartalsbericht ein Vermögen von 242 Mrd. Singapur-Dollar oder 157,7 Mrd. Euro an. Im vergangenen Jahr investierte er 30 Mrd. Singapur-Dollar (19,5 Mrd. Euro). 206 Mrd. S-Dollar (134 Mrd. Euro) waren es in den letzten zehn Jahren. Allerdings war der Fonds damit zuletzt nicht gerade erfolgreich: Er kassierte einen Jahresverlust von mehr als 9 %. 69 % des Vermögens ist in Asien angelegt, davon allein 30 % in Singapur. Die jährliche Rendite über die vergangenen zehn Jahre gibt der Fonds mit 6 % an. Temasek Holdings erwirbt Beteiligungen bis zu 100 % und greift als aktiver Investor auch durchaus in die Unternehmensführung ein, wie auf der Homepage des Fonds nachzulesen ist.

Diskret und doch aktiv

Norwegens Staatsfonds ebenfalls

Dabei wird selbst dem als einzigartig transparent geltenden Norwegen-Staatsfonds nachgesagt, dass er stets mit höchster Diskretion am Markt auftritt. Seine Abgesandten würden sich nicht in den „Communities" der großen Investoren tummeln und sich austauschen, sondern blieben für sich. Dennoch greift das Investmentmanagement in die Politik der Unternehmen ein: Bei der schweizerischen Swatch Group wandte es sich gegen die Wahl von Nayla Hayek als Verwaltungsratspräsidenten und von CEO Nick Hayek als Verwaltungsrat. Exxon und Chevron forderte das Fondsmanagement auf, seine Strategien zu überdenken und die Profitabilität im Lichte der regulatorischen Maßnahmen im Zuge des Klimawandels zu durchleuchten.

Mögliche Ansteckungseffekte

Da anzunehmen ist, dass sich die Investments der Staatsfonds im Aktienbereich ähneln, dürften diese zusammen beträchtliche Anteile an den großen Welt-Unternehmen besitzen. Die Böckler-Stiftung stellt fest, dass Staatsfonds als Gruppe institutioneller Investoren durch ihre enorme Größe einen systemisch relevanten Teil des globalen Finanzsystems darstellen. Selbst einzelne Fonds könnten mit ihren Transaktionen Herdenverhalten auslösen. Das könnte zu Ansteckungseffekten bei mit diesen Finanztiteln korrelierenden Anlageformen führen. Im Extremfall hält die Stiftung eine regionale, sektorale oder sogar globale Destabilisierung der Finanzbranche für möglich. Obendrein haben viele Länder mit Staatsfonds weitere staatliche Pensionsfonds mit ähnlichen Aufsichtsstrukturen.

Transparenz ist vielfach mangelhaft

In Staatshand und oftmals regellos

Von Transparenz kann bei den allermeisten Staatsfonds keine Rede sein. Laut SWF Institute sind vor allem Staatsfonds aus Ländern mit einem Wertesystem, das dem des Westens nicht entspricht, besonders intransparent. Versteht man die Staatsfonds als eigenen Sektor, muss dieser als weitgehend unreguliert betrachtet werden. Oder anders: Sie können tun und lassen, was sie wollen.

Die Böckler-Stiftung konstatiert, „dass durch die Investitionen von Staatsfonds Abhängigkeiten entstehen. Sie könnten bei extremen politischen oder wirtschaftlichen Spannungen zum Tragen kommen." Es sei durchaus vorstellbar, dass eine Regierung die ursprünglich ökonomischen Zielsetzungen des Fonds in solchen Situationen hintanstellt, um politische Interessen durchzusetzen.

Die Notenbanken als Eigentümer von Unternehmen

Neuer Blick auf die Eingriffe der Notenbanken

Haben die Staatsfonds erstmals im Zuge der Finanzkrise die Öffentlichkeit beunruhigt, ist das Eingreifen der Notenbanken in die Märkte

In Staatsfonds verwaltetes Vermögen

Abb. 2

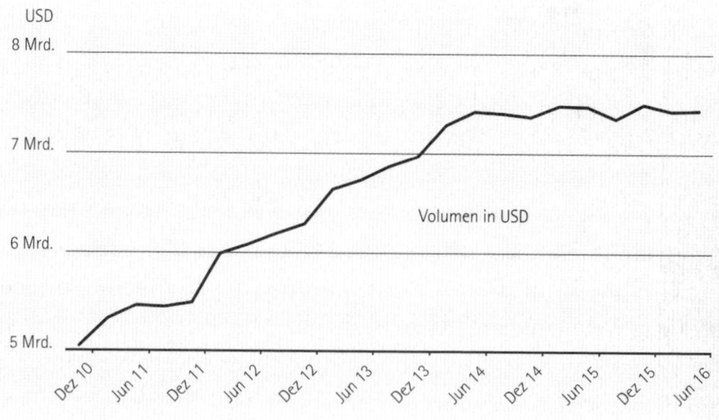

Volumen des weltweit in Staatsfonds verwalteten Vermögens von Dezember 2010 bis Juni 2016
Quelle: SWF Institute

mehr unter Kosten-Nutzen-Erwägungen betrachtet worden. Doch die Kritik wird immer lauter. Denn ihre Eingriffe sind so massiv, dass sich am Markt für Staatsanleihen längst keine Marktpreise mehr bilden können. Die Notenbanken kaufen dabei vorrangig keine „Werte", sondern Forderungen an den Staat zu möglicherweise (völlig) überhöhten Preisen. Verkehrte Welt also, bei der aber der Staat begünstigt wird. Das Volumen der Anlagen der größten Zentralbanken weltweit beträgt im Sommer 2016 17,3 Billionen US-Dollar oder 11,2 Billionen Euro, hat Yardeni Research errechnet. Das entspricht dem Bruttoinlandsprodukt von Deutschland, Großbritannien, Frankreich, Italien, Spanien, den Niederlanden und Schweden zusammengenommen.

Japans Zentralbank als Großaktionär

Weniger im Blickfeld ist bisher, dass die Notenbanken verstärkt auch börsennotierte Unternehmensanteile aufkaufen. Die japanische Notenbank ist bereits Großaktionär bei einer Reiher japanischer Firmen. Sie hält beispielsweise zwölf Prozent am Elektronikkonzern Mitsumi Electric. Sie will ihre Investitionen in Aktien künftig auf umgerechnet 53 Mrd. Euro je Monat ausdehnen.

Internationale Unternehmen im Portfolio

Die Schweizerische Notenbank, die besonders eifrig Geld druckt, hat im 1. Halbjahr 2016 bereits 62 Mrd. Dollar in US-Aktien investiert. Wieder tauchen Werte auf, die auch die Staatsfonds bevorzugen: Apple, Exxon Mobil, Microsoft, Johnson & Johnson. Die Apple Position der Schweizer beläuft sich auf 1,5 Mrd. Dollar, Papiere von Facebook hat sie im Wert von 700 Mio. Dollar in den Büchern. Daneben hat sie 2015 begonnen, auch in Aktien aus dem Schwellenländern zu investieren.

Die dänische Notenbank gab in ihrem Jahresbericht für 2015 preis, dass sie Gewinne in Höhe von 3,6 Mrd. Dänischen Kronen eingefahren hat – wesentlich aus Aktienanlagen. Sie hält für 16 Mrd. Kronen (2,1 Mrd. Euro) Aktien und für 5 Mrd. Kronen (671 Mio. Euro) Unternehmensanleihen.Die Bank of Israel hat für rund drei Prozent ihrer Reserven von 77 Mrd. Dollar US-Aktien gekauft. Die Bank of Korea hat vergangenes Jahr mit dem Kauf chinesischer Aktien begonnen und ihre Aktieninvestments auf 5,7 Prozent hochgefahren.

Selbst die BIZ gibt keinen Einblick

Eine umfassende Übersicht über die Aktienanteile in den Portfolios der Notenbanken ist uns nicht bekannt. Interessanterweise hat die Bank der Zentralbanken, die BIZ, keinen Überblick über die Notenbankaktivitäten im Aktienbereich, zumindest veröffentlicht sie keine diesbezüglichen Daten und verweist auf Anfrage auf die Bekanntgaben der nationalen Notenbanken.

Wer darf, wer nicht

Die EZB als nächste Käuferin erwartet

Während die amerikanische Fed ebenso wie die Bank von England keine Aktien kaufen darf, spielt inzwischen auch die die Europäische Zentralbank mit dem Gedanken. Gertrud Traud, Chefvolkswirtin der Hessischen Landesbank Helaba, geht davon aus, dass die EZB „nicht zögern" wird, „ihr Repertoire um dieses Instrument zu erweitern", sollte es zu einer konjunkturellen Schwäche kommen.

Staatsanleihen gehen aus, Interesse der Notenbanken an Aktien steigt

Ein weiterer Grund ist, dass die Basis für Anleihenkäufe immer dünner wird. Im November 2016 dürfte die Obergrenze für finnische Anleihen erreicht sein. Ab dem Frühjahr 2017 stehen dann nicht mehr in ausreichendem Maße deutsche Staatsanleihen – die ja den höchsten Anteil der EZB-Käufe ausmachen (müssen) – zur Verfügung. Selbst geeignete Unternehmensanleihen werden langsam knapp.

Nick Carver, Herausgeber der HSBC Reserve Management Trends, vermerkte Anfang 2016: „Obwohl die Volatilität in den Märkten Anfang 2016 bei vielen den Risikoappetit verringert hat, investieren viele Notenbanken vermehrt in Aktien beziehungsweise denken darüber nach." Laut seiner Studie hätten die Investmentverantwortlichen in den Notenbanken zum Teil keine andere Möglichkeit, als ihre Portfolios um risikoreichere Bestandteile zu ergänzen. Die im Frühjahr veröffentlichte Umfrage unter 77 Notenbanken macht deutlich, wie stark jüngst unter den Notenbanken die Bereitschaft zunimmt, an die Aktienmärkte zu gehen. 16 % – das sind nach Adam Riese zwölf der befragten Notenbanken – sind derzeit in Aktien investiert. Spannend ist aber der Blick in die Zukunft. „Kein Interesse" bekunden (nur) noch 46 % – ein Jahr zuvor waren es noch 52 %. In fünf bis zehn Jahren aber wollen inzwischen 30 % der Notenbaken in Aktien investiert haben – vor einem Jahr lag dieser Anteil bei gerade 7 %.

Fazit

Heimtückisches Sicherheitsnetz

Im ersten Moment mag es auch privaten Investoren nützlich erscheinen, dass „große Hände" wie Staatsfonds und Notenbanken Vermögenswerte aufkaufen. Denn wenn diese beispielsweise Aktien erwerben, stützt das die Aktienmärkte. Wie schon bei den Staatsanleihen errichten sie eine Art Sicherheitsnetz vor Kursabstürzen. Doch zum einen gefährden sie damit ihre Eigenkapitalbasis – denn wenn die Kurse dennoch auf breiter Front abstürzen sollten, verbuchen auch die Notenbanken entsprechende Verluste. Zum anderen könnte gerade das zu weiteren Eingriffen und damit zu immer größeren Marktanteilen der Notenbanken und Staatsfonds führen.

Schwer umkehrbarer Prozess

Es ist wie bei einer Reuse: Hinein kommt man wohl, aber kaum wieder hinaus. So geht immer mehr privates Eigentum in Staatshand über. Ohne erkennbare Möglichkeit, den Trend wieder umzukehren. Denn je größer die Anteilskäufe, desto stärker der Einfluss auf die Märkte, je transparenter, desto mehr steigt die Gefahr, dass andere Investoren ihrem Handeln folgen. Denn es wird ja wohl einen Grund haben, wenn so große Adressen kaufen oder verkaufen. Je höher zudem ihre Anteile, desto mehr werden sie gezwungen sein, Einfluss auf die Unternehmenspolitiken zu nehmen. Die Notenbanken sind Gefangene ihrer Politik. Die große Verstaatlichung ist nur schwer wieder umzukehren.

» Die Notenbanken sind schon lange keine stillen Währungshüter mehr. Insbesondere während der vergangenen Finanz- und Bankenkrise sowie der darauffolgenden Staatsschuldenkrise in Europa haben sich die nationalen Notenbanken zu wichtigen Marktplayern aufgeschwungen, die mit ihren Entscheidungen gewaltigen Einfluss auf die Finanzmärkte haben. Die große Frage ist: Kommt 2017 der Einstieg in den Ausstieg der zuletzt stark kritisierten Geldpolitik.«

Grenzfragen

Die Geldpolitik der Notenbanken im Jahr 2017

Von Christian Nemeth, Zürcher Kantonalbank Österreich AG

Ökonomen: Zinssenkungen nach 2008 waren richtig.

Alle großen Notenbanken haben in den letzten Jahren ihre Leitzinsen drastisch gesenkt (vgl. Abb. 1). Dadurch wurde der Markt mit riesigen Mengen an billig verfügbarem Geld geschwemmt. Es herrscht aber allgemeiner Konsens unter Ökonomen und Marktbeobachtern, dass es richtig gewesen war, in der Finanzkrise nach 2008 mit Zinssenkungen und Lockerungsmaßnahmen zu reagieren. Immerhin handelte es sich um die größte Krise seit den 1930er Jahren und die Intervention der Notenbanken war der einzig gangbare Weg, um die gröbsten negativen Folgen abzumildern.

Internationale Geldpolitik stößt an Grenzen

Allmählich macht sich jedoch die Meinung breit, die Geldpolitik stoße an ihre Grenzen. Die Zentralbanken würden viel zu lange in der Niedrigzinspolitik verharren. Damit seien sie nicht mehr die Lösung des Problems, sondern ein Teil davon. Die negativen Auswirkungen der niedrigen Zinsen bekommen vor allem Pensionskassen, Stiftungen, Versicherungen, aber auch Banken mit ihrem Zinsgeschäft zu spüren.

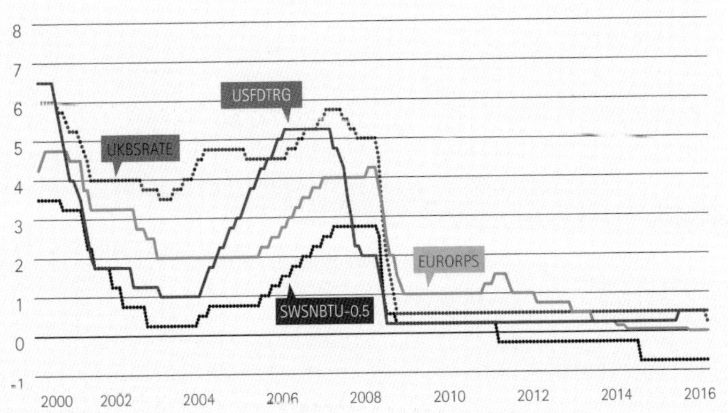

Leitzinsentwicklung wichtiger Zentralbanken

Abb. 1

Quelle: Thomson Reuters

Die große Frage: Stößt die Geldpolitik an ihre Grenzen?

Auf der anderen Seite scheinen die Märkte – insbesondere in Europa vor dem aufziehenden Brexit und auch in Japan – noch nicht stark genug zu sein, um sich vom Tropf der Notenbanken zu lösen. Des Weiteren steht die Frage im Raum, ob eben die Geldpolitik an ihre Grenzen komme und daher die Fiskalpolitik die Aufgabe weiterführen solle. Dies würde aber heißen, die Staatsausgaben zu erhöhen, die wiederum finanziert werden müssen. Das könnte via Helikoptergeld bewerkstelligt werden. Dann stünde allerdings die Unabhängigkeit der Zentralbanken – eines der wichtigsten „Güter" für eine gedeihliche Geldpolitik – in Frage. Dennoch scheint nach mehr als sieben Jahren Niedrigzinsen der Effekt dieser Maßnahme merklich nachzulassen.

In Japan wird bereits über die Einführung von „Helikoptergeld", also das Verschenken von Geld durch die Notenbank, diskutiert. Langfristig müssen sich aber auch alle Banken die Frage stellen, wie sie aus dieser Niedrigzinspolitik wieder aussteigen sollen. Gerade in den USA, wo Inflation und Arbeitsmarkt sich gut entwickeln, wird die Gestaltung dieses Ausstiegs spätestens 2017 ein zentrales Thema werden.

Fed: Mühsam auf dem Weg zur Zinserhöhung

Fed wird ab 2017 versuchen, die Zinsen zu erhöhen

Die amerikanische Wirtschaft hat die Krisen der vergangenen Jahre hinter sich gelassen. Das aktuelle Umfeld scheint hier gewisse Spielräume zu bieten, geldpolitisch vom Krisenmodus wieder den Rückweg zur Normalität zu finden. Die Fed wird deshalb 2017 versuchen, Leitzinserhöhungen zaghaft voranzutreiben, sofern das globale Zeitfenster es zulässt. Das duale Mandat der Fed ist auf Preisstabilität und Wirtschaftswachstum ausgerichtet. Derzeit sehen wir gute Daten vom Arbeitsmarkt, bei welchem die Nairu („Inflationsneutrale Arbeitslosenquote") bereits erreicht wurde, sowie eine solide Inflation. Ausgehend davon wäre eine baldige Erhöhung adäquat. Rhetorisch bereitet die Fed den Markt bereits auf eine solche vor.

Zinserhöhung der Fed könnte im Alleingang erfolgen

Wir gehen davon aus, dass eine Zinserhöhung der Fed im Alleingang passieren würde und andere Notenbanken diesem Schritt nicht folgen können. Der aufsteigende Wirtschaftszyklus ist in den USA weiter fortgeschritten als bei Europäern oder Briten. Letztere wurden durch den Brexit zurückgeworfen und die Europäer laborieren noch an den Spätfolgen ihrer Währungskrise.

Insgesamt sollte das zu einer Stärkung des US-Dollars führen, was wiederum für den Export negative Folgen hätte und die kürzlich angesprungene Wirtschaft bremsen könnte. Generell ist das Risiko für die Fed, wenn sie den Leitzins zu früh anhebt, größer als jenes, zeitlich ein wenig hinter der Kurve zu bleiben.

Märkte nicht auf Zinserhöhung vorbereitet

Finanzmärkte sind auf eine Zinserhöhung noch nicht genügend vorbereit

Auch scheinen die Märkte auf eine Zinserhöhung noch ungenügend vorbereitet. So klafft die Vorstellung der Fed und jene der Finanzmarktteilnehmer weit auseinander. Die Fed veröffentlicht ihre mittelfristigen Einschätzungen regelmäßig und plant mehrere Anhebungen im nächsten Jahr. Die Finanzmärkte sind hingegen maximal auf geringfügige Erhöhungen eingestellt. In der Vergangenheit hat sich die Fed meist den Vorstellungen der Finanzmärkte angepasst.

2017 wird die Herangehensweise der Märkte aber zu defensiv sein, da eine Anpassung überfällig ist. Dies könnte die Börsen in den USA durchaus belasten, da die mögliche Erhöhung noch nicht eingepreist ist. Auch für viele Emerging Markets, die eine starke Bindung an den US-Dollar aufweisen und von externen Finanzierungsquellen abhängig sind, sind negative Konsequenzen zu befürchten.

Einfluss der US-Wahl

Ein weiteres wichtiges und brisantes Thema ist die Präsidentenwahl im November 2016. Ihr Ausgang (zu Redaktionsschluss dieses Buches noch nicht bekannt) wird für die weitere wirtschaftspolitische Entwicklung der USA entscheidend sein.

US-Wahlausgang ist die große Unbekannte

Beide Kandidaten möchten die Wirtschaft fiskalpolitisch beleben. Hillary Clinton setzt auf ein Fiskalprogramm durch Infrastrukturreformen, das durch Investitionen in neue Bauvorhaben Arbeitsplätze schaffen soll. Donald Trump hingegen möchte, wie bei den Republikanern historisch üblich, die Wirtschaft durch Steuersenkungen ankurbeln.

Eines haben beide Vorschläge gemeinsam: Sie würden zu zusätzlichen Geldflüssen in die Wirtschaft führen. Es besteht das Risiko, dass nach den US-Wahlen ein fiskalischer Expansionskurs lanciert wird. Dies könnte zu einer allmählichen Überhitzung der bereits gut laufenden US-Volkswirtschaft führen. Die Fed wäre dann gezwungen, mit Zinserhöhungen gegenzusteuern. Wir erachten daher höhere Zinsen als wahrscheinlich, sollte der siegreiche Kandidat seine Vorhaben auch tatsächlich umsetzen.

Bank of Japan: An der Grenze der Niedrigzinspolitik

In Japan zeigen sich derzeit die Grenzen der bisherigen Politik der Notenbanken. Nirgends sonst wurde ein Land so lange mit extrem billigem Geld versorgt. Die Leitzinsen in Japan bewegen sich, abgesehen vom Versuch einer Erhöhung 2007 und 2008, schon seit dem Jahr 2000 um den Nullpunkt.

Yen ist stark geblieben – trotz niedriger Zinsen

Da der Yen aber relativ stark geblieben ist, blieben die durchgeführten Maßnahmen weitgehend erfolglos. Deshalb findet momentan eine vertiefte Analyse des Wachstums- und Inflationsumfeldes und der Wirkung der bisherigen Geldpolitik statt. Ziel ist es, herauszufinden, ob und in welchem Ausmaß die bisherigen Instrumente als effektiv eingeschätzt werden. Diskutiert wird nun zum einen die Erhöhung der Negativzinsen. Die Bank of Japan verhängt bereits Strafzinsen für Geschäftsbanken, die ihr Geld bei der Zentralbank parken. Die Ausweitung der Strafzinsen könnte aber den Bankensektor in Mitleidenschaft ziehen und es stellt sich natürlich die Frage, ob diese überhaupt noch einen großen Effekt haben wird.

BoJ verhängt Strafzinsen und erwägt Staatsanleihenkäufe

Desweiteren könnte die Bank of Japan ihre Ankäufe von Staatsanleihen erhöhen. Unklar ist allerdings, wie lange am Markt überhaupt noch genügend Anleihen zum Aufkauf vorhanden sind, da die Bank of Japan ihr Programm in den letzten Jahren schon massiv ausgeweitet hat: 2013 hatte sie lediglich rund 10 % der gesamten Staatsanleihen im Besitz gehalten, derzeit sind es rund 40 %.

Aktien auf der Kaufliste der japanischen Geldhüter

Deshalb werden nun auch vermehrte Käufe anderer Wertpapiere diskutiert und teilweise schon umgesetzt. Die Bank of Japan ist die einzige große Zentralbank, die in ETFs investiert. Sie könnte dieses Programm ebenfalls ausbauen.

Risiken von Helikoptergeld sind kaum abzuschätzen

Insgesamt halten wir eine engere Zusammenarbeit zwischen Geld- und Fiskalpolitik für wahrscheinlich. Wir rechnen allerdings in nächster Zukunft nicht mit der Einführung von Helikoptergeld im engeren Sinne, da die damit einhergehenden Risiken kaum abschätzbar sind. Dennoch ist die Einführung gewisser Elemente des Helikoptergeldes eine reale Option. Japan hat in den 30er Jahren bereits positive Erfahrungen mit einem Nebenhaushalt und Infrastrukturinvestitionen gemacht. Damals konnte Finanzminister Takahashi mit Unterstützung der Notenbank die Wirtschaftskrise durch die Ausgabe ungedeckter Noten erfolgreich bekämpfen. Denn die größte Gefahr für die japanische Wirtschaft liegt in der Deflation, einem Problem, mit dem Japan bereits seit längerem erfolglos kämpft. Helikoptergeld scheint eine Lösung zu sein.

Rezession ist der derzeit nicht zu erwarten

Das viel bemühte Gespenst der Rezession, welches auch in Japan umgeht, wird das Land nicht nachhaltig schwächen. Die Politik ist sich dieses Problems bewusst und steuert effektiv gegen. So wurde beispielsweise die für April 2017 geplante Mehrwertsteuererhöhung bereits um zweieinhalb Jahre nach hinten verschoben. Dennoch wird Japan auch 2017 nur kleine Fortschritte machen.

EZB wird Anleihenkaufprogramm verlängern

Die Europäische Notenbank (EZB) rennt weiter ihrem Inflationsziel von „nahe, aber unter 2%" hinterher. Die Konjunktur in der Eurozone stabilisiert sich zwar. Richtige Dynamik will sich aber noch nicht einstellen. Außerdem warten die Währungshüter in Frankfurt ab, wie stark sich das „Leave"-Votum der Briten auf die Realwirtschaft auswirken wird. Vieles wird davon abhängen, wie schnell der Brexit Realität wird und zu welchen Bedingungen er erfolgt. Jene Stimmen in der EU, die einen sofortigen Abschied der Briten gefordert haben, sind mittlerweile verstummt. Derzeit ist eine gewisse Unsicherheit in der Eurozone vorhanden, die sich naturgemäß nicht positiv auf die Märkte auswirkt.

EZB hält 2017 an niedrigen Zinsen fest

Wir gehen für Europa von einer leichten Wachstumsabschwächung im zweiten Halbjahr 2016 aus. Die Europäische Zentralbank (EZB) wird daher 2017 an ihrer Niedrigzinspolitik festhalten. Die Leitzinsen dürf-

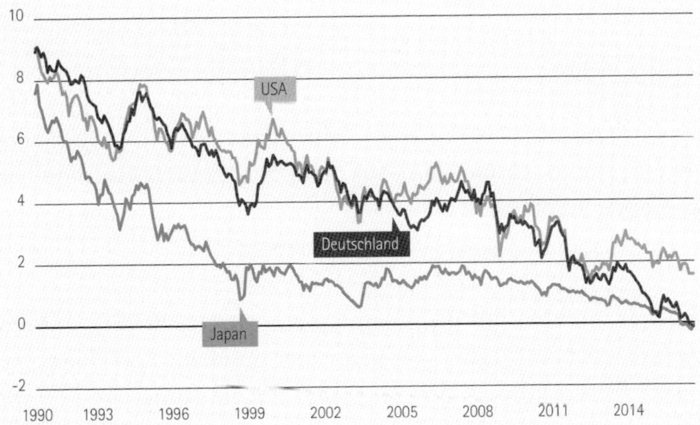

Entwicklung der Renditen 10-jähriger Staatsanleihen

Abb. 2

Quelle: Thomson Reuters

ten darum noch geraume Zeit sehr niedrig bleiben. Ziel der EZB bleibt weiterhin, die Renditen zu drücken und somit einerseits die Staatsfinanzierung zu verbilligen und die Kreditnachfrage zu stützen und damit die Konjunktur anzukurbeln. Diese Strategie verfolgen auch die anderen großen Notenbanken der Welt (vgl. Chart vorige Seite).

Um ihren Maßnahmen noch mehr Gewicht zu geben, wird die EZB das im März 2017 auslaufende Anleihekaufprogramm verlängern, um auch die langfristige Zinsstrukturkurve zu beeinflussen und durch Investitionen zusätzlich Nachfrage zu schaffen. Die Konjunktur in Europa wird auch danach noch auf diesen Stimulus angewiesen sein.

EZB auf dem Weg zur versteckten Staatsfinanzierung

EZB-Politik könnte zu Anleihen-Engpässen führen

Bei aller Notwendigkeit aufgrund der konjunkturellen Lage birgt die Politik der EZB erhebliche Risiken. Bislang erwirbt die EZB Staatsanleihen gemäß dem Grundkapitalanteil der Mitgliedsländer und nur solche, die oberhalb des Einlagensatzes bei der EZB rentieren. Dabei achtet die Notenbank auch darauf, nicht mehr als 33 % einer Emission oder eines Emittenten zu erwerben. Hält die EZB weiterhin an diesen Regelungen fest, dürfte es 2017 zu Engpässen bei verfügbaren Anleihen kommen.

Änderungen der Rahmenbedingungen, vor allem die Abweichung vom Kapitalanteil, sind allerdings ordnungspolitisch heikel. Das Argument beziehungsweise die Kritik an der versteckten Staatsfinanzierung ließe sich dann immer weniger von der Hand weisen. Immerhin musste sich bereits das deutsche Bundesverfassungsgericht mit dem Thema befassen. Es handelt sich um einen heiklen Punkt, bei dem auf dem Prüfstand steht, welche Eingriffe der EZB möglich sind und wo die gesetzlichen Grenzen liegen.

Bank of England: Schadensbegrenzung oberste Maxime

Brexit: Die Bank of England könnte ihre Geldpolitik lockern

In Großbritannien wird auch im Jahr 2017 das alles beherrschende Thema das Brexit-Votum sein. Aus Sicht der Bank of England handelt es sich dabei um einen strukturellen Schock, dem weiterhin mit extrem lockerer Geldpolitik begegnet werden muss.

Noch ist es zu früh, um die gesamten realwirtschaftlichen Folgen des Brexit feststellen zu können. Es kann aber durchaus von einem „Game Changer“ für Großbritannien und auch für die Eurozone gesprochen werden. Derzeit ist der private Konsum noch stabil. Die Investitionen werden allerdings zurückgehen, in der Bauwirtschaft sind sie bereits rückläufig.

Bank von England federt Brexit-Folgen geldpolitisch ab

Die Bank of England unternahm bereits Maßnahmen, um die Folgen des Entscheids der britischen Bevölkerung abzufedern. Bereits Anfang August 2016 senkte die britische Notenbank den Leitzins von 0,5 auf 0,25 %. Es ist keineswegs unrealistisch, dass sie den Zinssatz noch im November 2016 auf 0 herabsetzt. Ebenfalls Teil des Maßnahmenpakets ist die Ausweitung des britischen Ankaufprogramms.

Darüber hinaus kündigte die Bank of England unter anderem auch an, Unternehmensanleihen in der Höhe von 10 Milliarden Pfund kaufen zu wollen. In einem ersten Schritt handelt es sich dabei um wichtige Maßnahmen, deren Wirkung jetzt einmal abgewartet werden sollte, bevor die Notenbank weitere Register zieht.

Kommt ein Konjunkturpaket für UKs Wirtschaft?

Ob die geldpolitischen Maßnahmen alleine die britische Wirtschaft ankurbeln können, oder ob, wie manche meinen, dafür auch ein begleitendes Konjunkturpaket notwendig sein wird, bleibt abzuwarten. Es würde auch wenig Sinn machen, bereits in diesem Herbst das gesamte Pulver zu verschießen, ohne genau zu wissen, wann und zu welchen Bedingungen der Brexit tatsächlich vollzogen wird und welche realwirtschaftlichen Konsequenzen sich daraus ergeben.

Der Brexit lässt auf sich warten

Die Frage, wann der Austrittsprozess Großbritanniens aus der EU eingeleitet wird, ist noch nicht geklärt. Es könnte durchaus sein, dass sich dieser über einen langen Zeitraum hinaus zieht. Denkbar ist auch eine abgemilderte Lösung. Beide Seiten werden danach trachten, eine Lösung zu finden, mit der sowohl die EU als auch die Briten leben können. Die EU wird bei den Verhandlungen aber auch ein Resultat mit abschreckender Wirkung für die verbleibenden Mitgliedsstaaten erzielen wollen.

Brexit-Folgen sind noch überschaubarr

Derzeit sind die Folgen des Votums für Großbritannien jedenfalls (noch) überschaubar. Zwar sinken etwa die Immobilienpreise und es ist auch Tatsache, dass Großbritannien auf eine technische Rezession (zwei Quartale mit negativen Wirtschaftswachstumsraten in Folge) zusteuert. Eine solche allein ist allerdings kein großes Dilemma. Praktisch jede Volkswirtschaft ist in den letzten zehn Jahren schon einmal in eine technische Rezession gefallen, hat sich danach aber wieder aus dieser Talsohle herausgearbeitet. Man darf hier durchaus auf eine gewisse Selbstheilungskraft der Marktwirtschaft vertrauen. Sollte es wirklich „nur" bei einer technischen Rezession bleiben, muss eine Notenbank nicht allzu aktiv darauf reagieren.

Keine Negativzinsen für private Sparer

Europas Bankinstitute werden derzeit von der EZB mit Strafzinsen belegt, wenn sie zu viel Kapital in Frankfurt parken. Dass es deswegen zu Negativzinsen für private Sparer kommt, glauben wir aber nicht. Denn die erste Bank, die eine solche Maßnahme ergreifen würde, hätte wohl ein Problem. Abgesehen von der negativen medialen Berichterstattung würden vermutlich sämtliche Kunden das Weite suchen und ihr Erspartes zur Konkurrenz tragen.

EZB könnte Aktien ankaufen

Im institutionellen Geschäft ist die Weitergabe der Kosten für das Parkieren von Cash jedoch bereits jetzt Realität. Wahrscheinlicher als Minuszinsen für die Kleinsparer ist da schon die zuletzt kolportierte Überlegung der EZB, künftig neben Anleihen auch Aktien anzukaufen, sollte die Wirtschaft nicht an Fahrt gewinnen. Allerdings müsste man klare Regeln einführen, um sicherzustellen, dass Investitionen getätigt werden, die auch wirklich in der Realwirtschaft ankommen. Die EZB dürfte keine Bank-, sondern Industrieaktien kaufen und es dürfte zu keinen Aktienrückkäufen der Unternehmen kommen.

SNB: Diskussion um zukünftige Geldordnung

SNB nimmt das Währungsrisiko auf ihre Bilanz

Die Schweizer Notenbank, deren Politik sich von den anderen Ländern teilweise grundlegend unterscheidet, hat seit 2008 ihre Bilanzsumme versechsfacht (vgl. Grafik). Das ist das Ergebnis geldpolitischer Maßnahmen zur Bekämpfung der übermäßigen Frankenstärke. Damit hat die SNB das Währungsrisiko, welches der Privatsektor nicht mehr tragen wollte, auf ihre Bilanz genommen. Im Zuge dessen werden auf dem Devisenmarkt ausländische Anleihen gekauft, um den Frankenkurs stabil zu halten. Trotz der Aufhebung der Untergrenze hat die Währungsstabilität zum Euro sowie zum US-Dollar noch immer absolute Priorität. 20 % der Devisenreserve ist in Aktien veranlagt – insgesamt rund 90 Milliarden Euro. Desweiteren werden viele sichere Staatsanleihen gekauft, unter anderem von Deutschland und den USA.

Interessant ist, dass der hohe Devisenbestand dahingehend diskutiert wird, dass die SNB diesen Bestand als Wealth Fund (Staatsfonds) führen könnte. Sie lehnt dies aber ab, da die Flexibilität nicht eingeschränkt

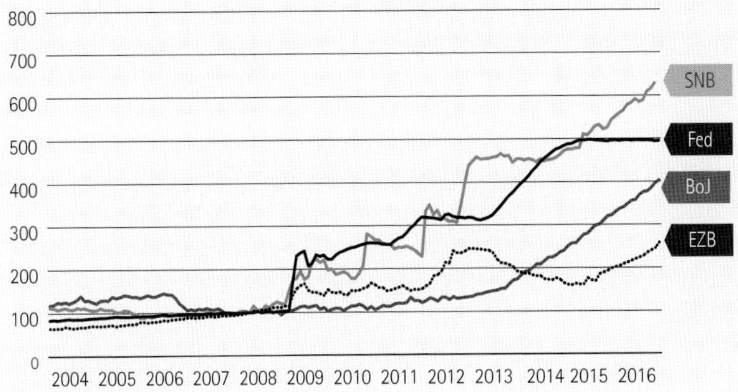

Entwicklung der Zentralbankbilanzen

Abb. 3

Quelle: Thomson Reuters

werden soll und die Bilanz nicht, wie beispielsweise in Norwegen oder dem Nahen Osten, auf dem Volksvermögen gründet.

Schweiz: Diskussion um die Geldordnung

Die Einführung und Aufhebung der EUR/CHF-Untergrenze und die daraus folgende Aufblähung der Notenbankbilanz aufgrund massiver Devisenmarktinterventionen hat in der Schweiz zu einer Diskussion um die Geldordnung geführt. Vorgeschlagen wurde beispielsweise, den Auftrag der SNB auszuweiten. Neben dem bisherigen Ziel der Preisstabilität sollen neue Anliegen wie Vollbeschäftigung und Wechselkursstabilität gesetzlich verankert werden. Die SNB argumentiert, dass es zeitweise zu Zielkonflikten zwischen Preisstabilität, Währungsstabilität und Vollbeschäftigung kommen kann. In solchen Phasen ist ein klares und eindeutiges Ziel (Preisstabilität) besonders wichtig.

Fazit

Beendet die Fed ihre Niedrigzinspolitik, ziehen andere Notenbanken nach

Die großen Notenbanken stehen 2017 vor gewaltigen Herausforderungen. Die Welt ist nach Jahren der Wirtschaftskrise schwer verunsichert. Dennoch gibt es vielerorts wieder mehr positive Impulse. Einiges wird vom weiteren Vorgehen der Fed abhängen. Sollte es die amerikanische Notenbank schaffen, die eigene Niedrigzinspolitik wirtschaftsschonend zu beenden, werden andere Notenbanken ganz allmählich nachziehen. Wir gehen jedoch davon aus, dass 2017 keine andere Notenbank den Schritt zu einer Zinserhöhung gehen wird. Vielmehr müssen die europäische, britische und japanische Bank die eigenen Probleme bewältigen. Eine Normalisierung der weltweiten Notenbankpolitik wird es frühestens 2018 geben, sofern bis dahin keine weiteren Krisen aufziehen.

» Wer heute eine Rendite erzielen will, muss eines nüchtern konstatieren: Einen Zins auf Sparguthaben oder Festgeld wird es auf absehbare zeit nicht geben. Wo liegen also Alternativen? Vor allem solche, die auch für Anleger, die das Risiko von Aktien eher scheuen, gangbar erscheinen? Hier wird der Versuch gemacht, mit der Best-of-Two-Strategie das Anlagedilemma zu lösen.«

Anlagepragmatismus

Nicht jammern, lieber richtig investieren

Carsten Mumm, Donner & Reuschel

Sicher sparen geht nicht mehr

Die Kritik am geldpolitischen Kurs der Europäischen Zentralbank wird schärfer. Sowohl Politiker und Ökonomen als auch Öffentlichkeit und Medien kritisierten die ultra-expansive Geldpolitik mit einem 0%-Leitzins, negativen Einlagenzinsen für Banken und dem ausgeweiteten Anleihenkaufprogramm. Anleger, so der Tenor zunehmender Vorwürfe in der Öffentlichkeit, hätten kaum noch Möglichkeiten, Geld mit sicherer Rendite (Verzinsung) zu sparen.

Die Hintergründe der niedrigen Zinsen

Draghi erklärt die Niedrigzinsen

Also meldete sich EZB-Präsident Mario Draghi in einem Zeitungsartikel zu Wort und erklärte der breiten deutschen Öffentlichkeit die Gründe für die aktuelle geldpolitische Ausrichtung der Notenbank. In dem Ende April erschienenen Beitrag erläutert er, dass die Zinsen auch deshalb niedrig sind, weil das Wirschaftswachstum in der Eurozone relativ schwach ist. In einem nur moderat wachsenden Umfeld besteht kein erhöhter Bedarf an Investitionskapital, weshalb mit Erspartem keine hohen Zinsen zu verdienen sind. Kapital ist nun einmal derzeit kein knappes Gut, entsprechend ist dessen Preis niedrig.

Draghi sieht noch immer Deflationsgefahr

Zudem nannte der Notenbankpräsident die nach wie vor bestehende Gefahr einer Deflation. Die EZB ist der Preisniveaustabilität verpflichtet, was einer Inflationsrate von „unter aber nahe 2%" entspricht. Auch das ist ein Grund für die niedrigen Zinsen.

Sicherlich ist das extrem tiefe – heute weitgehend negative – Zinsniveau insbesondere auch auf die krisenbekämpfenden Maßnahmen der Notenbank zurückzuführen. Diese Politik hat jedoch maßgeblich dazu beigetragen, dass die Eurozone die Turbulenzen der letzten Jahre bis heute überstanden hat. Das mag man angemessen finden oder nicht, auf jedem Fall aber dürfen auch die volkswirtschaftlichen Grundzusammenhänge bei der Beurteilung der EZB-Politik nicht außer Acht gelassen werden. Die EZB hat der Politik Zeit zum Handeln erkauft. Die Reformen müssen von den Nationalstaaten auf Ebene der Politik auf den Weg gebracht werden. Dann kann es wirtschaftlich wieder aufwärts gehen – und dann werden auch die Zinsen wieder steigen.

Die weiteren Zins-Aussichten sind mau

Die Staatsschuldenkrise ist noch nicht gelöst

In den meisten Eurostaaten hat sich die Schuldensituation in den letzten Jahren jedoch weiter verschlechtert. Auch die aktuellen Haushaltssalden liegen bei vielen Euroland-Teilnehmern über dem Maastricht-Kriterium von 3 % vom BIP. Die Staatsschuldenkrise ist also offensichtlich noch nicht gelöst. Zwar zeigen beispielsweise das starke BIP-Wachstum in Spanien (2016e: 2,5 %) und Reformbemühungen in verschiedenen Eurostaaten, dass vielfach der richtige Weg eingeschlagen wurde. Allerdings wird die endgültige Bewältigung der Schuldenkrise noch Jahre benötigen. Allein die schwierige wirtschaftliche Situation Europas ist also schon Grund genug, die Zinsen noch lange Zeit auf dem aktuell niedrigen – großenteils negativen – Niveau zu belassen.

Zudem wird die EZB ihre Politik mit Sicherheit nicht aufgrund eines zunehmenden politischen und öffentlichen Druckes aus Deutschland grundlegend verändern. Die Zinsen werden erst steigen, wenn sich die europäische Inflation dem EZB-Zielwert nähert oder ein stärkeres BIP-Wachstum in Aussicht steht. Auch das dürfte kurzfristig nicht wahrscheinlich sein.

Pragmatisch handeln

Draghi empfiehlt, nicht ausschließlich auf das Sparbuch zu setzen

Wer dies verstanden hat, wird sich zwangsläufig dem realen Vermögensverzehr der niedrigen Zinsen ergeben – oder er wird pragmatisch handeln und Anlagealternativen suchen. Im Interview empfiehlt Mario Draghi den deutschen Anlegern, nicht ausschließlich auf das Sparbuch zu setzen, sondern auch andere Anlagemöglichkeiten zu nutzen.

Tatsächlich sollte im Moment jeder schnell und konstruktiv durchdacht die Optimierung seiner finanziellen Situation in Angriff nehmen, anstatt diese ausführlich zu beklagen. Es hilft nichts, man muss jetzt das Beste aus den Umständen machen. Denn die Hoffnung auf zeitnah höhere Zinsen wird enttäuscht werden. Die Strategie des „Aussitzens“ wird also nicht gut funktionieren. Wer die Hintergründe der Nullzinspolitik verstanden hat, sollte dann auch die richtigen Schlüsse daraus ziehen können.

Risiken richtig beurteilen

Staatsanleihen sind massiv überbewertet

Kontoguthaben und verzinsliche Anlagen mit besten Bonitäten, wie z. B. Bundesanleihen oder Pfandbriefe, fallen als rentable Anlagealternative komplett aus. Offensichtlich wird dies bei einem Blick auf die aktuelle Zinskurve. So erwirtschaften deutsche Staatsanleihen seit dem Brexit-Votum Ende Juni selbst bei einer Laufzeit von 10 Jahren nur noch negative Zinsen. Der Umkehrschluss ist, dass diese Anlagen derzeit viel zu teuer, ja sogar massiv überbewertet sind.

Eindrucksvoll verdeutlicht dies der Vergleich verschiedener Anlageklassen anhand des Kurs-Gewinn-Verhältnisses (KGV). Zur Berechnung des KGV wird der Gewinn in Euro einer Anlage (prozentual ausgedrückt die Rendite) ins Verhältnis zu deren aktuellem Kurs gesetzt (Gewinn / Kurs = KGV). Die Kennzahl sagt aus, ob eine Anlage eher teuer oder eher günstig bewertet ist. Je höher die Rendite im Vergleich zum aktuellen Kurs, umso attraktiver ist die Anlage. Bei ausschließlichem Blick auf diese Kennzahl hat eine Anlage mit einem Gewinn von 5 Euro und einem Kurs von 100 Euro ein KGV von 20. Damit ist sie attraktiver als eine Anlage zum gleichen Preis mit einem Gewinn von 4 Euro. Diese hat entsprechend ein KGV von 25.

Anleihen haben ein KGV von 1.000

Das KGV sagt aus, ob eine Anlage eher teuer oder günstig bewertet ist

Berechnet man diese Kennzahl für nicht verzinste Anlagen (z. B. Kontoguthaben) lässt sich natürlich derzeit kein konkreter Wert mehr ermitteln. Null Euro Ertrag entsprechend 0 % Zinsen dividiert durch eine beliebige Zahl ergibt immer 0. Ebenfalls keine sinnvolle Aussage – nämlich ein negatives KGV – ergibt die Kennzahl für negativ verzinste Anlagen. Nutzt man verzinsliche Anlagen mit einer noch vorhandenen positiven Rendite von z. B. 0,5 % p.a. – was bei Top-Bonitäten nur noch bei extrem langen Laufzeiten anzufinden ist – liegt das KGV bei 1.000. Das ist nicht attraktiv. Auf der anderen Seite ist klar: Je höher das KGV bei künstlichen Anleihenkursen ist, desto höher wird das KGV in anderen Anlageklassen sein, die als verbliebene Anlagealternative zur Verfügung stehen.

Ein Blick auf Aktien: Das KGV des deutschen Aktienindex DAX liegt dagegen derzeit bei ca. 13. Aktien sind damit im historischen Vergleich zwar nicht besonders günstig, aber auch noch lange nicht extrem überbewertet. Selbst zu Zeiten der Internetblase Ende der 90er-Jahre betrug das KGV des DAX „nur“ etwa 30. Einzelne Unternehmen hatten zeitweise eine Bewertungskennzahl von bis zu 60 aufzuweisen (z. B. Deut-

KGVs im Vergleich

Ausgewählte Anlageklassen	Nominalrendite	Kurs-Gewinn-Verhältnis (KGV) Bewertungsfaktor*
Deutsche Staatsanleihe (10 Jahre)	-0,05 %	Negativ
Kontoguthaben	0,00 %	Null
Immobilien Deutschland	2 %-5 %	20-50
Unternehmensanleihe (Investmentgrade)	0,00 %-1,00 %	Null-100
Aktien und unternehmerische Vermögen	6 %-8 %	12-14 (je nach Aktien/Index unterschiedlich)

Quelle: DONNER & REUSCHEL Research, Stand 31.08.2016

sche Telekom). Das ist deutlich weniger als aktuell die verzinslichen Anlagen anzeigen. Allerdings: Das Ende der damaligen Situation ist hinlänglich bekannt: Der DAX stürzte um bis zu 70 % ab. Völlig überbewerteten Anleihen könnte es irgendwann ähnlich ergehen.

Auch Immobilien sind bereits teuer

Auch Immobilien sind mit angenommenen Renditen zwischen 2 % p.a. und 5 % p.a. sowie entsprechenden KGVs zwischen 20 und 50 bereits eher teuer. Aber dennoch sind sie relativ betrachtet noch deutlich attraktiver als verzinsliche Anlagen. Allerdings sind Immobilien zumeist nur mit größeren Anlagesummen als Direktinvestments investierbar.

Für Rohstoffe lässt sich die Kennzahl aufgrund der fehlenden laufenden Erträge nicht berechnen. Eine Rohstoffanlage lohnt sich entsprechend nur bei positiver Kursentwicklung. Die Notierungen vieler Rohstoffe in den letzten Jahren zeigen jedoch extreme Schwankungen und können abgesehen von kleineren Zwischenerholungen sogar über Jahre hinweg negative Vorzeichen vorweisen.

Das KGV richtig einordnen

Höheres Risiko der Aktien muss durch langfristig höhere Gewinne belohnt werden

Die alleinige Betrachtung des KGV greift in der aktuellen Sondersituation allerdings zu kurz. Denn der bei der Kapitalanlage wichtige Faktor des Risikos wird ausgeblendet. Ein Blick auf die Historie zeigt, dass die Kurse von Aktien in der Regel erheblich schwankungsreicher sind

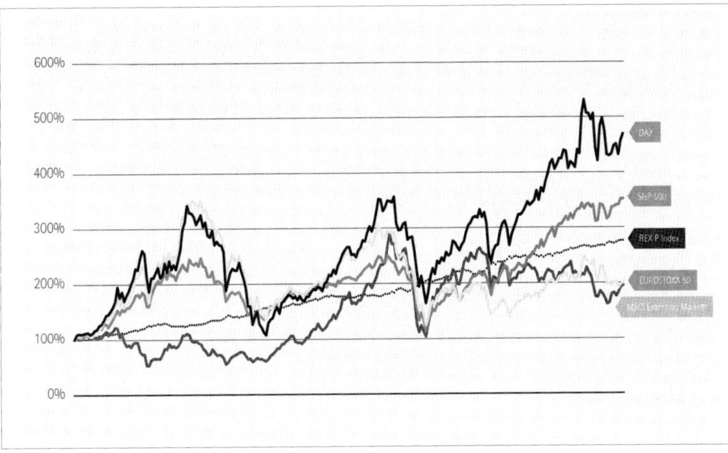

Wertentwicklung der Anlageklassen

Abb. 1

Die Anlageklassen schwanken im Zeitverlauf sehr unterschiedlich.
Quelle: Bloomberg, eigene Berechnungen. Logarithmische Darstellung

als Anleihen. Daher ist generell eine höhere Bewertung bzw. niedrigere Rendite von Anleihen im Vergleich zu Aktien zu erwarten. Anders gesagt muss das höhere Risiko der Aktien durch langfristig höhere Gewinne belohnt werden. In der Vergangenheit war der Aufschlag des Anleihesektors jedoch noch nie so groß wie in den letzten Jahren.

Anleihen mit erheblichen Risiken behaftet

Das zeigt, dass Anleihen in Zeiten von Negativzinsen nicht nur geringe Renditechancen, sondern auch erhebliche Risiken bergen. Die schlagen bei steigenden Marktzinsen voll durch. Im zweiten Quartal 2015 wurde dies offensichtlich, als die Rendite der 10-jährigen Bundesanleihe von 0,05 % p.a. innerhalb weniger Wochen auf 1 % p.a. angestiegen ist. In diesem Zuge korrigierte der Kurs einer zehnjährigen Bundesanleihe um ca. 8 %. Bei nicht vorhandenen oder sehr niedrigen laufenden Verzinsungen kann dieser Verlust kaum abgemildert werden.

Risiko der Illiquidität nimmt zu

Hinzu kommt das wachsende Risiko der Nicht-Handelbarkeit. Seitdem die EZB als Käufer massiver am Markt aktiv ist, hat die Liquidität in vielen Anleihesegmenten deutlich abgenommen. Bestehende Positionen könnten gerade in Stressphasen gar nicht oder nur noch mit erheblichen Abschlägen verkauft werden.

Man kann sich nicht einfach die Zeiten steigender Kurse aussuchen

Gerade aufgrund der zeitweise heftigen Schwankungen sorgt der Verweis auf die Aktienmärkte als Ergänzung zu verzinslichen Anlagen bei risikosensitiven Anlegern jedoch nicht für Begeisterung. Hinzu kommt, dass Prognosen an den Kapitalmärkten im Allgemeinen kaum möglich sind. Man kann sich nicht einfach die Zeiten steigender Kurse aussuchen und rechtzeitig vor einem Kurssturz verkaufen. Das gelintg höchstens zufällig. Denn die Gewinner und Verlierer wechseln sich an den Märkten unregelmäßig ab (vgl. Tabelle). Seit 2008 sind die Kapitalmärkte durch eine beispiellose Abfolge von Krisen und Rettungsmaßnahmen durch Staaten und Notenbanken geprägt und haben klassische fundamentale Bewertungsmethoden weiter in den Hintergrund rücken lassen. Die Prognosegüte wurde dadurch zusätzlich reduziert.

Verluste nerven

Die Angst vor einem Totalverlust

Werden die ersten Verluste erkannt, kommt die Psychologie ins Spiel. Oftmals klammern sich Anleger zunächst an das Prinzip Hoffnung und vertrauen auf ihre ursprüngliche Anlageentscheidung. Wenn sich die Verluste deutlich ausgeweitet haben und die Nachrichtenlage schlechter

Gewinner und Verlieren an den Märkten

2008	2009	2010	2011	2012	2013	2014	2015	2016
US Treasuries 25,6 %	MSCI EM 73,8 %	AUD 27,8 %	US Treasuries 20,0 %	DAX 29,1 %	S&P 500 26,7 %	S&P 500 26,9 %	Topix 23,7 %	?
REXP 10 12,6 %	Rohstoffe 31,1 %	MSCI EM 27,5 %	REXP 10 12,4 %	EUROSTOXX 18,1 %	DAX 25,5 %	US Treasuries 24,1 %	US Treasuries 13,7 %	?
USD 7,6 %	AUD 28,6 %	Rohstoffe 27,2 %	AUD 8,5 %	MSCI EM 16,1 %	EUROSTOXX 21,5 %	REXP 10 14,3 %	S&P 500 12,9 %	?
REXP 1 5,6 %	EUROSTOXX 25,6 %	S&P 500 23,4 %	S&P 500 5,3 %	S&P 500 13,9 %	Topix 21,2 %	USD 14,1 %	USD 11,6 %	?
AUD -9,7 %	DAX 23,8 %	Topix 23,4 %	USD 3,4 %	REXP 10 7,2 %	REXP 1 0,1 %	MSCI EM 11,5 %	DAX 9,6 %	?
Topix -22,7 %	S&P 500 23,1 %	US Treasuries 17,7 %	REXP 1 1,8 %	Topix 6,0 %	REXP 10 -1,1 %	Topix 10,1 %	EUROSTOXX 6,4 %	?
Rohstoffe -32,8 %	REXP 10 3,8 %	DAX 16,1 %	Rohstoffe -3,8 %	AUD 3,5 %	USD -4,1 %	AUD 7,3 %	AUD 2,4 %	?
S&P 500 -34,2 %	Topix 3,9 %	USD 7,5 %	Topix -9,8 %	US Treasuries 2,4 %	MSCI EM -6,8 %	EUROSTOXX 4,0 %	REXP 10 0,8 %	?
DAX -40,4 %	REXP 1 2,7 %	REXP 10 4,6 %	EUROSTOXX -14,1 %	REXP 1 0,2 %	US Treasuries -10 %	DAX 2,7 %	REXP 1 0,0 %	?
EUROSTOXX -42,4 %	USD -2,3	REXP 1 0,8 %	DAX -14,7 %	Rohstoffe -0,4 %	Rohstoffe -10,3 %	REXP 1 0,2 %	MSCI EM -5,3 %	?
MSCI EM -51,2 %	US Treasuries -11,3 %	EUROSTOXX -2,8 %	MSCI EM 15,9 %	USD -1,6 %	AUD -15,2 %	Rohstoffe -5,5 %	Rohstoffe -22,4 %	?

Quelle: Donner & Reuschel

wird, denkt man über einen Verkauf nach, um das verbliebene Kapital zu retten. Die Angst vor einem Totalverlust sorgt nahe dem Tiefpunkt für einen Ausstieg und damit für die Realisierung massiver Verluste.

Noch gravierender: Am nächsten Aufschwung wird nicht mehr partizipiert. So oder ähnlich erging es vielen – insbesondere Erst-Aktionären – während des Platzens der Internetblase in den Jahren 2001 bis 2003. Die negativen Phasen an den Börsen waren für private Anleger oftmals emotional nicht auszuhalten. Viele institutionelle Anleger mussten hingegen verkaufen, weil sie vorgegebene Risikobudgets verbraucht hatten.

Wenn der nächste Aufschwung an einem vorbeigeht

Eine passende Anlagestrategie finden

Bei der Suche nach Alternativen müssen also insbesondere die folgenden Aspekte berücksichtigt werden, um die Wahrscheinlichkeit eines Anlageerfolges zu erhöhen:

- Anleihen bergen kaum Renditechancen, aber erhebliche Risiken.
- Schwankungen der Kapitalanlagen müssen begrenzt werden.

- Auf explizite Prognosen sollte verzichtet werden.
- Investmentquoten müssen an die Marktsituation angepasst werden.
- Es sollte nur in Anlagen investiert werden, die liquide handelbar sind.

Gesucht: Das Beste aus allen Anlageklassen

Die Best-of-Two-Strategie

Traditionelle Investmentstrategien werden diesen Ansprüchen nicht gerecht. Eine Alternative basiert auf einem wissenschaftlichen Artikel von William Margrabe (Jahr 1979) und war lange bloße Theorie. Margrabe beschreibt eine Austauschoption, die dem Inhaber das Recht einräumt, am Ende einer Anlageperiode die bessere Wertentwicklung von zwei zugrundeliegenden Anlageklassen (z. B. Aktien und Renten) zu wählen. In der Realität ist diese Option jedoch nicht erwerbbar.

Von der Theorie zur Anlagepraxis

Trotzdem gab es in den 90er-Jahren erste Überlegungen, die Theorie für eine Anlagestrategie zu nutzen, indem die optimale Gewichtung zweier Anlageklassen in einem Depot ermittelt wird. In vorab definierten zeitlichen Abständen wird diese Gewichtung abhängig von der tatsächlichen Wertentwicklung der beiden Anlagen angepasst. So erfolgt sukzessive eine höhere Gewichtung der besseren Anlageklasse.

Auf die Siegerpferde setzen

Im Ergebnis hält ein Anleger am Ende des Betrachtungszeitraums 100 % der besseren Anlage im Depot und kann dessen Rendite abzgl. der Strategiekosten (in der Theorie der Optionskosten) vereinnahmen. Bei der Optimierung eines aus Aktien und Anleihen bestehenden Depots kann man demzufolge je nach Marktlage sowohl 100 % Aktien als auch 100 % Anleihen halten. So gelingt es, die Verluste an den Kapitalmärkten deutlich zu reduzieren und gleichzeitig an den sich ergebenden Chancen zu partizipieren.

Aktien sind unverzichtbarer Bestandteil jedes langfristig orientierten Anlegers

Zunehmende praktische Bedeutung bekam die Strategie infolge des Platzens der Internetaktienblase Anfang des Jahrtausends. Ende der 90er Jahre, als die Aktienmärkte nur eine Richtung kannten, stiegen immer mehr unbedarfte Anleger in den Aktienmarkt ein und erlitten in den Folgejahren zum Teil heftige Verluste. In dieser Zeit haben sich viele Enttäuschte für immer vom Aktienmarkt verabschiedet – eine nachvollziehbare, aber gerade in Zeiten der Nullzinsen krasse Fehlentscheidung. Aktien sind ein unverzichtbarer Bestandteil jedes langfristig orientierten Anlegers. Und mithilfe der Best-of-Two-Strategie können die Schwankungen der Kapitalmärkte aushaltbar gemacht werden.

Das Beste aller Klassen in einem Portfolio

Die Best-of-Multiple-Opportunities (BoMO) -Strategie

In den Folgejahren wurde der Ansatz immer weiter optimiert. Die neueste Entwicklung ist die sogenannte Best-of-Multiple-Opportunities (BoMO) -Strategie, die den Best-of-Two-Ansatz nutzt, um mehrere Anlageklassen gegeneinander zu optimieren. Analog eines Absolute Return Ansatzes sollen möglichst positive Renditen mit unterschiedlichen Anlageklassen und Zielmärkten erwirtschaftet werden. Auf diese Weise können neben verschiedenen Aktien- und Rentenindizes beispielsweise auch Rohstoffe und Währungen genutzt werden, ohne sich den spezifischen Risiken dieser Anlagen schutzlos auszuliefern.

Ähnliches Risiko, bessere Rendite als bei Anleihen

Rückrechnungen zeigen, dass mit Hilfe dieser Strategie Multi-Asset-Portfolien zusammengestellt werden können, die eine Rendite von 3 % p.a. nach Kosten realistisch machen. Die erwartete Volatilität liegt bei 5 %. Der maximale zwischenzeitliche Verlust beträgt 10 %. Damit entsprechen die Risikokennzahlen denen einer Bundesanleihe mit 10 Jahren Laufzeit. Die Renditeerwartung der Bundesanleihe liegt hingegen im negativen Bereich. In den ersten 9 Monaten 2016 hat ein gemäß BoMO-Strategie gemanagtes Portfolio eine Wertentwicklung 2,63 % nach Kosten zu verzeichnen und entspricht damit den Erwartungen.

Elf liquide Anlagen reichen aus

Investments über standardisierte Derivate

Der Ansatz gibt elf liquiden Anlagen eine Renditechance. Dazu zählen auf der Rentenseite einjährige und 10-jährige Bundesanleihen sowie 10-jährige US-Treasuries. Im Währungssegment werden der US- und der australische Dollar gehalten. Die Aktienindizes DAX, EURO STOXX 50, S&P 500, TOPIX und MSCI Emerging Markets sowie ein Rohstoffindex runden das Portfolio ab. Rohstoffe werden über einen ETF abgedeckt, alle anderen Investments erfolgen ausschließlich über hoch liquide und standardisierte Derivate. Auch in Phasen steigender Marktzinsen kann das Konzept bestehen, indem z. B. in Renten mit kurzer Laufzeit umgeschichtet wird, die sich genau in diesem Zeitraum besser entwickeln. Nur wenn gleichzeitig keine der betrachteten Anlagen eine positive Wertentwicklung aufzuweisen hat, wird Liquidität genutzt.

Alternative für Anleger, die eher risikoscheu sind

Risikosensitiven Anlegern bietet der Ansatz eine Alternative. Dabei ist es unwichtig, ob der Anleger ein vermögender Privatkunde, eine Stiftung, eine Pensionseinrichtung oder ein Family-Office ist. Für alle gilt, dass in erster Linie das Anlagekapital erhalten bleiben soll. Genau das ist mit vermeintlich risikoarmen Zinsanlagen heute nicht mehr möglich.

» Ich weiß, dass ich nichts weiß. „Oîda ouk eidōs" – diese berühmten Worte des griechischen Philosophen Sokrates stellen die zentrale Formel einer Fragen-Antwort-Didaktik dar, die sich als adäquates Mittel zur Lösung komplexer Sachverhalte anbietet. Mittels Dialogen soll konstant nach weiterführenden Lösungen und Erklärungen gesucht werden. Heute, 2.500 Jahre nach Sokrates, können sich Anleger auf diese Methode besinnen, um den Herausforderungen der Gegenwart auch in der Asset Allokation im Zeichen politisierter Notenbanken zu begegnen. «

Politisierte Notenbanken

Asset Allokation 2017

Ajang Rezayati, Senior Private Banker, Raiffeisenbank Bregenz

Wozu dieses Pathos? Ganz klar: Im Sinne der Fragen-Antwort-Didaktik von Sokrates sollten wir zuerst wissen: Was hat die aktuelle Situation hervorgebracht und was macht es so schwierig, Lösungen für drängende Probleme zu finden? Ein kurzer Blick zurück über die vergangene Dekade erinnert uns an nicht wenige einschneidende Ereignisse, in der Finanzwelt und über sie hinaus auf dem geopolitischen Parkett.

Ursachen der aktuellen Probleme

Die Weltwirtschaft hat sich nach 2008 nie wirklich erholt

Zweifelsfrei war die Subprime-Krise und die daraus folgende Insolvenz der Traditionsbank Lehman Brothers der Start einer der turbulentesten Dekaden in der internationalen Finanzbranche. In Folge jener Ereignisse in den Jahren 2007 und 2008, die aufgrund der engen Verflechtungen weltweit Banken und Finanzinstitute teils in ernsthafte Schwierigkeiten brachten, hat sich die allgemeine wirtschaftliche Situation nie wirklich nachhaltig erholt.

Vor allem Südeuropa leidet unter der Krise

Jenseits einzelner Institute haben mehrere europäische Länder seither Schwierigkeiten, die Konjunktur zu stabilisieren. Sie befinden sich praktisch durchgehend im Krisenmodus. Neben Portugal, Spanien und Italien ist da wohl als prominentester Vertreter Griechenland zu nennen. Nicht vergessen bleiben auch die Krisen in Irland oder Zypern.

Viele Unsicherheitsfaktoren

Abseits der direkten Folgen der Subprime/Lehman-Krise gibt es allerdings noch eine Vielzahl weiterer Themen, die zu großen Unsicherheiten bei Anlegern führen. So hat die fortschreitende Internationalisierung gezeigt, dass es längst nicht mehr egal ist, ob in China „ein Sack Reis umfällt". Erstmals haben weltweit die Börsen sehr nervös auf die nachlassenden Wachstumszahlen der Volksrepublik, in Kombination mit ihrem stark steigenden Schuldenberg, reagiert.

In Europa haben mehrere Staaten das Bankgeheimnis abgeschafft und mit den Vereinbarungen zum bilateralen Datenaustausch – zum Teil auch in die Vergangenheit – rechtliche Änderungen durchgesetzt, die verständlicherweise für großen Vertrauensverlust sorgen.

Datenaustausch und Brexit-Votum verunsichern

Schließlich haben das am Ende doch etwas überraschende Brexit-Votum und die in weiteren europäischen Staaten zunehmenden Stimmen gegen die EU ihren Teil zur allgemeinen Verunsicherung beigetragen.

Politisierte Zentralbanken

Parallel zu diesen geopolitisch-wirtschaftlichen Ereignissen haben im Laufe der letzten Jahre jedoch vor allem zwei Themen für Unmut und Probleme bei Anlageentscheidungen gesorgt: das historisch niedrige Zinsniveau und die expansive Geldpolitik („QE") der Zentralbanken.

Ein Rückblick auf die Geschichte der Notenbanken zeigt, wie wichtig deren Rolle für eine stabile Wirtschaft ist. Allein im 20. Jahrhundert finden wir zahlreiche Beispiele für Aufgaben, die Regierungen ihren Zentralbanken aufoktroyiert haben: in Kriegszeiten etwa die Bereitstellung von Liquidität, um Kriegsausgaben zu decken, in Nachkriegszeiten die Bekämpfung der Arbeitslosigkeit sowie in weiterer Folge ganz allgemein die Stabilisierung des makroökonomischen Gleichgewichts.

Klare Trennung zwischen Zentralbank-Autonomie unb Fiskalpolitik

Nachdem dieser unstrukturierte Mix aus Zielen und Maßnahmen immer seltener zum gewünschten Erfolg geführt hat, kristallisierte sich gegen Ende des Jahrhunderts der Fokus auf die Preisstabilität mittels Geldpolitik als erfolgversprechendes Model heraus. Vor allem die gleichzeitig gewährleistete Autonomie der Zentralbanken sollte den Zugriff der Politik und den damit einhergehenden Missbrauch für ihre Zwecke unterbinden. So war sichergestellt, dass die Notenbanken mittels ihrer Instrumente, Anpassung der Geldmenge und des Zinsniveaus, allein für das gewünschte Inflationsziel bei ca. 2 % sorgen konnten. Sämtliche weiteren konjunkturellen Maßnahmen blieben der Fiskalpolitik und allgemeinen strukturellen Reformen überlassen.

Nach dem Wegfall des Eisernen Vorhangs und der neuen marktwirtschaftlichen Ausrichtung Chinas begann eine neue Dimension des freien internationalen Handels. Hand in Hand mit dem technologischen Fortschritt entstand eine Weltwirtschaft mit vorher nicht gekannten Interdependenzen, Ausmaßen und riesigen Playern. Diese „neue Welt" bedarf angepasster Reglements, aber auch einer frischen und offenen

Herangehensweise („Ich weiß, dass ich nichts weiß.") an die Herausforderungen. Wie sich zeigt, hat es die Politik versäumt, für angepasste Strukturen zu sorgen und war alles andere als vorbereitet auf das, was kommen sollte.

Grenzübertritte bei Rettungsaktionen

Die Zentralbanken sollten die Kohlen aus dem Feuer holen

Vor dem Hintergrund eines weltweit massiv gestiegenen Schuldenbergs führte das mangelhaft regulierte Wirken riesiger global agierender „systemrelevanter" Institute beinahe zum weltweiten Kollaps des Finanzsystems. Damit sollte sich anno 2008/2009 die Geschichte wiederholen. Angesichts einer bevorstehenden, massiven weltweiten Finanzkrise waren es einmal mehr die Notenbanken, die entgegen ihrer eigentlichen Bestimmung, die Inflation zu kontrollieren, die Kohlen aus dem Feuer holen sollten und damit zuvor definierte Grenzen überschritten.

Andere Möglichkeiten bestanden zu diesem Zeitpunkt nicht, da fiskalpolitische Maßnahmen deutlich länger brauchen, um zu wirken und Reformen gar Jahre in Anspruch nehmen.

Durch den aggressiven Einsatz geldpolitischer Maßnahmen – wie das drastische Absenken der Leitzinsen, um deflationäre Tendenzen zu bekämpfen oder das vielumstrittene expansive Liquiditätsprogramm – konnte die Fed das Schlimmste verhindern und die US-Konjunktur zum Teil recht erfolgreich wieder beleben. Einige Notenbanken sahen sich jedoch gezwungen, deutlich weiter zu gehen.

Zur Euro-Rettung testet die EZB ihre Grenzen

„Whatever it takes" waren schließlich jene Worte Mario Draghis, die den Euro aus der Krise holen sollten. Mit seinem Bekenntnis zur Rettung des Euros, koste es was es wolle, gab er sowohl der Währung als auch dem europäischen Wirtschaftsraum den ersehnten Rückhalt. Gleichzeitig wurde neben der Eurorettung die Belebung der Konjunktur als definiertes Ziel festgehalten.

Retrospektiv betrachtet kann das schnelle und beherzte Eingreifen der Notenbanken durchaus positiv beurteilt werden und Anerkennung finden. Wenig Begeisterung bleibt hingegen für die politischen Akteure in diesem Schauspiel übrig. Der Fokus lag zu sehr im Detail bei individuellen Verursachern der Krise und zu wenig bei den globalen strukturellen Zusammenhängen. Zu sehr rückten mit Verweis auf die gestiegenen Schulden allein Sparmaßnahmen (Austeritätsprogramme) in den Vordergrund.

Geschaffenen Spielraum falsch ausgenutzt

Die Staaten nutzen den geldpolitischen Spielraum nicht für Strukturreformen.

Statt den Spielraum, der durch Notenbanken geschaffen wurde, für Strukturreformen zu nutzen, wurden andere Ziele verfolgt. So haben die meisten Länder die günstige Zinslage zur Optimierung der Staatsschulden genutzt, was paradoxer Weise nach Jahren der Austeritätspolitik zu einer weiter gestiegenen Gesamtverschuldung in der Eurozone geführt hat. Im Übrigen lastet diese Tatsache schwer auf dem Leitzins.

Natürlich war und ist die Aufgabe der Politik keine leichte. Henrik Müller fasst sehr schön zusammen: „Langwierige Strukturreformen, die die Wirtschaft nachhaltig voranbringen würden, sind populistischen Politikern ein Graus. Die Materie ist komplex, den Wählern schwer vermittelbar. Die Umsetzung ist anspruchsvoll, weil diverse Interessengruppen Widerstand leisten. Und positive Wirkungen entfalten sich nicht sofort." Im Streit um die Nachversteuerung der Europagewinne des US-Konzerns Apple in Irland sieht man, wie komplex ein vermeintlich selbstverständlicher Sachverhalt heutzutage geworden ist.

Alte Gewissheiten gelten nicht mehr.

Aus der Krise heraus ist es schwer, mit „Versuch und Irrtum" passende Lösungen zu finden; denn ökonomische Zusammenhänge aus alten Lehrbüchern gelten heute nicht mehr. In Europa steigt die Geldmenge rapide, ohne dass die Inflation steigt. In den USA und Großbritannien sinken die Arbeitslosenzahlen, ohne nennenswerten Anstieg der Löhne. Das einst zweidimensionale magische Vieleck der VWL ist heute gefühlt um Dimensionen reicher und ähnelt eher einem verdrehten und verkeilten Rubiks Zauberwürfel, dessen Lösung viel Fingerspitzengefühl, Kreativität und Geduld braucht.

Neue globale Wirtschaftsdynamik

Im dritten Jahrtausend haben wir es mit einer veränderten Wirtschaftsdynamik zu tun. Eine neue Dimension von Handelsaktivitäten, eine neue Dynamik bei Währungskriegen und bisher ungesehene Maßnahmen von Notenbanken brauchen neue Ideen und Regularien, um für stabile konjunkturelle Bedingungen zu sorgen. Mit einem besorgten Blick Richtung Japan, das seit Jahrzehnten in der Niedrigzinsmisere festhängt, ist schön zu sehen, wie schwer es sein wird, aus den aktuellen Konditionen wieder herauszukommen.

Am Ende des Tages sehen wir uns mit massiver Kritik gegenüber den Notenbanken konfrontiert, die ursprünglich als Retter in der Not das

Schlimmste verhindert haben. Berechtigterweise wird hervorgebracht, dass die Liquiditätsprogramme wirkungslos sind, die Grenzen der Staatsfinanzierung fließend überschreiten und teils fragliche und unfaire Subventionen darstellen.

Der Informationsgehalt von Zinssätzen schwindet

Nicht zu vergessen, dass die gewissermaßen „bedingungslosen Käufe" den Informationsgehalt von Zinssätzen (Ausfallsrisiko von Schuldnern) verzerren. Renditen von ca. 1,5 % bei 10-jährigen italienischen oder spanischen Staatsanleihen sollten jedem Investor zu denken geben. Dass das mittlerweile absurde Zinsniveau Anleger quer durch alle Schichten, von Institutionellen wie Pensionskassen bis hin zur breiten Masse der Privathaushalte, mit teils schwerwiegenden Herausforderungen konfrontiert, ohne aber im Gegenzug das Problem der konjunkturellen Nachfrage zu lösen, tut ein Übriges.

Der Vertrauensverlust wird zum Problem für Notenbanken und Politik.

Was Notenbanken und Politik zudem offensichtlich wenig beachten, ist ein Nebeneffekt des aktuellen Gebarens: der Vertrauensverlust. Der Wert unseres Geldes baut in erster Linie auf Vertrauen; nämlich auf Vertrauen darauf, dass wir jederzeit in Zukunft „den Gegenwert" für Scheine, Münzen und Giralgeld eingelöst bekommen. Und genau dieses Vertrauen unterliegt derzeit inflationären Tendenzen.

Ernüchterung auf politischer Seite

Ohne fiskalpolitische Maßnahmen geht es nicht.

Die gute Nachricht: Langsam scheint auf politischer Seite Ernüchterung einzukehren. Auch wenn die Notenbanken weiterhin „immer mehr vom Selben" als passende Medizin ansehen, dürfte man an einzelnen Stellen in der Politik erkannt haben, dass es ohne fiskalpolitische Maßnahmen nicht funktionieren wird. Genauso wenig wie es ohne ausgiebige Reformen auf diversen Ebenen, sowohl national als auch der EU-Institutionen, möglich sein wird, das Vertrauen der Bevölkerung zurückzugewinnen. Axel Weber, ehemaliger Bundesbank-Präsident, fasst die Situation schön in einem Satz zusammen: „Notenbanken sind heute sehr stark zum Reparaturbetrieb der Politik und der Finanzmärkte verkommen."

Es ist also eigentlich bereits fünf nach zwölf. Die Geldpolitik hat ihr Pulver verschossen. Europa und der Euro geraten durch die Unsicherheiten und den Vertrauensverlust immer mehr unter Druck. Das Brexit-Referendum war vermutlich erst der Anfang einer umfassenden Krise der europäischen Idee. Da braucht es auch keinen Nobelpreisträger wie Joseph Stiglitz, um zu erkennen, dass mit der Euro-Einführung den einzelnen Ländern die Möglichkeit genommen wurde, individuelle Zins- und Wechselkurspolitik zu betreiben, ohne aber für Alternativen zu sorgen.

Dem Euro fehlt die Basis

Dem Euro fehlen einheitliche fiskalpolitische Regularien.

Gleichzeitig fehlt es an einheitlichen fiskalpolitischen Regularien, die aber für eine stabile Gemeinschaftswährung unabdingbar wären. Dass es in einem wirtschaftlich durchwegs heterogenen Europa beinahe unmöglich ist, mit einheitlichen Maßnahmen unterschiedliche Probleme zu lösen, scheint jedem einleuchtend. Nur fehlen den derzeit Aktiven (den Zentralbanken) die geeigneten Mittel, und die eigentlich Verantwortlichen (die Regierungen) bringen anscheinend nicht den Mut auf, notwendige Strukturreformen und Investitionsprogramme umzusetzen. Es ist dringend an der Zeit, den fortwährenden Krisensymptomen ein Ende zu setzen.

Folgen für die Asset Allokation

Auf der Suche nach Alternativen für den sicheren Zins

Vor dem Hintergrund all dieser Geschehnisse wird klar, dass nicht allein das niedrige Zinsniveau und die mangelnde Verfügbarkeit „sicherer Anleihen", sondern vor allem auch die herrschende Unsicherheit und reduzierte Planbarkeit großen Einfluss bei künftigen Anlageentscheidungen haben. Der vermeintlich sichere Zins ist bis auf Weiteres passé und es gilt, nach Alternativen zu suchen. Dabei sieht sich jeder Marktteilnehmer, Privatanleger genauso wie professioneller Investor, mit der Notwendigkeit konfrontiert, seine Komfortzone zu verlassen.

Anpassung des Investmentstils nötig

In einer Ära, in der kein Verlass mehr auf den lehrbuchmäßigen Verlauf der Konjunkturzyklen ist und gewohnte Korrelationen ebenfalls immer öfter vergeblich gesucht werden, ist eine Anpassung des Investmentstils nötig. In diesem Sinne wird der Ausblick instinktiv auf immer kürzere Zeiteinheiten gelenkt. Auch wenn weiterhin versucht wird, die Entwicklung des Folgejahres zu antizipieren, zwingen Erfahrung und Vorsicht dazu, vermehrt auf Unvorhergesehenes vorbereitet zu sein. Die Grenzen zwischen strategischer und taktischer Allokation verschwimmen immer öfter.

Wer unnötige Risken vermeiden will, wird künftig erst recht an einer möglichst breiten Diversifikation nicht vorbeikommen. Die Investition in einige wenige Regionen, Branchen oder Anlageklassen sollte nur mit entsprechendem Bewusstsein erfolgen.

Neuer Blick auf Sicherheit und Risiko

Hat man früher, stark vereinfacht, konservativ in Anleihen und spekulativ in Aktien investiert, so zeigt sich anno 2016 ein deutlich differenzierteres Bild hinsichtlich Unterscheidung zwischen sicheren und riskanten Anlagen. Am Beispiel des Brexit ist schön zu sehen, dass Sicherheitsaspekte nunmehr sehr kurzfristig je nach aktueller Situation bewertet werden. So waren beispielsweise im Juni 2016 der CHF, der USD, der JPY und Gold die typischen Risk-Off-Positionen, um die Entwicklungen rund um das Referendum abzuwarten.

Gold empfiehlt sich als sicherer Hafen.

Gold dürfte, zusammen mit anderen Edelmetallen, auch in naher Zukunft erhöhte Nachfrage finden und sich damit als ein Sicherheits-Baustein des Portfolios empfehlen. Der Grund dafür findet sich neben den klassischen Motiven wohl vor allem in der Tatsache, dass der Goldpreis politisch kaum manipulierbar ist. Das ist eine Eigenschaft mit einem starken psychologischen Alleinstellungsmerkmal in heutiger Zeit.

Wieder aktuell ist auch das Thema Schwellenländer. Während diese in den vergangenen Jahren nur vereinzelt überzeugen konnten, präsentieren sich einige unter ihnen als sehr aussichtsreiche Kandidaten für stabile kurz- und mittelfristige Entwicklungen. Zu beachten ist allerdings, dass es hier keine Gesamtpaketlösung gibt. Mangels einer gleichläufigen konjunkturellen Entwicklung und beispielsweise individuellen Abhängigkeiten gegenüber Rohstoffmärkten (Ölpreis) gilt es, sehr gezielt jene Kandidaten zu wählen, deren makroökonomische Indikatoren ein Investment auch rechtfertigen. Als ein Beispiel wäre an dieser Stelle Indien zu nennen, das, obwohl in mancher Hinsicht bereits teuer bewertet, immer noch vielversprechende Möglichkeiten bietet.

Aktien bleiben attraktiv

Aktien mit langfristiger Dividendenpolitik sind gefragt.

Weiterhin attraktiv bleiben Aktien. In erster Linie sei hier an Substanztitel mit stabiler langfristiger Dividendenpolitik gedacht, die durchaus auch für konservative Anleger in Frage kommen. Auch hier bleibt die oberste Prämisse: Diversifikation. Ein breit gestreutes Portfolio mit Werten aus unterschiedlichen Sektoren und Regionen darf durchaus einen Teil der Allokation für sich beanspruchen.

Abseits der Substanz- und Dividendentitel rückt die Frage nach der korrekten Bewertung in den Mittelpunkt. Zweifelsohne müsste man die Finger von vielen Aktien lassen, deren Multiples jenseits bekannter und sinnvoller Dimensionen liegen. Doch auch hier ist Besonnenheit gefragt. KGVs aus alten „normalen" Zeiten lassen sich schwer mit jenen aus Zeiten „ohne Zinsen" vergleichen. Unter Umständen macht es Sinn, die gegebenen neuen Multiples für die Ära der Null- und Negativzinsen, ceteris paribus, als fair und korrekt zu bewerten.

In jedem Fall gilt es, fundamentale Kriterien wie z. B. einen gesunden Cash Flow nicht aus dem Auge zu verlieren. Hand in Hand mit diesem Ansatz ist natürlich die expansive Geldpolitik und die damit ausgelöste Verschiebung der Liquidität von Zinstiteln in Richtung Aktien zu sehen. Dass jede Veränderung bei Leitzinsen oder Anleihekaufprogrammen auch einen direkten Einfluss auf Aktienkurse haben wird – und damit sehr genau beobachtet werden sollte – versteht sich von selbst.

Derivate können helfen

Erwähnung finden sollten an dieser Stelle auch Derivate. Zu Unrecht werden diese von vielen Anlegern gemieden. Dabei wird gerne vergessen, dass der Existenzgrund und auch Hauptnutzen vieler Derivate die Versicherungsfunktion ist. Vom simplen Protective Put zur kurzfristigen Absicherung, über Covered Call Positionen bis hin zu komplexeren Strategien, bietet diese Anlageklasse für jede Marktlage passende Möglichkeiten. Egal welcher Markt, wieviel Volatilität oder welches andere Szenario – es gibt Instrumente zur Absicherung oder zur Partizipation an Marktbewegungen.

Mittlerweile gibt es eine vorzügliche Auswahl an strukturierten Produkten für Privatanleger, die alle Bedürfnisse bedienen. Eine Streuung über mehrere Kapitalgarantieprodukte, Bonuszertifikate (mit bis zu 60 % Sicherheitspuffer) oder Expresszertifikate bringt aufgrund der niedrigen Korrelation Ruhe ins Portfolio und ist gerade für konservative Anleger eine sehr attraktive Alternative zu Zinstiteln.

Multi-Asset-Fonds nutzen

Multi-Asset-Lösungen sind weit besser als ihr Ruf

Die perfekte Methode, alle oben genannten Ansätze zu kombinieren, ist der Einsatz von Multi-Asset-Lösungen. Ebenfalls zu Unrecht medial verschrien, da viele Anbieter keinen Mehrwert gegenüber dem Passivinvestment in die jeweiligen Benchmark-Indizes brachten, verdienen moderne Fonds mehr als nur eine kurze Erwähnung. Gut gemanagte Portfolios vereinen alles oben Genannte: Eine breite Diversifikation, den Einsatz aller Anlageklassen (Aktien, Anleihen, Währungen, Rohstoffe, Immobilien, ...) sowie die kurzfristige aktive Anpassung und Absicherung. Meist steht hinter einem gut gemanagten Multi-Asset-

Konstante Wertentwicklung eines Multi Asset Fonds

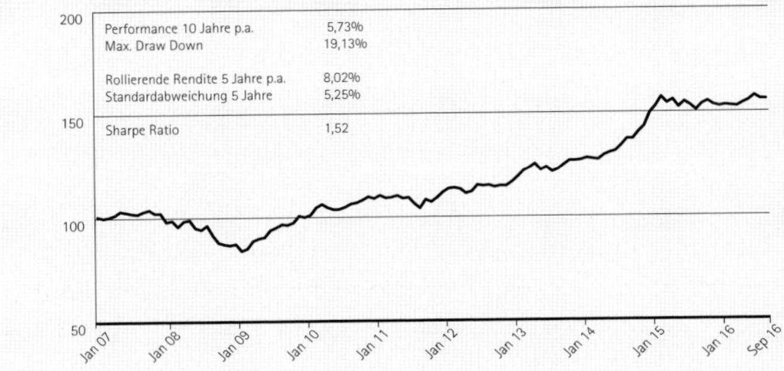

Quelle: eigenen Angaben

Fonds ein Team von mehreren Dutzend Analysten aus unterschiedlichen Bereichen sowie oft auch sehr gut vernetzte Top-Manager (z. B. mit Aufsichtsratsmandaten bei Notenbanken). Den besonderen Reiz bei diesem Ansatz macht die Tatsache aus, dass es den Besten in dieser Kategorie gelungen ist, sehr individuelle Investment- und Risiko-Managementansätze zu etablieren, wodurch sich ihre Portfolios relativ unabhängig vom Gesamtmarkt entwickeln. So lieferte eine Kombination von drei Multi-Asset-Fonds über die vergangenen zehn Jahre (inklusive der Krisen durch Subprime/Lehman, Griechenland, China, Fukushima, Ölpreis und Brexit) eine Performance über 5,73 % p.a. bei sichtbar niedriger Volatilität (vgl. Chart).

Fazit

Anlageentscheidungen werden situationsabhängiger

Künftig sollte jede Entscheidung aufgrund offen gestellter wertfreier Fragen zur aktuellen Situation getroffen werden, basierend auf bekannten Annahmen und alten theoretischen Modellen. Es gilt die Erkenntnis von Sokrates: „Ich weiß, dass ich nichts weiß!“ Den Beweis dafür lieferte eine bislang sehr erfolgreiche europäische KAG, die bei den Investorenmeetings durch festgefahrene Annahmen wie „die Zinsen müssen steigen“ (was sie nicht taten) oder „der USD/EUR muss auf jenes Level sinken“ (nicht passiert) auffiel. Die Folge dieser rigiden Erwartungshaltung waren eine sehr schwache Performance 2016 und ein Rückgang der AuM von fast einem Drittel bei ihrem Flaggschiff-Fonds.

Daher gilt frei nach Darwin: Nicht der Stärkste und auch nicht der Intelligenteste „überlebt“, sondern jener, der sich am ehesten dem Wandel anpasst. Das sollten Anleger auch bei der Asset Allokation berücksichtigen.

» Während eines Aktiencrashs in Panik zu verkaufen, ist keine gute Idee. Das führt häufig zu Verlusten, die sich nicht wieder aufholen lassen. Anleger, die auch in Krisen an ihrer Strategie festhalten und ihre Aktienquote weitgehend konstant halten, fahren dagegen besser. Sie schreiben schneller wieder schwarze Zahlen und ihre langfristige Rendite sinkt nicht unter den Marktdurchschnitt. Ein Survival-Kit für Anleger. «

Cool bleiben im Crash

Angst essen Rendite auf

Kim Felix Fomm, Liqid Investments GmbH

Krisen am besten aussitzen

Wenn an den Aktienmärkten die Kurse ins Bodenlose fallen und sich die Medien mit schlechten Nachrichten füllen, geraten viele Anleger ins Grübeln, manche sogar in Panik. Im Angesicht fortschreitender Verluste schreit eine innere Stimme: „Verkaufen, verkaufen, verkaufen!“ Wer diesem Drang nachgibt und der erschreckten Herde folgt, trifft meistens die falsche Entscheidung. Anleger sind in der Regel besser beraten, dem Erfolgsrezept des ehemaligen Dauerbundeskanzlers Helmut Kohl zu folgen, der berühmt und berüchtigt dafür war, politische Krisen einfach auszusitzen.

Die Strategie des Nichtstuns ist an der Börse noch erfolgversprechender als in der Politik. Nur fällt es vielen Anlegern schwer, diesem Konzept zu folgen. Sie reagieren allzu oft allergisch auf Verluste. Doch es gibt eine einfache Methode für eine Desensibilisierung: Ein nüchterner Blick auf die Fakten stählt für künftige Markttumulte.

Kursstürze sind Teil des Aktienmarktes

Krisen sind nichts Außergewöhnliches

Krisen sind nichts Außergewöhnliches. Sie gehören zu den Aktienmärkten wie die Wettervorhersage zur Tagesschau. In der Vergangenheit hat es reichlich Crashs gegeben und das dürfte auch in Zukunft so bleiben. Aktien sind eine riskante Geldanlage. Aber sie lieferte auf lange Sicht die höchsten Renditen im Vergleich zu anderen Anlageklassen wie Anleihen und Immobilien. Am Weltaktienmarkt waren das in den vergangenen 46 Jahren immerhin 7 % pro Jahr.

Eine plausible Finanzmarkttheorie besagt, dass Risiko und Rendite untrennbar miteinander verknüpft sind. Je höher das Risiko, desto höher sollte auch die Rendite ausfallen. Risiko, das sich nicht von Zeit zu Zeit in Form von Verlusten materialisiert, wäre keines. Insofern sollte sich jeder Anleger vor dem Aktienkauf bewusst machen, dass es über kurz oder lang zu schmerzhaften Kurseinbrüchen kommen wird.

Veranschaulichung der Schwankungen auf den internationalen Aktienmärkten

Wie groß die Schwankungen auf dem internationalen Aktienmarkt sind, lässt sich aus verschiedenen Perspektiven am Beispiel des MSCI-World-Index veranschaulichen. Das Kursbarometer fasst die Entwicklung von mehr als 1.600 Unternehmen aus 23 Industriestaaten zusammen. Von jedem Land bildet der Index etwa 85 % des börsennotierten Gesamtmarktes ab. Der weltweit mit Abstand größte Aktienmarkt ist die USA, deren Konzerne mit einem Anteil von derzeit 60 % den MSCI World dominieren. Schwellenländer wie China und Brasilien sind in dem Index nicht enthalten. Allen folgenden Berechnungen liegt der sogenannte Total-Return-Net-Index auf Euro-Basis zugrunde. Er enthält alle Dividendenzahlungen nach Abzug der Quellensteuer, welche die Finanzbehörden der einzelnen Länder einbehalten.

Der Weltaktienmarkt in Zahlen

Gewinn- und Verlustmonate wechseln sich immer wieder ab

Der MSCI World wird seit Anfang 1970 berechnet – eine Periode von inzwischen immerhin 46 Jahren (bis Ende 2015) oder 557 Monaten bis einschließlich Mai 2016. In 222 Monaten (40 %) war die Index-Rendite negativ und in 335 (60 %) positiv. Im Durchschnitt betrug die Monatsrendite knapp 0,7 %. Im besten Monat (März 1986) warf der Index 16 % Rendite ab, im schlechtesten (Oktober 1987) betrug der Verlust 22 %. Gewinn- und Verlustmonate wechseln sich immer wieder ab.

Die Renditeschwankungen über Ein-Jahres-Zeiträume fallen deutlich größer aus. Es gab Gewinne von mehr als 60 % und Verluste von 40 % – und das innerhalb von nur 12 Monaten. Die maximalen Verluste, gemessen von einem erreichten Hochpunkt zum nächsten Tiefpunkt, waren in den vergangenen 46 Jahren noch größer. Der höchste Verlust betrug 54 % . Der Abschwung setzte im September 2000 ein, als viele Anleger rund um den Globus das Vertrauen in astronomisch bewertete Technologieunternehmen verloren. 31 Monate dauerte die Talfahrt.

Die verlustreichsten Abstürze des MSCI-World-Index

Verlust*	Dauer des Abschwungs	Beginn	Ende	Auslöser	Verlust-Ausgleich nach...
-54	31 Monate	September 00	März 03	Geplatzte Technologieblase	13 Jahren und 6 Monaten
-52	24 Monate	Januar 73	Dezember 74	1. Ölkrise	8 Jahren und einem Monat
-48	16 Monate	November 07	Februar 09	Weltweite Finanzkrise	5 Jahren und 3 Monaten
-36	13 Monate	September 89	September 90	Rezession in den USA, Irak-Krise	3 Jahren und 11 Monaten
-28	3 Monate	September 87	November 87	Börsencrash in den USA	16 Monaten
-21	20 Monate	Juli 76	Februar 78		4 Jahren

** in % | Quelle: MSCI, Liqid-Berechnungen, Stand: 30. August 2016*

Danach gingen 13,5 Jahre ins Land, bis die Verluste wieder ausgeglichen waren (vgl. Tabelle oben).

7 % Anstieg im Jahresdurchschnitt trotz regelmäßiger Rückschläge

Trotz solcher gewaltigen Rückschläge stieg der MSCI World Total Return Net seit seinem Start im Durchschnitt um 7 % pro Jahr an. Denn auf jeden Crash folgte in der Vergangenheit eine Erholung, bei der der Index neue Höchststände erklomm.

Anleger, die in den Index investierten und 15 Jahre an ihrer Anlage festhielten, machten keinen Verlust, egal wann sie eingestiegen waren. Jeder Punkt auf der grauen Linie (siehe Abb. 1) zeigt die durchschnittliche Rendite pro Jahr, die ein Anleger in den zurückliegenden 15 Jahren erzielt hätte. Im besten Fall war das ein Gewinn von 15 % pro Jahr, im schlechtesten 1,5 %. Im Schnitt betrug die Rendite über alle 15-Jahres-Zeiträume gut 8 %. Zum Vergleich sind noch einmal die Jahresrenditen abgebildet. Die Daten zeigen: Aktien sind eine langfristige Anlage. Über kurze Zeiträume ist die Verlustgefahr sehr hoch (vgl. Chart).

Der Versuch, Crashs zu umgehen, kostet meistens Rendite

Das richtige Timing – ein beinahe aussichtsloses Unterfangen

Nun werden sich viele die Frage stellen, warum sie nicht einfach verkaufen sollten, falls die Aktienkurse zu fallen beginnen, um dann später wieder zu günstigeren Preisen einzusteigen, wenn der Crash vorüber ist. Auf diese Weise ließe sich die Rendite erheblich anheben – zumindest theoretisch. In der realen Welt lassen sich Aktienkursentwicklungen aber nicht mit Sicherheit vorhersagen. Nehmen wir an, der Markt fällt um 5 %. Dann weiß niemand, ob die Kurse nicht noch um weitere 40 % fallen werden oder schon morgen wieder nach oben drehen.

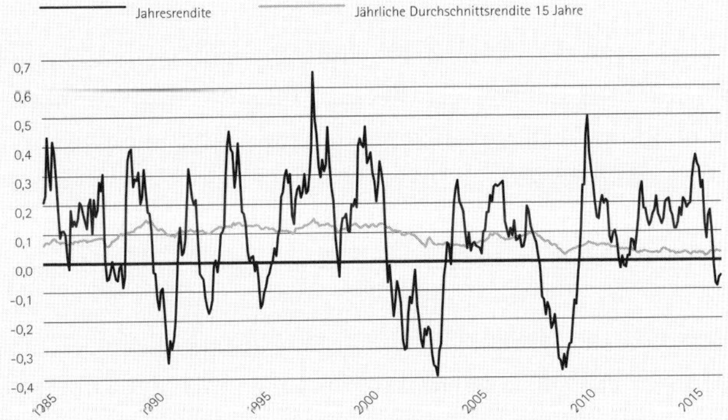

Langfristig keine Verluste
Abb. 1

Durchschnittliche Renditen über 15 Jahre und Jahresrenditen im Vergleich in Euro
Quelle: MSCI,
Index: Total Return Net, Liqid-Berechnungen
Stand: 30.08.2016.

Das gleiche Problem stellt sich beim Wiedereinstieg. Angenommen der Markt ist um 25 % gefallen und dann wieder um 4 % angestiegen: Ist das die Trendwende oder nur eine sogenannte Zwischenerholung, nach der es noch einmal viel tiefer bergab geht? Seriöse Berater und Marktbeobachter können solche Fragen nur mit einem Achselzucken beantworten. Das Dilemma zeigt sich immer wieder an etlichen Beispielen.

Der Brexit hat manchen Anleger (unnötig) viel Geld gekostet

Die Brexit-Abstimmung in Großbritannien ist die jüngste Episode, in der viele Anleger, die nicht die Nerven behielten, viel Geld verloren. Einige Tage vor dem Votum waren die Preise an den globalen Aktienmärkten spürbar angestiegen – offenbar rechnete die Mehrheit der Anleger damit, dass die Briten für einen Verbleib in der Europäischen Union stimmen würden. Auch die Wettquoten der Buchmacher deuteten darauf hin. Als es anders kam als erwartet, brachen die Börsen am Tag nach der Abstimmung heftig ein. Auch am folgenden Tag ging es noch einmal bergab. Aber dann drehte der Markt und stieg in kurzer Zeit über das Preisniveau vom Tag der Abstimmung. Ironischerweise waren es ausgerechnet britische Aktien, die besonders kräftig zulegten. Diejenigen, die während der Crash-Tage ausgestiegen waren, dürften sich verwundert die Augen gerieben und sich geärgert haben.

Market-Timing – ein Spiel für Verlierer

Falsches Timing verursacht oft erheblichen Schaden

Das Bestreben, mit geschickten Ein- und Ausstiegen oder Umschichtungen in andere Anlageklassen höhere Renditen zu erzielen, nennen Fachleute Market-Timing. Ein riskantes Unterfangen, an dem so gut wie alle Anleger auf Dauer scheitern. Und wenn sie daneben liegen, ist der Schaden oft erheblich: Die Rendite des Investors sinkt unter den Durchschnitt. In der Praxis verkaufen die meisten Privatanleger zu spät und steigen zu spät wieder ein – oder geben schlimmstenfalls sogar ganz auf und bleiben auf ihren Verlusten sitzen.

In zehn Monaten 35% der Durchschnittsrendite verloren

Wie gefährlich Market-Timing ist, illustriert eine weitere Analyse des MSCI World Total Return Net. Rechnet man nur die zehn besten Monate mit den höchsten Kursgewinnen heraus, sinkt die Durchschnittsrendite von 7 auf 4,6 %.

Bemerkenswert sind die Relationen: Wer nur diese 10 von insgesamt 557 Monaten dem Markt fernblieb, das entspricht 1,8 % der Gesamtzeit, verlor 35 % der Durchschnittsrendite. Anleger, die in den besten 20 Monaten nicht investiert waren, büßten sogar 60 % der Durchschnittsrendite ein. Statt 7 % erzielten sie nur 2,8 % im Jahr (vgl. Tabelle).

Wenig Rendite ohne die besten Monate	Rendite/Jahr (%) seit 1970
MSCI World Total Return Net	7,0
ohne die besten 10 Monate	4,6
ohne die besten 20 Monate	2,8
ohne die besten 30 Monate	1,4

Ein Großteil der Index-Rendite wird in nur wenigen Monaten erwirtschaftet | Quelle: MSCI, Liqid-Berechnungen, Stand: 30.08.2016

Die großen Gewinne werden an nur wenigen Handelstagen erzielt

Man könnte einwenden, dass es schon mit dem Teufel zugehen müsste, genau in den besten Monaten kein Aktienportfolio zu halten. Tatsache ist jedoch, dass die großen Gewinne, die die Durchschnittsrendite nach oben ziehen, an wenigen Handelstagen erzielt werden, die häufig kurz nach Kurstiefs folgen. Also dann, wenn viele Anleger nicht investiert sind, weil sie wenige Wochen oder Monate zuvor in Panik verkauften.

Im August 1990 verlor der MSCI World beispielsweise 10 %. Im darauffolgenden September noch einmal 11 %. Dann ging es ein bisschen rauf und runter. Und im Februar und März 1991 schoss der Markt schließlich um 12 % und 8 % nach oben. Wer versucht, Krisen zu umschiffen und ehrlich zu sich selbst ist, wird sich mit hoher Wahrscheinlichkeit eingestehen müssen, dass er diese Spitzenmonate verpasst hätte. Zuvor ausgestiegen wären die Meisten aber vermutlich erst nach einem Minus von 15 %. Denn in dieser Größenordnung schwankte der Index in der Vergangenheit im Durchschnitt um seinen Mittelwert.

Engagiert sein, wenn der Blitz einschlägt

Was die Daten nahelegen, fasst Charles D. Ellis, einer der großen Weisen unter den Anlagestrategen und Finanzbuch-Autoren, in seinem Bestseller „Winning the Loosers Game“ zusammen: „Die Lektion: Sie müssen unbedingt engagiert sein, wenn der Blitz einschlägt. Aus diesem einfachen Grund ist Market-Timing eine wirklich abwegige Idee.“ Dennoch gibt es zumindest einen vernünftigen Grund, den Aktienmärkten zeitweise den Rücken zu kehren. Nämlich dann, wenn man die Bewertungen für hoffnungslos überzogen hält. Wer davon überzeugt ist, sollte verkaufen. Um die Jahrtausendwende gab es beispielsweise so eine Phase, in der Anteilsscheine an zum Teil wertlosen Unternehmen zu absurd hohen Preisen gehandelt wurden.

So meistern Anleger jede Krise

Auf Market-Timing zu verzichten, bedeutet darum nicht, dass sich Anleger den Aktienmärkten schicksalsergeben ausliefern müssen. Wer konsequent an einer gut durchdachten Strategie festhält, meistert jede

Krise. Dazu gehört bei passiv verwalteten Anlageportfolios ein regelmäßiges Ausbalancieren (Rebalancing). Es sorgt dafür, dass die Aktienquote im Depot weitgehend konstant bleibt. Bei einem Börsenabsturz geht der Aktienanteil im Portfolio zurück, weil die Anteilsscheine weniger wert sind. Mit Umschichtungen oder frischem Kapital werden beim Rebalancing im Abschwung Aktien nachgekauft. Das führt ein Portfolio schneller wieder in die Gewinnzone im Vergleich zu einem Depot, das ein Anleger einfach laufen lässt.

Nachkaufen bei attraktiven Bewertungsniveaus

Wer aktives Portfolio-Management betreibt, kann Aktien nachkaufen, wenn die Märkte ein attraktives Bewertungsniveau erreicht haben, und dabei auch die Aktienquote erhöhen. Das ist ebenfalls eine Form von Market-Timing, aber sie ist auf lange Sicht nicht schädlich. Der Nachteil dieser Strategie ist, dass sich die Verluste zunächst kurzzeitig vergrößern können. Denn wer mit neuen Käufen so lange wartet, bis die Märkte wieder angestiegen sind, hat möglicherweise das Beste bereits verpasst (siehe oben). Jedenfalls sollten Anleger nicht darauf hoffen, dass sie exakt den Tiefpunkt treffen. Falls das doch einmal gelingen sollte, war das einfach Glück und sollte nicht mit besonderen Fähigkeiten verwechselt werden.

Der richtige Umgang mit Verlusten

Verluste nie isoliert betrachten

Wichtig ist auch, die Verluste einzelner Anlageklassen nie isoliert zu betrachten. Entsprechend ihrer Risikoneigung verteilen vernünftige Anleger ihr Geld auf sichere und riskante Anlageklassen. Bei einem Crash an den Aktienbörsen ist der Verlust auf Portfolioebene deutlich geringer und weniger erschreckend.

Die Krise gefühlsmäßig antizipieren

Anleger, die in Aktien investieren, sollten sich bereits vor dem Kauf bewusst machen, dass es früher oder später zu einer Marktkrise kommen und nicht nur nach oben gehen wird. Wer im Abschwung verkaufen muss, weil er dringend Kapital benötigt, hat ein schwerwiegendes Problem: Er muss Buchverluste realisieren, die dann nicht mehr aufholbar sind. Um solche Verluste zu vermeiden, sollte Anleger nur Geld in Aktien investieren, das sie für die nächsten 10 bis 15 Jahre nicht benötigen. Nur dann lässt sich auch eine große Krise entspannt durchstehen.

III. Märkte und Strategie 2017

» Die Weltkonjunktur pendelt im Herbst 2016 zwischen einem Rückfall in die alte Schwäche und einem kraftvollen Antritt hin und her. Wie erwartet bremst die geringere Wachstumsdynamik im Reich der Mitte die Weltkonjunktur etwas. Im nächsten Jahr dürfte dieser Effekt aber schon kompensiert werden. Denn in etlichen aufstrebenden Ländern wird es in den kommenden Monaten besser laufen als im vergangenen Jahr. Insgesamt verschiebt sich die Wachstumsdynamik 2017 wieder etwas stärker in Richtung der Emerging Markets. Da die Industrieländer, voran die USA, ebenfalls moderat weiter wachsen und sich auch die periphäre europäische Problemzone stabilisiert, wird die Weltkonjunktur 2017 robust sein. «

Gewichtsverschiebung

Weltwirtschaft im Detailblick

Stefan Ziermann, FUCHSBRIEFE

Chinas Konjunktur bleibt ein Stabilisator

China, Anfang 2016 noch einer der größten konjunkturellen Unsicherheitsfaktoren, ist nicht ausgefallen. Einige hatten das befürchtet. Das Reich der Mitte baut seine Wirtschaft um, verbunden mit sanften Abschwächungstendenzen beim BIP-Zuwachs. Unter dem Strich bleibt das Plus mit 6,9 % auch in der großen Transformation aber ordentlich.

Daneben geht es in zahlreichen anderen Emerging Markets wieder aufwärts. In Indien tragen die Reformen der Modi-Regierung allmählich Früchte. Vietnam mausert sich zu einem wichtigen Produzenten höherwertiger Güter, auf den Philippinen läuft die Konjunktur rund. Wichtige Länder in Afrika entwickeln sich weiter gut – wenn auch nach wie vor von einem relativ geringen Niveau aus. Aber die Richtung stimmt. In Süd- und Mittelamerika fassen viele Länder ebenfalls wieder Tritt. Dort wird Brasilien aus seinem Rezessionstal herauskrabbeln.

Steigende Rohstoffpreise stützen einige Emerging Markets

Ausschlaggebend für die Erholung in einigen Emerging Markets sind die Rohstoffpreise. Der Preisverfall ist beendet und die Preise sind sogar wieder leicht gestiegen. Die Förderer – Unternehmen und Länder – kommen also nicht weiter unter Druck. Davon profitiert auch Russland, wo die Konjunktur nicht weiter abrutscht, sondern sich wieder vorsichtig aufwärts bewegt. Zugleich sind Industriemetalle und Öl noch nicht wieder so teuer, dass ihre Preise die globale Nachfrage bremsen.

Davon profitieren auch die Industrielander. In den USA, Europa, Japan und Australien setzt sich die mühsame konjunkturelle Erholung fort. Die Wachstumsraten sind nicht überragend, aber auch nicht schlecht. In Kombination mit enorm viel billigem Notenbank-Geld ist das ein gutes Umfeld für fortgesetztes Wachstum. Hinzu kommt, dass viele Länder die von den Währungshütern bereitgestellte Liquidität für Investitionen (z. B. in Infrastruktur) nutzen. Rund um den Globus wird in Infrastruktur investiert. Das wird Impulse liefern, die noch etliche Monate nachwirken werden.

» Die Welt blickt mit Argusaugen auf die wirtschaftliche Entwicklung in den USA. Die US-Wirtschaftsdaten werden analog zur Börsenentwicklung von den Anlegern weltweit mit einer teilweise schon merkwürdig anmutenden hohen Aufmerksamkeit verfolgt. Ist für uns die Entwicklung in Europa und in Asien nicht viel wichtiger? Natürlich nicht – und das liegt schlicht an der Größenordnung der US-Wirtschaft. Sie ist nach wie vor die größte Wirtschaft der Welt und ist damit auch Taktgeber für die Weltkonjunktur. Darum ist es von zentraler Bedeutung für die Welt, in welche Richtung und wie schnell die US-Wirtschaft läuft. Für das Jahr 2017 dürfen wir diesbezüglich optimistisch sein. «

Mühsam voran

US-Aufschwung mit Hindernissen

Christian Fegg, Vorstand Schoellerbank Invest AG

Das größte Importland der Welt tut sich schwer

Die Statistik zeigt es noch einmal sehr deutlich: Die USA sind mit weitem Abstand das größte Importland der Welt. Die Amerikaner importierten im Jahr 2015 Waren und Dienstleistungen im Gegenwert von etwa 2,3 Billionen US-Dollar. Danach kommt erst einmal ziemlich lange nichts. China ist das zweitgrößte Importland und wird in den Tabellen mit 1,7 Billionen US-Dollar geführt. Deutschland folgt auf Platz drei mit etwas mehr als einer Billion US-Dollar.

Wie geht es der US-Wirtschaft?

Grundsätzlich geht es der US-Wirtschaft nicht schlecht. Aber richtig gut geht es ihr trotz massiv unterstützender Zinspolitik eben auch nicht. Das zeigt sich bei einem Blick auf die aktuellen Daten und die teils hitzigen Debatten, in denen über den künftigen Kurs der Notenbank Fed diskutiert wird.

Streit um die richtige Zinspolitik in der Notenbank

So wurde der Markt im September 2016 von Aussagen eines US-Notenbankers ziemlich überrascht. Eric Rosengren hat vor den Risiken einer zu zögerlichen Zinspolitik gewarnt. Die amerikanische Wirtschaft könne sogar überhitzen, wenn die Währungshüter zu lange mit einer Zinsanhebung warteten, sagte der Chef des Fed-Ablegers in Boston. Allerdings bleibe die Gefahr einer Konjunkturabkühlung in Übersee eine Sorge.

Eine Überhitzung der US-Wirtschaft hätte vermutlich heftige Konsequenzen. Denn Notenbanken reagieren darauf gewöhnlich mit aggressiven Zinserhöhungen. Die Aktienmärkte beginnen dann in der Regel in einem abschließenden Wirtschaftszyklus innerhalb einer Wachstumsphase, den nächsten Abschwung bereits vorweg zu nehmen und tendieren in der Regel schwächer. Ein Heißlaufen der US-Konjunktur würde die US-Leitindizes Dow Jones 30 und S&P 500 angesichts ihrer hohen Bewertungen voraussichtlich ordentlich unter Druck bringen.

Besteht im Herbst 2016 nun aber tatsächlich die Gefahr, dass die US-Wirtschaft überhitzt? Wir sehen dafür keine Anzeichen. Nur in einem einzigen Bereich signalisiert die Datenbasis eine langsame Überhitzung: Einige US-Firmen berichten, dass sie es schwer haben, in ausreichendem Umfang Fachkräfte zu finden. Das wäre eine typische Überhitzungserscheinung.

Der Arbeitsmarkt läuft robust

Ein Blick auf den breiten Arbeitsmarkt vermittelt aber ein anderes Bild. Von einer echten Überhitzung der US-Wirtschaft kann dann längst keine Rede sein. In den USA sind im August 2016 weniger neue Jobs entstanden als erwartet. Private Firmen und die öffentliche Hand schufen insgesamt 151.000 Stellen außerhalb der Landwirtschaft. Die getrennt erhobene Arbeitslosenquote verharrte bei 4,9 %. Damit setzte sich die Erholung am Jobmarkt fort, allerdings etwas verlangsamt. Der Beschäftigungsaufbau büßt an Tempo ein. Im Juli waren nach revidierten Zahlen noch 275.000 neue Stellen geschaffen worden. Es ist also schon einiges an Fantasie nötig, um von einer Überhitzung am breiten Jobmarkt sprechen zu können.

Moderates Wachstum

Die US-Wirtschaft ist sogar etwas schlechter in Schuss als von vielen gedacht. Das Bruttoinlandsprodukt wuchs im zweiten Quartal 2016 mit einer auf das Jahr hochgerechneten Rate von 1,1 %. Im ersten Quartal 2016 legte die weltgrößte Volkswirtschaft sogar nur um 0,8 % zu. Wachstumsgarant sind die Konsumenten, deren Ausgaben gut zwei Drittel der US-Wirtschaftsleistung ausmachen. Sie gaben im Frühjahrsquartal 4,4 % mehr aus. Die Exporte legten trotz des stärkeren Dollar, der Waren im Ausland verteuert, um 1,2 % zu. Dagegen investierten die Unternehmen 3,7 % weniger in Ausrüstungen wie z. B. Maschinen.

Die Orderbücher der US-Unternehmen sind gut gefüllt

Die gesamte US-Industrie hat zum Start ins zweite Halbjahr beim Neugeschäft deutlich zugelegt. Die Bestellungen kletterten im Juli um 1,9 % zum Vormonat. Dies war immerhin der stärkste Anstieg seit Oktober 2015. Im Juni waren die Aufträge allerdings um 1,8 % zurück gegangen. Die US-Dienstleister hatten im August ihr Wachstumstempo überraschend verringert. Keine Spur also von einer Überhitzung der US-Industrie, schon gar nicht bei den Dienstleistern.

Ein Warnsignal sendet aber der wichtige US-Automarkt. Die meisten großen Autohersteller haben zuletzt weniger Fahrzeuge verkauft als noch vor einem Jahr. Mit einem branchenweiten Rückgang von 3,5 %

mehren sich Anzeichen dafür, dass der Verkaufsboom seinen Höhepunkt überschritten hat. So ging der Absatz bei General Motors im August um 5,2 % auf rund 256.000 Autos zurück. Der heimische Rivale Ford brachte mit knapp 215.000 Auslieferungen 8,4 % weniger an die Kunden. Auch bei VW sank der Absatz. Ford erklärte sogar, dass die Trendwende am Markt begonnen habe.

Trendwende am Automarkt vollzogen

Die Autobauer machen sich demnach schon jetzt keine Hoffnungen mehr, im Gesamtjahr 2016 an den Verkaufsrekord in den USA von 2015 mit fast 17 Millionen Fahrzeugen heranzukommen. Insgesamt scheint der Nachholbedarf, der wegen der Käufer-Zurückhaltung während der Wirtschaftskrise vor einigen Jahren entstanden war, immer weiter abzuebben. Grund für die nachlassende Euphorie der Kunden sind aber auch auslaufende Verkaufsanreize. Im Juli hatte es bereits überraschende Rückgänge gegeben.

Etliche Störfeuer für US-Konjunktur

Ohnehin mangelt es nicht an Störfeuern für die US-Wirtschaft. Insbesondere wichtige Märkte wie Japan, Brasilien, Russland und China schwächeln. Der Brexit könnte ebenfalls negativ auf die Wachstumsraten in den USA durchschlagen.

Wichtige Absatzmärkte der Amerikaner haben Probleme

Der japanische Regierungschef setzt auf eine Wirtschaftsstrategie, die Abenomics genannt wird: eine Mischung aus Konjunkturprogrammen, ultralockerer Geldpolitik und Reformen. Bisher sind die Wachstumszahlen aus Japan aber schwach. Die Regierung will ein weiteres Konjunkturpaket mit einem Volumen von umgerechnet 90 Milliarden Euro. Es ist aber zu befürchten, dass Abe eigentlich geplante Reformen zugunsten teurer Infrastrukturprojekte vernachlässigt. Insgesamt bleibt Japan ein schwieriger Markt für die US-Industrie.

Die brasilianische Wirtschaft steckt in der Rezession. Das Bruttoinlandsprodukt (BIP) sank von April bis Juni um 0,6 % zum Vorquartal. Die größte Volkswirtschaft Südamerikas schrumpfte das sechste Quartal in Folge. Ein Lichtblick sind die Investitionen, die um 0,4 % zulegten – zum ersten Mal seit 2013. Fachleute gehen dennoch davon aus, dass das BIP 2016 mehr als drei Prozent einbüßt. Es wird demnach noch dauern, bis die USA aus Brasilien wieder Impulse bekommen.

Die russische Wirtschaft ist durch die internationalen Sanktionen und niedrigen Energiepreise ebenfalls angeschlagen. Für das Gesamtjahr erwarten Analysten einen Rückgang des Bruttoinlandsprodukts. Die Sanktionen bremsen auch die US-Exporte nach Russland. Gleichwohl treffen die Einschränkungen die Europäer aber viel härter.

US-Stütze: Chinas Wachstum bleibt robust

China kann weiter auf hohe Wachstumsraten verweisen, allerdings waren diese auch schon einmal deutlich besser. Der seit März 2012 anhaltende Rückgang der Erzeugerpreise setzte sich mit einem Minus von 0,8 % im August fort. Allerdings verlangsamte er sich im Vergleich zum Juli. Das deutet auf eine Konjunkturstabilisierung im Reich der Mitte hin – zumindest ein mittelfristiger Lichtblick für die US-Wirtschaft.

Das Anti-EU-Votum der Briten dürfte das gewichtigste Störfeuer für die US-Wirtschaft darstellen. Das Brexit-Votum wird nach Einschätzung der britischen Regierungschefin, Theresa May, der heimischen Wirtschaft zu schaffen machen. „Vor uns liegen schwere Zeiten", sagte sie. Wie stark das Votum auf die Wirtschaft in der EU und auf der Insel durchschlagen wird, dürfte vor allem von den Austrittsverhandlungen abhängen. Falls die Briten einen Freihandel mit Europa durchsetzen können und vielleicht auch noch ein Freihandelsabkommen mit Kanada und den USA (vermutlich im Gegensatz zur EU) erreichen, könnte das für die britische Wirtschaft sogar ein Vorteil sein. Dagegen wäre eine Isolation und eine Abspaltung Schottlands sicherlich sehr negativ für die Aussichten der britischen Wirtschaft zu beurteilen. Das würden auch die Amerikaner zu spüren bekommen. Für eine abschließende Beurteilung ist es in diesem Fall aber noch zu früh.

Die US-Notenbank-Politik – eine wichtige Stütze

Geldpolitik der Fed bleibt eine wichtige Kursstütze

Vor dem Hintergrund dieser Störfeuer bleibt die US-Geldpolitik eine wichtige Konjunkturstütze. Im Dezember 2015 hatte die Fed erstmals seit fast zehn Jahren den Schlüsselsatz für die Versorgung der Banken mit Geld wieder angehoben. Seitdem liegt er in einer Spanne zwischen 0,25 und 0,5 %. So tiefe Zinsen hat es auf breiter Basis bislang noch nicht gegeben. Natürlich sind auch die Inflationsraten derzeit sehr gering, sodass die Realverzinsung nicht so stark von den historischen Normen abweicht wie der Nominalzins.

Für die Wirtschaft – für die Finanzindustrie gilt das nicht – sind derart tiefe Zinsen ein Segen. Denn Investments lohnen sich so schon bei vergleichsweise geringen Renditen. Früher wurde eine Fabrik erst ab einer Renditeerwartung von um die 7 % gebaut. Heute reichen schon Renditen um die 3 % aus, um eine solche Investition attraktiv erscheinen zu lassen. Dass die Niedrigzinsen wirken, zeigt sich bei den Investitionen. Tatsächlich entstehen in den USA wieder erhebliche Industriekapazitäten.

Das viele billige Geld könnte Fehlallokationen verursachen

Ein Beispiel: Der bekannte Unternehmer Musk hat die Batterie-Fabrik „Gigafactory" im Sommer 2016 eingeweiht. Die Fabrik baut Tesla gemeinsam mit Panasonic in Nevada. Bis zum Ende des Jahres sollen bereits erste Lithium-Ionen-Akkus vom Band laufen. Tesla will ab 2018 jährlich gleich 500.000 Elektroautos produzieren. Die Bauarbeiten für die Fabrik sollen noch vor 2020 vollständig abgeschlossen sein. Die moderne Fabrik wird eines der größten Gebäude der Welt sein. Das gigantische Dach wird vollständig mit Solarpanels bedeckt. Mehr als 10.000 Jobs sollen durch die Fabrik in Nevada entstehen. Alleine 1.000 Arbeiter sind mit dem Bau beschäftigt. Ab 2018 soll die Fabrik jährlich Akkus mit einer Gesamtkapazität von 35 Gigawattstunden produzieren. Das entspricht der globalen Jahresproduktion aller Hersteller im Jahr 2015! Im Vollausbau soll die Fabrik eine Kapazität von kaum glaublichen 150 GW haben.

Derartig große und teure Projekte lassen sich bei Nullzinsen natürlich viel leichter umsetzen als bei höheren Raten. Oft sind sie Zeichen für eine Aufbruchsstimmung – manchmal allerdings auch für Größenwahn. Denn die Kehrseite der Niedrigzinsen ist auch, dass Projekte finanziert werden, die sich bei normalen Finanzierungskonditionen am Markt nicht durchsetzen würden. Welche Seite dieser Medaille oben liegt, wird allerdings erst die Zukunft zeigen. Zunächst einmal stützen die Mini-Zinsen die Investitionen.

Der US-Immobilienmarkt wächst wieder kräftig

Am US-Immobilienmarkt steigen die Preise wieder kräftig

Auch am Immobilienmarkt machen sich die niedrigen Zinsen kräftig bemerkbar. Der Absturz des US-Immobilienmarktes war 2008/2009 Auslöser für die größte Finanzkrise seit der Großen Depression. Mittlerweile hat sich der Markt längst wieder kräftig erholt. Das zeigt sich an der guten Entwicklung des FTSE Nareit US Real Estate Index. Dieser Immobilien-Aktienindex hat sich seit seinen zyklischen Tiefstständen im Jahr 2009 mittlerweile mehr als verdreifacht. Seinen Spitzenwert erreichte dieser Index im Sommer.

Die Stimmung am US-Immobilienmarkt ist gut. Der NAHB-Hausmarktindex ist zuletzt um 2 Punkte auf 60 Zähler gestiegen. Im vergangenen Oktober hatte der Stimmungsindikator bei 65 Punkten den höchsten Wert seit 2005 erreicht. Einen Wermutstropfen gibt es jedoch am US-Immobilienmarkt. Die Preise für Luxusimmobilien brechen gerade in einigen besonders bekannten Regionen massiv ein. In den Luxusgebieten Hamptons, in Miami oder in Aspen finden viele besonders hochpreisige Immobilien keine Abnehmer mehr. Das könnte ein Vorbote für eine neue Korrektur am Immobilienmarkt sein. Ob es soweit kommt, muss beobachtet werden.

Die Präsidentschaftswahlen

Die Präsidentenwahlen könnten zum wirtschaftlichen Game-Changer werden

Bewegen werden auch die US-Präsidentschaftswahlen. Allerdings war es in der Vergangenheit für die US-Wirtschaft oft gar nicht so wichtig, wer Präsident wird. Die Wirtschaftsprogramme der Bewerber haben sich zumeist nicht sehr stark unterschieden. Zudem liegt die Gesetzgebungskraft in den USA nicht beim Präsidenten, sondern beim Kongress, der sich aus dem Senat und dem Repräsentantenhaus zusammensetzt. Das schränkt die Möglichkeiten des Präsidenten, auf die Wirtschaft einen nachhaltigen Einfluss zu nehmen, doch sehr deutlich ein. Obama kann ein Lied davon singen.

Davon gab es nur wenige Ausnahmen in der Geschichte. Dazu zählt z. B. die Wahl Reagans. Er hat die Verschuldung in eine atemberaubende Höhe getrieben. Dadurch hat er aber auch für einen sehr starken Impuls für die Wirtschaft in den 1980er Jahren gesorgt.

Die Kandidaten könnten unterschiedlicher kaum sein

Nun haben wir es mit zwei Bewerbern auf das Amt zu tun, die unterschiedlicher kaum sein könnten. Clinton steht für eine Fortsetzung der Wirtschaftspolitik Obamas. Viel ändern dürfte sich unter einer Präsidentin Clinton nicht. Ganz anders Trump. Sein Wahlprogramm ist außergewöhnlich. Unter Trump dürfte das Defizit im US-Haushalt kräftig steigen. Er steht für eine ähnliche Deficit-Spending Politik wie Reagan. Trump setzt zudem auf Protektionismus. Er will gegen China umfangreiche Strafzölle einführen. Auch gegen Firmen, die Arbeitsplätze ins Ausland verlagern, will er etwas unternehmen.

Am auffälligsten sind aber Trumps Steuerpläne. So plant er den Spitzensteuersatz von derzeit fast 40 auf 25 % zu senken. Wer weniger als 25.000 Dollar pro Jahr verdient, solle gar keine Steuern zahlen. Auch die Unternehmenssteuer soll gesenkt werden – von 35 auf 15 %. Ob er das gegenfinanzieren will und wie, hat er bislang offen gelassen. Die Chancen eine erhebliche Reduzierung der Einkommenssteuer durch den Kongress zu bekommen dürften allerdings gering sein. Das gilt im

Übrigen auch für Clinton, die eher die Geringverdiener entlasten und reiche US-Bürger belasten will. Eine deutliche Reduzierung der Unternehmenssteuer könnte allerdings eine Mehrheit im Kongress finden.

Politische Börsen haben kurze Beine

Wir gehen davon aus, dass die Präsidentenwahl – egal wie überraschend sie ausgehen mag – zumindest kurzfristig keinen starken Einfluss auf die US-Konjunktur haben wird. Die Änderungen, mit denen im Wahlkampf geworben wird, benötigen Zeit und werden, je nach Umsetzung, erst im Zeitverlauf (ab 2018) wirken.

Was macht die US-Börse daraus?

Vorsicht ist die Mutter der Porzellankiste – und das gilt 2017 vor allem an der US-Börse. Die US-Wirtschaft steht gut da. Die Fed könnte die Zinsen weiter erhöhen, dürfte sie aber so lange wie irgend möglich niedrig halten. Denn es gibt noch keine Anzeichen für eine besorgniserregende Inflationsentwicklung. Aber es gibt Störfeuer für die US-Wirtschaft, weil wichtige Länder, die US-Waren konsumieren, sich mit schwachen Wachstumszahlen konfrontiert sehen.

US-Aktien sind vielfach schon teuer und hoch bewertet

Angesichts der hohen Bewertung vieler US-Aktien müssten sich die Konjunktur-, Wachstums- und Gewinnerwartungen schon spürbar nach oben verschieben, damit höhere Aktienkurse gerechtfertigt sind. Stützend für die Börse wirkt aber, dass die Amerikaner im Gegensatz zu den Europäern oder Asiaten viel in Aktien ansparen. Das ist mit einer der Gründe für den ungewöhnlich großen Wohlstand der Amerikaner. In etwa die Hälfte der Bevölkerung ist am Aktienmarkt engagiert, in Europa sind es nur etwa 10 %. Alleine Firmen wie Apple oder Alphabet (Google) erreichen mit einer Marktkapitalisierung von jeweils ca. einer halben Billion Euro zusammen so viel Volumen wie der ganze DAX an Kapitalisierung auf die Waage bringt. Der österreichische ATX weist mit einer Kapitalisierung von um die 60 Mrd. Euro nur einen Bruchteil der Kapitalisierung von Apple oder Alphabet auf.

Wir halten größere Schwankungen der US-Börsen für wahrscheinlich, insbesondere rund um den Wahltermin. Aber angesichts des weiter verfügbaren billigen Geldes und der relativ unattraktiven Anleihenmärkte dürften Kurseinbrüche bei Aktien auch schnell wieder neue Käufer anlocken.

» Acht Jahre hat es gedauert, bis die Wirtschaft in der Eurozone wieder das Vorkrisen-Niveau von 2007 erreicht hat. Es waren schwierige und manchmal auch schlechte Jahre, insbesondere für die Staaten der Euro-Peripherie. Stehen uns nun acht gute Jahre bevor? Das kommt wohl darauf an, welche Maßstäbe man anwendet. Wir gehen davon aus, dass sich der Aufschwung im Jahr 2017 fortsetzen wird. Große Sprünge sind jedoch nicht zu erwarten, dafür ist die politische Lage in Europa zu herausfordernd. Im Bann der Politik werden wohl auch die Kapitalmärkte stehen, wenngleich sie auf die EZB *als verlässlichen* R*ückhalt bauen können. «*

Auf der Kippe
Wirtschaftliche Chancen und politische Risiken

Nicolas Michel, Raiffeisen Privatbank Liechtenstein AG

Solides Wachstum trotz politischer Risiken

Gestützt auf eine historisch einmalige Niedrigzinspolitik der Europäischen Zentralbank (EZB) hat die Konjunktur im Euroraum wieder Fahrt aufgenommen. Vom wirtschaftlichen Schrumpfkurs vergangener Jahre hat sich die Eurozone längst verabschiedet. Seit 2013 geht es wieder aufwärts. Der Rückgang der Arbeitslosenquote auf den niedrigsten Stand seit fünf Jahren spiegelt den Fortschritt wider. Mit 10,1 % liegt die Quote in der Eurozone jedoch weiterhin um etwa zwei Prozentpunkte über dem Niveau, das vor der Finanzkrise der Jahre 2008/09 als normal galt.

Es geht konjunkturell aufwärts

Deutschland profitiert enorm von der Zinspolitik

Deutschland zählt in besonderem Maße zu den Nutznießern der ultraexpansiven europäischen Geldpolitik. Niedrige Zinsausgaben und ein verbessertes konjunkturelles Umfeld ermöglichen es dem Land, relativ ungestört die Früchte der Arbeitsmarktreformen seiner „Agenda 2010“ aus den Jahren 2003 bis 2006 zu ernten. Mit einer rekordhohen Beschäftigung, sprudelnden Steuereinnahmen, einem guten Haushaltsüberschuss sowie einer sinkenden Staatsschuldenquote steht Deutschland wirtschaftlich gesehen heute besser da als je zuvor.

Statt jedoch die gute Arbeitsmarktlage für weitere Reformen und Zukunftsinvestitionen zu nutzen, schaltet die große Koalition einen Gang zurück und gibt sich mit dem Erreichten zufrieden. Wachstumsraten von 1,8 % in diesem und 1,4 % im kommenden Jahr sind zwar durchaus eine solide Basis, aber eben auch kein nachhaltiger wirtschaftlicher Aufschwung.

Die einstigen "Sorgenkinder" profitieren

Der Rand Europas stabilisiert sich

Auch die europäische Peripherie profitiert von der Notenbankpolitik. In den ehemaligen „Krisenstaaten“ der Eurozone hat sich die Wirt-

Konjunkturentwicklung im Ländervergleich
Abb. 1

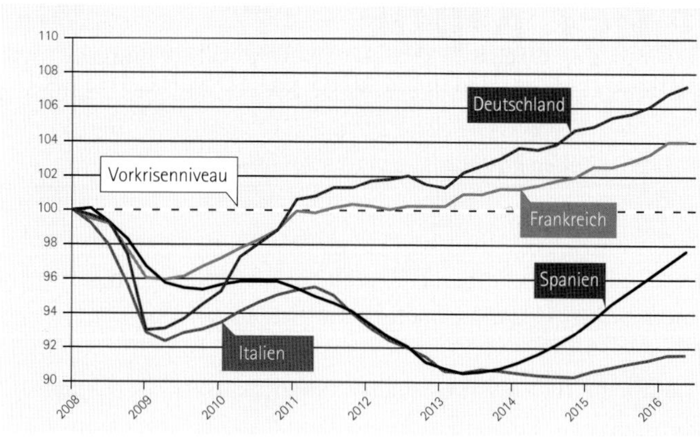

Reales Bruttoinlandsprodukt; Q1 2008=100

Quelle: Eurostat, Bloomberg

schaft spürbar belebt. Mit Spanien, Irland und Zypern gehören heute drei der fünf Länder zu den Wachstumsspitzenreitern, die sich einst unter den Euro-Rettungsschirm begeben hatten. Auch in Frankreich und Italien hat die Wirtschaft in die Wachstumsspur zurückgefunden

Vor diesem Hintergrund sehen wir gute Chancen, dass das Bruttoinlandsprodukt der Eurozone im Jahr 2016 um rund 1,5 % gegenüber dem Vorjahr steigen wird. Dass wir für das Jahr 2017 eine leichte Abschwächung der Wachstumsdynamik auf 1,2 % unterstellen, hat weniger mit ökonomischen Unsicherheiten als vielmehr mit den sich zuspitzenden politischen Risiken zu tun, die Europa voraussichtlich länger begleiten werden.

Belastungsfaktor Brexit

Die Briten überraschen negativ mit dem Brexit

Mit der Entscheidung des britischen Volkes, die Europäische Union zu verlassen („Brexit"), ist das größte Einzelrisiko eingetreten, das wir vorab für 2016 ausgemacht hatten. Großbritannien wird nach einer mehr als 40 Jahre währenden Mitgliedschaft der europäischen Gemeinschaft bald den Rücken kehren.

Noch hat die zweitgrößte Volkswirtschaft in Europa zwar keinen offiziellen Austrittsantrag gestellt. Die Hoffnungen, dass es doch noch einen Exit vom Brexit geben wird, wurden jedoch mit der Amtsübernahme durch die neue Premierministerin Theresa May hinfällig. In ihrer Antrittsrede bekräftigte die First Lady, dass es beim „Brexit" bleiben werde.

Seinen 25. Geburtstag wird der europäische Binnenmarkt dennoch gemeinsam mit der Insel begehen. Denn May will erst um den Jahreswechsel herum das Austrittsgesuch an Brüssel richten. Ab diesem Zeitpunkt stehen Großbritannien und der EU zwei Jahre für die nötigen Verhandlungen zur Verfügung – Verlängerung möglich und auch wahrscheinlich. Zu viele, teilweise sehr komplexe Fragestellungen müssen für die Zeit nach dem Brexit beantwortet und neu geregelt werden. Und ob der Abschied von der EU auch ein Abschied vom gemeinsamen Binnenmarkt wird, steht noch in den Sternen.

Der Austritt aus der Eurozone wird lange dauern

Unsicherheit drückt die Stimmung im Königreich

Was bleibt, ist Ungewissheit. Und diese Ungewissheit hat negative wirtschaftliche Folgen. Investoren und Konsumenten reagieren darauf mit einer Reduzierung ihrer Ausgaben. In der britischen Wirtschaft hat das Votum jedenfalls bereits heftige Bremsspuren hinterlassen. Die Stimmungsindikatoren brachen ein, die Bank of England versucht massiv gegenzusteuern.

Stimmung und Konjunktur außerhalb des Vereinigten Königreichs scheinen vom EU-Ausstieg der Briten dagegen weit weniger betroffen zu sein als zunächst befürchtet. Das macht Hoffnung und nährt die Erwartung, wonach die Erholung in der Eurozone entgegen mancher Unkenrufe eben nicht zum Stillstand kommt. Die robuste Binnennachfrage spannt im Verbund mit der expansiven Geldpolitik der EZB einen wirksamen Schutzschirm auf, der helfen sollte, die Euro-Konjunktur zu stabilisieren.

Reaktionen auf dem Kontinent: weniger heftig als befürchtet

Politische Risiken nehmen wieder zu

Die Risiken für den wirtschaftlichen Ausblick sind gleichwohl gestiegen. Dies umso mehr, als bereits seit Längerem politische Fliehkräfte an Europas Fundamenten zerren. Nicht nur in Großbritannien herrscht EU Skepsis. Auch in den Ländern der europäischen Peripherie gibt es etliche Vorbehalte gegen die EU und den Euro, häufig ausgelöst durch das Gefühl, einem deutschen Spardiktat zu unterliegen.

Die politischen Fliehkräfte in Europa nehmen zu

So haben die langwierigen, harten Sparmaßnahmen in Kombination mit einer hohen Jugendarbeitslosigkeit, fehlenden Perspektiven und bedrohlich wirkenden Flüchtlingsströmen EU-kritischen Protestparteien Zulauf beschert. In diesem Zusammenhang werden wir in den kommenden Monaten die Lage in Italien besonders im Auge behalten müssen.

In Italien werden die Bürger im 4. Quartal 2016 an die Urne gebeten, um sich in einem Referendum für oder gegen die in den vergangenen beiden Jahren vom Parlament genehmigten Änderungen der Verfassung auszusprechen. Das Ergebnis der Volksabstimmung ist zum jetzigen Zeitpunkt alles andere als absehbar, Meinungsumfragen sagen jedenfalls einen denkbar knappen Ausgang voraus. Die Sorge ist groß, dass viele Italiener das Votum als Ausdruck der Unzufriedenheit mit ihrer wirtschaftlichen und sozialen Situation nutzen wollen. Ein „Nein“ zur Verfassungsreform wäre wohl zugleich das Aus für Ministerpräsident Renzi – und würden Italiens europaskeptischen Parteien weiteren Zulauf bescheren.

Italien am Scheideweg

Italien muss über seine Zukunft entscheiden

Eine Bankenkrise käme in dieser Situation denkbar ungelegen. Doch ausgerechnet vor dem wegweisenden Referendum spitzt sich die Lage für Italiens Banken immer weiter zu. Als Spätfolge der wirtschaftlichen Schwäche hat sich in den Bilanzen der Finanzinstitute der vielzitierte Berg an „faulen“ Krediten in Höhe von rund 200 Mrd. Euro angehäuft. Alle bisherigen – eher halbherzigen – Versuche, das Problem in den Griff zu bekommen, sind gescheitert. Die mit dem Brexit verbundenen Unsicherheiten bilden nunmehr den idealen Nährboden, auf dem die Krise erneut gedeihen kann.

"Bail-in": Gläubiger und Aktionäre haben das Nachsehen

Mit seinem Vorschlag, die gefährlich wankenden Geldhäuser mit Staatsgeldern zu stützen, stößt Renzi in Brüssel auf erbitterten Widerstand. Der Grund: Seit Jahresanfang gilt in der EU die sogenannte „Bail-in-Regel“, nach der ein Staat „seinen“ Banken erst dann mit öffentlichen Mitteln unter die Arme greifen darf, wenn Gläubiger und Aktionäre zuvor auf einen Teil ihrer Forderungen verzichtet haben.

Im Falle Italiens träfe diese Regelung jedoch Millionen von Kleinsparern. Wenn diese ihr Geld, abschreiben müssen, wäre ein Sieg Renzis beim anstehenden Referendum endgültig in weite Ferne gerückt. Politische und wirtschaftliche Turbulenzen und Verwerfungen in Europas drittgrößter Volkswirtschaft wären wohl die unvermeidliche Folge.

Die Banken des Landes müssen saniert werden

Angesichts dieses Ausblicks wird den europäischen Partnern nichts anderes übrig bleiben, als Italien bei der Bankensanierung entgegenzukommen. Einmal mehr dürfte damit Pragmatismus über Prinzipientreue gestellt werden, was die EU nördlich der Alpen weiter in Misskredit bringen würde.

Neue Herausforderungen für die EZB

Dass sich die Finanzmärkte – trotz steigender politischer Risiken – nach wie vor robust präsentieren, ist in erster Linie der Politik der Europäischen Zentralbank geschuldet. Als oberster „Wächter" der Gemeinschaftswährung versucht sie mit allen Mitteln, ein Wiederaufflammen der weiterhin schwelenden Staatsschuldenkrise bereits im Keim zu ersticken.

Der Brexit-Schock und die lodernde italienische Bankenkrise verstärken den Handlungsdruck auf die EZB. Konventionelle Instrumente stehen nur begrenzt zur Verfügung, das Pulver für weitere Zinsanpassungen scheint verschossen. Ein weiteres Drehen an der Zinsschraube würde die ohnehin schwer gebeutelten Banken Europas weiter belasten. Dies ebnet den Weg für mehr Wertpapierkäufe oder gar neue Geldspritzen, wie dem bereits viel diskutierten „Helikopter-Geld". Alles scheint in diesem Umfeld möglich. Die Nebenwirkungen dieser unorthodoxen Notenbankpolitik nehmen jedoch zu und auch die Kritik daran wächst.

EZB-Politik am Pranger

Die EZB steht immer schärfer im Mittelpunkt von Kritik

In den vergangenen Monaten wurde die Kritik an der unkonventionellen Geldpolitik gerade in Deutschland immer lauter. In diesem Punkt stimmen sogar führende Politiker so unterschiedlicher Couleur wie der bayerische Finanzminister Markus Söder und die Fraktionsvorsitzende der Linkspartei Sarah Wagenknecht überein: EZB-Präsident Draghi sei schuld an der „Verelendung des deutschen Sparers".

Dass die seit Ausbruch der Finanzkrise immer niedrigeren Zinsen zu Lasten von Sparern und Kapitalsammelinstitutionen wie Lebensversicherungen oder Pensionskassen gehen, ist unstrittig. Dass von dieser Entwicklung aber nicht nur die südeuropäischen „Schuldenstaaten" profitieren, wie gerne von deutschen Politikern behauptet wird, sondern auch der deutsche Bundeshaushalt, wird dabei gern unterschlagen. Ohne die Entlastung bei den Zinsausgaben wäre der zuletzt erzielte Milliardenüberschuss im deutschen Staatshaushalt nicht erreicht worden. Nichtsdestotrotz ist festzuhalten, dass die stimulierende Wirkung der ultraexpansiven EZB-Maßnahmen abnimmt.

Die Wirkung der Nullzinspolitik lässt spürbar nach

Nach sieben Jahren immer niedrigerer und mittlerweile sogar negativer Zinsen sowie immer umfangreicherer Anleihekaufprogramme trifft das Gesetz schwindender Grenzerträge auch die EZB. Mit jeder zusätzlichen Kaufrunde scheint die Wirksamkeit von „Quantitative Easing“ nachzulassen. Das Risiko massiver Fehlallokationen dagegen steigt: Die Preisverzerrungen über alle Vermögensklassen nehmen zu, mehr und mehr Anleger wagen sich in immer riskantere Anlagesegmente vor – mit der Gefahr weiterer Spekulationsblasen.

Trotz Nebenwirkungen: Lower for a lot longer

Trotz wohlbegründeter Argumente für eine Kehrtwende dürfte die EZB ihre bisherigen Bemühungen sogar noch verstärken. Derzeit liegen die Inflationsprognosen für 2017 bei 1,2 % und für 2018 bei 1,6 %. Für die EZB, die per Mandat zur Wahrung des Inflationsziels von knapp 2 % verpflichtet ist, gibt es also keinen Anlass für eine Kursänderung. Dennoch scheint es riskant, die Dosis immer weiter zu erhöhen, zumal ein großer Teil der beabsichtigten Wirkung psychologischer Natur ist. Die Beschlüsse der EZB vom 10. März 2016 sind gänzlich verpufft. Das zeigt, dass eine Politik der ruhigen Hand unter Umständen mehr bringt als Aktionismus.

Die EZB ist als einziger politisch handlungsfähiger Akteur überfordert

Das Grundproblem besteht allerdings darin, dass die EZB als einziger noch handlungsfähiger Akteur auf der europäischen Bühne überfordert ist. Europas Politiker haben die Aufgabe, die Wirtschaft zu stützen, an die EZB delegiert. Doch die kann diese Aufgabe nicht alleine meistern. Sie ist bereits am Ende ihrer Möglichkeiten angekommen – und braucht Unterstützung von der Fiskalpolitik.

Fazit

Was bedeutet nun all das für die Konjunktur der Eurozone 2017? Setzt sich der bis zuletzt solide Wachstumskurs auch im kommenden Jahr fort? Die gute Nachricht: wir gehen davon aus, dass die konjunkturelle Erholung auch im Jahr 2017 anhält.

Gefahren für die Erholung noch nicht gebannt

Was uns dennoch Sorge bereitet, ist die kaum kürzer werdende Liste ökonomischer und vor allem politischer Abwärtsrisiken. Dazu zählen neben den bevorstehenden Brexit-Verhandlungen, dem Verfassungsreferendum in Italien, den Geschehnissen in der Türkei, der andauernden Flüchtlings- und Terrorproblematik sowie den anstehenden Parlamentswahlen in Frankreich und den Niederlanden auch die anhaltenden Kapitalprobleme europäischer Banken, weshalb bei Investments in diesen Märkten eine Untergewichtung sinnvoll sein könnte.

Vor diesem Hintergrund ist es keine gewagte Prognose, dass der Europäischen Währungsunion noch weitere schwierige Jahre bevorstehen werden. Augenscheinlich ist schon jetzt, dass sich der Krisenfokus endgültig von den Finanzthemen hin zur Europapolitik verlagert hat. Es scheint, als drohe Europa und dem Euro der politische Unterbau zu erodieren. Der europäische Wahlkalender für dieses und kommendes Jahr ist dicht gefüllt. In der aktuellen politischen Gemengelage wird es jedes Mal darum gehen, ob sich das politische Establishment behauptet oder ob Protestparteien das Ruder übernehmen und ihre europa- und reformkritischen Ansätze verfolgen können.

Der Europäischen Währungsunion steht ein schwieriges Jahr bevor

Für den Moment lautet die gute Nachricht, dass die Konjunktur – auch dank der Unterstützung der EZB – nicht umkippt. Allerdings lastet erhebliche politische Unsicherheit auf den wirtschaftlichen Perspektiven, den Investitionsentscheidungen von Unternehmen, und damit dem Wachstumspotenzial in ganz Europa. Insofern bleibt es ein herausforderndes Umfeld für die Geldanlage in bewegten Märkten, die durchaus einiges an Fallhöhe und Abwärtsrisiken aufbauen.

Zum Vermögensschutz den Euroraum verlassen

Aufgrund der vielen Unwägbarkeiten in der EU raten wir als in Liechtenstein ansässiges Finanzinstitut, im Sinne einer erweiterten Asset Protection auch eine Diversifikation der Anlagestandorte ins Auge zu fassen.

» Das Jahr 2016 begann mit einem Schrecken für viele China-Optimisten. Rückläufige Exportzahlen, verringertes Wachstum und Währungsturbulenzen ließen Zweifel an der chinesischen Erfolgsstory aufkommen. Doch das, was Anleger spürten, waren nicht die Vorboten einer Krise, sondern die Folge des Umbaus von Wirtschaft, Finanzmärkten, Währung und Gesellschaft. Denn China befindet sich im Wandel. Diese Transformation wird sich auch im Jahr 2017 fortsetzen. Dabei werden sich für Anleger im Reich der Mitte neue aussichtsreiche Türen öffnen. «

Transformation

China öffnet neue Türen für Anleger

Dr. Rudolf Apenbrink, HSBC Deutschland

China sucht seinen Transformations-Weg

Die Zeiten, in denen Anleger eine Strategie für die BRIC-Staaten (Brasilien, Russland, Indien, China) entwickeln und diese über vier Länder hinweg umsetzen konnten sind lange vorbei. Heute sind die Schwellenländer weder gleich attraktiv, noch lassen sie sich einheitlich bewerten. Folge: Das „BRIC"-Konzept, bei dem Brasilien, Russland, Indien und China in einer Gruppe zusammengefasst werden, hat nach Meinung vieler Experten mittlerweile ausgedient. Die Länder stehen zwar vor ähnlichen ökonomischen Herausforderungen, wie z. B. geringen Rohstoffpreisen, einer steigenden Schuldenlast im Privatsektor und Kapitalabflüssen. Doch sie gehen höchst unterschiedlich mit ihrer Situation um – und meistern ihre Herausforderungen daher auch unterschiedlich gut.

Chinas Wirtschaft und Gesellschaft verändern sich

Ein Land der BRIC-Gruppe ist für die Weltwirtschaft besonders wichtig: China. Das liegt allein an der Größe des Landes. Dort leben immerhin 1,4 Mrd. Menschen – jeder achte Mensch der Erde. Darum ist die wirtschaftliche Entwicklung im Reich der Mitte für die Weltkonjunktur von großer Bedeutung – und Abschwächungstendenzen sind ein Alarmsignal.

Das Wirtschaftswachstum im Reich der Mitte bleibt gut

Für das Jahr 2017 bleibt China jedoch ein Motor der Weltkonjunktur, auch wenn die Wachstumszahlen mittlerweile nicht mehr das Niveau der vergangenen Jahre erreichen. Allerdings haben sich nach Jahren des stürmischen Wachstums auch die absoluten Maßstäbe verschoben. Denn schon eine Wachstumsrate von „nur" 6,5 % bedeutet bei der immer größer werdenden Volkswirtschaft, dass Chinas Wirtschaftskraft jährlich um über 700 Mrd. US-Dollar wächst.

Zudem steckt China mitten in einem Wandel, der viele Bereiche gleichzeitig trifft: der Umbau der chinesischen Wirtschaft von Export- zu Konsumorientierung; das Innovationsstreben, ausgedrückt durch Initiativen wie „Made in China 2025", durch die das Land zu den Industrienationen aufschließen möchte; der Boom „grüner" Technologien, der die wichtigen Herausforderungen Chinas im Bereich Umwelt- und Ressourcenschutz lösen soll; die Globalisierung, getrieben durch ambitionierte Infrastrukturprojekte wie die neue Seidenstraße; und nicht zuletzt die Liberalisierung der chinesischen Währung Renminbi und ihre weitere Etablierung als Investmentwährung.

Umwälzungen dieser Größenordnung mögen kurzfristig das Wachstum bremsen. Aus Anlegersicht öffnen sie gleichzeitig zahlreiche Türen, die es erlauben, von dem Wandel eines neuen Chinas zu profitieren.

Von Export- zu Konsumorientierung

Der aktuelle 5-Jahresplan weist den Weg in die Zukunft

Wohin der Weg Chinas künftig führen soll, zeigt der aktuelle 13. Fünfjahresplan für die Jahre 2016 bis 2020. Der wurde im März 2016 vom Nationalen Volkskongress verabschiedet. Er ist ein Zeichen in Richtung Nachhaltigkeit. Denn statt um ein Wachstum um jeden Preis geht es Peking um qualitatives Wachstum. Der notwendige Umbau der Wirtschaft soll nicht mehr dem Erreichen höherer Wachstumsziele geopfert werden. So weist der neue Fünfjahresplan der Regierung für die nächsten Jahre ein Mindestwachstumsziel von vergleichsweise nur noch moderaten 6,5 % pro Jahr aus. Das neue Wachstumsziel trägt auch der Tatsache Rechnung, dass bei steigendem Entwicklungsstand das relative Wachstum der Wirtschaft eines Landes abnimmt. Das ist eine ganz natürliche Entwicklung, die die Wirtschaft jedes über längere Zeit wachsenden Landes nimmt.

Die Chinesen sollen mehr konsumieren

Eines der wichtigsten Ziele Pekings lautet daher nun: Überwindung der Wachstumsmauer, der so genannten „Middle Income Trap". Hierfür möchte das Land seine stark auf das Ausland fixierte, exportabhängige Wirtschaft zugunsten einer stärkeren Binnenmarkt- und Konsumorientierung umbauen. Der Beitrag des Dienstleistungssektors zum BIP-Wachstum soll bis zum Jahr 2020 auf 55 % steigen. Zudem soll die Produktion von Spitzenprodukten gefördert werden.

Angebotsseitig sind Reformen vorgesehen, um die Überkapazitäten in der Schwerindustrie abzubauen und die Effizienz der Produktion zu erhöhen. In den kommenden fünf Jahren soll so die Stahlproduktionskapazität um 10-15 % gesenkt werden. Die Kohleförderkapazität soll um 20 % vermindert oder umstrukturiert werden.

Die Mittelschicht wächst kontinuierlich weiter

Produktivitätssteigernd hingegen wirkt die Urbanisierung. Im Rahmen der Reform der chinesischen Wohnsitzkontrolle (Hukou) sollen bis 2020 gut 100 Millionen Wanderarbeiter aus ländlichen Regionen mit ihren Familien dauerhaft in Städten angesiedelt werden. Durch die in der Stadt höhere Produktivität pro Arbeitskraft verändert sich üblicherweise das Ausgabeverhalten, der Konsum wird angekurbelt. Das erhöhte Sicherheitsgefühl, das der stabilere Status den Wanderarbeitern vermittelt, lässt die Sparquoten sinken und die Ausgaben steigen. Die Folge: Eine aufstrebende Mittelschicht entsteht.

Grüne Technologien auf dem Vormarsch

Die damit verbundene gesellschaftliche Veränderung wirkt auch zurück auf staatliche Investitionen und wirtschaftliche Entwicklung. So gibt es gerade im Bereich des Umweltschutzes zahlreiche Reformvorhaben, die das Ziel eines nachhaltigen Wachstums unterstützen – nicht zuletzt, weil immer mehr Chinesen es einfordern. Das Land, immerhin der weltweit größte Emittent von Treibhausgasen, ist zunehmend dazu bereit, seinen CO_2-Fußabdruck zu verringern. Gelingen soll dies durch eine Verschärfung der behördlichen Kontrollen und durch steigende Investitionen in den Umweltschutz. Die Sektoren Wind- und Sonnenenergie könnten sich so bis 2020 verdoppeln, vielleicht sogar vervierfachen.

China fokussiert auf grüne Energien

Auch Anleger können am neuen „grünen" Wandel Chinas teilhaben. So werden die so genannten grünen Anleihen (Green Bonds) auch in China immer populärer. Hierbei handelt es sich um spezielle Wertpapiere, die nur zur Finanzierung von Maßnahmen zum Umweltschutz genutzt werden dürfen.

Die nächste industrielle Revolution steht an

Das Kernstück des chinesischen Wandels stellt aber die neue industrielle Revolution dar. Sie manifestiert sich durch die Initiative „Made in China 2025". Dahinter steht die Vision, durch bessere Produktionsleistungen, einen höheren Industrialisierungsgrad und eine technologische Revolution rund um Smart Manufacturing und Big Data zu den etablierten Industrienationen aufzuschließen. Chinesische Produkte sollen auch im Ausland als Qualitätsware anerkannt werden.

Um diese Vision zu verwirklichen, sollen die Investitionen in Forschung und Entwicklung bis 2020 auf 2,5 % des BIP steigen. Auch das

Programm „Internet Plus" soll die technologische Entwicklung Chinas vorantreiben. Es dient der Zusammenführung der Informationstechnologie mit führenden Branchen. Das Ziel: Steigerung des Wirtschaftswachstums. „Made in China 2025" und „Internet Plus" – zwei Beispiele, die zeigen, wie das wirtschaftliche Wachstum in China künftig qualitativ aussehen soll.

Die Reisebranche wird vom wachsenden Wohlstand profitieren

Auch diese Entwicklungen sind für Anleger interessant. Der wachsende Wohlstand dürfte der Reisebranche zugutekommen. Von steigenden Einkommen profitieren nicht zuletzt auch die chinesischen Unternehmen, so zum Beispiel chinesische H-Aktien, also Aktien von Unternehmen aus Mainland China, die an der Börse in Hong Kong gehandelt werden.

Erhebliche Investitionen in Infrastruktur

Doch auch ganz wörtlich möchte China näher an den Westen heranrücken. Infrastruktur-Megaprojekte wie die Initiative „One belt, one road", die eine neue Seidenstraße nach Europa und eine maritime Handelsroute nach Afrika etablieren soll, weisen den Weg. Peking möchte seinen weltweiten Einfluss vergrößern, indem es Handels- und Infrastrukturverbindungen verbessert und so wirtschaftliche, institutionelle und auch kulturelle Beziehungen zu wichtigen Handelspartnern verbessert. Die neue Asiatische Infrastruktur-Investitionsbank (AIIB) wurde eigens zur Unterstützung der Seidenstraßeninitiative gegründet.

Im Reich der Mitte wird kräftig in Infrastruktur investiert

Dabei sind diese Infrastrukturprojekte eine logische Folge der Globalisierung. Chinesische Produkte tauchen längst in den Regalen globaler Handelsketten auf. Umgekehrt führt der wachsende Wohlstand im Land bei vielen Chinesen auch zur Übernahme westlicher Sitten. Während in Europa zunehmend Widerstände gegen eine weitere Integration auftreten und Entscheidungen wie der Brexit gar auf eine Trendumkehr hindeuten, möchte Asien die weitere Globalisierung. Die Digitalisierung und das „Internet der Dinge" beschleunigen diese Entwicklung durch die Zugänge, die sie eröffnen.

Der Renminbi als Investmentwährung

Internationaler werden soll auch die chinesische Währung, der Renminbi. Durch die Aufnahme der Währung in den Korb der Sonderziehungsrechte beim internationalen Währungsfonds ist der Renminbi bereits zur offiziellen Reservewährung aufgestiegen. Das erhöht nicht nur die Glaubwürdigkeit und Verbreitung der Währung, sondern auch die Liquidität. Von Beginn an zielten die Reformbemühungen Chinas auf eine größere Verbreitung des Renminbi als Handels-, Anlage- und Reservewährung ab. Die Ziele dürften überwiegend als erreicht angesehen werden. Künftig wird es darum gehen, den Renminbi auch als Investment-Währung stärker zu etablieren.

Anleger interessieren sich immer mehr für Renminbi-Anleihen

Schon heute interessieren sich Anleger immer häufiger für Anleihen, die in der Offshore-Währung CNH notiert sind. Diese bieten die attraktive Möglichkeit zur Diversifizierung des Währungsrisikos und eine positive Renditedifferenz gegenüber den Industrieländern. Mit der schrittweisen Öffnung der chinesischen Anleihenmärkte sollte der Renminbi für internationale Anleger künftig noch bedeutender werden. Ein wichtiger Schritt in diese Richtung wurde im Februar 2016 bereits vollzogen: Vorher bestehende Quoten- und Lizensierungsregeln für ausländische Investoren wurden durch vergleichsweise einfache Antragsverfahren ersetzt.

Fazit: China ist attraktiv für Investoren

Viele Sektoren profitieren von der chinesischen Transformation

Der Wandel in China wird aus mehreren Richtungen zugleich vorangetrieben – aber vor allem mit einem klaren mittelfristigen Ziel. Die Ausgaben der Regierung für technische Innovationen, Gesundheitswesen, umweltfreundliche Energie, Infrastruktur und viele weitere Bereiche treiben die wirtschaftliche Evolution. Die gesellschaftlichen Folgen gehen damit Hand in Hand – Urbanisierung, Globalisierung und das neue Konsumverhalten werden ein neues China formen, das für Anleger noch interessanter wird.

Insbesondere Unternehmen der „New Economy" sollte man dabei im Blick behalten: Internet- und Technologiebranche, erneuerbare Energien, Medien, Finanzdienstleister, Tourismus, Gesundheitswesen und der Bereich der Nicht-Basiskonsumgüter. Die Perspektiven in China bleiben erstklassig – vor allem für Jene, die in Sektoren mitmischen, die den Wandel heute schon aktiv gestalten.

» Australiens Wirtschaft hat im Herbst 2016 einen schweren Stand. Das Land, dessen wirtschaftliches Wohlergehen stark von Chinas Rohstoffhunger abhängt, kämpft um einen erfolgreichen Umbau seiner Ökonomie. Die Abhängigkeit vom Rohstoffsektor lässt zwar nach, ist aber noch nicht vollendes beseitigt. Dennoch gibt es in Down Under positive Anzeichen für eine Stabilisierung. Denn der weit gefallene Austral-Dollar und die niedrigen Zinsen beflügeln die Wirtschaft zumindest teilweise wieder. Kehrseite der Medaille: Einige Branchen, voran der Immobilienmarkt, laufen heiß. Anleger können trotzdem im Land der Kangurubs investieren – aber nur in ausgewählte Sektoren.

Geteiltes Down Under

Australien will wieder nach oben

Jens Meyer, FUCHSBRIEFE

Im zweiten Quartal 2016 schrumpften die australischen Unternehmensinvestitionen auf den niedrigsten Stand seit fünf Jahren. Im selben Quartal wuchs die Wirtschaft gegenüber dem Vorjahresquartal mit 3,3 %. Das war die höchste Wachstumsrate seit vier Jahren.

Rekordhohe KfZ-Zulassungen

Im August des Jahres gab es Rekordhohe Kfz-Neuzulassungen, beflügelt von Käufen im hochpreisigen SUV-Segment. Zugleich wuchsen die Umsätze der beiden größten Supermarktketten Woolworths und Coles bestenfalls im Schneckentempo. Ebenfalls im August sank die Arbeitslosenquote auf 5,7 % – aber neue Arbeitsplätze gab es seit Jahresbeginn unter dem Strich fast ausschließlich im Teilzeitbereich.

Down under: Erfolgreicher Umbau oder Stagnation?

Widersprüchliche Statistiken: Wohin weist der Trend für 2017?

Die Preisfrage lautet: Welche dieser widersprüchlichen Statistiken zeigt den Trend für das Jahr 2017 an? Darüber rätseln etliche Konjunkturforscher in Down under. Hinter den divergierenden Daten steckt der Umbau der australischen Wirtschaft, die sich nach dem Ende des Minen-Booms notwendigerweise vom Rohstoffbereich abnabeln muss. So hat Australien im Herbst 2016 zwei Perspektiven: Umbau (Transition) oder Stagnation.

Seit 25 Jahren ist Australiens Wirtschaft rezessionsfrei.

Unbestreitbar ist, dass Australiens Wirtschaft mittlerweile 25 Jahre rezessionsfrei gedeiht. Weitere eineinhalb Jahre ohne einen Knick und der zwischen 1981 und 2008 aufgestellte Dauerwachstumsrekord der Niederlande, Spitzenwert unter Industrieländern, ist eingestellt. Die Zeichen für einen neuen Fahnenträger stehen gut.

Australiens Konjunkturzyklus steht traditionell im Bann der Rohstoffbranche: Auf überdurchschnittliche Wachstumszahlen in Boomzeiten folgte unweigerlich Katerstimmung, wenn die Preise für Eisenerz, Kohle, Erdgas, Nickel oder Kupfer wieder purzelten. Diesmal scheint der Übergang allerdings besser zu klappen – und das, obwohl der abgelaufene Boom der größte seit 150 Jahren war. Vorausgesetzt natürlich die Weltwirtschaft oder auch nur Australiens wichtigster Handelspartner, China, versinken im nächsten Jahr nicht in eine tiefe Depression.

Auch die Baukonjunktur boomt. Insbesondere die bevölkerungsreichen Städte der Ostküste wachsen. In den Innenstädten von Sydney, Melbourne und Brisbane schießen immer neue Hochhäuser in den Himmel. In den Speckgürteln wird renoviert was das Zeug – und die Verfügbarkeit von Facharbeitern – hergibt. Weiter steigende Baugenehmigungen deuten auf künftiges Wachstum.

Schwacher Austral-Dollar puscht Industrie und Tourismus

Der kräftige Verfall des australischen Dollar seit 2012 hat nicht nur exportorientierten Industriekonzernen wie James Hardie oder CSL zu stärkeren Umsätzen geholfen. Auch der Tourismus und die Bildungsbranche profitieren davon. Beide Branchen gelten auch in den kommenden Jahren als Wachstumssektoren. Sie bekommen allmählich auch die Nachfrage der immer reisefreudigeren und bildungshungrigen chinesischen Mittelklasse zu spüren.

Jobs in der Barista-Ökonomie

Das Bruttoinlandsprodukt dürfte 2016 und 2017 jeweils um rund 3% wachsen. Das ist nicht nur im internationalen Vergleich sehenswert, sondern entspricht durchaus dem langjährigen Mittelwert. Zugleich ist die Arbeitslosenquote langsam aber beständig gesunken. Hier fällt auf, dass zuletzt zehntausende neuer Arbeitsplätze im Einzelhandel oder in Gaststätten geschaffen wurden. Schon sprechen einige Beobachter von der „Barista-Ökonomie", die viele neue, aber nicht unbedingt gut bezahlte Jobs hervorbringt.

Inflation will aber nicht anspringen

Es ist eben nicht alles rosig Down Under. Ähnlich wie in anderen Industrieländern will die Inflation nicht anspringen und verharrt bei deutlich unter 2%. Das liegt auch daran, dass die Gehälter seit Jahren nur im Schneckentempo steigen. Die Notenbank (RBA), die eine Kern-Inflationsrate von zwischen 2 und 3% anpeilt, hat in verschiedenen Stellungnahmen klar gemacht, dass die vor sich hin dümpelnde Teuerungsrate aktuell ihre Hauptsorge ist.

Knapp dahinter folgt die Stärke des australischen Dollars. Der Aussie ist seit dem Ende des Rohstoffbooms gegen den US Dollar zwar um rund 30% gesunken. Aber nach Einschätzung der Notenbank ist das nicht genug. Schlimmer noch: Seit die US-Notenbank ihre Zinserhöhungsperspektive verschiebt und die Japanische und Europäische Zentralbank die Leitzinsen immer weiter drücken, hat der Aussie wieder an Wert gewonnen. Rund 6 % hat er gegen den Greenback in den ersten acht Monaten des Jahres 2016 zugelegt. Das macht wiederum die Importpreise billiger.

Weitere Zinssenkung(en) denkbar

Die RBA hat bereits gegengesteuert und 2016 die Zinsen zweimal gesenkt (auf 1,5 %). Das ist zwar ein Rekordtief, aber immer noch relativ hoch im internationalen Vergleich. Darum sind australische Staatsanleihen auch attraktiv. Hinzu kommt, dass eine geldpolitische Lockerung im globalen Schwächungswettlauf nicht mehr reicht, eine Währung zu drücken. Dennoch rechnen Volkswirte wegen des relativ starken Austral-Dollar und der schleppenden Inflation bis Anfang 2017 mit mindestens einer weiteren Zinssenkung.

Notenbank kämpft mit den Folgen der Niedrigzinsen

Die RBA muss allerdings an einer anderen Front gegen die Folgen ihrer Zinspolitik kämpfen. Denn vor allem in den beiden größten Städten Sydney und Melbourne ufert allmählich eine Immobilienblase aus. Das erschwert weitere geldpolitische Schritte. In Sydney kletterten ohnehin schon hoffnungslos überteuerte Hauspreise in den 12 Monaten bis Ende August um mehr als 9 %. In Melbourne war der Anstieg ähnlich hoch. Sydney galt bereits vor 2011, als die RBA anfing die Zinsen stetig zu senken, als eines der teuersten Immobilienpflaster der Welt. Aber das immer billigere Geld hat die Blase so richtig aufgepumpt. Zugleich fielen die Preise in der westaustralischen Rohstoff-Metropole Perth.

Ein Land, zwei Geschwindigkeiten

Wirtschaft der Rohstoff-Staaten schwächelt

Auf diese Weise hat sich die Entwicklung der Wirtschaft in zwei Geschwindigkeiten verstetigt. Während vor allem New South Wales um die Finanzmetropole Sydney sowie Victoria mit Melbourne die Wachstumsmotoren sind, hinken die Rohstoffstaaten Westaustralien und Queensland deutlich hinterher, in einer Umkehr der Lage von vor fünf Jahren, auf dem Höhepunkt der Rohstoffbooms.

Diese Gratwanderung gilt es für den neuen Notenbankchef Philip Lowe zu meistern. Der frühere Vize des auch international respektierten Glenn Stevens übernahm Mitte September das Amt. Wie sein Vorgänger gilt er als Verfechter des Inflationsziels. Ebensowenig wie Stevens ist er aber ein harter Dogmatiker. Aber auch in Australien stößt die Notenbank mit ihren Zinssenkungen an Grenzen. Nicht nur, weil der Spielraum bei einem Leitzins von 1,5 % begrenzt ist, sondern auch weil die letzten Lockerungen der geldpolitischen Zügel immer weniger realwirtschaftliche Resonanz fanden (abgesehen vom Immobilienmarkt). Ein Problem, auf das die gewöhnlich leisetretenden Notenbanker des Landes zuletzt ungewöhnlich deutlich hingewiesen haben.

Ruf nach dem Staat wird lauter

Entsprechend ertönt auch in Australien immer häufiger der Ruf nach mehr Schützenhilfe von öffentlicher Seite. Während staatliche Investitionsprogramme insbesondere im Infrastrukturbereich durchaus diskutiert werden, gelten sie als politisch riskant. Trotz eines übersichtlichen Schuldenbergs von weniger als 40 % des BIP, ist Schuldenmachen sowohl bei den regierenden Liberals (Konservativen) als auch der oppositionellen Labor Partei (Sozialdemokraten) verpönt. Keiner will für einen Verlust des beinahe totemisch vereehrten AAA-Ratings des Landes verantwortlich sein.

Unternehmen haben Gewinntal durchschritten

Die wacklige Wirtschaftlage spiegelt sich am Aktienmarkt wider. Der S&P/ASX 200 hat sich zwar von den globalen Finanzmarkt-Turbulenzen zu Jahresbeginn 2016 erholt. Damals zogen Sorgen um eine mögliche harte Landung der chinesischen Wirtschaft den Leitindex unter 5.000 Punkte. Dennoch liegt der Index als einer der wenigen der westlichen Welt weiterhin deutlich unterhalb des Allzeit-Hochs von 6.828, das er im November 2007 erklommen hatte.

China und die Rohstoffflaute drücken auf die Wirtschaft

Heftige Kursverluste bei Rohstoffaktien, die rund ein Drittel der Marktkapitalisierung ausmachen, hielten den Index zurück. Hinzu kam, dass seit Frühjahr 2015 eine mehrjährige Rally bei Bankaktien – dem anderen Index-Schwergewicht – ins Stocken geraten ist. Doch auch jenseits von Banken und Rohstoffen ist das Bild durchwachsen. Per Ende Juni schrumpften die Erträge der Top 200 börsennotierten Konzerne um knapp 10 %. Damit muss bereits das zweite Jahr rückläufiger Gewinne konstatiert werden. Ohne den gebeutelten Rohstoffbereich kletterten die Gewinne aber immerhin um bescheidene 2,2 %.

Der Ausblick sieht dafür etwas besser aus. Analysten haben nach der abgelaufenen Gewinnsaison ihre Schätzungen für das Geschäftsjahr 2016-17 nach oben korrigiert. Sie gehen nun von rund 10 % Gewinnwachstum aus. Derartige Prognosen sind zwar mit Vorsicht zu genießen, da diese Kalkulationen davon ausgehen, dass Rohstoffpreise einen Boden gefunden haben. Aber das ist aus unserer Sicht nicht unwahrscheinlich.

Konzerne nutzen Niedrigzinsen zur Sanierung

Viele australische Konzerne haben die vergangenen Jahre auch dazu genutzt, ihre Bilanzen kräftig zu sanieren (Schulden abzubauen) und stehen nun gestärkt da. Zulieferer für die Rohstoffbranche wie Ausdrill (AU 000 000 ASL 2) oder Monadelphous (AU 000 000 MND 5) sind hier Beispiele.

Aktien überbewertet?

Große Sprünge sind aber vorerst dennoch nicht zu erwarten. Denn der australische Aktienmarkt ist nach wie vor relativ teuer. Das Kurs-Gewinn-Verhältnis liegt bei mehr als 16. Das ist klar über dem langjährigen Mittelwert von 14,5. Damit ist der australische Markt auch im internationalen Vergleich nicht gerade billig.

Ein Grund für die üppige Bewertung ist die anhaltend hohe Dividendenrendite des Markets. Die ist mit rund 4,5 % eine der höchsten der entwickelten Welt. In Zeiten rekordtiefer Zinsen und Anleiherenditen zieht das internationale Anleger an. Beachtlich dabei: Trotz der um 11 % geschrumpfter Gewinne haben australische Konzerne auch im abgelaufenenen Geschäftsjahr wieder mehr an Anleger ausgezahlt als im Vorjahr. Das gelang nur durch eine erneute Erhöhung der Ausschüttungsquote auf rekordverdächtige 76 % der Gewinne.

Konzerne schütten hohe Dividenden aus

Der wichtigste Grund für die Großzügigkeit der Konzerne: Die mächtigen australischen Pensionsfonds fordern für ihre Kunden steigende Dividendenzahlungen und üben entsprechenden Druck auf das Unternehmensmanagement aus. In einer alternden Gesellschaft, in der die private Altersvorsorge der Hauptsockel des Rentensystems ist, dürfte der Trend anhalten.

Eine so hohe Ausschüttungsquote ist allerdings nicht nachhaltig. Darum gab es im abgleaufenen Geschäftsjahr einige spektakuläre Beispiele von Dividendenkürzungen. So rückte etwa BHP Billiton (AU 000 000 BHP 4), die größte Minengesellschaft der Welt, von einer kostspieligen „progressiven Dividendenpolitik“ ab, die vorschrieb, dass es selbst in mageren Jahren stetig steigende Auszahlungen gibt. Andere Minengesellschaften wie Rio Tinto (AU 000 000 RIO 1) folgten.

Bei den Großbanken, die unter stockendem Gewinnwachstum, zunehmenden faulen Krediten (wenn auch auf vergleichsweise niedrigem Niveau) und strengeren Eigenkapitalvorschriften leiden, dürften die fetten Dividendenjahre auch vorbei sein. ANZ (AU000000ANZ3) war im Mai die erste der vier großen Banken, die sich der neuen Realität fügte und die Dividende erstmals nach sieben Jahren kürzte. Bei NAB (AU000000NAB4) wird mit einem ähnlichen Schritt gerechnet, während Australiens größte Bank, CBA (AU000000CBA7), als vergleichsweise teuer gilt.

Teilweise heftige Kurseinbrüche

Großzügige Dividenden haben eine Kehrseite

Die Kehrseite der Dividendengroßzügigkeit ist, dass kräftig Kosten gespart werden, aber trotzdem Geld für neue Projekte oder Innovationen fehlt. Außerhalb des Rohstoffbereichs hat es seit 2008 nur minimales Wachstum bei Investitionen gegeben. Die Minenkonzerne kürzen ihrerseits seit 2012 kräftig. Das wiederum hat zur Folge, dass die wenigen Wachstumsaktien in Australien ausgesprochen teuer sind, und oft beim ersten Hauch von Schwäche heftig einbrechen.

Erfolgskonzerne stehen unter Druck

Domino's Pizza (AU000000DMP0), eine global operierende, rasch wachsende Pizzakette, die sich wegen ihrer Innovationsfreudigkeit (Auslieferung per Drohne wird gerade getestet) gerne als Tech-Unternehmen feiern lässt, sackte am Tag der Ergebnispräsentation kräftig ein – nur weil die Prognosen nicht mehr ganz so optimistisch waren wie in den vergangenen Jahren.

Blackmores (AU000000BKL7), ein ehemaliger Börsenliebling dessen Aktien sich 2015 versechsfachten, ging es ähnlich. Das auf Vitamine und andere Nahrungsergänzungs-Präparate spezialisierte Unternehmen, dessen Produkte vor allem von Chinesen in rauhen Mengen gekauft werden, bescherte Investoren im abgelaufenen Geschäftsjahr eine Gewinn- und Dividendenverdopplung. Aber Zweifel bestehen, ob die Wachstumsrate aufrecht erhalten bleiben kann, zumal China zuletzt gegen Graumarktimporte vorgegangen war.

Und selbst der Blutproduktekonzern CSL (AU000000CSL8), nach Marktkapitalisierung immerhin der achtgrößte Konzern des Landes, wurde wegen eines mauen Ausblicks kräftig an der Börse abgestraft. Das war allerdings nur eine Frage der Zeit, da australische Gesundheitsaktien nach einer fulminanten Rally inzwischen zu den teuersten der Welt zählen.

Chancen für 2017?

Auch 2017 gibt es Rendite-Chancen

Trotzdem gibt es an der australischen Börse für Anleger auch im nächsten Jahr gute Rendite-Chancen. Der Elektronik-Einzelhandelskonzern JB Hi-Fi (AU000000JBH7) schafft es beispielsweise immer wieder, positiv zu überraschen. Das Unternehmen dürfte nun von der Pleite eines Konkurrenten sowie vom neu gewonnenen Appetit australischer Verbraucher auf langlebige Konsumgüter profitieren.

Der Verpackungskonzern Amcor (AU000000AMC4) sowie das auf Paletten spezialisierte Brambles (AU000000BXB1) verdienen einen großen Teil ihrer Umsätze im Ausland. Beide gelten als gut gemanagt, haben wenige Schulden und dürften im Fall eines weiteren Einknikkens beim australischen Dollar einen weiteren Wachstumsschub erhalten. Ähnliches gilt für den Getränkekonzern Treasury Wine Estates (AU000000TWE9), dessen Penfolds-Marke vor allem in China große Wertschätzung findet.

Etwas für risikofreudige Anleger: die Rohstoff-Branche

Wer es etwas riskanter mag, der könnte auch wieder auf die Rohstoffbranche setzen. Hier halten wir einen antizyklischen Einstieg zumindest mittelfristig für sehr aussichtsreich. Nach den vielen mageren Jahren des Gesundschrumpfens scheint das Schlimmste inzwischen überstanden zu sein. Die Aktien gehören bereits zu den Gewinnern des Jahres, seitdem sich die Rohstoffpreise ein wenig erholt haben. Weitere Kursgewinne sind wahrscheinlich, sollten sich Gerüchte um ein erneutes chinesisches Konjunkturprogramm mit Schwerpunkt Infrastruktur bewahrheiten.

Zu den stabilsten Unternehmen gehören die beiden Rohstoffriesen BHP Billiton und Rio Tinto. Vor allem das auf Eisenerz, Kupfer und Erdöl fokussierte BHP gilt als günstig bewertet, da die Aktie im Zuge einer Umweltkatastrophe bei einer Tochtergesellschaft in Brasilien unter die Räder geraten war. Doch die Kosten dürften mittlerweile eingepreist sein. Allerdings gilt wie bei allen Unternehmen der Branche: ein steigender US-Dollar ist für Rohstoffpreise ein Feind. Viel Potenzial nach oben hat der Greenback aber aus unserer Sicht nicht.

» Wenn sich Investoren nach neuen Anlagemöglichkeiten umsehen, denken die Meisten zuerst an den heimischen Markt oder wollen zumindest auf dem eigenen Kontinent investieren. Auch in den USA findet sich ein beliebtes Ziel für die Anleger. Schon als etwas exotischer galten viele Jahrzehnte die BRIC-Staaten Brasilien, Russland, Indien und China. Manche Betrachter zählen auch Südafrika noch in diesen Kreis und nennen das BRICS. Kaum ein Anleger denkt aber wohl an Afrika als Investitionsziel. Ganz zu unrecht, denn auf dem Schwarzen Kontinent gibt es einige lukrative Chancen. «

Im Aufwind

Tourismus und Infrastruktur treiben Afrika an

Stephan Witt, FiNUM.Private Finance AG

Afrika ist ein Markt mit gut 1 Milliarde Menschen

In Afrika gibt es inzwischen zahlreiche Zentren, die ein gigantisches wirtschaftliches Potenzial haben. Insbesondere die Subsahara-Region steht im Fokus. Mit dieser Region sind alle Länder südlich der Sahara gemeint. Sie umfasst 49 der 54 Staaten Afrikas (außer Ägypten, Libyen, Algerien, Tunesien sowie Marokko) und beherbert fast eine Milliarde Menschen. Länder wie Nigeria, Kenia oder Ghana schafften es in den letzten Jahren verstärkt das Interesse der Anleger auf sich zu ziehen und konnten im Schnitt ein Wachstum des Bruttoinlandsprodukts von etwas mehr als 5 % vorweisen.

Der Fokus der Investoren verändert sich

Das Image des Schwarzen Kontinents verbessert sich

Da die meisten Investoren aber noch keine Erfahrungen auf dem Kontinent haben, dominiert nach wie vor ein eher negatives Bild von Afrika. Es wird mit Korruption, politische Unruhen, Krankheiten oder Armut assoziiert. Doch wer sich genauer mit dem Kontinent und dessen Investitionsmöglichkeiten befasst, wird schnell feststellen, dass diese Probleme allmählich schwinden und sich die gesamte Situation vergleichsweise beruhigt hat. Das ist die wohl wichtigste Säule für den wirtschaftlichen Aufschwung.

Die konjunkturelle Aufwärtsbewegung verstetigt sich in vielen Ländern

Die Besserung zeigt sich deutlich in den Zahlen. So liegt laut Weltbank die Inflation für die Subsahara-Zone bei knapp 2 %. Zum Vergleich: 2011 waren es noch 10 %. Das ist eine beachtliche Senkung und ein Zeichen für eine Stabilisierung. Dennoch gibt es nach wie vor viele zu lösende Probleme. So sind unter den letzten 50 Ländern des Human Development Index (ein starker Indikator für den Wohlstand eines Landes) immer noch etwa 70 % afrikanische Staaten vertreten. Ebenfalls schlecht steht der Kontinent bei anderen Faktoren wie der Mortalitäts- und Kriminalitätsrate, Säuglingssterblichkeit oder der allgemeinen Lebenserwartung da. Doch gerade durch zahlreiche Investitionen und Konjunkturprogramme holt Afrika allmählich auf.

Der gesamte Kontinent ist extrem vom Export der zahlreich vorhandenen Rohstoffe abhängig. Zu den wichtigsten Exportgütern zählen Rohöl, Gold, Diamanten sowie Gas und Kohle. Allerdings sind die Preise für viele Rohstoffe stark eingebrochen. Das hat sich in erheblichem Maße auf das Bruttoinlandsprodukt der Staaten ausgewirkt. Umso bemerkenswerter, dass zahlreiche Länder dennoch mit sehr starken Wachstumsraten auftrumpfen können.

Die Bedeutung des Tourismus nimmt wieder zu

Auch der Tourismus spielt eine wichtige Rolle und bleibt ein Wachstumsmotor. Das zeigt vor allem der anhaltend starke Anstieg an Bauvorhaben im Hotelbereich. Hier nimmt der Norden die absolute Spitzenposition ein. Aber auch Länder wie Kenia oder Mali sind auf dem Vormarsch. In manchen Staaten des Kontinents steuert der Tourismus bis zu 8 % zum Bruttoinlandsprodukt bei.

Infrastrukturinvestments auf hohem Niveau

Offenbar sind viele Unternehmen von den wachsenden Chancen auf dem Kontinent überzeugt. So stiegen die Direktinvestments zuletzt auf etwa 87 Mrd. US-Dollar (+64 %). Und das, obwohl die Anzahl der Projekte um 6 % auf 660 gefallen ist. Den größten Anstieg verzeichneten Äthiopien, Mosambik und Marokko. Hier liegt er Zuwachs der Direktinvestments jenseits von 50 %. Absoluter Spitzenreiter bleibt bei der Anzahl der Projekte allerdings Südafrika, das etwa ein Fünftel aller Projekte des Kontinents ausmacht.

Die größten Investoren in Afrika sind Frankreich und Griechenland

Die größten Investoren in Afrika sind Frankreich, Griechenland und die USA, die mehr als 40 % des investierten Kapitals auf sich vereinigen können. Aktuelle Großprojekte sind z. B. ein französisches Investmentprogramm, dass die Ölvorkommen vor Angola nutzen will und knapp 230.000 Barrel Öl pro Tag fördern soll. Allein in dieses Mammutprojekt fließen etwa 16 Mrd. US-Dollar. Vergleichsweise wenig erscheinen da die 5 Mrd. US-Dollar, die das kanadische Unternehmen SkyPower in Nigeria in Solaranlagen investieren will. Die dynamischste Entwicklung gibt es nach wie vor im Bankensektor (knapp ein Fünftel), gefolgt von Kommunikation, Dienstleistungen und Software/IT.

Rohstoffe für den Weltmarkt

Ebenfalls gute Chancen für Anleger ergeben sich im Bereich der Infrastruktur. Hier wurden in den letzten Jahren mehrere Milliarden US-Dollar investiert, um Straßen, Flughäfen und Eisenbahnlinien auf- und auszubauen (z. B. ein Flughafen in Kenia für ca. 100 Millionen US-Dollar). Auch in Donsin (Burkina Faso) soll in einigen Jahren ein neuer Flughafen für 343 Millionen Euro fertig gestellt werden. In Mali, Kenia sowie Guinea wurden mehrere 100 Millionen Euro in Verkerhrsinfrastruktur investiert. Vor allem im Schienenbau nehmen die Investitionen zu.

Rohstoff-Exporte bleiben extrem wichtig für den Kontinent

Der Hunger der Welt nach Rohstoffen wird zum großen Teil durch afrikanische Anlagen (Minen, Plantagen, etc.) bedient. Angesichts der steigender Weltbevölkerung wird diese Nachfrage wohl kaum sinken. Ganz im Gegenteil: Weltweit ist ein steigender Rohstoffbedarf erkennbar und damit einhergehend weitere Investitionen, um zusätzliche Quellen für Bodenschätze zu erschließen.

Der Bankensektor entwickelt sich dynamisch

Sehr viel tut sich im afrikanischen Banken- und Finanzsektor. Besonders stark zeigt sich dies natürlich in den extrem rohstoffexportierenden Ländern wie Angola oder Nigeria. Hier ist eine Nähe zum Weltmarkt unabdingbar und so konnten sich in ganz Afrika zahlreiche größere Bankenzentren bilden. Im Gegensatz zur allgemeinen Annahme sind diese sogar sehr gut strukturiert und organisiert. Führend ist auch hier Südafrika, wo ein stark reglementierter Markt von einer unabhängigen Zentralbank überwacht wird.

Wenige Banken können Devisengeschäfte anbieten

Allerdings sind Bankgeschäfte in Afrika noch immer nicht ganz einfach. Einerseits bergen sie hohe Fremdwährungsrisiken bei Devisentransaktionen. Andererseits gibt es politische Beschränkungen. So erschwert Angola internationale Bankgeschäfte dahingehend, dass die Zuteilung von Fremdwährungen in wöchentlichen Auktionen erfolgt. Jedoch reichen diese Mittel oftmals nicht aus um alle Anfragen zu bedienen. Dadurch entsteht eine Lücke, die zu Verzögerungen bei der Abwicklung von Auslandsgeschäften nach sich ziehen kann.

Für Investoren können panafrikanische Banken lukrativer als afrikanische Geldhäuser sein. Diese Banken (z. B. die African Export-Import Bank) haben meist eine gute Vernetzung in viele afrikanischer Länder, so dass sie Risiken von Projekten besser tragen können. Außerdem haben diese Geldhäuser meist einen „Preferred Creditor Status“ inne. Der gibt ihnen bevorzugt Zugang zu Fremdwährungen. Die Wichtigkeit dieser panafrikanischen Banken dürfte in Zukunft tendenziell weiter steigen, weil sie für internationale Geschäfte relevante Geschäftspartner sind.

Diversifikation und professionelles Management

Wer langfristig Erfolg haben möchte, sollte sein Kapital gut streuen. Dafür bietet sich Afrika durchaus an. Denn die Börsen des Kontinents zeigen eine extrem geringe Korrelation mit den Weltmärkten. Das bedeutet, dass sich die Kurse der afrikanischen Aktienmärkte weitgehend unabhängig von den Weltbörsen bewegen. Daher könnten Aktien aus Afrika sogar eine gewisse Absicherung gegen Kursstürze bieten. So zeigt sich bei der Entwicklung des BRVM Composite – das ist ein Aktienindex, der sich aus den Werten von 8 westafrikanischen Aktienmärkten errechnet – kaum negative Reaktionen auf geopolitische Ereignisse oder Börsenunruhen.

Wer in Afrika investieren möchte, muss auf Fonds setzen

Neben Direktinvestments stehen Investoren weitere Möglichkeiten für Engagements zu Verfügung. Von Einzeltiteln wie Aktien bis hin zu speziellen Strategiefonds, bietet sich eine enorme Palette. So gibt es einige börsengehandelte Indexfonds, mit denen sich Anleger Afrika ins Depot holen können. Angesichts des relativ kleinen und oftmals noch intransparenten Marktes sind aber durchaus auch aktiv gemanagte Fonds professioneller Manager zu empfehlen. Denn in den wenig beachteteten Werten an afrikanischen Börsen ist es durchaus noch möglich, durch gute Unternemens- und Marktkenntnisse einen Informationsvorsprung zu haben – und somit frühzeitig gewinnträchtige Investments tätigen zu können.

Investieren über Fonds

Aktive Fonds finden über Spezialwissen noch Mehrrendite

Zudem bieten solche aktiv geführten Fonds die Möglichkeit, das Investment hinsichtlich der Regionen, der Branchen oder der Investmentstrategie zu gestalten. Ein guter Fonds, der bereits seit geraumer Zeit sein Hauptaugenmerk auf Afrika gelegt hat, ist der African Opportunities B EUR (ISIN LU 043 384 759 6) der Schweizer Finanzgruppe Bellevue. Dieser achtet beim Anlageschwerpunkt vor allem auf Aktien aus Afrika und setzt zudem auf eine breite Streuung, die auf dem ganzen Kontinent verteilt ist.

Ein ähnliches Bild zeigt sich auch beim JPM Africa Equity (ISIN LU 035 558 497 9), welcher ebenfalls auf ein breites Engagement in ganz Afrika zielt und darauf ausgelegt ist, ein hohes Wachstum zu generieren. In diesem Fonds liegt die Fokussierung auf Südafrika.

Viele afrikanische Fonds mussten in der Vergangenheit jedoch starke Kurseinbrüche in Kauf nehmen, da besonders in Südafrika wichtige Reformen zur Neustrukturierung durch Klagen blockiert werden. So erhöhte sich die Volatilität der Fonds auf 12 bis 13%. Das ist angesichts der sehr hohen Risikoklasse jedoch keine große Überraschung und bewegt sich noch im marktüblichen Rahmen.

In Afrika sollten nur erfahrene und risikobewusste Anleger investieren

Investments in Afrika sind aber trotzdem nur erfahrenen und risikobewussten Anlegern zu empfehlen. Denn neben den bekannten Risiken (Liquiditäts-, Fremdwährungs- oder Ausfallrisiken) weist Afrika als sehr gemischter Kontinent zusätzliche Gefahren auf. Anleger sollten sich stets auch der politischen, wirtschaftlichen oder auch Umwelt-Risiken bewusst sein. Solche Risiken können sehr unvermittelt eintreten und gravierende Auswirkungen haben. Das könnte zur Folge haben, dass die Aktienkurse, die in den vergangenen Monaten gut aufwärts kletterten, auch einmal kräftiger nachgeben. Ein solches Einbrechen wäre aber eine gute Gelegenheit, in den Markt einzusteigen oder bestehende Positionen aufzustocken. Anleger, die von den mittel- und langfristigen Chancen des Kontinents überzeugt sind, sollten solche Gelegenheiten beherzt wahrnehmen.

Fazit

Investments auf dem Schwarzen Kontinent lohnen sich langfristig

Afrika hat zuletzt eine gute Entwicklung genommen. Dennoch hat der Kontinent noch einen weiten Weg vor sich – politisch, wirtschaftlich, teilweise auch kulturell. Laut Internationalen Währungsfonds steht Afrika aber ein überdurchschnittliches Wachstum bevor. Sichtbarstes Zeichen: Die ausländischen Direktinvestitionen steigen. Sie werden die ohne schon angekurbelte Konjunktur noch weiter antreiben. Mit einer voranschreitenden Vernetzung mit der Weltwirtschaft wird aber auch Afrikas Abhängigkeit von den Geschehnissen des Weltmarktes ansteigen. So bietet der Kontinent lukrative Chancen, bei ganz allmählich zunehmender Korellation. Wer aber frühzeitig und langfristig investiert, wird als „early bird“ in den Genuss einer guten Rendige kommen.

» Die Konjunktur in Lateinamerika stabilisiert sich und beginnt in einigen wichtigen Ländern wieder sanft nach oben zu drehen. Die Daten für Brasilien sehen schlecht aus, jedoch hat der schwache Real durch verbilligte Exporte eine positive Wirkung auf die Wirtschaft. Das dürfte dem Land am Zuckerhut in den kommenden Monaten helfen. Die wieder etwas steigenden Rohstoffpreise unterstützen zusätzlich. Auch Chile profitiert von den höheren Notierungen insbesondere für Industriemetalle. Für mutige Anleger kommt auch Argentinien langsam wieder auf den Radar. «

Langsam aus dem Tal
Lateinamerika berappelt sich

Stefan Ziermann, FUCHSBRIEFE

Im Herbst 2016 deuten immer mehr Faktoren auf eine moderate Beschleunigung der Konjunktur in Lateinamerika hin. Wichtigster Markt und attraktivster Tummelplatz für Investoren dürfte im nächsten Jahr Brasilien sein. Wir gehen davon aus, dass es am Zuckerhut eine tolle Rendite geben wird.

Rezession in Brasilien läuft aus

Aktuelle Konjunkturdaten noch nicht berauschend

Zwar sind die aktuellen Konjunkturdaten im Herbst 2016 noch nicht berauschend. Das zweite Quartel 2016 endete mit einem BIP-Minus von 0,6 %. Damit reihen sich bereits sechs Quartale mit einer sinkenden Wirtschaftsleistung aneinander. Voraussichtlich wird das BIP im Jahr 2016 um 2,7 % sinken. Das Haushaltsdefizit wird bei 10 % liegen.

Die Notenbank am Zuckerhut würde natürlich auch gern agieren und die Wirtschaft des Landes stützen. Zinssenkungen sind angesichts der aktuellen Inflationsrate von 8,7 % aber nicht zu erwarten. Das Zielband der Währungshüter für die Inflation liegt bei 2,5 bis 6,5 %. Problematisch bleibt auch die politische Lage. Denn nach der Amtsenthebung der Präsidentin Dilma Rousseffs wachsen bei Beobachtern die Zweifel, ob der politische Neuanfang gelingen kann. Denn offenbar ist auch die neue Regierung in die Korruptionsaffäre verstrickt.

Die Kursentwicklung des Real stützt die Wirtschaft

Diese nach wie vor schlechten Faktoren spiegeln sich in der Kursentwicklung des brasilianischen Real. Der hat einen Teil seiner Zwischengewinne, die er mit der Aussicht auf einen Regierungswechsel eingefahren hat, bereits wieder abgegeben.

Gerade deswegen dürfte Brasilien aber ein aussichtsreicher Markt für das nächste Jahr sein. Der konjunkturelle Abschwung lässt nach. Wenn es richtig gut läuft, wird das Land im Jahr 2017 sogar eine Schwarze Null beim BIP-Zuwachs schaffen.

Der schwache Real verbilligt Exporte

Der schwache Real wirkt ebenfalls positiv. Denn er verbilligt Exporte und führt so zu höheren Einnahmen im Land. Dieser Effekt wird vermutlich sogar doppelt wirken. Denn auch die wichtigsten Rohstoffpreise – voran der Preis für Erdöl – hat sich von seinem Tief bei 30 US-Dollar je Fass schon wieder deutlich nach oben abgesetzt. Das beschert den Ölförderern und dem Land wieder steigende Einnahmen. Auch die Preise der Industriemetalle ziehen weiter an. Davon profitieren große Förderunternehmen, die für das Jahr 2016 teilweise noch als Pleitekandidaten gehandelt wurden.

Rohstoff-Unternehmen oder die ganze Börse kaufen

Risikobewusste Anleger können sich engagieren

Risikobewusste Anleger, die den Mut für einen antizyklischen Einstieg und einen langen Atem haben, können sich nach wie vor in den großen brasilianischen Rohstoffunternehmen engagieren. Leser dieses Buches wissen, dass wir schon im Herbst 2015 frühzeitig zum Einstieg beispielsweise in den Bergbaukonzern Vale (ISIN BR VAL EAC NPA 3) geraten haben. Der Aktienkurs hat sein Tief bei 1,52 Euro gesehen und notiert inzwischen wieder über 4 Euro. Damit hat die Aktie aber gerade mal die Trendwende geschafft. Das Potenzial reicht durchaus bis auf Kurse von 6 bis 7 Euro binnen Jahresfrist. Gut möglich, dass Vale auch bald wieder eine Dividende zahlt. Und nur als Erinnerung: Im Jahr 2012 notierte der Wert bei immerhin 20 Euro.

Anleger, denen ein Einzelwert zu riskant ist, können sich auch die ganze brasilianische Börse ins Depot legen. Das gelingt sehr einfach und kosteneffizient mit einem börsengehandelten Indexfonds (ETF). Diese Wertpapiere vollziehen die Entwicklung ihres Basiswertes sehr eng nach. Für ein Investment in den Bovespa bieten sich unterschiedliche Papiere von verschiedenen Emittenten an. Diese unterscheiden sich minimal in ihren laufenden Gebühren (Durchschnitt ca. 0,65 %) und darin, ob sie ausschüttend oder thesaurierend sind. Gute Fonds sind z. B. der MSCI Brazil (USD) von iShares (ISIN IE 00B 59L 7C9 2) oder auch das Produkt der HSBC (ISIN IE 00B 5W3 4K9 4).

Auch Chile profitiert vom Rohstoff-Boom

Der Kupferpreis stabilisiert sich

Eine ähnliche Rohstoff-Spekulation bietet sich für Chile an. Das Land lebt insbesondere von der Kupferförderung. Der Kupferpreis stabilisiert sich seit gut einem Jahr im Bereich zwischen 4.500 und 5.000 US-Dollar je Tonne. Zum Vergleich: 2011 lag er noch bei 8.500 US-Dollar. Wichtiger Impulsgeber für die Wirtschaft bleibt China. Denn das Reich der Mitte ist einer der größten Kupferkäufer des Andenlandes. Angesichts des fortgesetzten Wachstums in China dürfte der Kupferpreis das Gröbste nun hinter sich haben. Das hat in den vergangenen Monaten negativ auf die chilenische Konjunktur gewirkt. Insbesondere die Beschäftigung und der Konsum waren rückläufig. Allerdings lässt die Abwärtsdynamik nach und wir rechnen mit einer Besserung in den kommenden 12 Monaten. Die Börse dürfte das vorwegnehmen. Als Investment bieten sich an ein ETF aus dem Hause Ishares (WKN A0N GGF) oder ein ETF der Deutschen Bank (DBX0HW).

Argentinien kommt auf den Radar

Die Macri-Regierung verschafft der Wirtschaft wieder Luft

Das Land der Gauchos war seit dem Anleihenausfall im Jahr 2002 für viele Investoren keinen Blick wert. Das ändert sich allmählich wieder. Die Regierung von Mauricio Macri startete mit einschneidenden Maßnahmen, um der Wirtschaft wieder Luft zu verschaffen. Dazu gehören die Freigabe des Peso und des Kapitalverkehrs. Der Preis war eine scharfe Abwertung und eine davon angetriebene, neuerliche Inflationswelle. Diese Welle läuft langsam aus. Zuletzt wurden noch rund 42 % Geldentwertung festgestellt. Die Notenbank senkt währenddessen ihre Leitzinsen weiter ab auf derzeit „nur" noch 30,75 %.

Die Wirtschaft ist zuletzt leicht gewachsen (offiziell um etwa 0,5 %). Das ist unter den gegebenen Umständen eine positive Überraschung. Der sich abzeichnende Erfolg von Macris Politik sorgt mittlerweile auch für stärkere Zuflüsse an Direktinvestitionen. Sie untermauern den Aufwärtstrend. Für Börseninvestments ist es noch etwas zu früh. Auf den Radar sollte das Land aber wieder kommen.

Fazit

Brasilien am aussichtsreichsten

Lateinamerika berappelt sich und wird im kommenden Jahr allmählich aus seinem Tal klettern. Am aussichtsreichsten halten wir – einem antizyklischen Ansatz folgend – die zuletzt am tiefsten gefallenen Engel. Brasilien ist zudem wegen seiner schieren Marktgröße unsere Nummer Eins. Wer jetzt in den Markt einsteigt, ist zwar wahrscheinlich wieder einer der ersten Investoren. Er dürfte aber auch mit einer satten Rendite für seinen Mut belohnt werden. Als breit diversifizierende Investements empfehlen sich ETF. Daneben halten wir die Spekulation auf sich stabilisierende Rohstoffpreise für einen der größten Rendite-Hebel auch im nächsten Jahr. Diesen sollten aber nur risikobewusste Anleger ziehen, die auch größere Wertschwankungen aussitzen können.

» Die konjunkturelle Zweiteilung Osteuropas bleibt noch bestehen. Die Schere öffnet sich aber nicht weiter. Im Gegenteil: Während es in Polen und Tschechien weiter kontinuierlich sanft bergauf geht, dürfte Russland das Konjunkturtal allmählich hinter sich bringen. Der Rubel stabilisiert sich parallel zu den gestiegenen Ölpreisen. Auch in Ungarn läuft die Wirtschaft sehr gut. Die Investitionen der EU kommen an, der Binnenkonsum brummt. Insgesamt bietet die Region Osteuropa für Anleger damit einige Chancen, im nächsten Jahr gute Erträge bei überschaubarem Risiko zu erzielen. «

Stabile Entwicklung

Osteuropa wächst solide

Stefan Ziermann, FUCHSBRIEFE

Das Ost-West-Gefälle nimmt ab

Die Konjunktur in Osteuropa läuft weiter relativ robust. Dabei nimmt das Ost-West-Gefälle allmählich wieder ab. Das liegt daran, dass insbesondere Russland nicht weiter in den konjunkturellen Strudel hinabgezogen wird, sondern sich allmählich freischwimmen kann. Die Wachstumsrate lag 2015 noch bei Minus 3,8 %. Im Jahr 2016 wird es nur noch um 1,8 % abwärts gehen. Für 2017 ist aber schon wieder ein leichtes Plus von 0,8 % wahrscheinlich.

Zaghafte Wende in Russland

Das Land hat den konjunkturellen Tiefpunkt also bereits im Jahr 2016 überwunden. Im nächsten Jahr könnte die Wirtschaft neuen Schwung gewinnen. Für dieses Comeback Russlands gibt es verschiedene Gründe. Einerseits hat sich das Land im Sanktions-Modus eingerichtet. Die negativen Wirkungen sind verpufft und auch in den Bilanzen angekommen. Hinzu kommt, dass sich viele Unternehmen inzwischen andere Wege gesucht haben, um ihr Russland-Geschäft zu machen.

Ölpreis hat sich stabilisiert

Sehr wichtig für Russland ist auch der Ölpreis. Da sich der Preis des Schwarzen Goldes stabilisiert hat, hat immerhin auch der Druck auf den Haushalt nachgelassen. Dass der aber immernoch hoch ist zeigen die Verhandlungen mit Saudi-Arabien über eine Reduzierung der Förderquoten, um den Ölpreis noch weiter anzuheben. Dahinter steht die Hoffnung, die Einnahmesituation über einen höheren Preis zu verbessern und den Verdrängungswettbewerber über die Mengen und den billigsten Preis beenden zu können. Warum diese Strateigie allerdings nicht so recht aufgehen wird, lesen Sie ausführlich im Beitrag von Jochen Stanzl.

Börse in Moskau auf dem Weg nach oben

Dass Russland, getrieben von den Rohstoffpreisen, die Wende vollzieht, zeigt sich auch am Aktienmarkt. Die Börse in Moskau hat sich bereits gut von ihrem Tiefstand des Vorjahres entfernt. Auf dem Weg nach oben ist sie aber erst ein gutes Drittel vorangekommen. Es gibt also noch einen ordentlichen Weg nach oben zu gehen.

Neben der allgemeinen Verbesserung der wirtschaftlichen Lage gibt es noch einen politischen Sonderhebel, der fast in allen Kursen steckt. Werden die Sanktionen gelockert oder gar aufgehoben, dürfte sich die Wirtschaft freuen und die Börse sich mit einem Freudensprung bedanken. Diese Spekulation steckt in den meisten Kursen noch nicht drin.

Anleger, die auf eine fortgesetzte Erholung der gesamten Börse Moskau setzen wollen, nutzen dafür am besten einen börsengehandelten Indexfonds (ETF). Der vollzieht die Entwicklung des Gesamtmarktes eng nach. Produkte, die sich dafür eignen sind z. B. der DJ Russia GDR von Lyxor (WKN LYX0AF) oder auch der DAXglobal Russia Net (Eur) der Kapitalanlagegesellschaft CPG (WKN A0MU3V).

Aussichtsreicher Rohstoff-Wert

Die russische Spekulation lässt sich natürlich auch noch etwas forcieren. Dazu können Investoren auch direkt russische Rohstoff-Aktien kaufen. Allen voran finden wir z. B. Gazprom (ISIN US 368 287 207 8) interessant. Die Aktie wird als ADR (Bezugsrecht, das von einer Bank in den USA gehalten wird) gehandelt. De facto kaufen Anleger aber die Aktie und bekommen natürlich auch die Dividende ausgeschüttet. Das dauert zwar etwas länger und kostet eine geringe Gebühr, die der US-Bank zufließt. Dennoch ist die Aktie mit einer Dividendenrendite von 5,7 % interessant. Angesichts des politischen KGV von nur 3,6 hat der Titel noch kräftiges Aufwertungspotenzial.

Ungarn wächst weiter

Das Land der Magyaren setzt seinen Weg nach oben fort. Das zeigt sich an vielen einzelnen Kennzahlen. Die Umsätze des Einzelhandels legten trotz der knapp unter Null liegenden Inflation mit zuletzt +5,7 % sehr ordentlich zu. Auch die Auslandsnachfrage zieht wieder an. Die Industrieproduktion tendierte entsprechend nach oben. Offenbar kommt die Finanzierung durch EU-Mittel in den Märkten an. Zudem liefern auch die auf die Binnennachfrage zielenden Kreditprogramme („lending for growth") Wirkung. Aller Voraussicht nach wird die Wirtschaft des Landes um gut 3 % im Jahr 2016 und noch einen „Schnaps" mehr im nächsten Jahr wachsen. In diesem Umfeld bleibt der Forint voraussichtlich mindestens stabile. Die Währung hat inzwischen mehrfach das Niveau von 310 gegenüber dem Euro verteidigt. Bleibt Ungarn auf diesem Entwicklungspfad hat der Forint sogar Aufwertungspotenzial.

Der Forint bleibt stabil

Wer Rendite in dem Land sucht, hat es aber schwer. Die Börse ist klein und ein ETF für den Budapester Markt ist uns so nicht bekannt. Allerdings gibt es in Ungarn zahlreiche Möglichkeiten, interessante Immobilien zu kaufen – insbesondere in der stark touristisch geprägten Balaton-Region im Westen des Landes. Dort lässt sich mit Vermietung und auch mit Gastronomie in der langen Sommersaison gutes Geschäft machen.

Immobilien in den touristisch geprägten Regionen erwerben

Breit gestreut in den Ostblock investieren

Die anderen Länder Osteuropas laufen wenig verändert gegenüber dem Vorjahr. In Polen, Tschechien, der Slowakei, in Bulgarien und Rumänien geht es daher auch im nächsten Jahr aller Voraussicht nach moderat aufwärts (2,8 bis 3 % BIP-Plus). Auch die Währungen werden gegenüber dem Euro weitgehend stabil bleiben.

Währungen bleiben stabil

Anleger stehen für diese Länder vor einem ähnlichen Problem wie in Ungarn. Die Börsen sind zu klein, zu wenige kapitalisiert und über Einzeltitel oder Einzelbörsenfonds nicht gut handelbar. Wer also sein Portfolio mit einer Prise Osteuropa würzen und diversifiziren will, muss dazu zu Fonds greifen, die sich auf die Region spezialisieren. Dafür hier gibt es eine gute ETF-Auswahl (vgl. Tabelle). Die Gewichtung der einzelnen Länder ist den Papieren leicht unterschiedlich. Daneben gibt es einige aktiv verwaltetet Fonds, die Anleger bei Interesse individuell hinsichtlich der persönlichen Anlageschwerpunkte auswählen sollten.

ETF-Auswahl

INDEX	WKN	GEBÜHR (TER)
MSCI EASTERN EUROPE EX RUSSIA (EUR)	A0RF41	0,20 %
MSCI EMERGING MARKETS EASTERN EUROPE (USD)	ETF116	0,60 %
MSCI EMERGING MARKETS EUROPE (USD)	A1JJTJ	0,55 %
MSCI POLAND	A1H8EL	0,74 %
DJ RUSSIA GDR (USD)	LYX0AF	0,65 %

Quelle: onvista

» Der japanische Konjunkturmotor stockt nun schon seit mehr als zwei Jahrzehnten. Das nominale Bruttoinlandsprodukt befindet sich nahezu auf dem gleichen Niveau wie 1996. Eine zentrale Rolle bei dieser enttäuschenden Entwicklung spielt die Demografie. Der Anteil von Erwerbspersonen in der Bevölkerung schrumpft in Japan stetig. Ein Viertel der Bevölkerung ist bereits heute über 65 Jahre alt. Diese Entwicklung wird sich noch verschärfen. Dennoch bleibt Japan das Land der aufgehenden Sonne und konjunkturell sehe wir eine Morgendämmerung heraufziehen. «

Dämmerung

Japan kämpft krampfhaft gegen die Stagnation

Stephanie Lindeck, Bank Julius Bär Europe AG

Ein altes Land kann nicht prosperieren

Japan hat ein Bevölkerungsproblem. Die sinkende und alternde Bevölkerung trägt maßgeblich zum geringen Potenzialwachstum, aber auch zum deflatorischen Umfeld in Japan bei. Die aktuelle Potenzialwachstumsrate liegt laut der japanischen Zentralbank deutlich unter 0,5 %. Der inländische Konsum und die Investitionen bleiben verhalten, obwohl das Pro-Kopf-Einkommen sich ähnlich positiv wie in den USA entwickelt hat.

Schwierige Ausgangsposition

Der Zusammenhang lässt sich leicht nachvollziehen. Mit höherem Alter wird tendenziell weniger konsumiert und investiert. Die steigende Anzahl älterer Menschen im Berufsleben behindert zudem den Wandel der Wirtschaftsstrukturen in Japan. Das unternehmerische Handeln ist eher geprägt durch das Festhalten an Traditionen und die Sicherung bestehender Positionen. Die Hürden für neue Ideen und damit auch Existenzgründungen werden als relativ hoch empfunden. In der Folge mangelt es an wirtschaftlicher Dynamik. Die Stagnation beim Wirtschaftswachstum ist somit in erster Linie struktureller Natur.

Rentner kaufen nicht mehr viel ein

Die private Nachfrage ist der Wirtschaft kaum eine Stütze. Die Absicht, eine solidere öffentliche Haushaltsführung durchzusetzen, hat die Regierung im April 2014 zu einer Mehrwertsteuererhöhung veranlasst. Die zusätzliche Belastung für die privaten Haushalte zog eine Welle der Kaufzurückhaltung nach sich. Der Privatkonsum hat sich seitdem nicht mehr richtig erholt.

Die schwache globale Nachfrage und das Wiedererstarken der heimischen Währung – des japanischen Yen – stellten 2016 eine besondere Herausforderung für Exportunternehmen dar. Politische Unsicherheit und die Volatilität am Aktienmarkt bilden weitere Belastungsfaktoren. Die insgesamt niedrigen Absatzaussichten hemmen die Investitionsfreudigkeit. Die Unternehmen sparen, anstatt zu investieren, nicht zuletzt weil die Kapazitäten nicht ausgelastet sind. Niedrige Inflationserwartungen machen es zudem weniger attraktiv Kredite aufzunehmen.

Premier Shinzo Abe verschießt seine Pfeile

Das Zusammenspiel von rückläufigem Bevölkerungswachstum, schwacher Konjunktur und niedriger Inflation hemmt die notwendige Dynamik der japanischen Wirtschaft. Hoffnung liegt auf den ambitionierten Wirtschaftsplänen von Premierminister Shinzo Abe. Seine seit 2012 unter dem Namen „Abenomics" bekannt gewordene Wirtschaftspolitik besteht aus drei Säulen: fiskalische Flexibilität, monetärer Stimulus und Strukturreformen.

Fiskal- und Geldpolitik haben ihre Grenzen

Die Kombination von lockerer Geldpolitik und fiskalischen Konjunkturprogrammen hat in den vergangenen Jahren ein Gegengewicht zur strukturellen Wirtschaftsentwicklung des Landes gebildet und zu einer spürbaren Abwertung des Yen geführt. Die Maßnahmen von Zentralbank und Regierung wurden zuletzt aber eher als halbherzig wahrgenommen, weil die Möglichkeiten ihrer Politik nach und nach ihre Grenzen erreichen.

Immer mehr Geld wird ins System gepumpt

Dies zeigt sich in der kommenden Budgeterweiterung. Ein Packet von 28 Trillionen Yen (JPY) oder 5,6 % des BIP erscheint nur auf den ersten Blick beträchtlich. Tatsächlich bleibt auf ein Jahr bezogen ein erweiterter Stimulus von 3 Trillionen JPY, respektive 0,5 % des BIP. Das entspricht etwa dem Durchschnitt der in den letzten Jahren veröffentlichten zusätzlichen Stimuli. Das erweiterte Budget stellt einen willkommenen Wirtschaftsimpuls dar, kann jedoch dem starken strukturellen Gegenwind nicht effektiv entgegenwirken.

Die japanische Regierung ist mit einer Staatsverschuldung von nahezu 250 % des BIP die weltweit am höchsten verschuldete Volkswirtschaft. Trotz limitiertem Spielraum für zusätzliche Konjunkturprogramme sind weitere fiskalische Maßnahmen dennoch finanzierbar. Und zwar, weil erstens ein Großteil der Staatsanleihen von Inländern in inländischer Währung gehalten wird. Zweitens tritt die Zentralbank als Käufer auf dem Sekundärmarkt auf. Die Zinsen für Staatskredite bleiben der hohen Nachfrage entsprechend niedrig.

Die Bemühungen der Zentralbank, die Wirtschaft über eine schwächere Währung anzukurbeln, haben dieses Jahr einen empfindlichen

Dämpfer erlitten. Die überraschende Einführung von Negativzinsen im Januar 2016 führte entgegen ihrer Absicht zu einer Aufwertung des Yen. Die Märkte signalisierten so ihre Ansicht, dass die bestehenden Möglichkeiten zur Lockerung der Geldpolitik ihre Grenzen erreicht haben.

Die Notenbank bläht ihre Bilanz immer weiter auf

Der Umfang der Zentralbankbilanzausweitung durch das aktuelle Kaufprogramm von jährlich 80 Trillionen JPY ist immens. Die Zentralbank hält aktuell bereits fast 40 % der im Umlauf befindlichen Staatsanleihen. Wenn man bedenkt, dass Pensionskassen und auch Banken eine bestimmte Menge an Staatsanleihen brauchen, wird klar, dass der Spielraum beschränkt ist, das bestehende Anleihenkaufprogramm noch lange in gleicher Höhe fortzuführen oder gar auszuweiten. Dies bestätigte die Zentralbank im Juli 2016 indirekt, als sie sich nur zu einer minimalen Lockerung entschloss und eine Erhöhung von ETF-Käufen (Aktien) anstelle zusätzlicher Staatsanleihen verkündete.

Eine weitere geldpolitische Stimulierung dürfte daher am ehesten über noch tiefere Negativzinsen erfolgen. Dies ist wegen der sinkenden Profitabilität der Banken aber auch nur eine Lösung mit begrenztem Spielraum. Für einen weiteren maßgeblichen geldpolitischen Impuls wären daher neue Kanäle notwendig. Da sie aber mit beträchtlichen Risiken verbunden sind, dürften sie erst ganz zum Schluss in Betracht gezogen werden. Die Idee des „Helikoptergeldes" könnte dann zum Beispiel an Attraktivität gewinnen.

Letzter Ausweg: Helikoptergeld

Wird bald das Geld aus dem Helikopter abgeworfen?

Zentralbankchef Kuroda hat eine Einführung von Helikoptergeld zum jetzigen Zeitpunkt dementiert. Bisher wollten Zentralbank und Regierung sich nicht an diese Art von Stimulierung heranwagen. Zum einen, weil die direkte Monetarisierung der Staatsschulden wegen ihren unberechenbaren Effekten auf die Inflationssteigerung verboten ist. Zum andern dürfte ihnen auch noch die Ermordung des letzten Finanzministers, der eine solche in den 30-er Jahren wagte, in Erinnerung sein.

Helikoptergeld entspricht letztlich einer Alimentierung der Staatsausgaben durch die Zentralbank. Bildlich gesprochen wäre das wie eine Hochzeit von Zentralbank und Regierung. Doch wie könnte eine konkrete Umsetzung von Helikoptergeld aussehen? In Zusammenarbeit mit der Regierung könnte der Konsum über die Ausgabe von Einkaufsgutscheinen an private Haushalte, Steuerentlastungen, Reformen oder Infrastrukturprogramme angekurbelt werden. Diese Maßnahmen würden dabei von der Zentralbank durch die Schaffung neuen Geldes ermöglicht.

Konsumenten müssen auch an Helikoptergeld glauben

Damit das Konzept funktioniert, darf der Konsument jedoch nicht den Eindruck gewinnen, dass der Staat die heutigen Mehrausgaben zu einem späteren Zeitpunkt zurückholen wird – beispielsweise durch höhere Steuern. Die Antizipation höherer Steuern würde dazu führen, dass das zusätzlich vorhandene Geld gespart würde, anstatt für den Konsum verwendet zu werden. Ein solcher unter dem Begriff der Ricardianischen Äquivalenz firmierender Mechanismus muss daher ausgeschlossen werden. Dies könnte mit einer Finanzierung via Staatsanleihen ohne Zinszahlungen und einer Menschenleben überdauernden Laufzeit von 100 oder mehr Jahren gelingen.

Die Gefahren lauern jedoch in der Unberechenbarkeit der Ausführung. Ein Überschießen der Inflation, die Gefahr von kontinuierlich notwendigem Helikoptergeld und ein Zerfall der Währung sind ernstzunehmende Vorbehalte.

Hoffnungsschimmer: Gegenmaßnahmen tragen erste Früchte

Das grundlegendere Problem aber ist, dass eine dauerhafte Konjunkturerholung nicht mit kurzfristigen fiskalischen und monetären Maßnahmen zu erreichen ist. Daher ist der dritte Pfeil von Abenomics – die Strukturreformen – essentiell. Die bisher auf den Weg gebrachten Reformen werden dabei leicht unterschätzt, da sich die Erfolge erst deutlich zeitverzögert einstellen. Anzeichen eines strukturellen Wandels erlauben aber eine vorsichtig optimistische Haltung.

Kurios: Japan setzt auf mehr Kinder und baut Betreuungsplätze aus

Die Bemühungen, mehr Frauen und ältere Menschen ins Arbeitsleben zu integrieren, sind zunehmend erfolgreich. Eine Erhöhung der Staatsausgaben für öffentliche Kindertagesstätten, wie sie durch die Abe Regierung initiiert wurden, fördert diese Entwicklung. Es stellt eine effektive Kombination von fiskalischem Stimulus und struktureller Reform dar. Auch die Bemühung der Abe-Regierung, die Produktivität im Dienstleistungssektor zu steigern, indem sie Anreize für Investitionen in Technologie schafft, geht in diese Richtung.

Um die Kluft zwischen Produktivitäts- und Einkommenszuwächsen zu schließen, werden Lohnerhöhungen angestrebt. Die Teilnehmerzahlen bei den jährlich im Frühling stattfindenden Lohnverhandlungsrunden sind seit 2013 gestiegen. Mindestlöhne und höhere Löhne im Öffentlichen Dienst sind im Gespräch. Shinzo Abes Corporate Governance Code aus dem vergangenen Jahr zeigt zudem erste Erfolge. Der von Ausländern gehaltene Firmenanteil an der japanischen Börse ist auf 30 % gestiegen. Japanische Topfirmen werden zudem häufiger von internationalen Führungskräften geleitet. Beides trägt dazu bei, dass frischer Wind in die Chefetagen gelangt und Überschussreserven auf den Bilanzen der Firmen stärker genutzt werden.

Abe ist populär, muss aber weiter reformieren

Die Entwicklung der japanischen Wirtschaft bleibt stark durch politische Entscheidungen bestimmt. Premierminister Shinzo Abe verfügt mit seiner Regierung dabei über genügend Popularität und politisches Kapital, um noch weitere Reformen auf den Weg zu bringen. Die Regierung erweist sich zudem als lernfähig. Dazu zählt die Entscheidung, die für April 2017 angesetzte zweite Mehrwertsteuererhöhung von 8 % auf 10 % um zweieinhalb Jahre zu verschieben. So wird dem schwachen Privatkonsum mehr Zeit für eine Erholung gegeben.

Moderate Wachstumschancen für 2017

Der Yen erhielt zuletzt Auftrieb als Fluchtswährung im Rahmen der gestiegenen politischen Unsicherheiten. Die Ausweitung der Staatsschulden und die äußerst lockere Geldpolitik sorgten aber dafür, dass der Abwärtsdruck weiterhin hoch bleibt. Da Japan über einen relativ hohen Leistungsbilanzüberschuss verfügt, bleiben – vor allem kurzfristig – das Ausmaß der zusätzlichen geldpolitischen Lockerung und die realen Zinsdifferenzen von Bedeutung. Steigende Zinsdifferenzen angesichts weiter zu erwartender US-Leitzinserhöhungen dürften eine leichte Abschwächung des Yen gegenüber dem US Dollar unterstützen. Gegenüber dem Euro erwarten wir keine nennenswerte Änderung, da die ebenfalls äußerst lockere Geldpolitik der Europäischen Zentralbank einen Ausgleich schafft. 2017 dürfte die Diskrepanz zwischen der japanischen und der europäischen Geldpolitik jedoch wieder zunehmen und der Abwärtsdruck gegenüber beiden Währungen steigen.

Wenn die Weltkonjunktur etwas anzieht, zieht Japan mit

Der Wirtschaftsausblick für Japan bleibt zwar fragil, lässt aber hoffen. Die bisherigen Bestrebungen der Zentralbank und der Regierung lassen für 2017 eine höhere Wachstumsrate erwarten. Hinzu kommt, dass sich der globale Konjunkturausblick, trotz zuletzt unsteter Konjunkturindikatoren, leicht verbessert hat. Die Stabilisierung in den asiatischen Schwellenländern und insbesondere in China kommt Japan dabei in besonderem Maße zu Gute. Während wir für 2016 nur von einem Wachstum des japanischen Bruttoinlandsprodukts um 0,7 % gegenüber dem Vorjahr ausgehen, ist ein Anziehen der Wirtschaftsdynamik auf moderate 1,1 % im nächsten Jahr vorstellbar. Mit spürbar höheren Wachstumsraten ist in Japan angesichts des starken strukturellen Gegenwinds allerdings längerfristig nicht zu rechnen. Für die Inflation prognostizieren wir einen Rückgang um 0,3 % (2016). 2017 dürfte die Inflationsrate mit 0,1 % dagegen wieder leicht positiv ausfallen.

Geringe Anlagenattraktivität

Der Nikkei hat noch etwas Luft nach oben

Ein schwacher Yen bildet im Allgemeinen ein günstiges Umfeld für den japanischen Aktienmarktindex Nikkei 225. Die Repatriierung ausländischer Gewinne lässt die Gewinnentwicklung bei internationalen Unternehmen höher ausfallen. Unsere Strategen erwarten für den Nikke ein Ziel von 17.000 in 12 Monaten. Da entspreich einer Seitwärtsbewegung. Die Bewertungen der im MSCI Japan vertretenen Aktien sind nach dem letzten Rückgang der Kurse zwar vergleichsweise niedrig. Wenig Spielraum bei der Preissetzung, ein geringes Produktivitätswachstum und steigende Lohnstückkosten sowie eine schwache inländische Nachfrage lassen jedoch wenig Platz für höhere Kurse. Zudem stellt die geringere Diversifizierung des MSCI Japan ein Risiko dar. Werden die Dividendenzahlungen berücksichtigt, so ist ein Engagement im MSCI Japan gegenüber dem alle Industrieländer umfassenden MSCI World leicht attraktiv. Auf Basis der erwarteten Gewinne lässt sich eine Gesamtrendite von 4 % für 2017 schätzen.

Wer in Japan investiert, sollte das Währungsrisiko absichern

Engagements im japanischen Aktienmarkt sind bestenfalls selektiv zu gestalten. Eine Absicherung des Währungsrisikos ist zudem geboten. Gleiches gilt für den japanischen Rentenmarkt, wobei die Anlagechancen hier noch spärlicher gesät sind. Im ersten Halbjahr 2016 haben japanische Staatsanleihen mit bis zu 60 % Kurssteigerung im Bereich der längeren Laufzeiten äußerst gut abgeschnitten. Eine fortgestzte Rally ist aber unwahrscheinlich. Japanische Staatsanleihen rentieren bis zu einer Laufzeit von 10 Jahren im negativen Bereich. Die Zinskurve verläuft äußerst flach. Die Renditen von Unternehmensanleihen haben diese Bewegung – wenn auch nicht in gleichem Maße – nachvollzogen und bilden kein adäquates Rendite-Risiko-Verhältnis.

Die bereits flache Zinskurve und die starke Limitierung der Zentralbankpolitik macht tiefere Renditen und damit höhere Kurse unwahrscheinlich. Der Einstieg in oder das Halten von japanischen Anleihen scheint vor diesem Hintergrund wenig aussichtsreich.

IV. Anlagechancen 2017

» Die Finanzmärkte stehen im Herbst 2016 an einer Weggabelung. Kurz vor den Wahlen in den USA zögert die US-Notenbank weiter mit ihren angekündigten Zinserhöhungen. Das verunsichert die Märkte inzwischen znehmend, denn es muss darüber nachgedacht werden, wie solide der US-Konjunkturaufschwung wirklich ist. Das kann für die globalen Finanzmärkte eine hohe Bedeutung haben. Denn die US-Börse ist bereits teuer, ein Konjunkturabschwung könnte ihr wehtun. Darunter würden auch DAX und Co. leiden, obwohl die Aktien dort noch günstiger sind. Allerdings gibt es auch hierzulande einige Risiken, insbesondere politische. Insgesamt werden die Börsen ein bewegtes Jahr vor sich haben. «

Vorsicht ist gut

Auf Überraschungen vorbereitet sein

Christoph Hochuli, Wergen & Partner Vermögensverwaltung

Die Ausgangslage an den Finanzmärkten für das Jahr 2017 ist noch etwas unübersichtlicher als vor einem Jahr – obwohl sich nicht viel verändert hat. Die großen Notenbanken rund um die Welt stützen die Volkswirtschaften und Märkte weiterhin mit ultrabilligem Geld. Außerdem geben sie für Anleihenkäufe reichlich Milliarden aus. Trotzdem ist die Inflation weder in den USA noch in Japan oder in Europa schon so richtig angesprungen.

Billiges Notenbankgeld kommt nicht in der Realwirtschaft an

Weder in der Realwirtschaft noch an den Börsen kommt das viele billige Notenbankgeld so richtig an. Zwar sind die Renditen insbesondere von Staatsanleihen weit gesunken, die Kurse kräftig gestiegen. Auf der anderen Seite ist aber auffällig, dass die Aktienbörsen nicht gerade einen rauschenden Höhenflug erleben. Der Dow Jones Index kommt nicht so recht über 18.500 Zähler hinweg. Der DAX befindet sich seit März 2016 sogar in einer Abwärtsbewegung.

Viele Risiken und Unsicherheitsfakoren

Das Zögern der Fed verunsichert die Börsenhändler

Die Skepsis auf dem Parkett hält sich, weil es im Herbst 2016 zu viele offene Fragen gibt. Die größten Unsicherheitsfaktoren sind wirtschaftlicher und politischer Natur. So ist eine zentrale Frage der Marktteilnehmer, ob die Notenbanken mit ihren monetären Maßnahmen überhaupt noch Impulse auslösen können.

Auch das Zögern der US Notenbank Fed verunsichert die Börsenhändler zunehmend. Schließlich stehen die Zeichen für die US-Konjunktur zyklisch auf Erholung. Dennoch ist die angekündigte US-Zinswende mit nur einem Schritt äußerst moderat ausgefallen.

Inzwischen grübeln Beobachter bereits, ob die Fed dem Konjunkturzyklus schon wieder hinterherläuft. Die Expansionsphase des amerikanischen Bruttoinlandprodukts (BIP) dauert nun bereits fast 7 Jahre.

Das ist eine sehr lange Wachstumsperiode. Zum Vergleich: Die absolut längste Expansionsphase seit dem zweiten Weltkrieg dauerte 10 Jahre (1991 – 2001). In diesem Zusammenhang darf man vor allem die Konjunktur Chinas nicht außer Betracht lassen, sollte sich diese stärker als erwartet abschwächen, könnte die US-Notenbank eine Zinserhöhung wiederholt verschieben. Die Terminkurve der Fed-Funds-Rate zeigt jedenfalls keine hohe Wahrscheinlichkeit von Zinserhöhungen an.

Wartet die Fed bis nach der Präsidentschaftswahl?

Läuft die Fed der Konjunktur hinterher, würde sie bei einem Konjunkturabschwung die Zinsen bald wieder senken müssen. Doch genau dafür hat sie keine Luft. Oder hat die Fed mit weiteren Zinsschritten nur gezögert, um nicht vor der US-Präsidentenwahl (4. November) aktiv werden zu müssen? Was aber kommt dann nach dem Urnengang?

Europa im Brexit-Modus

Fragezeichen gibt es auch für Europa. Hier richtet sich der Blick insbesondere auf die Banken – voran die angeschlagenen italienischen Geldhäuser. Auch auf dem alten Kontinent bleiben die Währungshüter im Fokus. Werden sie die Negativzinsen ausweiten? Werden sie ihre Kaufprogramme für Anleihen aufstocken und verlängern? Planen sie sogar, auf andere Anlageklassen zuzugreifen? Immerhin: Japan macht es vor, dass eine Notenbank auch Aktien kaufen kann. Undenkbar ist das für Europa also nicht. Und die Inflation ist noch weit vom Ziel der Geldhüter der EZB („unter, aber nahe 2%") entfernt.

Blick auf Italiens Banken und UK nach dem Brexit

Seit dem Morgengrauen des 24. Juni 2016 ist Europa noch mit einem weiteren politisch sowie wirtschaftlich komplexen Thema konfrontiert: dem Brexit. Die Briten haben die Überraschung perfekt gemacht und sich mit einer sehr knappen Mehrheit (51,9%) für den Austritt aus der Europäischen Union entschieden.

Dass diese Entscheidung die Börsenteilnehmer auf dem falschen Fuß erwischt hat, zeigte sich in einem kräftigen Marktbeben in den nächsten Tagen. Der DAX büßte allein am kommenden Tag zwischenzeitlich ca. 10% ein. Das war eine bislang fast einmalige Begebenheit, die jedoch zeigt, wie anfällig die Börsen auf negative Überraschungen reagieren.

Die Märkte relativierten ihre negative Brexit-Reaktion schnell wieder. Auch wir gehen davon aus, dass sich die Konjunkturerholung in Europa fortsetzen wird, wenn vielleicht auch etwas verlangsamt. Möglicherweise kann der Brexit in dieser Konstellation für Europa sogar positiv sein, da Anlagedirektinvestitionen, die für das Vereinigte Königreich vorgesehen waren, nun anderweitig platziert werden können.

Großbritanniens Konjunktur dürfte sich abkühlen

Großbritannien dürfte unter solchen Umschichtungen leiden. Obwohl die britische Zentralbank schnell reagierte und mit einer noch expansiveren Geldpolitik dem Brexit-Schock begegnen will, dürfte sich die Konjunktur abkühlen und das Wirtschaftswachstum abflauen.

EZB behält Negativzinsen bei

Die EZB wird zusammen mit anderen Notenbanken auch im Jahr 2017 an den Negativzinsen festhalten. Die ultralockere Geldpolitik der Notenbanken zielt weiterhin darauf ab, die Wirtschaft zu beleben. Interessanterweise zeigen neue Zahlen der OECD, dass private Haushalte in Deutschland, der Schweiz, Japan, Dänemark und Schweden (alles Länder mit Negativzinsen) in letzter Zeit mehr gespart haben. Sie machen also das Gegenteil dessen, was die Notenbanken erwartet haben. Damit wird sichtbar, dass die Notenbank das Ziel ihrer Negativzinspolitik verfehlt. Sie kann den privaten Konsum so kaum ankurbeln.

Die EZB könnte 2017 den Anleihenkauf forcieren

Darum wird die EZB möglicherweise bald den Empfehlungen des Internationalen Währungsfonds (IWF) folgen. Das dürfte bedeuten, dass die europäischen Geldhüter im Jahr 2017 den Ankauf von privaten und staatlichen Anleihen forcieren, um das Quantitative Easing (QE) weiter auszubauen. Die Wirtschaft wird somit direkt mit Notenbankgeld geflutet, was die Werte an den Kapitalmärkten möglicherweise weiter ansteigen lässt. Dennoch halten wir es für denkbar, dass die angestrebte Wirkung für die Realwirtschaft ausbleibt.

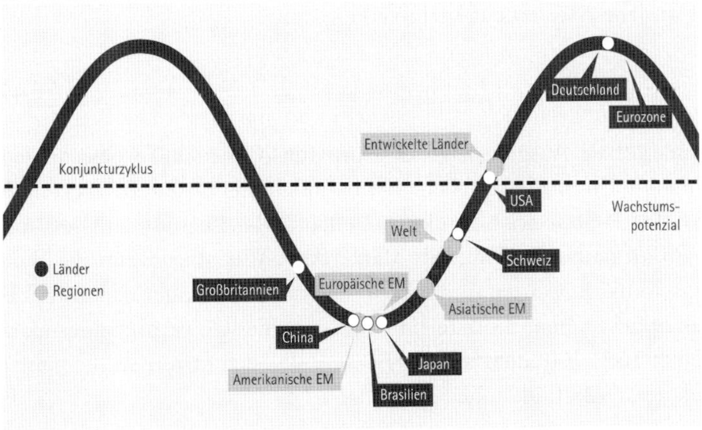

Konjunkturüberblick

Abb. 1

Die Position der USA ist strittig. In dieser Grafik sind die Staaten noch vor dem Aufschwung, andere Einschätzungen sehen sie bereits auf dem Gipfel angekommen.
Quelle: Julius Bär

In Asien stützen die Staaten Wirtschaft und Börse

Auch in den beiden wichtigsten Volkswirtschaften in Asien steuert die Politik aggressiv die Märkte. Nach dem Wahlsieg des japanischen Regierungslagers im Sommer 2016 hat Japans Ministerpräsident Shinzo Abe einen deutlich größeren politischen und wirtschaftlichen Einfluss. Premier Abe möchte das schwache Wirtschaftswachstum beleben und den Deflationsdruck bekämpfen. Er hat kurz nach seiner Wahl klar zum Ausdruck gebracht, dass er für diesen Zweck neue Konjunkturpakete plant.

Japan und China: Die Politik steuert die Märkte

Diese haushaltspolitischen Maßnahmen werden dem Wirtschaftswachstum im Jahr 2017 Auftrieb geben. Wahrscheinlich wird so der Yen erneut geschwächt. Der japanische Aktienmarkt wird damit aber gestärkt. Die Aktien-Käufe der Notenbank über Indexfonds tun ihr Übriges. Langfristig bleiben aber viele Probleme bestehen, so dass die Bank of Japan (BoJ) das Inflationsziel von 2% über längere Zeit verfehlen wird.

Die Wirtschaft Chinas bleibt weiterhin ein großer Risikofaktor für die globale Wirtschaftsentwicklung. Insbesondere werden die USA und deren Zinsentscheide in einer direkten Abhängigkeit zur Konjunkturlage in China stehen. Die Investitionen Chinas im Privatsektor sind im 1. Halbjahr 2016 weiter zurückgegangen. Das Bruttoinlandprodukt wuchs zwar im besagten Zeitraum um durchschnittlich 6,7% gegenüber dem Vorjahr. Das ist jedoch zum großen Teil auf eine substanzielle Erhöhung der öffentlichen Infrastrukturausgaben zurückzuführen. Der Staat greift der Wirtschaft also mit massiven Investitionen unter die Arme und versucht, Abschwächungstendenzen sofort zu unterbinden. Dennoch ist zu erwarten, dass sich das Wirtschaftswachstum Chinas im Jahr 2017 erneut leicht verlangsamt.

Wohin wollen die Märkte?

Ein Bärenmarkt scheint möglich

Diese globale Ausgangslage lässt uns für 2017 nicht in eine uneingeschränkte Euphorie verfallen. Wir befinden uns zwar zumindest in den USA (S&P 500) noch in einem Bullenmarkt. Dies ist nun seit mehr als 90 Monaten der Fall (seit März 2009). Was aber, wenn die Bullen langsam müde werden und wir vor Beginn eines länger dauernden Bärenmarktes stehen? Könnte ein Abbrechen der Gewinnserie des marktbreiten S&P 500 auch andere Börsen, die sich schon nicht mehr im Bullenmarkt befinden, beeinträchtigen?

US-Aktien- und Anleihemärkte

Die Volatilität an den US-Aktienmärkten ist auf dem niedrigsten Stand der vergangenen fünf Jahre. Auch das Handelsvolumen ist in der Tendenz rückläufig. Viele Aktien scheinen uns nach herkömmlicher Betrachtungsweise eher hoch bewertet. Das Kurs-Gewinn-Verhältnis (KGV) für den S&P 500 Index bewegt sich zur Zeit bei rund 20,5. Das durchschnittliche KGV der letzten zehn Jahre lag dagegen bei zirka 18,7. Der US-Aktienmarkt ist also vergleichsweise teuer.

Warnsignale aus den USA

Diese Eckdaten sind Warnsignale und neue Investments drängen sich nicht unbedingt auf. Es ist aber auch denkbar, dass das KGV aufgrund der Notenbankpolitik und mangels Anlagealternativen eine natürliche Expansion erlebt. Aus diesem Grunde könnte dieser Markt allenfalls mit zusätzlichen überraschenden Gewinnimpulsen weiterhin positive Notierungen bringen. Nüchtern betrachtet, rechnen wir allerdings mit einem seitwärts tendierenden Markt. Anleger sollten geduldig auf Rückschläge warten, die sie dann konsequent für Zukäufe nutzen können. Eine Trendwende in eine längere Baissephase halten wir für unwahrscheinlich.

Auf der Anleihenseite sind die US-Märkte nicht sonderlich attraktiv. Die Rendite einer 10-jährigen US-Staatsanleihe (US-Treasurys) bewegt sich wegen wieder steigender Energie- und Rohstoffnotierungen und wegen positiver Arbeitsmarktdaten eher nach oben. Wir rechnen in den nächsten 12 Monaten mit einem Anstieg um einen halben Prozentpunkt auf ein Niveau von knapp über 2 %. Das bedeutet im Umkehrschluss Kursverluste in den Zinspapieren. Hochverzinste Unternehmensanleihen ohne Investment Grade scheinen uns zur Zeit sogar eher überbewertet. Da auch die Ausfallraten der Unternehmen steigen, sollten solche Investments überdacht und reduziert werden.

Europäische Aktien- und Anleihemärkte

Europäische Aktien profitieren von der Entwicklung

Grundsätzlich profitieren europäische Aktien von der mehrheitlich positiven wirtschaftlichen Entwicklung und der anhaltend expansiven Geldpolitik bei gleichzeitiger Finanzrepression. Investoren in europäische Aktien werden im Jahr 2017 sehr selektiv vorgehen müssen. Insbesondere Papiere von Unternehmen, die eine gute Substanz haben und ordentliche Dividendenrenditen ausweisen, halten wir für kaufenswert. Daneben sind Infrastrukturanlagen mit Inflationsschutz äußerst attraktiv. Diese Anlageklasse wird in den nächsten Jahren aufgrund der für die Staaten massiv steigenden Kosten für Infrastruktureinrichtungen enorm an Bedeutung gewinnen.

Auch auf Europa fokussierende Anleger sollten mit dem Einstieg auf Rückschläge an den Börsen warten. Wir halten diese für wahrscheinlich. Auslöser könnten politische Ereignisse sein. Als attraktives Kaufniveau sehen wir beispielsweise einen Kursstand von 2.700 Zählern im Euro Stoxx 50 an. Das Potenzial des europäischen Leitindex sehen wir im Jahr 2017 bei maximal 3.300 Punkten.

Bei den europäischen Indizes bevorzugen wir den eher defensiven französischen Markt und nicht zu hoch bewertete deutsche Aktien. Spanische und niederländische Qualitätstitel stufen wir als neutral ein, während wir den italienischen Markt mit Ausnahme ganz weniger Titel (z. B. der Energiekonzern Enel S.p.A.) meiden.

Europäische Anleihenmärkte sind kaum attraktiv

Die europäischen Anleihenmärkte bleiben ebenfalls wenig attraktiv. Im kommenden Jahr dürften die Anleiherenditen in den bedeutenden europäischen Rentenmärkten im besten Fall ganz leicht zulegen. In vielen Papieren werden die negativen Renditen aber erhalten bleiben. Wer das umgehen will, muss höhere Risiken in Kauf nehmen. Das Problem dabei: Derzeit müssen Anleger für ein wenig mehr Renditepotenzial ein überproportional hohes zusätzliches Risiko eingehen. Das Rendite-Risiko-Verhältnis verschiebt sich weiter zuungunsten der Investoren. Viele Anleiheklassen orientieren sich an der Verzinsung der Staatsanleihen. Das war vor wenigen Jahren noch nicht so ausgeprägt.

Große Rendite-Sprünge sind unwahrscheinlich

Große Rendite-Sprünge sind aber unwahrscheinlich. Wir rechnen für 10-jährige Bundesanleihen zum Jahresende 2017 zwar wieder mit positiver Rendite. Diese dürfte aber kaum über einen Wert von rund 0,15 % ansteigen. Kurzlaufende Bund-Anleihen-Renditen werden weiterhin im negativen Bereich verharren.

Asiens Aktienmärkte

Der japanische Aktienmarkt weist im Jahre 2016 (Stand Sept. 2016) die schlechteste Entwicklung der bedeutenden Indizes auf. Wir schätzen die Situation für das Jahr 2017 bestenfalls als neutral ein. Obwohl die Regierung mit den bereits erwähnten haushaltspolitischen Maßnahmen auch versucht, den Aktienmarkt zu stützen, überzeugen uns diese Maßnahmen nicht. Gut möglich, dass die Konjunkturpakete zwischenzeitlich das ein oder andere Strohfeuer auslösen. Diese verlöschen aber eben auch schnell wieder. Daher schließen wir selbst größere Rückschläge für den japanischen Aktienmarkt nicht aus. Diese könnten dann durch weitere Aktienkäufe der Japanischen Notenbank zwar abgefedert werden. Markttechnisch gesund ist die Entwicklung in Japan aber nicht.

Ein schwächerer Renminbi könnte chinesische Aktien stützen

Wie von uns erwartet ist auch der oft prognostizierte Crash in China im Jahr 2016 ausgeblieben. Die heftigen Börsengewitter des Jahres 2015 haben offenbar zunächst ausgereicht und waren reinigend genug. Für 2017 erwarten wir insbesondere auf der Währungsseite Bewegung. Hier rechnen wir mit einer weiteren leichten Abschwächung des Renminbi (CNY). Eine schwächere Währung, die Chinas Exporte weiter steigern wird, im Verbund mit den Stimulierungsmaßnahmen der Regierung, dürfte chinesische Aktien weiterhin stützen. Unter dem Strich rechnen wir mit einer positiven Entwicklung der chinesischen Märkte bis Ende 2017. Anleger können Mut haben und zugreifen. Wir würden dafür auch schon kleinere Rückschläge an der chinesichen Börse nutzen.

Wer noch etwas mehr asiatische Würze in der Suppe sucht und sich von volatilen Landeswährungen nicht abschrecken lässt, sollte sich die indischen oder auch vietnamesischen Aktienmärkte etwas genauer anschauen. Der indische Markt profitiert von einer sehr robusten wirtschaftlichen Entwicklung im Land. Zudem erwarten wir eine Erholung des Industriesektors. Positiv könnte sich auch eine weitere geldpolitische Lockerung durch die Indische Notenbank auswirken. Der nötige Spielraum dafür ist jedenfalls noch vorhanden. Anleger, die auf die indische Börse setzen wollen, können das am einfachtsten mit einem börsengehandelten Indexfonds (ETF) tun. Diese Fonds bilden den gesamten Markt ab und es gibt sie von verschiedenen Emittenten (z. B. ISIN FR 001 037 576 6).

Mit Vietnams Wirtschaft geht es aufwärts

Auch das kleine Vietnam hat sich in den vergangenen Jahren von einer Agrar-Nation zu einem bedeutenden High-Tech-Exporteur entwickelt. Die Regierung packt Reformprogramme zielstrebig an und trägt somit zur wachsenden Glaubwürdigkeit und Stabilität im Land bei. Ausländische Direktinvestitionen haben in den jüngsten Jahren stark zugenommen und werden auch weiterhin wachsen. Das BIP wuchs mit stolzen 6,6 % im Jahr 2015. Wir rechnen damit, dass es in Vietnam in den nächsten Jahren in einem ähnlichen Tempo aufwärts geht. Der Inlandskonsum wird von 93 Mio. Menschen mit einem Durchschnittsalter von unter 30 Jahren entscheidend angetrieben. Ein weiterer Garant für Wachstum wird die Transpazifische Partnerschaft (TPP) darstellen. Vietnam könnte der größte Profiteur dieses Freihandelsabkommens sein. Die Börse von Vietnam sollten Anleger am ehesten über eine Kollektivanlage (aktiv gemanagter Anlagefonds oder über einen ETF) abdecken.

Erdölmarkt

Auf und Ab bei Erdölpreisen

Die Ölpreise haben seit vergangenem Herbst eine wahre Achterbahnfahrt hinter sich. Von knapp über 50 US-Dollar je Fass ging es auf unter 30 Dollar je Barrel abwärts. Als dann Spekulationen ins Kraut schossen, dass Öl bald gar nichts mehr kosten würde, legte der Preis für das Schwarze Gold wieder kräftig zu – und notiert nun im Herbst 2016 erneut bei knapp 50 US-Dollar je Fass.

Wie geht es nun weiter? Aktuell scheint der Ölpreis wieder etwas an Schwung zu verlieren. Der Rückgang im Sommer 2016 muss aber vor dem Hintergrund des Anstiegs von über 90 % seit dem Tiefpunkt an Weihnachten 2015 gesehen werden. Allerdings dürften auch diejenigen falsch liegen, die erwarten, dass der Ölpreis schnell wieder über die Marke von 100 Dollar klettert

Wir sehen auf 12-Monatssicht einen Rohölpreis von über 52 USD pro Barrel (WTI). Gegen einen höheren Anstieg sprechen nach wie vor viele Faktoren: Der Markt ist weiterhin gut versorgt, Iran fördert mehr Öl als vor den internationalen Sanktionen, Russland pumpt auf Rekordniveau und nicht zuletzt setzen spekulative Anleger nach wie vor auf fallende Notierungen. (Eine ausführliche Analyse und Prognose zum Ölpreis lesen Sie im Beitrag von Jochen Stanzl.)

Gold

Gold glänzt wieder mehr als Sicherheits-Investment

Auch Gold wird 2017 an den Börsen weiter im Mittelpunkt stehen. Damit wird es an seine Entwicklung und Funktion im Börsenjahr 2016 anknüpfen. Denn einmal mehr hat sich gezeigt, dass Gold als sicherer Hafen angesehen wird. Das unerwartete Brexit-Votum, der Putschversuch in der Türkei sowie die anhaltende Terrorangst lassen Gold wieder stärker als Sicherheits-Investment glänzen. Wir raten – je nach Sicherheitsempfinden – dazu, 10 % bis 20 % physisches Gold zu halten. Das gilt auch für 2017. Den Goldpreis dürfte auch die steigende Nachfrage von Notenbanken stützen. Insbesondere aus Ländern wie Russland, China und einigen kleinen und mittelgroßen Ländern in Asien werden zunehmende Käufer gemeldet. Trifft mehr Nachfrage auf ein konstantes oder langsamer wachsendes Angebot, steigt in der Regel der Preis.

Fazit

2017 dürfte ein bewegtes Finanzjahr werden. Und eines ist ganz sicher: Wir werden an den Finanzmärkten auch dann wieder Überraschungen erleben. Ein Exit eines weiteren EU-Landes, andere politische Ereignisse oder auch ein Rohstoffschock können die Finanzmärkte wieder für Stunden oder Tage tief nach unten drücken und in einem Schockzustand erstarren lassen.

Viele politische Unwägbarkeiten und kaum stabile Trends 2017

Angesichts der vielen Unwägbarkeiten erwarten wir volatile Seitwärtsbewegungen mit wenigen stabilen Trends. Getrieben durch überraschende Ereignisse könnte auch ein Bullenmarkt plötzlich orientierungslos werden und die Richtung wechseln. In einem solchen Marktumfeld hilft nur eine langfristige und klare Strategie, die auf Qualitätsanlagen fokussiert ist. Daneben müssen sich Anleger ein klares Risikomanagement aufbauen und das Risiko mit Adjustierung der Positionen regelmäßig anpassen.

„Ich habe doch gesagt, dass es aufwärts geht ...“

» Die Weltwirtschaft wird 2016 mit 3,2 % wachsen. Vor allem die Konjunkturschwäche in China und den USA ist für die rückläufige Dynamik verantwortlich. Für das Jahr 2017 erwarten wir ein weitgehend konstantes Wirtschaftswachstums von ebenfalls etwa 3,2 % – vielleicht sogar ein wenig mehr. Innerhalb des Euro-Raums dürfte sich in Frankreich und Deutschland ein erhöhtes Wirtschaftswachstum zeigen. Deutschland ist mit einer starken Binnennachfrage und einem vom niedrigen Euro-Außenwert profitierenden Export unverändert der Stabilitätsanker. Unternehmensinvestitionen und Staatsausgaben für Flüchtlinge werden zum Plus beitragen. Davon wird auch die Gewinnentwicklung der Unternehmen profitieren. «

Durchstarten

Die Weltkonjunktur wird stärker wachsen

Roland Rupprechter, Hypo Landesbank Vorarlberg

2017 ist ein globaler BIP-Zuwachs möglich

Ein schwacher Welthandel, zögerliche Investitionen, eine moderate Lohnentwicklung und eine geringere Dynamik in den wichtigsten Schwellenländern prägen das Jahr 2016. Für 2017 ist aber wieder mit einer Belebung und einem globalen BIP-Zuwachs von 3,1 % zu rechnen.

Die größte Volkswirtschaft der Erde dürfte 2017 etwas schneller wachsen. Für das kommende Jahr erwarten wir in den USA einen BIP-Zuwachs von 2,5 %. Der Konsum wird mit einem Plus von 2 % den größten Beitrag zum Wachstum leisten. Die Wachstumsdynamik in China wird angesichts einer erweiterten Kreditvergabe ebenfalls etwas besser ausfallen. Für 2017 erwarten wir im Reich der Mitte ein Wachstum von 6,3 %.

In der Euro-Zone sehen wir für 2017 eine leicht geringere Wachstumsdynamik. Deutschlands Binnennachfrage bleibt stark, der Export profitiert vom niedrigen Euro-Außenwert. Unternehmensinvestitionen und Staatsausgaben für Flüchtlinge treiben zusätzlich an.

Weltkonjunktur zieht an, Produktionskosten sinken

Von der leicht anziehenden Weltkonjunktur und den geringeren Produktionskosten wegen der niedrigen Rohstoffpreise wird die Automobilbranche profitieren. Die Alterung wird zu einem überdurchschnittlich hohen Wachstum der Sektoren Gesundheitswesen und Pharma führen. Die Digitalisierung trägt dabei zum Strukturwandel vieler Branchen bei. Die zunehmende Ansammlung großer Datenmengen (Big Data) verschafft der IT-Industrie eine stark wachsende Nachfrage nach Hard- und Software.

Branchen mit überdurchschnittlicher Konjunkturerwartung | *Branchen mit durchschnittlicher Konjunkturerwartung* | *Branchen mit unterdurchschnittlicher Konjunkturerwartung*

AUTOMOBIL

Bereits im Juni 2016 setzte eine Beschleunigung in diesem Sektor ein. Der Automarkt legte global um 5,5 % zu. Treiber waren China (+14,8 %), unterstützt durch die Mehrwertsteuerhalbierung für Fahrzeuge bis 1,6 Liter Hubraum. Aber auch in Westeuropa zieht die Nachfrage an (+5,7 %). In den USA stieg der Absatz im Juni um +2,5 %.

Bei den Automarken wachsen Fiat Chrysler Automobiles mit +16,8 %, Daimler (+15,2 %), BMW (+14,0 %) und Renault (+12,6 %) besonders stark. Der PSA-Konzern (Peugeot, Citroen und DS) legte um 5,9 % zu. Marktführer VW leidet unter dem Abgasskandal, verliert Marktanteile und fällt auf das Niveau von 2011 zurück.

Autobranche entwickelt sich mittelfristig gut

Mittelfristig betrachtet sieht die Autobranche gut aus. Die Unternehmen weisen solide Zahlen aus. In Summe ist die operative Lage besser, als ursprünglich erwartet. Das gilt vor allem für die europäischen Hersteller, aber auch für die Zulieferer. Es gibt auch für 2017 noch weiteres Wachstumspotenzial. Allerdings lässt die Dynamik allmählich nach. Darum werden auch die Unternehmensausblicke nicht nach oben angepasst.

Risiken für 2017 sind die Unsicherheit über die Folgen des Brexit, die deutliche Verlangsamung im wichtigen Absatzmarkt USA, der Einfluss staatlicher Regulierung (CO_2 und Schadstoffemissionen, E-Mobilität) und die strukturellen Veränderungen in der Branche. Insbesondere die Folgen der Digitalisierung, des autonomen Fahrens und ein deswegen verändertes Verbraucherverhalten sind schwer abschätzbar. Für die Unternehmen bedeutet das auch einen Zwang zu wachsenden Forschungsausgaben.

VW-Abgasskandal könnte Veränderungen anstoßen

Möglicherweise ist der entscheidende Faktor für den Wandel des Sektors gar nicht die Durchdringung der Branche mit Elektromobilität, Ladeinfrastruktur und Batteriepreisen. Vielleicht ist der VW-Abgasskandal der wahre Motor der Veränderungen. Die Beschleunigung bei den strategischen Neuorientierungen der Unternehmen (alle sprechen von Mobilitätsdienstleistungen anstelle purer Autoproduktion) und das Vorziehen der Prognosen für die Verbreiterung der Elektromobilität und das autonome Fahren (Szenario statt ab 2030 bereits ab 2025) sprechen dafür.

Fazit: Die Branche dürfte von der leicht anziehenden Weltkonjunktur profitieren. Insgesamt schätzen wir das Chancen-Risiken-Profil als überdurchschnittlich ein.

BAU

Das europäische Bauvolumen wird 2017 und 2018 mit Raten von 2,7 % und 2,4 % wachsen. Innerhalb der vier größten lokalen Märkte wird die höchste Wachstumsdynamik für Frankreich und Großbritannien erwartet. Der Wohnungsbau dürfte bis 2018 mit jährlichen Wachstumsraten von 2 bis 3 % laufen. Im Nicht-Wohnungsbau erwarten wir für die nächsten drei Jahre Wachstumsraten von 2,5 % für 2016 und 2017 und 1,9 % für 2018. Im Tiefbau gehen wir von Steigerungen zwischen 1,5 und 3,8 % bis 2018 aus.

Bauproduktion wächst in den nächsten Jahren

Ähnlich sieht das Bild für Deutschland aus. Die Bauproduktion wird 2017 um gut 1 % zulegen. Der Umsatz im Bauhauptgewerbe wird dann bei etwa 105 Mrd. Euro liegen.

Kräftiger Motor für die Branche sind die niedrigen Zinsen. Sie treiben in erster Linie den Wohnungsbau kräftig an. In diesem Segment wird der Zuwachs 2017 bei etwa 3 % liegen (Volumen 105 Mrd. Euro). Nahezu 290.000 Wohnungen würden neu auf den Markt kommen. Damit läge die Zahl der Baugenehmigungen aber noch immer deutlich unter den eigentlich benötigten 400.000 neuen Wohnungen jährlich. Durch die Binnenwanderung in die Städte sowie die Flüchtlinge wird der Druck auf die Wohnungsmärkte darum eher noch größer.

Baunachfrage treibt die Preise nach oben

Die Baunachfrage wird sich auch in den Baupreisen widerspiegeln. Schon für das Jahr 2016 wird mit Preissteigerungen von 1,5 % gerechnet. Dieser Trend wird sich 2017 fortsetzen. Auch der Beschäftigungsaufbau in der Branche wird weitergehen – auf voraussichtlich 765.000 bis 770.000 Mitarbeiter im nächsten Jahr.

Beim Wirtschaftsbau wird der Umsatz 2016 bei 35,7 Mrd. Euro stagnieren. Ähnliches erwarten wir für 2017. Im öffentlichen Bau dürfte der Umsatz um 4 % auf 29,1 Mrd. Euro zulegen und von steigenden Investitionen des Bundes profitieren. Sparbemühungen der öffentlichen Hand bremsen jedoch das Wachstum insbesondere im Tiefbau.

Fazit: Weiterhin niedrige Zinsen werden den Bauboom in Deutschland weiter antreiben. Die Baubranche, voran der private Wohnungsbau, wird sich auch im Jahr 2017 über viele neue Aufträge freuen können. Die Wachstumsaussichten der Branche sind insgesamt als durchschnittlich einzustufen.

CHEMIE

Die wichtigsten Abnehmer chemischer Erzeugnisse sind die Pharma- und Kunststoffindustrie, das Baugewerbe und die Landwirtschaft. Dadurch sind die chemischen Produzenten stark von der globalen Industrieproduktion und der Baukonjunktur abhängig und entsprechend stark zyklisch.

Günstigere Rohstoffkosten drücken auf die Chemikalienpreise

Die Chemikalienpreise sind 2016 wegen günstigerer Rohstoffkosten um 2,8 % gesunken. Insbesondere in den ölpreisnahen Geschäften (Petrochemie) fielen die Rückgänge sehr deutlich aus. Dadurch sank der Umsatz um 1,1 % auf 188,7 Mrd. Euro. Im Inland ging der Umsatz um 1,9 % auf 74,3 Mrd. Euro zurück. Im Ausland wurde ein Rückgang um 0,6 % auf 114,4 Mrd. Euro verbucht.

Unternehmen kämpfen mit Importdruck und Wettbewerbsproblemen

Wegen der wirtschaftlichen Stabilisierung in Europa, des Aufwärtstrends in den USA und der anhaltenden Nachfrage in Asien erwartet der VCI auch 2017 einen Anstieg der Chemieproduktion in Deutschland. In der Basischemie mildert zwar das günstige Öl den Nachteil der Produktionskosten gegenüber den USA oder dem Nahen Osten ab. Dennoch haben die Unternehmen mit zunehmendem Importdruck und Problemen der Wettbewerbsfähigkeit zu kämpfen. Für das kommende Jahr geht der VCI von einem Zuwachs der Chemie-Produktion um 1,5 % aus. Der Gesamtumsatz der Branche dürfte ebenfalls um 1,5 % auf 196,5 Mrd. Euro zulegen.

Das Thema M&A bewegt den Sektor weiterhin. Zum einen wirken sich die in letzter Zeit getätigten Großakquisitionen zunächst negativ auf die Finanzrelationen aus, was auch zu negativen Ratingaktionen geführt hat. Zum anderen wurden 2016 weitere größere Akquisitionen verkündet bzw. werden angestrebt. Eine Fortsetzung des negativen Ratingtrends erscheint daher möglich. Die Unternehmen der Branche haben aber eine starke Liquiditätsausstattung und einen guten Zugang zu den Kapitalmärkten. Wir rechnen darum weiterhin mit einer regen Emissionstätigkeit im Sektor. Das wird durch den Refinanzierungsbedarf im Rahmen von größeren Akquisitionen noch verstärkt und Anlegern einige Chancen bieten.

Fazit: Mit der leichten konjunkturellen Aufhellung in Europa dürfte die Nachfrage etwas anziehen. Der Preis- und Margendruck wird aber aufgrund der globalen Konkurrenz weiterhin anhalten. Beides führt zu einer durchschnittlichen Chancen-Risiko-Bewertung.

ENERGIE | VERSORGER

Die Stromnachfrage wird vom Bevölkerungs- und Wirtschaftswachstum getrieben. Die zunehmende Mobilität sowie die wachsende Verbreitung elektrischer/elektronischer Anwendungen führen zu einer steigenden Nachfrage. Die Fortschritte bei der Energieeffizienz wirken in die entgegengesetzte Richtung.

Ausbau der erneuerbaren Energien setzt sich fort

Der Anteil erneuerbarer Energien an der Bruttostromerzeugung in Deutschland ist zuletzt auf einen Rekordwert von 30 % gestiegen. Damit hat sich der rasante Ausbau der erneuerbaren Energien der letzten Jahre weiter fortgesetzt. Dieses Wachstum und die konjunkturbedingt eher flaue Stromnachfrage führten zu Überkapazitäten in der Stromproduktion sowie sinkenden Strompreisen. Beides setzte den beiden Großkonzernen E.ON und RWE zu. E.ON spaltet die konventionelle Stromerzeugung und den Energiehandel in die neue Firma Uniper ab, während RWE die erneuerbaren Energien, die Netze und den Vertrieb in einer neuen Tochtergesellschaft bündelt.

Vom Ausbau der erneuerbaren Energien und fallenden Strompreisen sind auch viele deutsche Stadtwerke betroffen, die konventionelle Kraftwerke betreiben. Aus Cashcows der Kommunen wurden vielerorts Problemfälle. In Konsequenz bemühen sich nun viele Stadtwerke um Konzessionen für kommunale Strom-, Gas- oder Wärmenetze. Erhofft werden gut berechenbare Renditen und Skaleneffekte für die bestehenden Netze.

Niedriges Preisniveau setzt den Erzeugern in Deutschland zu

Obwohl sich die Großhandelspreise inzwischen um etwa 30 % erholt haben, beurteilen wir das Preisniveau weiterhin als zu niedrig. Folglich sehen wir den Erzeugungsbereich in Deutschland weiter unter Druck. Sollten sich die Preise mittelfristig nicht deutlich über 30 EUR/MWh bewegen, würde der Ertragsdruck 2017 zum Vorschein treten. Ein Blick auf die Vollkosten (bei Neuinvestitionen) von verschiedenen Erzeugungsarten macht deutlich, dass sich aktuell keine Erzeugungsart am Großhandelsmarkt refinanzieren kann.

Fazit: Aufgrund der vielen aktuell in der Branche herrschenden politischen, wirtschaftlichen und technischen Unsicherheiten schätzen wir das Chancen-Risiken-Profil insgesamt als unterdurchschnittlich ein. Mit einer gesteigerten Wettbewerbsfähigkeit wird die Sparte erneuerbare Energie aufwarten. So gehört Onshore Wind zu den billigsten Erzeugungsarten.

FINANZEN

Der deutsche Bankensektor gehört mit einer Bilanzsumme von 7,9 Bio. Euro und einer Beschäftigtenzahl von 630.000 Menschen noch immer zu den größten der Welt. Die Bankendichte ist mit rund 2.000 Kreditinstituten, davon etwa 300 Privatbanken und rund 35.300 Bankfilialen, nach wie vor sehr hoch. Allerdings läuft eine breite Konsolidierungswelle und zahlreiche Filialen werden geschlossen. Das wird sich 2017 fortsetzen. Parallel dazu steigt der Anteil der Nutzer von Onlinebanking weiter, zuletzt auf gut 55 %.

Geschäftsmodell der Banken steht unter Druck

Das Geschäftsmodell der Branche steht weiter enorm unter Druck. Einerseits bleiben die Niedrigzinsen der Notenbank noch längere Zeit bestehen. Das schiebt die Zinsmarge, die wichtigste Verdienstquelle der Geldhäuser, weiter zusammen. Der Effekt ist gewaltig, denn 74 % der operativen Erträge gehen auf den Zinsüberschuss zurück. Die Spareinlagen liegen bei 655 Mrd. Euro. Auf der anderen Seite steigen die regulatorischen Anforderungen an die Banken und die Geldhäuser. So müssen sie ihre Kernkapitalquoten weiter erhöhen. Das belastet den Gewinn (Dividenden) ebenfalls, verschafft den Instituten aber dickere Kapitalpuffer und erhöht somit deren Stressresistenz.

Niedrigzinsen beflügeln das Geschäft teilweise

Andererseits beflügeln die niedrigen Zinsen allmählich das Geschäft der Banken. Die Summe der Kredite an Unternehmen und Selbständige erreichte 1,3 Bio. Euro. Die Kreditvergabe an Privatpersonen klettert ebenfalls an. Auch Immobilienkredite, deren Anteil am Kreditgeschäft bei 51 % liegt, werden deutlich stärker nachgefragt. Das beschert den Banken neue Erlöse, zumal der Bestand notleidender Kredite weiter rückläufig ist. Zuletzt lag er – je nach statistischer Lesart – zwischen 2,7 und 3,7 %.

Die auf einzelnen sektoralen Kreditmärkten bestehenden Risiken (Schiffskredite, Kredite für ausländische Gewerbeimmobilien und Altlasten in Form von Verbriefungen) dürften nach einer spürbar erhöhten Kreditrisikovorsorge beherrschbar sein, auch wenn die Probleme z. B. auf dem Schiffsfinanzierungsmarkt bestehen bleiben.

Fazit: Die Banken bleiben weiter unter Druck. Vor allem die Ertragslage bleibt problematisch. Dieses Bild dürfte sich auch nur sehr langsam aufhellen. Die Geldhäuser werden weiter auf die Kostenbremse treten. Das mittelfristige Chancen-Risiken-Profil beurteilen wir darum insgesamt als unterdurchschnittlich.

„Das ist ja wie im Märchen!“

IMMOBILIEN

Die deutlichen Preisanstiege am deutschen Wohnimmobilienmarkt werden sich fortsetzen. Sie basieren auf weiterhin niedrigen Zinsen, einem gestiegenen Interesse an Sachwerten und steigenden Mieten in Ballungsgebieten. Darüber hinaus unterstützt die gute Einkommensentwicklung einen Anstieg der Preise.

In manchen Städten steigen die Kaufpreise schneller als die Mieten

Nicht überall entwickeln sich die Kaufpreis- und Mietpreissteigerungen parallel. So zeigt sich in München, Frankfurt und Stuttgart seit sechs Jahren eine stärkere Kaufpreisentwicklung als Mietpreissteigerung. In München entwickelten sich die Kaufpreise um 39 % besser als die Mietpreise. Dahinter folgen Stuttgart und Frankfurt. Dort stiegen die Kaufpreise um 22 % bzw. 19 % stärker als die Mietpreise. München ist zudem die Stadt, die den höchsten Kaufpreisanstieg in Deutschland seit 2003 zu verzeichnen hat. Die Preise stiegen dort um 6 % pro Jahr.

Einen nahezu parallelen Verlauf der Kaufpreis- und Mietpreissteigerungen seit 2010 verzeichnen die Städte Hamburg, Düsseldorf und Berlin. Hamburg und Düsseldorf stellen die einzigen Standorte dar, bei denen in der Vergangenheit die Mietpreisentwicklung über derjenigen der Kaufpreise lag. Bis 2019 wird sich dieses Verhältnis jedoch umkehren. Die Kaufpreise werden voraussichtlich mit plus 2 bis 3 % leicht stärker steigen als die Mieten.

Blick der Investoren richtet sich auf langfristige Trend

Die Preissteigerung in Deutschland ist bislang nicht vergleichbar mit anderen extremen „Blasenbildungen" (wie z. B. in den USA, Spanien oder Frankreich) und dürfte daher den privaten Haus- und Wohnungsbau weiter stimulieren. Nachdem der Investmentzyklus auch am deutschen Immobilienmarkt aber bereits weit fortgeschritten ist, wird es wichtiger, Portfolios auf die Zeit nach dem Aufschwung vorzubereiten. Dazu eignen sich Investitionen in Objekte, die möglichst unabhängig von konjunkturellen Schwankungen sind. Dies sind Senioren- und Studentenwohnanlagen, Pflegeheime und Hochschulgebäude. Sie profitieren von langfristig wirksamen Trends, wie der Alterung der Gesellschaft und der steigenden Bedeutung des Bildungssektors.

Fazit: Das Chanc-Risiko-Verhältnis für den Immobilienmarkt schätzen wir angesichts des fortgeschrittenen Investmentzyklus trotz attraktiver Hypothekarzinsen als durchschnittlich ein. Die Kaufpreise werden mit großer Wahrscheinlichkeit in München, Stuttgart und Frankfurt weiter stärker zulegen als in Hamburg, Düsseldorf und Berlin.

INFORMATIONSTECHNOLOGIE

Die übergeordneten Trends der Branche sind Cloud Computing (Auslagerung von Speicher- und Rechenkapazitäten) sowie Big Data mit der Erfassung, Speicherung und intelligenten Auswertung riesiger und oft dynamischer Datenvolumen. Infolge einer starken Zunahme an Geräten mit Internetkonnektivität von heute 13,4 Mrd. auf erwartete 38,5 Mrd. weltweit bis 2020 gewinnen das Internet und die Vernetzung von Maschinen und Geräten in der Industrie ein enormes Effizienz- und Innovationspotenzial.

Informationstechnologie treibt das Wachstum der IT-Branche

In Deutschland wird nach Angaben des IT-Branchenverbands Bitkom der Umsatz mit Informationstechnologie, Telekommunikation und Unterhaltungselektronik 2016 erstmals die Marke von 160 Mrd. Euro (+1,7 %) überspringen. Wachstumstreiber bleibt die Informationstechnologie. Am stärksten wird der Softwarebereich mit einem Umsatzplus von 6,2 % auf 21,5 Mrd. Euro zulegen. Das Geschäft mit IT-Dienstleistungen, zu dem unter anderem IT-Beratung und das Projektgeschäft gehören, wird um 2,7 % auf 38,2 Mrd. Euro wachsen. Die Telekommunikation wird der Bitkom-Prognose zufolge einen minimalen Anstieg um 0,2 % ausweisen und ein Volumen von 67,0 Mrd. Euro erreichen.

Etwas langsamer als in Deutschland wächst die Branche in Europa. Die ITK-Umsätze in den EU-Staaten werden 2016 um 0,7 % auf 686 Mrd. Euro zulegen. Dabei entwickelt sich das IT-Geschäft deutlich besser als der Telekommunikationsmarkt. Das Wachstum bei Smartphones und IT Hardware schwächt sich allerdings ab. Hinzu kommt weiterhin der starke Preisdruck bei Telekommunikationsdiensten.

ITK-Märkte in Europa entwickeln sich unterschiedlich

Während in den südlichen Krisenländern Italien, Portugal und Spanien die ITK-Märkte wieder leicht wachsen, wird in Griechenland mit minus 1,1 % erneut ein Rückgang erwartet. Auch für Großbritannien prognostiziert die Studie mit minus 0,5 % einen schrumpfenden ITK-Markt. Nach der Brexit-Entscheidung könnte sich der britische ITK-Markt nun sogar noch schwächer entwickeln als bislang erwartet.

Fazit: Aufgrund der breiten Nachfrage und des hohen Effizienz- und Innovationspotenzials schätzen wir das Chancen-Risiken-Profil der Informatikdienste trotz scharfen Wettbewerbs in vielen IT-Bereichen, der zu Lasten der Verkaufspreise und Margen geht, als überdurchschnittlich ein. Die stärksten Wachstumstreiber werden weiterhin Cloud Computing und Big Data sein.

KONSUMGÜTER

Die Nachfrage nach Konsumgütern reagiert wenig auf den Konjunkturzyklus, dafür aber stark auf das Konsumentenvertrauen. Steigende Einkommen und eine geringe Sparquote im Niedrigzinsumfeld führen zu einer Anschaffungsneigung, die im historischen Vergleich hoch ist.

Steigende Einkommen erhöhen die Anschaffungsneigung

Die Einzelhandelsumsätze in Europa steigen ausgehend von unterschiedlichen Niveaus an. Diese Entwicklung dürfte sich auch 2017 fortsetzen. Die deutschen Einzelhändler spüren das anhand ordentlicher Umsatzzuwächse. Die Unternehmen setzten inflationsbereinigt 2,3 % mehr um als im Vorjahreszeitraum. Treiber ist die gute Lage auf dem Arbeitsmarkt. Hinzu kommt die niedrige Inflation. Verbraucher haben so mehr von Gehalts- und Lohnsteigerungen.

Der Online-Handel wächst besonders stark

Besonders dynamisch wächst der Internet- und Onlinehandel (+7,5 %). In Produktkategorien wie Elektro, Computer, Medien und Spielwaren lagen die Raten mit 30 % noch deutlich höher. Dieser Trend dürfte sich 2017 eher noch verstärken.

Einen „Luxus-Boom" lösten Konsumenten aus Fernost aus. Das hochpreisige Segment und die Marke „Made in Germany" wachsen kräftig, da die Mittel-/Oberschicht in Schwellenländern ein stärkeres Qualitäts-/Luxusbewusstsein entwickelt hat und bereit ist, für hochwertige Produkte Geld auszugeben.

Lebensmittelmarkt in Deutschland ist gut gesättigt

Im gesättigten deutschen Lebensmittelmarkt erlauben Konsumtrends wie Nachhaltigkeit, Gesundheit und Regionalität einzelnen Nischen, in einem gewissen Maß zu wachsen. Die geringen Gewinnwachstumsraten werden aber eher über Preissteigerungen als über höhere Absatzmengen erzielt. Der Lebensmitteleinzelhandel wird in Deutschland von den Discountern dominiert, die über Preissetzungsmacht verfügen.

Die Preise bleiben auf einem vergleichsweise niedrigen Niveau. Für den Einzelhandel führt der begrenzte Spielraum bei der Kostenweitergabe über höhere Endverbraucherpreise tendenziell zu Margendruck. Auch das aktuelle Niedriginflationsumfeld und steigende Online-Umsätze führen zu schrumpfenden Margen.

Fazit: Das Konsumklima bleibt 2017 gut, die Nachfrage stabil. Online-Handel und Hochpreissegment haben überdurchschnittliches Wachstumspotenzial. Für die Branche ist das Chancen-Risiko-Profil gut.

MASCHINENBAU

Mit einem Umsatz von 190 Mrd. Euro und rund 970.000 Mitarbeitern ist der Maschinenbau einer der führenden Industriezweige in Deutschland. „Made in Germany" genießt Weltruf. Hauptabnehmer sind Unternehmen aus allen Industriebreichen und dem Baugewerbe. Der Geschäftsgang der einzelnen Maschinenhersteller hängt daher von der Konjunktur und dem Investitionsklima in den Abnehmerbranchen ab.

Uneinheitliche Entwicklung der Branche im Euro-/Nicht-Euroraum

Die große Heterogenität in der Branche hält an. Aus den Nicht-Euroländern wurde zuletzt ein Nachfrageplus von 6 % verbucht. Demgegenüber steht ein kräftiges Minus von 8 % aus dem Euroraum. Insgesamt ergibt sich ein Wachstum von 2 %.

Diese Zweiteilung wird auch 2017 bestehen. Dynamisch wachsen Bau- und Baustoffmaschinen, Werkzeugmaschinen, Nahrungsmittel- und Verpackungsmaschinen sowie die Druck- und Papiertechnik. Demgegenüber zeigten große Fachzweige wie die Fördertechnik, Antriebstechnik oder Landtechnik ein deutliches Minus beim Auftragseingang. Am Ende der Skala stehen mit Minusraten von mehr als 30 % Textilmaschinen, Bergbaumaschinen sowie Hütten- und Walzwerkeinrichtungen. Die durchschnittliche Kapazitätsauslastung liegt unverändert bei 84,1 % und damit knapp unter dem langjährigen Branchendurchschnitt.

Inlandsgeschäft liefert 2017 mehr Impulse

2017 werden die Impulse vom Inlandsgeschäft für die heimische Maschinenbaukonjunktur leicht positiv ausfallen. Wichtige Industriekunden wie die heimische Automobilindustrie liegen im Plus. Auch die deutsche Bauwirtschaft kann erneut mit Fertigungszuwachs rechnen. Für Investitionen in neue Maschinen bleibt das Zinsumfeld in Deutschland und auch im Euroraum günstig, was Finanzierungen grundsätzlich erleichtert.

Das Exportgeschäft des deutschen Maschinenbaus dürfte 2017 recht unterschiedlich verlaufen. Günstig sollte sich der US-Absatz entwickeln, da die für Maschinenbauinvestitionen relevanten Industriebranchen zum fortgesetzten Wirtschaftswachstum beitragen. Eine Aufwertung des US-Dollars würde die US-Nachfrage zusätzlich stützen. Ein Vorteil für Maschinenbauer sind die niedrigen Rohstoffpreise.

Fazit: Wir rechnen 2017 mit einer stabilen deutschen Maschinenbaufertigung. Impulse sollten aus der solide laufenden heimischen Automobilindustrie und weiter niedrigen Rohstoffpreisen kommen.

MEDIEN

Medien werden zunehmend digital genutzt, Zeitschriften verlieren Leser, die Werbefinanzierung im Print erodiert und verschiebt sich nicht im gleichen Umfang in die digitalen Medien. Das trägt zu einem tief greifenden Strukturwandel bei, der durch Konzentration, Fusionen und forcierte Kooperationen geprägt ist.

Umsätze digitaler Medien wachsen

Laut PwC werden die Umsätze digitaler Medien weiter deutlich stärker zulegen als die Erlöse traditioneller Medien. Dennoch werden auch 2019 noch über 80 % der Gesamtumsätze in der Medien- und Unterhaltungsbranche aus klassischen Vertriebskanälen kommen.

Der weltweite Umsatz in der Unterhaltungs- und Medienbranche wird in den kommenden fünf Jahren um durchschnittlich 5,1 % p. a. zulegen. Die deutsche Medienbranche liegt mit einem durchschnittlichen jährlichen Umsatzplus von 1,8 % im Mittelfeld. Die Werbeausgaben in Deutschland werden mit einer Rate von 1 % steigen. Das am schnellsten wachsende Werbesegment ist das Internet. Bis 2019 werden die Einnahmen daraus die Erlöse aus TV-Werbung übersteigen. Die zentralen Treiber für die rasante Zunahme von digitalen Werbeeinnahmen sind der Durchbruch mobiler Werbung und Werbung in Internet-Videos.

Tief greifender Wandel bei traditionellen Medien

Einen Hoffnungsschimmer sehen wir am Zeitungsmarkt. Leser sind zunehmend bereit, für gute online aufbereitete Premium-Inhalte zu zahlen. Online-Paywalls haben sich als digitales Erlösmodell etabliert. Die Einnahmen daraus kompensieren zunehmend den Erlösrückgang durch die sinkende Anzahl von Abonnenten der Printausgaben.

Einen Wandel wird auch das TV erleben. Das heutige „lineare Fernsehen", bei dem zu einer bestimmten Zeit eine bestimmte Sendung geschaut wird, wird es in Zukunft immer seltener und primär bei den Übertragungen von Live-Events geben. Der Abruf von TV-Inhalten wird immer öfter über unterschiedliche Endgeräte von Smart-TV, Beamer, Tablets bis hin zum Smartphone erfolgen und immer individuell und „on Demand" sein. Vor diesem Hintergrund ist es unwahrscheinlich, dass der TV-Markt seine wichtige Rolle als das werbestärkste Medium behaupten wird.

Fazit: Die Digitalisierung greift weiter um sich. Guter Journalismus mit Premium-Inhalt bleibt wichtig und wird zunehmend auch online bezahlt. Das Chancen-Risiken-Profil ist für 2017 durchschnittlich.

PHARMA

Die Pharmabranche ist wenig konjunkturabhängig, da sich die Nachfrage nach medizinischer Versorgung langfristig stabil entwickelt. Zwar werden die Umsätze mit Originalpräparaten regelmäßig durch Patentabläufe und generische Konkurrenz belastet. Mittlerweile steigt auch die Anzahl der Generika für biologische Wirkstoffe. Staatliche Sparzwänge sorgen daneben für Kostendruck im Gesundheitswesen. Dennoch legt die Branche weiter zu.

Wachstum des Pharmamarktes beschleunigt sich

Das globale Wachstum des Pharmamarktes hat sich beschleunigt. Bis 2020 werden vom ISM Health jährliche Steigerungen zwischen 4 und 7 % erwartet. Der Anteil der fünf größten europäischen Länder am Gesamtmarkt dürfte bei 13 % stagnieren. Die USA werden ihren Anteil bis 2020 von 40 % auf 41 % leicht ausbauen.

Das für die USA prognostizierte Umsatzwachstum resultiert vor allem aus der Einführung neuer innovativer Medikamente (z. B. gegen Hepatitis C). Außerdem ermöglicht die US-Gesundheitsreform der Bevölkerung einen breiteren Zugang zum Gesundheitssystem und sorgt so für mehr Nachfrage.

Marktanteil der Emerging Markets steigt

Das höchste Wachstum in Europa gibt es in Großbritannien (3 bis 6 %). Die stark wachsenden Emerging Markets (erwartete jährliche Steigerungsrate derzeit ca. 7 % bis 10 %) mit China an der Spitze dürften ihren Marktanteil bis 2020 auf ca. 25 % erhöhen (2010 waren es noch 18 %). Die Geschwindigkeit, mit der die Emerging Markets Marktanteile gewinnen, hat sich allerdings verlangsamt. Dies liegt u.a. an der deutlich dynamischeren Entwicklung in den USA, die die bisherigen Erwartungen übertrifft.

Das Volumen des deutschen Pharmamarktes lag 2015 bei rund 41 Mrd. USD. Bis 2020 rechnet IMS Health mit einer Steigerung auf ca. 57 Mrd. USD. Für Deutschland wird ebenso wie für Frankreich ein Wachstum von 2 % bis 5 % pro Jahr prognostiziert. Damit gehört Deutschland zu den etwas dynamischer wachsenden Märkten in Europa.

Fazit: Die Alterung, der wachsende Wohlstand in den Schwellenländern und der weltweit bessere Zugang zum Gesundheitssystem führen insgesamt zu stark überdurchschnittlichen Chancen. Die großen Pharmakonzerne dürften weiterhin über eine gute Ertragslage und starke Cash Flows verfügen.

TELEKOMMUNIKATION

Die Telekommunikationsbranche (Mobilfunk, Festnetztelefonie, Internet) kämpft seit Jahren mit rückläufigen Umsätzen. Zugleich muss sie milliardenschwere Investitionen stemmen, um den stets wachsenden Datenanforderungen gerecht zu werden. Daran wird sich 2017 nichts ändern.

Deutscher Markt zeigt gegenläufige Trends

Die Umsätze der deutschen Telekommunikationsunternehmen werden sich 2016 auf 57,3 Mrd. Euro summieren (-1 %). Dabei zeigen sich gegenläufige Trends. Während im Festnetzbereich und Mobilfunk die Umsätze sinken, legen die Kabelnetzbetreiber fast zweistellig zu.

Nach wie vor stehen in der Branche die Preise unter Druck. Laut Branchenverband VATM werden die Endkundenpreise im Mobilfunk in einer Größenordnung zwischen 1,2 % und 1,4 % sinken. Im Festnetzbereich sollte der Preisrückgang ob des geringeren Preisdrucks mit 0,5 % bis 0,6 % geringer ausfallen. Das drückt auf die Margen der Unternehmen.

Unternehmen investieren in die Netzinfrastruktur

Trotz der erneut leicht sinkenden Gesamtumsätze investieren die Telekommunikationsunternehmen in besonderem Maße in den Ausbau der Netzinfrastruktur. Die stetig steigenden Anforderungen an die Geschwindigkeit und die Netzabdeckung bei gleichzeitig stark wachsendem Datenvolumen machen diese Investitionen erforderlich. Die EU-Politik unterstützt den Netzausbau mit der „Digitalen Agenda 2020" und der Freigabe von 700 MHz Band für die Mobilfunknutzung. Ziel ist es, dass bis zum Jahr 2020 mindestens 30 Mbit/s in Europa flächendeckend verfügbar sind. Darüber hinaus sollen mindestens 50 % der Haushalte Breitbandzugänge von 100 Bit/s und mehr nutzen können.

Technologisch wird die Branche die Umstellung von noch circa 16,3 Mio. Festnetzanschlüssen auf VoIP sowie der weitere DSL-Ausbau in Richtung Vectoring 2 bzw. G fast beschäftigen.

Fazit: Die rückläufige Nachfrage in der Festnetztelefonie wird sich voraussichtlich auch 2017 negativ auf die Umsätze auswirken. Aufgrund des voraussichtlich weiter sinkenden Preisniveaus und der hohen Investitionskosten für den Ausbau der Netzinfrastruktur dürfte das Umsatzwachstum insgesamt moderat ausfallen. Wir beurteilen daher das Chancen-Risiken-Profil der Telekommunikationsbranche als durchschnittlich.

TRANSPORT | LOGISTIK

Mit der Verschiebung globaler Handelsströme wird sich das internationale Frachtvolumen bis 2050 um das Vierfache erhöhen. Die Entfernung, die internationale Güterfracht durchschnittlich zurücklegt, wird um 12 % steigen. Das geht aus der aktuellen Marktprognose „ITF Transport Outlook 2015" des International Transport Forum der Organisation für wirtschaftliche Zusammenarbeit und Entwicklung (OECD) hervor.

Frachtvolumen im Nordpazifik wächst kräftig

Gemessen am Frachtvolumen (in Tonnenkilometern) wird die Nordpazifikroute den Nordatlantik als wichtigsten Handelskorridor ablösen. Dort wächst der Güterverkehr um 100 % schneller als im Nordatlantik. Starkes Wachstum wird auch auf den Seerouten im Indischen Ozean prognostiziert, wo sich das Frachtvolumen vervierfachen soll. Besonders stark soll der Binnengüterverkehr in Afrika (plus 715 %) und Asien (plus 403 %) zunehmen, wo es an Alternativen zum Straßentransport mangelt.

Mit einem Binnenverkehrsanteil von rund 60 % dienen Straßentransporte in Deutschland vorwiegend der regionalen Feinverteilung. Entsprechend sind sie vom Geschäftsgang der wichtigen Abnehmerbranchen Detailhandel und Bau abhängig. Zudem wirkt sich der Onlinehandel dank tendenziell kleiner Paketgrößen und hoher Sendungsfrequenz positiv auf die Transportleistung aus. Im Straßengütertransport herrscht ein intensiver Wettbewerb. Ein wichtiger Kostenfaktor sind die Treibstoff- und Energiepreise. Dazu kommt in Deutschland ein Lohnkostenanteil von 40-45 % an den Gesamtkosten.

Big Data bietet enorme Effizienzpotenziale

Big Data und Business-Intelligence-Lösungen bieten vermehrt Effizienzpotenziale für Logistik-Anbieter. Die Unternehmen haben zahlreiche Informationen über ihre Abnehmer und wissen beispielsweise, wann diese zu Hause sind. Diese Daten werden genutzt, um das Logistikangebot zu individualisieren und präziser zu gestalten. Ziel ist es, dass Abnehmer ihre Sendungen schneller und mit weniger Aufwand erhalten. Mit diesen Maßnahmen läßt sich der wettbewerbsinduzierte Margendruck etwas abfedern.

Fazit: Obwohl die Nachfrage nach Logistikdienstleistungen steigt, fällt die Chancen-Risiken-Bewertung aufgrund des anhaltenden Preisdrucks nur durchschnittlich aus. 2017 dürfte die Branche von einem leichten konjunkturellen Aufschwung Europas profitieren.

» Die Weltbörsen stehen im Herbst 2016 an heiklen Punkten. Der Dow Jones Index in den USA notiert kurz vor der US-Präsidentenwahl knapp unter seinem Allzeit-Hoch. Von hier aus ist viel möglich. Entweder der Dow springt in neue Kurshöhen oder er scheitert im dritten Anlauf erneut und sackt nach unten durch. Dem Taktgeber werden DAX und Co. dann folgen. Strategisch ist es sinnvoll, auf die großen Linien zu achten. Die werden weiter von den Notenbanken vorgezeichnet und immer öfer von den großen Staatsfonds nachgezogen. Darum ist unser Rat: Folgen Sie am Aktienmarkt dem großen Geld. «

Den Staatsfonds folgen

Wir kaufen Dividenden und Turnaround-Aktien

FUCHS-Team

Eiertanz der Fed verunsichert zunehmend

Die US-Notenbank Fed führt die Märkte auch im Herbst 2016 weiter an der Nase herum – oder schlimmer noch: Sie hat keinen Plan. Aus den monatelang angekündigten Zinsschritten ist im Jahr 2016 bis zum September kaum etwas geworden. Gerade mal für ein kleines Schrittchen hat es gereicht. Seither steht die Fed wieder reglos da und deutet immer wieder an, dass es mit den Zinsen „in absehbarer Zeit" nach oben gehen wird.

Kann die US-Konjunktur mit steigenden Zinsen umgehen?

Diese Botschaft vernehmen auch die Märkte. Aber es macht sie allmählich mindestens unsicher. Denn auch zum Zögern muss man sich entschließen, so wie die Fed. Allerdings drängt sich zunehmend die Frage auf, warum die US-Geldhüter so zögerlich sind. Einerseits gibt es hier das Argument der bevorstehenden US-Präsidentenwahl (8. November). Auf der anderen Seite wächst die Unsicherheit darüber, ob die US-Konjunktur vielleicht doch nicht so robust ist, dass sie mit steigenden Zinsen umgehen kann.

US-Konjunktur hat den Höhepunkt hinter sich

Es sieht so aus, als hätte die US-Konjuntur das Beste bereits hinter sich. Dafür sprechen neben den Konjunkturdaten auch die stark steigenden Aktienrückkäufe der Unternehmen. Für Anleger ist das ein Alarmsignal. Denn wenn die Konjunktur abkühlt, werden auch die Unternehmensgewinne nicht dynamisch wachsen. Für die relativ teure US-Börse dürfte das zu einem wachsenden Problem werden. Der Aufwärtsspielraum ist daher voraussichtlich begrenzt. Es sei denn, die Währungshüter in Übersee ziehen nochmal an einem großen Geldhebel.

Was machen die Börsen mit der Unsicherheit?

Neben dieser fundamentalen Unsicherheit in der größten Volkswirtschaft der Welt gibt es eine gravierende politische. Der Ausgang der

US-Wahlen am 8. November kann den Lauf der Dinge für die USA, ja sogar die Welt, für die nächsten Jahre massiv verändern. Die Märkte werden den Ausgang des Urnengangs darum abwarten. Wir rechnen damit, dass es einen turbulenten Jahreswechsel geben könnte – mit hohen Schwankungen an den Märkten.

Anleger, folge den Staatsfonds!

Abwärtsrisiken sind begrenzt

Positiv für Anleger: Die Notenbanken stehen rund um den Globus weiter Gewehr bei Fuß. Sie werden die Märkte vermutlich nicht einstürzen lassen. Hinter den Notenbanken stehen zudem noch die mächtigen Staatsfonds. Die meisten von ihnen haben während der jüngsten größeren Abwärtsbewegungen an den Börsen gekauft (z. B. der nowegische Fonds). Daraus folgt: Korrekturen sind nicht auszuschließen. Aber das Risiko, dass es zu extremen Abschlägen nach unten kommt, dürfte überschaubar sein.

Das können Anleger nutzen, indem sie zur richtigen Zeit noch genügend Pulver trocken zur Verfügung haben und beherzt zugreifen, wenn die Unruhe an den Märkten steigt. Ganz oben auf der Kaufliste sollten dann langfristig solide Dividendentitel stehen. Zu denen greifen auch die Staatsfonds regelmäßig. Darum werden sich dort die Kursverluste in Grenzen halten. Die Dividenden liefern jedes Jahr einen soliden Kapitalfluss, der als Zinsersatz verstanden werden kann. Die Chance auf Kursanstiege gibt es dann noch zusätzlich.

Mut zur Antizyklik wird belohnt

Gefallene Engel werden zu rising stars.

Neben solchen Sicherheitsinvestments greifen wir im nächsten Jahr auch wieder mutig und antizyklisch zu „gefallenen Engeln". Deren Kurse sind bereits am Boden, alle nervösen Anleger haben verkauft, die Kurse haben nicht mehr viel Spiel nach unten. Wir haben darum gern starke Hände und greifen damit kraftvoll zu, wohl wissend, dass eine Erholung auch ein Weilchen dauern kann. Kommt aber der Turnaround, sind enorme Kurssteigerungen wahrscheinlich.

Dass wir mit dieser Strategie bisher gut gefahren sind, zeigt ein Blick auf unsere Aktienfavoriten des Vorjahres. Zwar haben zwei Titel (BMW und Transocean) Verluste eingefahren. Die blieben wegen unserer Stopp-Kurse jedoch überschaubar. Gerade unsere antizyklischen Rohstoff-Spekulationen gingen aber auf. Glencore kletterte um 73% und Goldcorp um 26%. Highflyer war Adidas (+114%).

BERENTZEN-GRUPPE | NAHRUNGSMITTEL

Anzeichen für einen Turnaround

Beim Getränkehersteller Berentzen zeichnet sich ein Turnaround ab. Nachdem der Umsatz der Berentzen-Gruppe in den vergangenen fünf Jahren um die Marke von 153 Mio. Euro schwankte, scheint nun ein kräftiger Umsatzanstieg möglich.

Berentzen gehört zu den führenden Getränkeanbietern in Deutschland und verkauft Spirituosen sowie alkoholfreie Getränke. Die Marke Berentzen steht seit mehr als 250 Jahren für feine und erlesene Spirituosen. Die bekannten Dachmarken des Unternehmens „Berentzen" und „Puschkin" werden inzwischen nicht nur in Europa, sondern auch in Übersee verkauft. Das Unternehmen ist aber auch im Bereich Mineralwasser, Softdrinks, Energy Drinks, Eistee und Sportgetränke präsent. Seit 2015 vertreibt Berentzen in Konzession des US-Getränkeriesen PepsiCo die Traditionsmarke „Sinalco". Mit Citrocasa hat der Konzern hochwertige Orangenpressen für frisch gepressten O-Saft im Angebot.

Erweiterte und diversifizierte Angebotspalette

In den vergangenen beiden Jahren hat die Berentzen-Gruppe ihre Angebotspalette deutlich erweitert und diversifiziert. Nun beginnt der Konzernumbau sich auszuzahlen. Im ersten Halbjahr 2016 kletterte der Umsatz um satte 8,6 % auf 82,0 Mio. Euro. Stärkster Wachstumsbereich war das vor zwei Jahren hinzugekaufte Segment der Frischsaft-Systeme (Umsatzplus der Sparte Citrocasa 33,5 %). Berentzen konzentriert sich zudem auf margenstärkere Produkte.

Die Anzeichen für einen Turnaround verdichten sich. Das wird den Kurs der Berentzen-Aktie (Dividendenrendite 3 %) noch weiter antreiben. Denn auf dem aktuellen Niveau ist die Aktie nicht teuer.

Berentzen-Gruppe AG

www.berentzen-gruppe.de	
Firmensitz	Haselünne
ISIN	DE 000 520 160 2
Kurs*	6,80 EUR
KGV**	12,13
Kursziel	9,53 EUR
StoppLoss	6,06 EUR

**Stand: 22.9.16; **2017 geschätzt*
Quelle: eigene Berechnungen

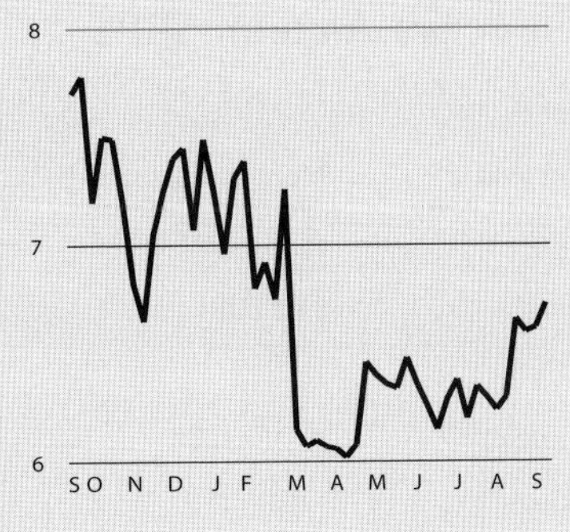

Quelle: vwd-group

CORTICEIRA AMORIM | HOLZINDUSTRIE

Der Trend zu nachwachsenden Rohstoffen beschert dem portugiesischen Kork-Konzern Corticeira Amorim überdurchschnittliches Wachstum. Die Wurzeln des Unternehmens reichen bis ins Jahr 1870 zurück, als António Alves de Amorim mit der Produktion von Weinkorken begann.

Kork-Produzent mit starkem Wachstum

Heute ist Amorim Weltmarktführer bei der Herstellung von Weinkorken. Den Löwenanteil des Gesamtumsatzes (64 %) erwirtschaftet Amorim mit Flaschenkorken. Boden- und Wandbelag sowie Kork-Verbundwerkstoffe tragen 17 % und 15 % zum Umsatz bei. Vor allem die Bodenbelags-Sparte wächst derzeit kräftig. Diese Entwicklung resultiert in erster Linie aus der steigenden Nachfrage insbesondere nach Hydrocork-Bodenbelägen. Dieser wasserresistente Fußbodenbelag verkauft sich sehr gut.

Insgesamt stieg der Umsatz des Konzerns im ersten Halbjahr um 8 % auf rund 334 Mio. Euro. Da gleichzeitig die Kosten gesenkt und damit die operative Marge verbessert wurde, kletterte der Gewinn vor Zinsen, Steuern und Abschreibungen sogar noch stärker (plus 21,1 % auf 65,85 Mio. Euro).

Lukrative Dividende für Investoren

Die Kursentwicklung der Aktie spiegelt das Unternehmenswachstum wider. Seit Anfang 2015 hat sich der Börsenwert des Korkkonzern beinahe verdreifacht. Trotz des kräftigen Kursanstiegs ist der Titel nicht exorbitant teuer. Langfristigen Investoren winkt zudem eine lukrative Dividende. Da sich der Wachstumstrend zuletzt noch beschleunigt hat, trauen wir der Aktie noch einiges zu. Kaufen bei Rücksetzern.

Corticeira Amorim SGPS

www.amorim.com	
Firmensitz	Mozelos, Portugal
ISIN	PT COR OAE 000 6
Kurs*	8,42 EUR
KGV**	13,47
Kursziel	10,36 EUR
StoppLoss	7,07 EUR

**Stand: 22.9.16; **2017 geschätzt*
Quelle: eigene Berechnungen

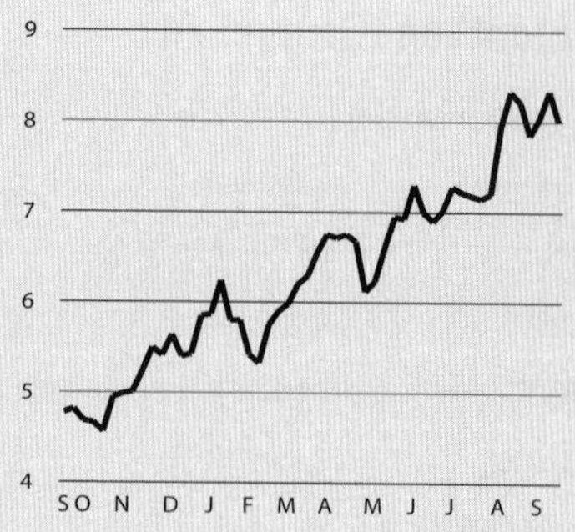

Quelle: vwd-group

ECOLAB INC. | CHEMIE

Produkte, die krisensicher sind und dem Unternehmen eine stabile Umsatz- und Gewinnentwicklung bescheren – Ecolab Inc. ist ein echter Hidden Champion. Der US-Konzern entwickelt und verkauft weltweit Reinigungs- und Hygienesysteme an die Gastronomie, an Lebensmittel-, Wäscherei-, Reinigungs- und Landwirtschaftsbetriebe sowie an Schulen und Regierungsbehörden. Die Produkte werden außerdem in der Wasser- und Abgasreinigung, der Energieeinsparung sowie der Ölproduktion, der Stahl- und Papierproduktion und im Bergbau eingesetzt.

Hidden Champion setzt auf Investitionen

In den vergangenen Jahren hat der Konzern kräftig investiert und ist durch Zukäufe im Bereich der Abwasserreinigung gewachsen. Ecolab hat eine gewisse Abhängigkeit von Endkunden aus der Öl- und Gasindustrie. Andererseits profitiert der Reinigungsspezialist von dauerhaft niedrigen Ölpreisen, da diese den größten Kostenfaktor bei der Chemikalien-Produktion des Unternehmens darstellen. Insgesamt ist das Geschäft von Ecolab stabil, kaum zyklisch und gut planbar. Knapp 90 % der Einnahmen kommen aus wiederkehrenden Erlösen.

Aktionärsfreundliche Ausschüttungspolitik

Das macht die Aktie bei Investoren beliebt. Der langfristige Aufwärtstrend ist intakt. Aktuell notiert der Titel knapp 5 % unter dem Allzeithoch von 125 US-Dollar. Langfrist-Investoren dürfte auch die aktionärsfreundliche Ausschüttungspolitik gefallen. Seit 79 Jahren zahlt der Konzern Dividenden, in den letzten 24 Jahren kontinuierlich höhere. Zwar ist die Aktie inzwischen sportlich bewertet. Darum würden wir Rücksetzer zum Kauf nutzen. Geduldige Anleger kaufen bei Kursen zwischen 100 und 110 US-Dollar. Um bereits den Fuß in der Tür zu haben, kann eine erste Position zu aktuellen Kursen eröffnet werden.

Ecolab Inc.

www.ecolab.com	
Firmensitz	St. Paul, USA
ISIN	US 278 865 100 6
Kurs*	118,49 USD
KGV**	23,46
Kursziel	131,27 USD
StoppLoss	99,66 USD

**Stand: 22.9.16; **2017 geschätzt*
Quelle: eigene Berechnungen

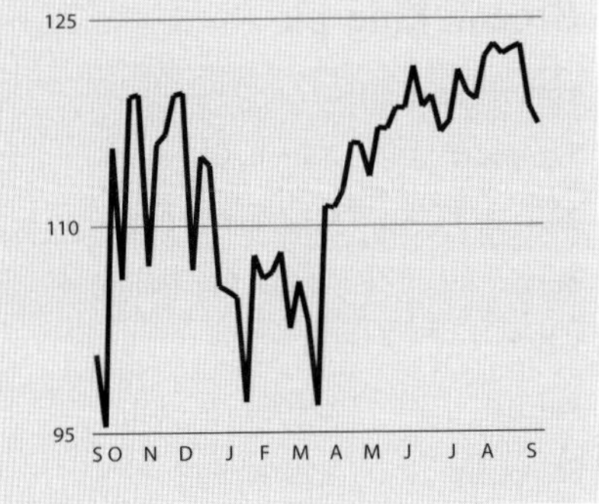

Quelle: vwd-group

GREENE KING PLC | GASTRONOMIE

Nach dem Brexit-Votum der Briten rutschte der Akteinkurs des Pub-Betreibers rund 20 % gen Süden. Auf dem aktuellen Kursniveau ist der Titel ein klarer Kauf. Denn Greene King plc ist eines der führenden Pub- und Brauereiunternehmen in Großbritannien. Es wurde 1799 von Benjamin Greene gegründet und braut seit mehr als 200 Jahren Bier. Der Konzern ist vor allem durch Übernahmen zur größten britischen Brauereikette gewachsen. Heute kommt Greene King auf einen Anteil am britischen Biermarkt von 10,5 %. Das Unternehmen betreibt auch mehr als 3.000 Pubs, Restaurants und Hotels in England, Schottland und Wales – entweder in Eigenregie oder vermietet bzw. auf Franchise-Basis. Von den rund 1.200 fremdgeführten Pubs sind zwei Drittel mit Greene King Brauereiverträgen vermietet. Rund die Hälfte aller Kneipen, Restaurants oder Hotels befinden sich in Süd-Ost- bzw. Ost-England (inkl. London) und damit in der wirtschaftlich stärksten Region Großbritanniens.

Gewinnanstieg durch Übernahme

Die Übernahme der Spirit Pub Company im vergangenen Jahr sorgte für einen kräftigen Umsatz- und Gewinnanstieg bei Greene King. Der Konzernumsatz erhöhte sich um 57,6 % auf 2,07 Mrd. Pfund. Der Vorsteuergewinn sprang um 60,6 % auf 189,8 Mio. Pfund nach oben.

Hohe Dividendenrendite

Dass die Aktie im Moment nicht vom Fleck kommt, liegt an der Unsicherheit wegen des Brexit. Das schwache Pfund dürfte aber mehr Touristen auf die Insel locken. Hotel- und Restaurantbetreiber sollten davon profitieren. Und auch die Briten werden wohl nicht am Ale sparen. Der Titel ist fundamental günstig bewertet. Die hohe Dividendenrendite von über 4 % macht das Papier für langfristige Anleger interessant.

Greene King plc	
www.greeneking.com	
Firmensitz	Suffolk, UK
ISIN	GB 00B 0HZ P13 6
Kurs*	779,50 GBp (pence)
KGV**	10
Kursziel	900 GBp (pence)
StoppLoss	698 GBp (pence)

**Stand: 22.9.16; **2017 geschätzt*

Quelle: eigene Berechnungen

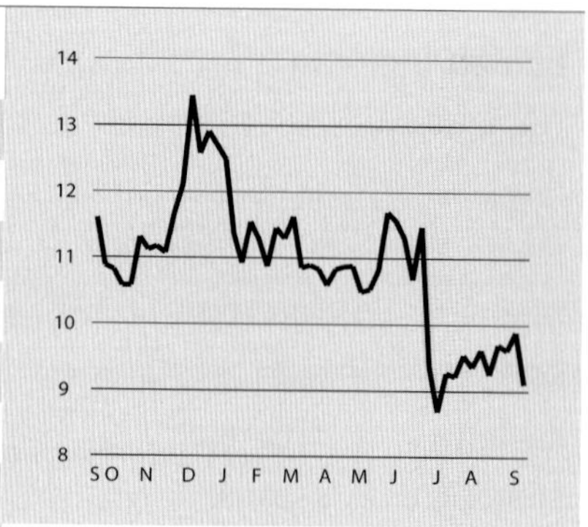

Quelle: vwd-group

MEDTRONIC PLC | MEDIZINTECHNIK

Angesichts der alternden Bevölkerung in den Industrieländern gelten Medizintechnikunternehmen als Werte mit Zukunft. Der US-Medizintechniker Medtronic plc gehört dazu. Das Unternehmen konzentriert sich auf die Entwicklung und Herstellung von Produkten für den Einsatz in der Kardiologie, Kardiochirurgie, HNO-Chirurgie, Diabetologie, Neurologie, Neurochirurgie, Wirbelsäulenchirurgie, Anästhesie, Gastroenterologie, Urologie, Orthopädie und Notfallmedizin. Das breit gefächerte Produktangebot umfasst u. a. Herzschrittmacher, künstliche Herzklappen, Insulinpumpensysteme, Katheder oder Programmiergeräte.

Strategische Fusion auf dem Weg zur Marktführung

Anfang 2015 hat Medtronic die Übernahme des irischen Wettbewerbers Convidien für knapp 43 Mrd. Dollar abgeschlossen. Anschließend wurde der Firmensitz des Konzerns nach Dublin verlegt. Der operative Hauptsitz blieb aber weiterhin in Minneapolis (USA). Während die Verlegung des Firmensitzes steuerliche Gründe haben dürfte, ist der Kauf von Convidien strategisch sinnvoll. Das irische Unternehmen ist auf chirurgische Instrumente und Produkte für die Intensivmedizin spezialisiert. Beide Firmen ergänzen sich daher gut. Mit der Fusion verringert Medtronic seinen Abstand zum Marktführer Johnson & Johnson.

Aktie mit Luft nach oben

Der Kurs der Medtronic-Aktie läuft in einem langfristig intakten Aufwärtstrend. Eine hohe Ausschüttungsdisziplin und mehrere erfolgreiche Firmenübernahmen sorgten in den vergangenen 25 Jahren für Gesamtrenditen von durchschnittlich 17% pro Jahr. Seit 39 Jahren hat Medtronic die Dividende in jedem Jahr angehoben. Die Aktie des Wachstumsunternehmen hat noch Luft nach oben.

Medtronic plc	
www.medtronic.com	
Firmensitz	Minneapolis, USA
ISIN	IE 00B TN1 Y11 5
Kurs*	87,14 USD
KGV**	16,55
Kursziel	99 USD
StoppLoss	77,50 USD

**Stand: 22.9.16; **2017 geschätzt*
Quelle: eigene Berechnungen

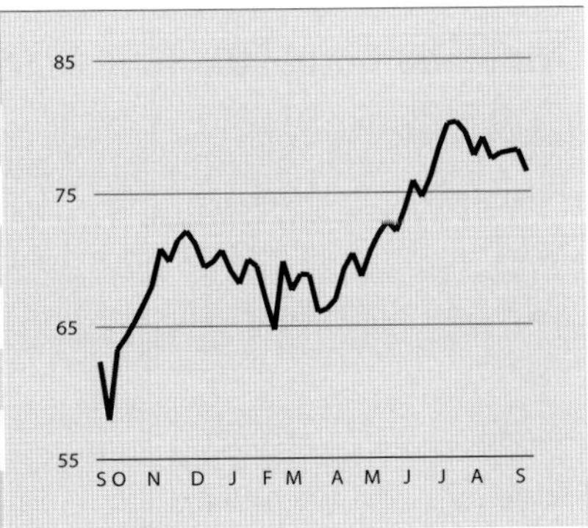

Quelle: vwd-group

NINTENDO CORP. LTD. | ELEKTRONIK

Die Nintendo-Aktie ist aus ihrem Dornröschenschlaf erwacht. Die Firma entwickelt und vertreibt Spielekonsolen und die damit verbundene Software. Mit Gameboy, Gamecube und Spielen wie „Mario", DonkeyKong" oder „Zelda" wurde das Unternehmen groß, litt in den letzten Jahren aber stark unter schwächelnden Absatzzahlen bei Geräten und Software. Die Verkäufe der Spielkonsolen Wii und Nintendo 3DS blieben deutlich hinter Konkurrenzprodukten wie der Playstation von Sony oder Microsofts Xbox zurück.

Aus dem Dornröschenschlaf mit Paukenschlag durch Pokemon

In diesem Jahr gelang Nintendo mit der Spiele-App „Pokemon Go" ein Paukenschlag. Bei dieser virtuellen Monsterjagd gehen die Spieler mit ihrem Smartphone in der realen Welt auf die Suche nach Pikachu & Co. Die App zog binnen kürzester Zeit Millionen Menschen in ihren Bann.

Ein Turnaround scheint möglich.

Obwohl Nintendo mit „Pokemon Go" selbst kaum Geld verdient, könnte dies der Beginn des Turnarounds sein. Bislang liefen Nintendo-Spiele nur auf Nintendo-Hardware. Nun öffnet sich der Konzern anderen Plattformen (Apple hat für das iPhone7 eine SuperMario-App angekündigt). Zudem werden die Japaner dies bei der Veröffentlichung neuer Produkte, wie der Spielkonsole Nintendo NX (Start im Frühjahr 2017) in bare Münze umwandeln. Im August 2016 meldete Nintendo schon einmal deutlich gestiegene Verkäufe der Handheldkonsole Nintendo 3DS (+83 % ggü. Vj.).

Setzt sich dieser Trend fort, trauen wir dem Aktienkurs im kommenden Jahr noch einiges zu. Bis zum Allzeithoch bei knapp 70.000 JPY ist es noch ein weiter Weg.

Nintendo Corp. Ltd.

www.nintendo.co.jp	
Firmensitz	Kyoto, Japan
ISIN	JP 375 660 000 7
Kurs*	27.315 JPY
KGV**	39,25
Kursziel	36.000 JPY
StoppLoss	14.000 JPY

**Stand: 22.9.16; **2017 geschätzt*

Quelle: eigene Berechnungen

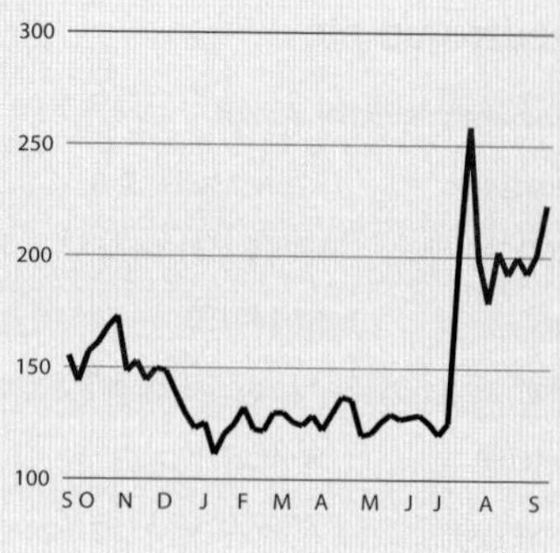

Quelle: vwd-group

PARKER HANNINFIN CORP. | MASCHINENBAU

Dividenden-Aristokrat mit langer Geschichte

Ein Dividenden-Aristokrat ist die Aktie des US-Maschinenbauers Parker Hanninfin. Als Dividenden-Aristokraten werden Unternehmen bezeichnet, die über mindestens 25 Jahre jedes Jahr eine Dividende an ihre Aktionäre ausbezahlen. Parker zahlte im Herbst 2016 seine 265. Quartalsdividende in ununterbrochener Folge aus. Zudem hat der Maschinenbauer die Dividende je Aktie in den vergangenen 13 Jahren kontinuierlich auf zuletzt 2,52 US-Dollar je Aktie erhöht.

Parker-Hanninfin ist eines der größten Unternehmen der Welt im Bereich Motion-Control-Technologien. Es ist im Bereich der Luft- und Raumfahrt, Klimatechnik, Elektromechanik, Filtration, Flüssigstoff- und Gastransport, Hydraulik, Pneumatik, Prozesssteuerung sowie Abdichtung und Abschirmung tätig. Parker Hanninfin entwarf beispielsweise das Tanksystem für das Flugzeug von Charles Lindbergh, mit dem dieser den Atlantik überquerte. Heute beschäftigt der Konzern mehr als 55.000 Menschen weltweit und erzielt einen Jahresumsatz von knapp 13 Mrd. US-Dollar.

Nach Umstrukturierung wieder zurück im Gewinn

In diesem Jahr hatte der Maschinenbauer mit rückläufigen Umsatzzahlen zu kämpfen. Im vierten Quartal gelang dem Konzern jedoch ein kräftiger Anstieg des Gewinns je Aktie. Parker Hanninfin dünnte seine Produktpalette aus, konzentriert sich künftig stärker auf margenträchtige Produkte und Services.

Die Aktie liegt nur knapp unter Allzeithoch (132 USD) und ist fundamental nicht zu teuer. Die kontinuierlich steigende Dividende macht die Aktie vor allem für langfristig orientierte Anleger interessant.

Parker Hanninfin Corp.

www.parker.com	
Firmensitz	Cleveland, USA
ISIN	US 701 094 104 2
Kurs*	123,45 USD
KGV**	17,92
Kursziel	138,66 USD
StoppLoss	109 USD

**Stand: 22.9.16; **2017 geschätzt*
Quelle: eigene Berechnungen

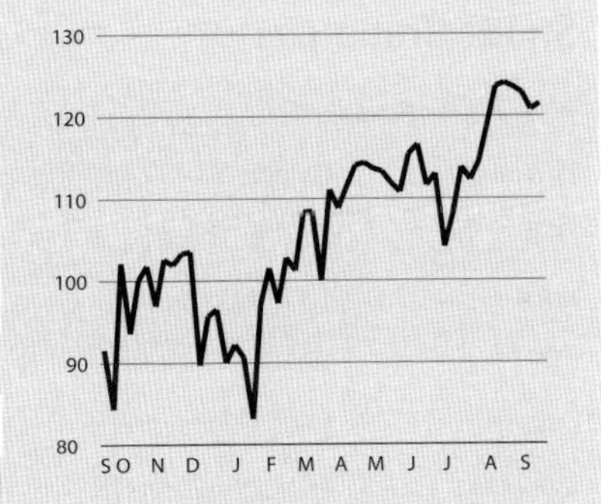

Quelle: vwd-group

SMITH GROUP PLC. | LUFT- UND RAUMFAHRT

Wenn Sie das nächste Mal mit dem Flugzeug unterwegs sind, wird ihr Gepäck höchstwahrscheinlich von Scanningsystemen des britischen Technologiekonzerns Smith Group durchleuchtet. In diesem Bereich ist der Konzern weltweit Marktführer. Diese Sparte bringt dem Konzern hohe regelmäßige Zahlungseingänge. Jeder Flugpassagier finanziert über die Sicherheitsgebühren die Scanningsysteme von Smith mit.

Das Unternehmen ist Spezialist für die Erkennung und Identifizierung chemischer, biologischer, radiologischer, nuklearer und explosiver Stoffe. Es hilft bei der Aufdeckung von Schmuggelware und gefährlichen bzw. illegalen Objekten. Im Medizin-Bereich liefert Smith Spezialgeräte für Kliniken, die Notfallmedizin und die häusliche Patientenversorgung. Die Tochter John Crane ist Zulieferer für die Öl- und Gasindustrie, Energieerzeuger, die Chemie-, Pharma-, Zellstoff- und Papierindustrie und den Bergbau. Smith Interconnect schützt drahtlose Telekommunikation, Luft- und Raumfahrtunternehmen und Verteidigungstechnik.

Mit breiter Produktpalette gegen Schwankungen gefeit

Mit diesem Portfolio ist die Smith Group breit über Industrien und Branchen diversifiziert. Größter Umsatzlieferant mit der höchsten Marge ist die Zuliefersparte für die Öl- und Gasindustrie. Das macht das Unternehmen zwar schwankungsanfällig für die Zyklen im Rohstoff-Sektor. Allerdings können Schwankungen in diesem Segment durch die anderen Geschäftsbereiche gut abgefedert werden.

Mittelfristig höhere Kurssteigerungen

Aus fundamentaler Sicht ist die Aktie nicht teuer. Auf dem aktuellen Kursniveau winken eine Dividendenrendite von rund 3% und mittelfristig gute Kurssteigerungen.

Smith Group plc.

www.smith-group.com

Firmensitz	London, UK
ISIN	GB 00B 1WY 233 8
Kurs*	1.416 GBp (pence)
KGV**	16,16
Kursziel	1.600 GBp (pence)
StoppLoss	1.050 GBp (pence)

**Stand: 22.9.16; **2017 geschätzt*
Quelle: eigene Berechnungen

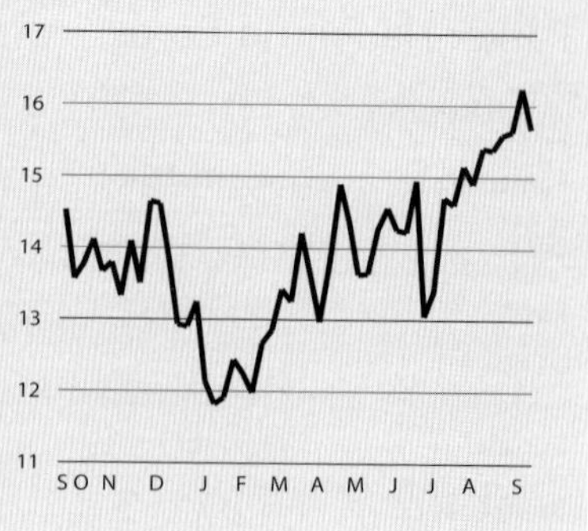

Quelle: vwd-group

TIFFANY & CO. | EINZELHANDEL

Beim Blick auf den Tiffany-Ring bekommt nahezu jede Frau glänzende Augen. Allerdings ist der Traditionkonzern (Gründung 1837) seit einigen Jahren in rauhem Fahrwasser unterwegs. Tiffany & Co. agiert als Holdinggesellschaft. Als global aufgestelltes Einzelhandelsunternehmen entwirft und vermarktet es exklusiven Schmuck und hochwertige Geschenkartikel. Die Marke ist ein Synonym für Luxusgüter. Die Produktpalette reicht von Verlobungsringen (25 % des Umsatzes) bis hin zum Diamantencollier für mehr als 1 Million Euro. Berühmtes Aushängeschild des Unternehmen ist das Geschäft an der Kreuzung Fifth Avenue und 57th Street in New York, dass nicht zuletzt durch den Spielfilm „Frühstück bei Tiffany" zur Touristenattraktion wurde.

Kostensenkungen zahlen sich aus.

Der starke Dollar macht dem Luxus-Juwelier zu schaffen und drückt den Umsatz. In den ersten sechs Monaten des laufenden Geschäftsjahres sanken die Verkäufe um 7 % auf 1,8 Mrd. Dollar. Allerdings verbesserte sich die Bruttomarge des Konzerns deutlich. Dies sorgte für einen besser als erwarteten Quartalsgewinn. Das war eine Überraschung für die Wallstreet. Die Konzentration auf Kostensenkungen dürften sich weiter auszahlen.

Turnaround und steigende Kurse möglich

Im Börsenkurs spiegelt sich das nicht wider. Seit Anfang 2015 ist der Kurs des Schmuckherstellers um gut ein Drittel gesunken. Auf dem aktuellen Kursniveau lohnt sich der Einstieg jedoch. Denn die fair bewertete Tiffany ist ein zuverlässiger Dividendenzahler mit jährlich steigenden Ausschüttungen. Die positive Überraschung bei den Zahlen zum zweiten Quartal könnte darauf hindeuten, dass der Dreh geschafft ist. Die Börse würde das sicher mit steigenden Kursen honorieren.

Tiffany & Co.	
www.tiffany.com	
Firmensitz	New York, USA
ISIN	US 886 547 108 5
Kurs*	72,27 USD
KGV**	18,54
Kursziel	87,78 USD
StoppLoss	57,75 USD

**Stand: 22.9.16; **2017 geschätzt*
Quelle: eigene Berechnungen

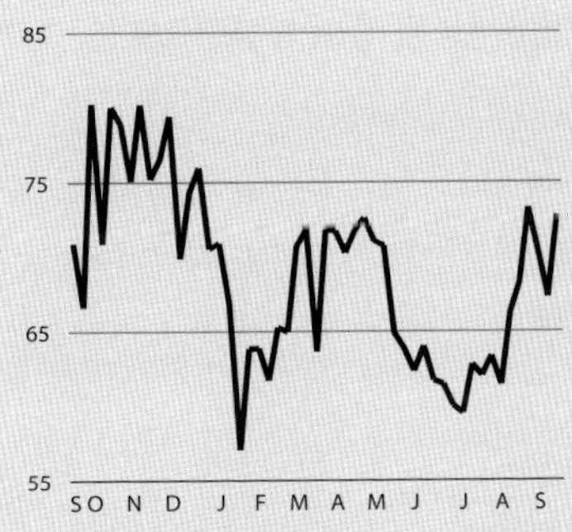

Quelle: vwd-group

VILLEROY & BOCH AG VZ. | MÖBELINDUSTRIE

Dauerhaft niedrige Zinsen fachen in Deutschland und Europa eine Bau- und Modernisierungsboom an. Davon profitiert auch der Keramikhersteller Villeroy & Boch. Der Traditionskonzern, dessen Wurzeln bis ins Jahr 1748 zurück reichen, ist auch heute noch zu großen Teilen in Besitz der Nachfahren der beiden Gründer François Boch und Nicolas Villeroy. An 15 Produktionsstätten in Europa, Mexiko und Thailand fertigt Villeroy & Boch komplette Einrichtungen für Bad und Küche. Ob Fliesen, Tischporzellan oder Badkeramik – beinahe jeder Deutsche dürfte regelmäßig mit den Keramikprodukten des Mettlacher Unternehmens in Berührung kommen.

Lukrativer Immobilienbestand bringt Geld

In den ersten sechs Monaten des Geschäftsjahrs steigerte Villeroy & Boch seinen Gesamtumsatz um 3 % auf 398,6 Mio. Euro. Das operative Ergebnis vor Steuern und Zinsen (EBIT) kletterte sogar um 7 % auf 1,1 Mio. Euro. Neben dem gut laufenden operativen Geschäft dürfen Aktionäre von Villeroy & Boch zudem regelmäßig auf außerordentliche Erträge hoffen. Das Unternehmen besitzt einen lukrativen Immobilienbestand, z. B. frühere Fabriken und Werksgelände, aber auch Villen und Gästehäuser, die in regelmäßigen Abständen zu Geld gemacht werden. Schon bald könnte ein ehemaliges Werksgelände in Luxemburg zum Verkauf stehen. Der dürfte einen Ertrag in zweistelliger Millionenhöhe in die Kasse spülen. Gemessen am operativen Ergebnis von rund 42 Mio. Euro (2015) wäre dies bedeutend.

Attraktive Dividendenrendite

Aber auch ohne diesen Sonderertrag ist die Aktie günstig bewertet. Auch die Dividendenrendite von 3,5 % gefällt uns.

Villeroy & Boch AG Vz.

www.villeroy-boch.com

Firmensitz	Mettlach
ISIN	DE 000 765 723 1
Kurs*	14,23 EUR
KGV**	11,92
Kursziel	18,23 EUR
StoppLoss	11,11 EUR

**Stand: 22.9.16; **2017 geschätzt*
Quelle: eigene Berechnungen

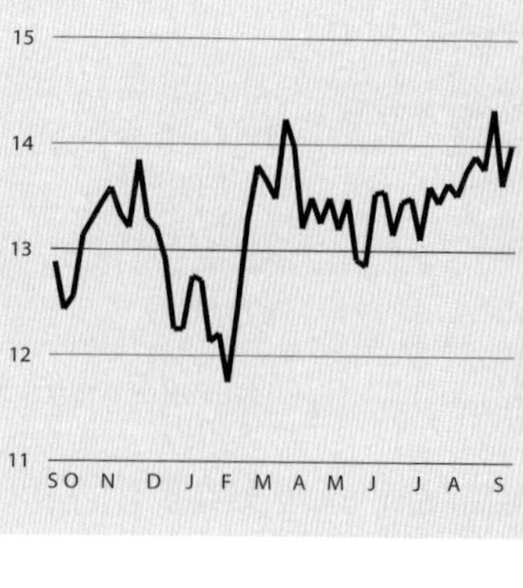

Quelle: vwd-group

» Der deutsche Mittelstand ist etwas Besonderes. Denn kaum in einem anderen Staat der Welt gibt es eine solche wirtschaftliche Struktur, die eine so hohe Bedeutung für die jeweilige Wirtschaft des Landes hat. Nicht einmal in der größten Volkswirtschaft der Erde, in den USA, gibt es eine vergleichbare mittelständische Wirtschaft, die global so vernetzt, aktiv und erfolgreich ist. Das spiegelt sich auch an der Börse wider, wo deutsche Mittelständler gern als mittel- und langfristiges Investment gesucht werden. Insbesondere ausländische Investoren, voran chinesische Käufer, haben ihr Augenmerk auf deutsche Mittelständler gerichtet und kaufen sich dort gezielt ein oder übernehmen sie gleich komplett. Davon werden Anleger auch 2017 profitieren können. «

Im Übernahme-Fokus
Mittelständische Musterschüler

Armin Zinser, Société de gestion Prévoir und Markus Frohmader

Der deutsche Mittelstand ist bei Investoren in den Fokus gerückt. Das wird bei einem Blick auf die Unternehmenstransaktionen (Mergers & Akquisitions, M&A) sichtbar. Insbesondere chinesische Adressen fliegen auf den deutschen Mittelstand. Unternehmen wie Kuka (Automobil) oder Aixtron (Halbleiterindustrie) sind nur zwei der etwas bekannteren Unternehmen, die in jüngerer Zeit von Firmen aus dem Reich der Mitte übernommen wurden.

China und Nahost nehmen Mittelständler in den Fokus.

Aber auch andere Adressen, zum Beispiel aus dem Nahen Osten, kaufen sich im deutschen Mittelstand ein – vielfach auch in Mehrheitspositionen. Da wird ein deutscher Rohr- und Leitungshersteller von einem arabischen Unternehmen übernommen, um große Pipeline- und Ölprojekte besser abwickeln zu können. Oder es kaufen sich global agierende Konglomerate wie der 3D-Druckspezialist General Electric ein, um die technologische Führung zu übernehmen und ihre Wertschöpfungsketten auszubauen.

Was ist Mittelstand?

Einzigartiges Profil: Deutschlands Mittelstand

Der deutsche Mittelstand ist dabei weltweit einzigartig. Der Begriff ist zwar nicht einheitlich definiert. Insofern verstehen viele etwas anderes darunter. Einigkeit herrscht im Grunde aber darüber, dass es sich bei Mittelständlern um eigentümergeführte Unternehmen, oft Familienbetriebe handelt. Diese haben meist eine lange Tradition, sind oftmals Technologie- und damit auch Weltmarktführer in speziellen Nischen (sogenannte hidden champions). In diesen Nischen erwirtschaften sie in der Regel einen Jahresumsatz von 50 Mio. Euro (kleine Mittelständler) bis 250 Mio. Euro (mittlere Unternehmen). Kleine Unternehmen haben im Durchschnitt 50 bis 250 Mitarbeiter, große deutsche Mittelständler beschäftigen an Standorten weltweit zwischen 500 und 15.000 Menschen.

An der Börse weisen sie in der Regel eine kleine bis mittelgroße Marktkapitalisierung auf. Meist tauchen die klassischen Vertreter dieser Unternehmen in den Small- und Midcap-Indizes (MDAX, SDAX, TecDAX) auf. Nur einige wenige sind auch im großen Euro-Stoxx 50 oder im DAX notiert. Auffällig ist, dass auch zahlreiche dieser typisch deutschen Familienunternehmen gar nicht an der Börse notiert sind.

Doch selbst bei den börsennotierten Unternehmen ist der Einfluss der Eigentümerfamilien oft noch sehr hoch. Häufig haben die Gründer – oder deren Familiennachfolger und Angehörige – noch die Kontrolle oder sie führen das Unternehmen sogar noch in wesentlichen Bereichen operativ. Zudem ist vielfach auch der Streubesitz der Aktien relativ gering. Die Mehrheit der Anteilsscheine befindet sich im Besitz der Unternehmengründer oder deren Familien.

Wer ist „German Mittelstand"?

Bekannte Vertreter dieser Spezies sind z. B. BMW, Henkel (DAX), Hella Jungheinrich, Drägerwerke oder auch Fielmann und Axel Springer. Aber auch Unternehmen ohne Börsennotierung wie Bosch, die Brose GmbH, die Schwarz-Gruppe und die Freudenberg & Co.KG gehören dazu.

Große wirtschaftliche Bedeutung des Segments

Andere sind dem Namen nach relativ unbekannt: Die Wirtschaftskraft und Bedeutung dieser Unternehmen ist nicht zu unterschätzen. Nach einer Analyse des Instituts für Familienunternehmen in Stuttgart (IFF) erwirtschafteten die 50 größten Familienunternehmen in Deutschland im Jahr 2015 mehr als 1 Billion Euro Umsatz. Sie wiesen im Vergleich zum Vorjahr eine Wachstumsrate von 6,9 % aus. Das liegt deutlich über dem deutschen Wirtschaftsachstum.

Die wirtschaftliche Bedeutung dieses Segments spiegelt sich auch in der Mitarbeiterzahl wider. Die ist im Jahr 2015 um 2,7 % auf 3,88 Mio. gestiegen. Damit beschäftigen allein die Top 50 Mittelständler etwas mehr als 12 % aller sozialversicherungspflichtigen Mitarbeiter in Deutschland. Einige Beispiele für mittelständische und eigentümergeführte Unternehmen zeigt die folgende Tabelle.

Familiengeführte Unternehmen lohnen sich

Hohe Anpassungsfähigkeit und Fokus auf Wachstumsmärkte

Einer der Gründe, warum diese Unternehmensgruppe geschäftlich so erfolgreich ist, liegt in der operativen Freiheit und Flexibilität der Entscheidungsträger. Die kurzen Dienstwege schaffen eine große und

Mittelständische, eigentümergeführte Unternehmen			
Unternehmen	**Sektor**	**Index**	**Wachstum in %***
KUKA AG	Roboter	MDAX	20,26
DÜRR AG	Maschinenbau	MDAX	16,28
Grenke AG	Finanzdienstleistung	SDAX	7,37
Bechtle AG	Informationstechnologie	TecDAX	10,90
Jungheinrich AG	Kraftfahrzeugindustrie	MDAX	9,42
Ströer Media AG	Werbung	MDAX	20,46
Sixt SE Stämmaktie	Autoverleih	SDAX	13,12
Kinepolis Group NV	Kinos	Euro Stoxx Small Cap	11,11
Nemetschek SE	Software	TecDAX	20,15
Luxottica Group S.p.A.	Brillen	MSCI Europe	8,46

** Durchschnittliches Wachstum in den zurückliegenden drei Jahren | Quelle: Onvista, Bloomberg*

schnelle Anpassungsfähigkeit. Das ist bei Marktveränderungen oder neuen Kundenwünschen ein großer Vorteil. Denn dies ermöglicht rasche Reaktionen. Daneben ist ein Merkmal dieser Mittelständler ihre extrem hohe Innovationskraft und die starke Fokussierung auf dynamische Wachstumsmärkte. Auch für diese beiden Erfolgsgeheimnisse wird der „German Mittelstand" im Ausland bewundert.

Langfristiges Strategieverhalten vieler Mittelständler

Dennoch verfolgen viele Mittelständler eine langfristige Strategie und messen sich nicht an Quartalszahlen. So fokussieren die Eigentümer und das Management bei der Entscheidungsfindung oft auf generationenübergreifende Erwägungen. Kurzfristiger quartalsbezogener Aktionismus ist in solchen Unternehmen üblicherweise nicht zu finden.

Ein wesentliches Merkmal des Mittelstands ist, dass der alte Grundsatz von Eigentum (Entscheidungskompetenz) und Haftung weiter besteht. Ein geschäftliches Scheitern betrifft nicht nur Aktionäre, sondern auch Management bzw. Eigentümerfamilien. Darum haben diese ein hohes Interesse, den Unternehmenserfolg langfristig und nachhaltig zu gestalten. Eine kurzfristige Ergebnis- und Bonusoptimierung – unter Umständen durch das Eingehen hoher Risiken – ist nicht im Interesse der Eigentümer.

Wertentwicklung familiengeführter Unternehmen

Dass sich diese strategische und weitsichtige Herangehensweise auch an der Börse auszahlt, zeigt ein Blick auf die Wertentwicklung gelisteter Familienunternehmen (vgl. folgende Grafik). Sie weisen eine deutlich bessere Entwicklung auf als beispielsweise der DAX. So schneidet der GEX, in den zurückliegenden drei Jahren deutlich besser ab. Vor allem seit dem zweiten Halbjahr 2015 weitet sich der Vorsprung der Mittelständler spürbar aus.

Outperformance zweier Strategieindizes

Hinter der Abkürzung GEX steckt die Bezeichnung German Entrepreneurial Index. Das Indexkonzept wurde von der Deutschen Börse in Kooperation mit dem Center for Entrepreneurial and Financial Studies (CEFS) und der Technischen Universität München (TUM) entwickelt. Der Index enthält eigentümergeführte Unternehmen, die im Frankfurter Prime Standard gelistet sind und folgende zwei Kriterien erfüllen: Die Unternehmensleitung ist maßgeblicher Miteigentümer mit einem Anteil an den Stammaktien von mindestens 25 %. Und das Unternehmen ist auf dem Weg zu einer Publikumsgesellschaft, wobei seit der ersten Notierung der Stammaktien maximal zehn Jahre vergangen sein dürfen.

Eine noch deutlichere Outperformance gegenüber dem heimischen Blue-Chip-Index lieferte im genannten Zeitraum der DAXplus Family Performance-Index. Dieser wurde ebenfalls in Kooperation mit dem CEFS und der TU München entwickelt. Die Strategie-Benchmark enthält alle an der Frankfurter Wertpapierbörse im Prime Standard gelisteten Familienunternehmen, bei denen der Gründer oder seine Familie maßgebliche Miteigentümer sind. Sie vereinen 25 % der Stimmrechte auf sich und/oder sind mit mindestens einem Sitz in der Unternehmensleitung (Vorstand oder Aufsichtsrat) vertreten. In diesem Fall halten sie mindestens 5 % der Stimmrechte.

Mittelständische Musterschüler fürs Portfolio

Anleger fahren mit Investments in den deutschen Mittelstand auf mittlere und lange Sicht ganz gewiss erfolgreich. Denn einerseits sind diese Unternehmen aufgrund der Eigentümerstruktur auf langfristigen Erfolg ausgerichtet. Andererseits machen sie wegen ihrer flexiblen Strukturen deutlich bessere Geschäfte als Großkonzerne – und das spiegelt sich auch an der Börse wider.

Mittelständler auf den Kauflisten ausländischer Investoren

Vor dem Hintergrund der weltweit niedrigen Zinsen ist auch nicht zu unterschätzen, dass viele erfolgreiche deutsche Mittelständler auf die Kauflisten ausländischer Investoren rücken könnten. Denn die niedrigen Zinsen machen Unternehmenskäufe lukrativ. Hinzu kommt, dass es derzeit einfacher ist, mit Übernahmen zu wachsen, sich Technologie oder Marktzugänge zu kaufen, als dies durch langfristige Entwicklungen im eigenen Unternehmen zu stemmen.

Vor diesem Hintergrund ist nicht auszuschließen, dass es auch im nächsten Börsenjahr wieder einige Kauf-Offerten in Richtung des deutschen Mittelstandes geben könnte. Solche Entwicklungen sind an der Börse natürlich besonders lukrativ. Denn meist sind die Kauf-Offerten mit einem stattlichen Aufschlag auf den aktuellen Kurs verbunden. Im Durchschnitt der vergangenen Übernahme-Angebote waren das immerhin 30 %. Um diesen Wert springt dann natürlich auch eine Aktie nach oben, wenn ein Übernahmeangebot gemacht wird.

Vier Musterschüler

Auf den folgenden Seiten stellen wir Ihnen beispielhaft vier Unternehmen vor, die mittelständische Musterschüler sind und Anlegern aus unserer Sicht mittel- bis langfristig sehr viel Freude an der Börse machen werden. Wir wollen damit auch nicht sagen, dass es für diese Unternehmen im nächsten Jahr Übernahme-Angebote geben wird. Aber die Unternehmen vereinen alles, was einen sehr erfolgreichen deutschen Mittelständler ausmacht. Darum rechnen wir – auch ohne konkrete Übernahme-Offerten – mit einer hervorragenden Kursentwicklung dieser Aktien.

DÜRR: Auf dem Weg zur Smart Factory

Dürr	
ISIN	DE0005565204
Umsatz*	3.767,10 Mio. €
Kurs**	75,80 €
KGV*	15,80
*2015, **31.08.2016	

Die DÜRR AG ist ein international führendes Anlagen- und Maschinenbauunternehmen mit Sitz in Bietigheim-Bissingen und Schwerpunkt im Kraftfahrzeugbereich. Als Komplettanbieter deckt sie mit den drei Marken Carl Schenck AG, DÜRR Systems GmbH und der HOMAG Group AG die Bereiche Auswucht- und Diagnosetechnik, Lackieranlagen und Endmontagestraßen sowie Holzbearbeitungsmaschinen ab. Zusätzlich werden Reinigungs- und Filtrationsanlagen geliefert. Mit mehr als 90 Standorten ist das Unternehmen in 28 Ländern präsent (weltweit circa 16.000 Mitarbeiter). Mehr als die Hälfte des Umsatzes wird in Entwicklungsländern erwirtschaftet.

DÜRR ist ein familiengeführtes Unternehmen. 28,8 % der Anteile werden von der Gründerfamilie gehalten. Gegründet wurde DÜRR im Jahr 1895 in Cannstatt durch Paul Dürr. Seit 1990 ist das Unternehmen an der Börse notiert. Die Aktie ist in führenden Indizes wie MDAX und Stoxx 600 vertreten und weit über die Grenzen Deutschlands hinaus bekannt.

Dominante Marktstellung und starke Margen

Das Unternehmen ist nach eigenen Angaben Weltmarktführer in 95 % seiner Unternehmenssektoren, wobei DÜRR jeweils zwischen 30 und 60 % Marktanteil auf sich vereint. Die EBIT-Marge liegt bei mehr als 7 %. Digitalisierung und Vernetzung bilden neben der eigens entwickelten MES-Software (Manufacturing Execution System) die Basis für die Industrie-4.0-Strategie, mit der industrielle Produktionsprozesse optimiert und gesteuert werden. Ein interessantes Wachstumsfeld sind Service-Dienstleistungen. Mittlerweile sind 2.400 Mitarbeiter im Service beschäftigt, eine Verdreifachung seit 2010. Ca. 900 Mio. Euro Umsatz werden im Service generiert – mit ständig wachsender Basis durch jede neu installierte Anlage.

Profiteur von Mobilität und lokaler Wertschöpfung

Das Unternehmen weist in den zurückliegenden drei Jahren ein Umsatzwachstum von im Durchschnitt mehr als 16 % p.a. auf. Die Basis für das weitere Wachstum sind eine anziehende Weltkonjunktur und eine höhere Nachfrage im Automobilsektor – vor allem der sich verstärkende Trend hin zu effizienteren Montagestraßen (Industrie 4.0). Wir halten die Aktie mittelfristig für interessant. Die Ausrichtung auf die smarte Fabrik verspricht gute Geschäfte und eine positive Kursentwicklung.

Bechtle: IT-Marktführer auf Wachstumskurs

Die Bechtle AG, gegründet im Jahr 1983 mit Sitz in Neckarsulm, ist Deutschlands führender Anbieter von Informationstechnologie für Unternehmen und öffentliche Einrichtungen. Das Leistungsspektrum reicht von IT-Beratung über die Lieferung von Hard- und Software bis hin zu Systemintegration und After-Sales-Services, wie Schulungen. Mit 66 Systemhausgesellschaften und mehr als 7.200 Mitarbeitern erwirtschaftete das Unternehmen zuletzt einen Jahresumsatz von 2,83 Mrd. Euro.

Bechtle	
ISIN	DE0005158703
Umsatz*	2.831,30 Mio. €
Kurs**	100,05 €
KGV*	19,90

*2015, **31.08.2016

Mit der Bechtle Financial Services AG, vormals der CSS AG, die nun vollständig in den Konzern integriert wurde, können künftig auch maßgeschneiderte Produkt- und Projektfinanzierungslösungen angeboten werden. Die Kooperation mit SAP im Bereich Smart Glasses lässt weitere innovative Anwendungsfelder erwarten. Aus der Integration digitaler Technologien in der Lagerlogistik dürften sie auch in andere Arbeitsbereiche Einzug halten, um damit dem Anwender zu einer höheren Produktivität zu verhelfen.

Bechtle ist ein familiengeführtes Unternehmen. Hauptaktionärin ist mit 35,02% Karin Schick, die Tochter des Gründungsmitglieds und ehemaligen Vorsitzenden des Vorstands sowie Aufsichtsrates Gerhard Schick.

Die Umsätze sind in den zurückliegenden drei Jahren mit durchschnittlich mehr als 10% p.a. gewachsen. Die EBIT-Marge liegt konzernweit bei knapp 4%. Marktanteilszugewinne wurden auch im Ausland erzielt. Am 21. Juni 2016 gab Bechtle die Übernahme der Steffen Informatik AG mit Sitz in Mägenwil bei Zürich bekannt, womit die Präsenz in der Schweiz um weitere fünf Standorte ausgebaut wird.

Hohe Substanz gepaart mit steigender Dividende

Die Bilanz des Unternehmens ist durch eine hohe Eigenkapitalquote gekennzeichnet, die in den vergangenen fünf Jahren nicht unter 50% fiel. Beachtlich ist auch die Eigenkapitalrendite von durchschnittlich mehr als 15%. Die Ausschüttungsquote von zuletzt 31,7% für das Geschäftsjahr 2015 lässt noch weiteren Spielraum nach oben zu. Die Dividende wurde das sechste Mal in Folge angehoben. Daher meinen wir, dass die Bechtle-Aktie auch in den nächsten Monaten und Jahren einen guten Kurs aufs Parkett legen wird.

Sixt: Auslandsmärkte als Wachstumstreiber

Sixt	
ISIN	DE0007231326
Umsatz*	2.179,30 Mio. €
Kurs**	50,85 €
KGV*	19,70
*2015, **31.08.2016	

Die Sixt SE ist die Muttergesellschaft und Holding des Sixt-Konzerns und hat ihren Sitz in Pullach bei München. Den Ursprung fand der Mittelständler in der Gründung der Sixt Autofahrten und Selbstfahrer im Jahre 1912 als erste Autovermietung Deutschlands. Zielkunde war damals der vermögende Auslandsreisende. Das Unternehmen wird nunmehr in dritter Generation von der Sixt-Familie geführt. Heute ist es Marktführer in Deutschland und Österreich im Bereich Autovermietung und bietet zusätzliche Leistungen wie Carsharing, Fahrdienste, Neuwagenvermittlung und Autokauf an. Der Geschäftsbereich Leasing wurde in der Sixt Leasing SE gebündelt und separat an die Börse gebracht.

In den europäischen Kernländern Frankreich, Spanien, Großbritannien, Niederlande, Österreich, Schweiz und Belgien baut das Unternehmen seine Präsenz weiter aus. Das macht Sixt zu einem der führenden europäischen Autovermieter.

USA als Hoffnungsträger

In Deutschland und Österreich verfügt Sixt aufgrund des historischen Wachstums, der Fokussierung auf ein attraktives Preis-Leistungs-Verhältnis und eines dichten Netzwerks über eine dominante Marktstellung. Trotz der bereits hohen Ausgangsbasis trug 2015 das Wachstum auch im Inland zur erfolgreichen Unternehmensentwicklung bei. Allerdings haben die Auslandsmärkte bereits einen Anteil von 48 % an den Erlösen im Vermietgeschäft erreicht. Zudem kann das Management auf die erfolgreiche Positionierung im weltweit größten Autovermietmarkt USA verweisen, der zum dynamischen Wachstum überproportional beiträgt.

Mit einem Anteil von 60,1 % liegt die Mehrheit der stimmberechtigten Stammaktien bei der Erich Sixt Vermögensverwaltung GmbH und damit im mittelbaren und unmittelbaren Besitz der Familie Sixt.

Finanzielle Stabilität und Profitabilität gehen Hand in Hand

Trotz des starken Wachstums weist die Profitabilität in den zurückliegenden sieben Geschäftsjahren eine steigende Tendenz auf und bewegt sich auf Konzernbasis (gemessen an der Umsatzrendite) bei mittlerweile knapp 10 %. Die solide Finanzausstattung des Konzerns sowie der erfolgreiche Börsengang der Tochter Sixt Leasing AG, die noch zu circa 42 % zur Sixt SE gehört, stellen die Basis für die weitere Expansion dar. Diesem Weg wird die Aktie folgen und Anleger dürfen auf eine gute Wertentwicklung hoffen.

Grenke AG – Marktnische mit Wachstumspotenzial

Grenke AG	
ISIN	DE000A161N30
Umsatz*	339,90 Mio. €
Kurs**	173,70 €
KGV*	34

*2015, **31.08.2016

Die Grenke AG deckt als deutscher Finanzdienstleister eine breite Palette ab. Das Angebot reicht von sogenannten Small Ticket IT Leasing-Lösungen mit Fokus auf Bürokommunikationsgeräte mit einem Einzelwert von unter 25.000 Euro über Factoring bis hin zu Online Banking-Dienstleistungen und Existenzgründungsfinanzierungen. Das in Baden-Baden ansässige Unternehmen wurde 1978 gegründet und betrat als Grenkeleasing AG (bis 2016) erstmals am 4. April 2000 und als Vertreter des Neuen Marktes das Börsenparkett. Der Wechsel in den Prime Standard erfolgte im Januar 2003, wenig später die Aufnahme in den SDAX.

Das Unternehmen ist in 30 Ländern mit 1.100 Mitarbeitern aktiv. Mit 28 Standorten im Inland und mehr als 80 Standorten im Ausland bildet die internationale Präsenz die Basis für das weitere Wachstum. Mittlerweile stammen fast drei Viertel des Neugeschäfts aus dem Ausland, Tendenz weiter steigend. Das Wachstum liegt mit mehr als 20 % p. a. deutlich über der inländischen Neugeschäftszunahme. Mit seinem Dienstleistungsangebot richtet sich Grenke vor allem an kleine und mittelgroße Unternehmen sowie Freiberufler und Selbständige. Kunden können die Services direkt beim Kauf von IT-Geräten beim Händler oder Hersteller erwerben oder den hauseigenen Online-Vertriebskanal Weblease nutzen.

Die Grenke AG ist ein familiengeführtes Unternehmen und wird von der Grenke-Familie über die Grenke Beteiligungs GmbH & Co.KG mit einem Anteil von nahezu 42,7 % kontrolliert. 57,5 % der Aktien befinden sich im Freefloat. Der heutige CEO Wolfgang Grenke ist auch der Gründer des Vorgängerunternehmens.

Strategische Positionierung bei Mega-Trends befeuert Wachstumsphantasie.

Der Fokus auf kleine Unternehmen, die von größeren Wettbewerbern häufig vernachlässigt werden, verschafft Grenke einen Wettbewerbsvorteil. Die kleinteilige Kundenstruktur sorgt zudem für einen hohen Diversifikationsgrad. Innovationen wie die Einführung der eSignature zur Prozessbeschleunigung erhöhen die Profitabilität. Die Beteiligung an Finanzchef24, einem Vergleichsportal für Gewerbeversicherungen, beschleunigten die stärkere Durchdringung bestehender und die Akquise von neuen Kunden. Mit der Beteiligung an barzahlen.de profitiert die Grenke AG zudem von der Veränderung des Zahlungsverhaltens im E-Commerce. Die Aktie dürfte ihren Aufwärtspfad fortsetzen.

» 2017 wird es in Europa nicht zur Zinswende kommen. Trotzdem ist die Suche nach der richtigen Veranlagungsstrategie für das Anleiheportfolio durch die Negativzinsen der Europäischen Zentralbank so schwierig wie selten zuvor. Wir wollen uns hier so gut wie möglich mit potenziellen Szenarien vertraut machen und deren Konsequenzen für das Anleiheportfolio durchspielen. «

Anleihenstrategie 2017

Rendite im Gesamtportfolio betrachten

Thomas Neuhold, Bank Gutmann

Abgesang auf die Zinsuntergrenze von null Prozent

Angenommen, Sie hätten die Wahl zwischen einer Essenseinladung im Wert von 100 Euro in den nächsten Tagen oder in 10 Jahren – welchen Termin würden Sie bevorzugen? Vermutlich ersteren. Um sich dennoch für die Einladung in zehn Jahren zu entscheiden, müsste diese schon 150 Euro wert sein. Es sollten also Zinsen anfallen. In der Wirtschaftswissenschaft spricht man von „Zeitpräferenz", um Zinsen zu erklären. Man geht davon aus, dass „Konsum jetzt" gegenüber „Konsum später" immer präferiert wird. Die aktuelle Zinslandschaft erscheint vor diesem Hintergrund als schlechter Scherz der Europäischen Zentralbank. Negativzinsen galten bis vor kurzem noch als praktisch kaum möglich. Warum aber sollten so viele Menschen ihr Geld sparen, wenn es doch dabei weniger wird?

Negativzinsen sollten eingepreist werden

Einpreisen, aber nicht schwarzmalen

Nehmen wir an, dass es bei uns in den nächsten zehn Jahren mit zwanzigprozentiger Wahrscheinlichkeit zu einer Hungersnot kommt. Wahrscheinlich waren Sie in den letzten Tagen ohnehin mehrmals auswärts essen und der Kühlschrank ist übervoll. Ein Fastentag scheint durchaus angebracht. Wahrscheinlich genügt daher bereits eine Einladung im Wert von 80 Euro in zehn Jahren – unter den geänderten Rahmenbedingungen werden sich wohl die meisten das Essen aufsparen.

Auch Negativzinsen wollen wir unter diesem Aspekt beleuchten. Das Konzept der Zeitpräferenz geht unter anderem davon aus, dass es uns mit Wachstum und Fortschritt immer besser geht oder zumindest nicht deutlich schlechter. Wenn wir uns aber die Zinsen sehr langfristiger Staatsanleihen ansehen, kommen wir zu dem Schluss, dass nicht nur langsames Wachstum in den nächsten zehn Jahren reflektiert („eingepreist") ist, sondern mindestens noch für die kommenden 20 Jahre krisenhafte Entwicklungen erwartet werden. Wir wollen bei allen Problemen nicht schwarzmalen und schon gar keine Hungersnot voraussagen.

Hinter den negativen Renditen der deutschen Staatsanleihen steht nicht nur die EZB, sondern auch die Furcht vor schlechteren Zukunftsperspektiven. Die Negativzinsen sind real, logisch und könnten noch länger bestehen bleiben. Die Portfolioentscheidungen sollten sich darum nicht darauf konzentrieren, negativ rentierende Anleihen zu meiden, sondern das beste Gesamtergebnis bei tragbaren Risiken zu erreichen.

Extreme Lösungen oder Lösung durch Extreme?

Politik will in Verschuldungsproblem "hineinwachsen"

Auch ohne in Alarmismus zu verfallen lässt sich feststellen, dass die Verschuldung der Staaten immer noch über allen Zielwerten liegt, die vor der Krise von 2008 definiert wurden. Die Strategie der Politik ist es, in dieses Verschuldungsproblem „hinein zu wachsen", also Inflation und Wirtschaftswachstum so anzukurbeln, dass die Staatsverschuldung als Anteil am BIP auf ein nachhaltiges Niveau sinkt. Seit Jahren kommt diese Strategie nur äußerst schleppend voran, denn sowohl das Wachstum als auch die Inflation bleiben hinter den Erwartungen zurück.

Ein Ausbrechen aus diesem Jammertal durch Wirtschaftswachstum ist mittels der oft zitierten Strukturreformen möglich. Wie sich in der Staatsschuldenkrise gezeigt hat, sind solche Reformen zwar möglich, aber dazu müssen Regierungen offensichtlich weniger als einen Schritt vor dem Abgrund stehen. Sonst scheitern sie meist an der politischen Praxis, sei es durch realitätsferne Gewerkschaftsforderungen oder die Blockadepolitik in den Koalitionen.

Höhere Inflation ist bislang ausgeblieben

Es mag schon stimmen, dass die EZB und ihr Präsident Mario Draghi deswegen so umstrittene Schritte gehen müssen, weil viele der nötigen Strukturreformen weiter ausbleiben. Der Kampf der EZB für mehr Inflation hat bereits zu negativen Einlagezinsen und einem riesigen Ankaufsprogramm für Staats- und Unternehmensanleihen geführt. Der „Erfolg" im Sinne einer höheren Inflationsrate ist bislang ausgeblieben. Dennoch hielt Draghi Anfang 2016 und viele weitere Male fest, alles „Nötige zu tun" („whatever is necessary").

Wie kann die Inflation erhöht werden?

Die Frage lautet also: Wie viel ist angesichts der schleppenden Strukturreformen notwendig, um die Inflation wieder deutlich über die Null-Marke zu heben? Ist die EZB bereit, ein großes Infrastrukturprogramm in Europa zu finanzieren? Sie könnte beispielsweise eine hundertjährige Null-Kupon-Anleihe der Europäischen Investitionsbank zeichnen, mit der zehn europäische Infrastrukturprojekte à la Gotthard-Basistunnel plus Maßnahmen gegen die Klimaerwärmung finanziert werden.

Kreative Maßnahmen zur Inflationierung

Das kommt der Idee von Helicopter money und der direkten Staatsfinanzierung bereits sehr nahe, auch wenn Verfechter der Idee beides sicher abstreiten würden. Gerade weil solch eine radikale Maßnahme die Geldmenge langfristig erhöhen würde, wäre sie geeignet, tatsächlich die Inflationserwartungen und Inflationsraten dauerhaft zu heben.

Wenn Sie meiner beispielhaften Argumentation der Essenseinladung im ersten Absatz gefolgt sind, lässt sich hier anknüpfen: Noch mehr billige Liquidität durch Quantitative Easing ist aktuell so nötig für die Wirtschaft und um die Inflation anzuheizen wie eine weitere Essenseinladung, wenn jeder Abend schon verplant ist. Dann wird beides in die Zukunft verschoben. Daher könnten noch extremere Maßnahmen notwendig werden.

Die EZB kann noch viel weiter gehen

Die Vorstellung, dass die Europäische Zentralbank nach dem umstrittenen Ankaufsprogramm noch weiter gehen könnte, mag viele erschrecken. Doch die Alternative scheint noch wesentlich unattraktiver: Durch die wirtschaftliche Stagnation und die hohen Schulden sind den klassischen Volksparteien, die in allen europäischen Ländern noch regieren, finanziell die Hände gebunden. Dies mag ein Grund sein, dass es Protestparteien immer leichter fällt, in die Nähe der Macht zu gelangen.

Gefahr von politischen Unfällen nimmt zu

Sollte sich keine Besserung des Wachstums und der Schuldenlast (und damit auch des real verfügbaren Einkommens) erzielen lassen, nimmt die Gefahr von „politischen Unfällen“ weiter zu. Der Brexit war bereits ein solcher „Unfall“ der traditionellen Parteien. Dem Wachstum ist das Votum sicher nicht zuträglich. Die französische Präsidentenwahl, das italienische Verfassungs-Referendum, Podemos, 5-Sterne-Bewegung, FPO und viele mehr – die Gefahr, dass Protestparteien mit fragwürdigen wirtschaftlichen Kenntnissen und Programmen in Regierungsverantwortung kommen, steigt.

Sicher dabei ist, dass Verschuldung und Kreditwürdigkeit darunter leiden werden. Im Extremfall bringen die wirtschaftlichen „Experimente“ dieser Protestbewegungen den Staatshaushalt an den Rand des Bankrotts. Ein Blick auf die jüngere Geschiche des österreichischen Bundeslandes Kärnten bestätigt das.

Wenn die Politik keine Lösungen zur Beschleunigung von Wachstum und zum Abbau der (expliziten und impliziten) Schuldenlast findet, bleiben zwei Alternativen der politischen Entwicklung: Entweder geht die Zentralbank noch weiter in ihrer extremen Politik in Richtung Helicopter money und finanziert zum Beispiel Infrastrukturprojekte. Oder radikale Protestparteien kommen in Regierungsverantwortung und bekommen die Chance, die Staatshaushalte endgültig zu ruinieren.

Auswirkungen auf den Anleihenmarkt

Experiment der Zentralbanken noch nicht gescheitert

Im Gegensatz zu manch anderen Analysen sehen wir sehr wohl noch Möglichkeiten eines „positiven Ausgangs" der aktuellen wirtschaftspolitischen Entwicklungen. Das geldpolitische Experiment der Zentralbanken in den letzten Jahren ist (noch) nicht als gescheitert anzusehen. Wir sehen hier keinen vorgezeichneten Weg in die Katastrophe, wie das andere angesichts der politischen Schwierigkeiten und der hohen Schulden tun. Sowohl die traditionelle Politik als auch die Geldpolitik haben noch viele Möglichkeiten in der Hand, wesentliche Errungenschaften aus dem 20. Jahrhundert wie die soziale Absicherung oder die europäische Integration weiterzuführen.

Mit einem „Weiter-wie-bisher"-Ansatz ist das aber wohl kaum zu schaffen. Für Anleihen sind die Auswirkungen wie folgt einzuschätzen: Ein weiterer Schritt in Richtung Helicopter money würde die Inflationserwartungen tatsächlich ansteigen lassen. Im Gegensatz zum Staatsanleihen-Ankaufprogramm würden in der Konsequenz die Renditen der längeren Laufzeiten dann steigen, nicht fallen. Die stärksten negativen Auswirkungen wären bei Laufzeiten über zehn Jahren zu erwarten.

Schuldenabbau trifft Anleihehalter in jedem Fall negativ

Auch das zweite Szenario brächte für lange Laufzeiten ein ähnliches Ergebnis: Politische Unfälle und schädliche wirtschaftspolitische Entscheidungen würden sich früher oder später in steigenden Risikoaufschlägen bei lange laufenden Anleihen niederschlagen – selbst wenn es nicht zu einem Ausfall kommt. Auch hier wären die Laufzeiten über zehn Jahre am stärksten betroffen.

Die schlechte Nachricht ist also: Auf die eine oder andere Art wird man real mit Staatsanleihen früher oder später Geld verlieren. Aber es gibt auch gute Nachrichten: Erstens kann es noch einige Zeit dauern, bis es so weit ist und zweitens kann ein beschränkter Verlust bei einem Teil des Portfolios durch gute Entwicklungen in den restlichen Teilen aufgefangen werden.

Herr, gib uns höhere Zinsen! Aber bitte nicht sofort.

Die Gretchenfrage für Anleger bleibt daher, wie sie es mit den Laufzeitensegmenten und Kreditrisiken im Anleihenteil des Portfolios halten. Im Verlangen, negative Renditen zu vermeiden, tendieren manche dazu, Restlaufzeiten und/oder Kreditrisiken zu erhöhen. Beides ist jedoch gefährlich.

Zwei Szenarien mit negativen Konsequenzen

Die zwei dargelegten Kernszenarien der möglichen Entwicklung könnten negative Konsequenzen vor allem für lang laufende Anleihen haben. Restlaufzeiten von über zehn Jahren halten wir für relativ unattraktiv. Zum einen wird die aktuelle Situation aus Nullzinsen und Nullinflation zu weit fortgeschrieben. Zum anderen könnten eine erfolgreiche Inflationierung oder erneute Sorgen um die Kreditwürdigkeit der Staaten die langlaufenden Staatsanleihen besonders belasten. In den kurzen und mittleren Laufzeiten sollte man vor überraschenden Zinsbewegungen besser geschützt sein. Ein wirtschaftliches Szenario, bei dem die Zinsen irgendwann wieder erhöht werden könnten, jedoch nicht in absehbarer Zeit, sollte im Jahr 2017 ein akzeptables Ergebnis für Anleiheinvestoren um die Null Prozent zulassen. Das klingt nicht sonderlich attraktiv, ist aber deutlich mehr, als man risikolos für Cash bekommt.

Es lohnt, die Grenzen auszuloten

Bei den Kreditrisiken im Anleiheportfolio kann es sich 2017 auszahlen, die Grenzen des persönlich Vertretbaren auszuloten – ohne diese zu überschreiten. Es macht keinen Sinn, das Portfolio nur auf High-Yield- und Emerging-Market-Anleihen umzustellen, weil die EZB den Markt für Unternehmensanleihen leerkauft. In der Tat sind die Risikoaufschläge für Unternehmensanleihen (im EZB-Kaufprogramm) deutlich gefallen und die Renditen dadurch weniger attraktiv. Im Gesamtkontext sollten Unternehmensanleihen und Bankanleihen mit guten Ratings trotzdem den zweiten Schwerpunkt neben Staatsanleihen bilden. High-Yield- und Emerging Market-Anleihen sind mit rund 15% des Anleiheportfolios gut gewichtet. Allokationen über diesem Zielwert führen bei kleinen Schocks schon zur Gefahr von Panikverkäufen. Bei allen Kreditrisiken gilt natürlich: Nur Gewichtungen, mit denen man Rückschläge durchhalten kann, bringen langfristig mehr Ertrag.

2017: Banken-Geldmarktanleihen ...

Wir sind nicht der Ansicht, dass ein radikales Umstellen des Portfolios die richtige Antwort auf die Zentralbankpolitik und die Zinskurve ist.

Auch die Flucht in Cash ist keine gute Alternative. Denn im schlimmsten Fall muss man, wenn man am Konto noch negativere Renditen erhält, Anleihen (wieder) teurer kaufen.

In Anlagen von Banken mit guter Bonität investieren

Vielmehr dürfte die richtige Strategie für 2017 sein, in Anleihen von Banken mit guter Bonität zu investieren, die den Kupon an den Euribor anpassen. Damit kann man das Zinsänderungsrisiko des Portfolios senken. Mit stärkeren Gewichtungen kann man solche Anleihen im Senior-Rang ins Portfolio aufnehmen. Nur für größere und risikoreichere Portfolios kommen nachrangige Bankanleihen in Frage. Die Ausgestaltung der Regelungen für den Bail-In im Falle von Kapitalproblemen bei Banken führen zu attraktiven Möglichkeiten, in Bankanleihen zu investieren. Insgesamt sind Banken durch die Veränderungen seit 2008 (Basel III etc.) wahrscheinlich weniger profitabel, dafür aber deutlich sicherer geworden. Das scheint sich aber im Vergleich mit anderen Anleihe-Sektoren noch nicht im Preis widerzuspiegeln.

...und Inflation-Linker kaufen

Inflationsgekoppelte Anleihen als Alternative

Inflationsgekoppelte Anleihen (auch Linker genannt) sind ebenfalls nach wie vor eine Alternative zu fix verzinsten Staatsanleihen. Diese müssten allerdings schon eine Laufzeit von rund zehn Jahren haben, damit sich die steigende langfristige Inflationserwartung genügend positiv auswirken kann. Aktuell preisen die Inflation-Linked-Bonds ein völliges Scheitern der Zentralbank im Versuch der Re-Inflationierung ein – und sind daher vermutlich unterbewertet. Denn dieses Scheitern ist – wenn man Draghis „whatever is necessary“ ernst nimmt – nicht programmiert.

In den kommenden Monaten macht es Sinn, die Entwicklung in Japan sehr genau zu beobachten. Dort scheint die Geldpolitik einen Schritt voraus zu sein, ist doch der Kampf gegen die niedrige Inflation in Japan schon viel älter als in Europa. Das Kaufprogramm der Bank of Japan ist noch umfassender und die Schuldenlast des Staates überwältigend.

Anleger sollten auf das Beispiel Japan achten

Einen großen Teil dieser Schulden hat die Bank of Japan bereits aufgekauft. Angesichts weiterer angekündigter Konjunkturprogramme der Regierung und der damit verbundenen Defizite wird viel über monetäre Staatsfinanzierung in Japan diskutiert. Gouverneur Kuroda hat Helicopter money bisher ausgeschlossen und ähnlich wie in Europa ist Staatsfinanzierung per Gelddrucken eigentlich nicht möglich. Wie realistisch aber ist im Rahmen der Abenomics eine Normalisierung der japanischen Staatsschuld von aktuell 230 % des BIP?

Japan und Europa vergleichen – und lernen

Zentralbank-Beobachter und Anleiheinvestoren sollten versuchen, möglichst viel über die Gemeinsamkeiten und Unterschiede der Situation in Japan und Europa zu lernen, um die Reaktionen des Anleihemarktes in Japan auf neue Zentralbankpolitiken auf Europa umlegen zu können.

Ferner könnten einzelne Ereignisse rasch zu Verkaufswellen führen, welche die Risikobereitschaft der Anleger testen. Ein Sell-off bei langen Anleihen wie im Frühjahr 2015 kann durch steigende Inflationsraten ausgelöst werden. Ein Sell-off bei Unternehmensanleihen wie zu Jahresbeginn 2016 kann durch Rezessionsängste getrieben sein. Beides sind realistische, wenn auch derzeit nicht unbedingt zu erwartende Szenarien.

Fazit

Anleger sollten das gesamte Anleihenportfolio in den Blick nehmen

Insgesamt muss das Ziel für Anleihen im Jahr 2017 eine kleine positive Performance sein. Um das zu erreichen, ist es nicht sinnvoll, nur die Rendite bis Endfälligkeit jeder Anleihe im Portfolio zu betrachten und negative Renditen zu eliminieren. Denn damit würde man möglicherweise just dann über zu hohe Risiken verfügen, wenn es zu Rückschlägen kommt. Stattdessen sollte man unserer Meinung nach das Gesamtportfolio mit Banken-Geldmarktpapieren und Inflations-Linkern anreichern, sehr lange Laufzeiten meiden sowie vermehrt Kreditrisiken eingehen.

» Die Renditen festverzinslicher Wertpapiere werden in den nächsten fünf Jahren kaum mit denen der letzten fünf Jahre mithalten können. Aktien sind für risikoscheue Anleger wegen ihrer hohen Volatilität allerdings keine Alternative, und die Börsenschwankungen dürften sich 2017 fortsetzen. Die hohe Marktvolatilität liefert jedoch Argumente für eine andere Anlageklasse: Wandelanleihen (Convertible Bonds). Sie sind in unsicheren Zeiten hervorragende Diversifizierer und haben in der Vergangenheit höhere risikoadjustierte Renditen als viele andere Assetklassen erzielt. «

Das Beste zweier Welten

Wandelanleihen bieten Sicherheit und Rendite

Tarek Saber, NN Investment Partners

Wandelanleihen erzielen oft bessere Renditen als globale Aktien- und Rentenanlagen

Wandelanleihen sind Unternehmensanleihen, die vom Inhaber in eine bestimmte Anzahl von Stammaktien des Emittenten umgetauscht werden können. Im Prinzip handelt es sich bei solchen Papieren um eine Kombination aus festverzinslichem Wert und Aktienoption. Der Wert einer Wandelanleihe setzt sich bei Auflage aus dem Wert der Anleihe und dem Optionswert zusammen. Während der Laufzeit begrenzt die Anleihekomponente das Abwärtsrisiko, die Option hingegen bietet Kurssteigerungspotenzial.

Brücke zwischen Aktien und Anleihen

Vorteilhaftes Chance-Risiko-Verhältnis für Anleger

Wandelanleihen bauen somit eine Brücke zwischen Anleihen und Aktien. Steigt der Kurs der Aktie, auf die sich das Wandelrecht bezieht, profitiert der Inhaber der Wandelanleihe stark vom Kurszuwachs, trägt aber ein geringeres Risiko als Aktienbesitzer, denn die Volatilität von Wandelanleihen liegt im Durchschnitt deutlich unter der von Aktien. Ein Grund ist, dass in Bärenmärkten die Kurse der Wandelanleihen meist nicht massiv einbrechen. Der Wert der zugrundeliegenden Anleihe stellt eine Untergrenze („Bondfloor") dar, die vom Wandelanleihekurs nicht unterschritten werden sollte. Das Risikoprofil der Wandler ähnelt somit eher dem von klassischen Unternehmensanleihen und beinhaltet neben dem Emittentenrisiko die Gefahr, dass der Marktwert einer Wandelanleihe bei steigenden Zinsen sinkt.

Die ersten Wandelanleihen wurden in den 1850er Jahren von US-Unternehmen aufgelegt, um den Bau von Eisenbahnlinien zu finanzieren. Seither hat sich der Wandelanleihemarkt zu einem Nischensegment des Investmentmarkts entwickelt. Ende 2014 betrug der Wert ausstehender Wandelanleihen bereits 380 Mrd. US-Dollar. Nach Emission werden Wandelanleihen an einem relativ liquiden Sekundärmarkt mit einem täglichen Volumen von 1,4 Mrd. US-Dollar gehandelt.

Geringere Crash-Gefahr als noch während der Finanzkrise

Der Markt für Wandelanleihen hat sich in den letzten Jahren weiterentwickelt. Darum erscheint uns die frühere Sorge, dass es nicht genug Emissionen in diesem Bereich gibt, inzwischen als unbegründet. Jedes Jahr kommen neue Wandelanleihen im Wert von rund 100 Mrd. US-Dollar auf den Markt.

Auch die Investorenbasis hat sich seit der Finanzkrise von 2008 grundlegend geändert. Damals war der Markt für Wandelanleihen zu beinahe zwei Dritteln in der Hand von Hedgefonds, die aufgrund der Liquiditätskrise fast alle gleichzeitig ihre Papiere verkaufen mussten – mit entsprechenden Folgen für die Kurse. Heute wird die Szene dagegen von echten Investoren beherrscht. Der Einfluss von Hedgefonds und Eigenhandelsabteilungen hat deutlich abgenommen. Das Risiko einer Wiederholung der Ereignisse von 2008 ist dadurch erheblich gesunken.

Bewährt in verschiedenen Marktphasen

Performance-Vergleich: Convertibles sind ganz vorne mit dabei

Wandelanleihen haben in den vergangenen 40 Jahren sowohl von Rallys an den Aktien- als auch an den Anleihemärkten profitiert. Sie konnten sich zudem bei steigenden Zinsen ebenso behaupten wie in einem Niedrigzinsumfeld. Das Beispiel USA verdeutlicht das. Die folgende Darstellung illustriert die Performance amerikanischer Investment-Grade-Anleihen, Wandelanleihen und Aktien von 1973 bis 1998 (vgl. Abb. 1).

Um die Performance der jeweiligen Assetklasse im Zeitverlauf darzustellen, wurde das Jahr 1972 als Basispunkt 100 gewählt. Eine Rendite von einem Prozent im ersten Jahr entspricht demnach einer Performance von 101 Punkten, während ein Verlust von fünf Prozent einer Perfor-

Gesamtrendite von US-Assetklassen (1972=100)
Abb. 1

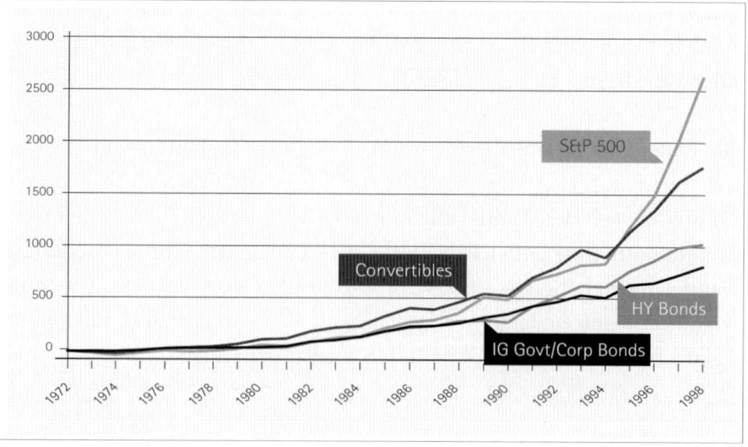

Quelle: Bloomberg, BofA Merrill Lynch Indices (1973-1998)

Gesamtrendite von US-Assetklassen (1998=100)
Abb. 2

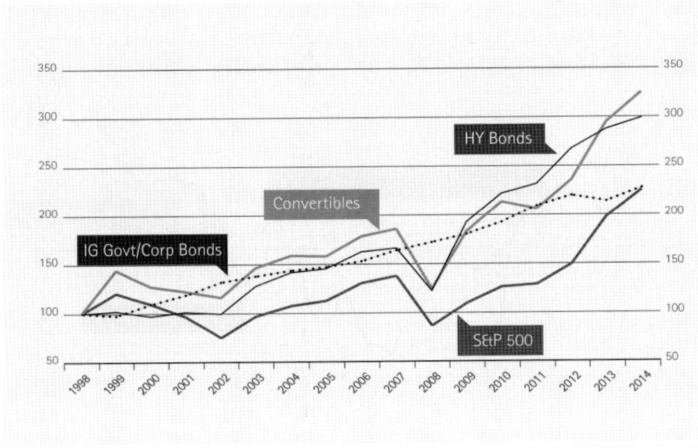

Quelle: Bloomberg, BofA Merrill Lynch Indices (1998-2014)

mance von 95 Punkten entspricht. Im genannten Zeitraum wurde das Wachstum der Assetpreise vor allem durch die – im S&P 500 abgebildete – Aktienperformance getrieben. Festverzinsliche Wertpapiere schnitten deutlich schlechter ab. Wandelanleihen erreichten in diesem Umfeld immerhin 75 % der reinen Aktienperformance und waren damit die zweitbeste Assetklasse.

Wandelanleihen konnten sich in verschiedenen Marktumfeldern behaupten.

Von 1999 bis 2014, dem Jahr, in dem der Aktienmarkt zwei schwere Einbrüche erlebte und Anleihen wegen eines Zinsrückganges und einer in Grenzen bleibenden Anzahl an Firmenpleiten recht gut abschnitten, haben Wandelanleihen die Aktienentwicklung sogar deutlich übertroffen. Am Ende des Beobachtungszeitraumes lag ihre Performance auch über der von Investment-Grade- und High-Yield-Anleihen (Abb. 2).

Ausblick für Wandler am Beispiel Japan

Die Frage ist, ob Wandelanleihen auch in Zukunft so überragend abschneiden werden. Denn es zeichnet sich ab, dass die globale Wirtschaft weiterhin von geringem Wachstum, niedrigen Zinsen und engeren Kreditspreads geprägt sein wird.

Zunehmend „japanische Verhältnisse" an den globalen Finanzmärkten

Ein Blick nach Japan könnte die Antwort liefern. Denn die aktuelle globale Situation ähnelt stark den Verhältnissen, die Investoren dort schon seit über zehn Jahren bei Investitionen in Yen-denominierte Anlagen vorfinden. Die relative Performance von Investments in Yen-Assetklassen über einen Dreijahreszeitraum spricht jedenfalls für die Convertibles. Während die Renditen japanischer Aktien zwischen 2002 und 2011 eine hohe Streuung aufwiesen, waren die Anleihemarktrenditen

Annualisierte Renditen über einen 3-jährigen Anlagehorizont in JPY-Assetklassen (2002-2011)
Abb. 3

Quelle: Bloomberg, NNIP

nur mittelmäßig. Japanische Convertibles brachten in diesem Zeitraum die besten Ergebnisse.

Diese Erkenntnis ist insofern statistisch relevant, da sie die Qualität und Stabilität der relativen Wandelanleiheerträge in einem Umfeld zeigt, in dem Anleihen einen niedrigen Zins aufweisen, während Aktienerträge volatil und ungewiss sind. Die Argumente für Wandelanleihen sind also auch in einem Niedrigzinsumfeld überzeugend.

Hervorragende Diversifikationseigenschaften

Wandelanleihen: Renditepotenzial von Aktien bei deutlich geringerem Risiko

Investoren erkennen immer öfter die Vorteile, die eine Beimischung von Wandelanleihen im Portfolio mit sich bringt. Gerade in schwierigen Konjunkturphasen und im Niedrigzinsumfeld erweisen sich Wandler als leistungsfähige Portfoliodiversifizierer. Das Renditepotenzial von Aktien kann mit Wandelanleihen gut nachgebildet werden. Ihre Korrelation zu Aktien beträgt in der Regel etwa 90 %.

Auch in einem Anleiheportfolio sind Wandelanleihen leistungsfähige Diversifikationsinstrumente, mit negativer Korrelation gegenüber Staatsanleihen und sehr geringer Korrelation gegenüber Investment-Grade-Unternehmensanleihen.

Gegenüber Hochzinsanleihen weisen Wandelanleihen ähnliche Merkmale im Hinblick auf den voraussichtlichen Ertrag und die erwartete Volatilität auf, bei einer etwa 60-prozentigen Korrelation. Die Ausfallrate der Emittenten von Wandelanleihen liegt unter der für High Yields. Investoren, die durch sie höhere Renditen erzielen möchten, aber das damit verbundene Risiko scheuen, können dieses Dilemma durch eine kombinierte Allokation in Hochzins- und Wandelanleihen lösen.

Portfoliogewichtung: drei bis zehn Prozent

Portfolios lassen sich mit Convertibles also sinnvoll abrunden. Eine Gewichtung von drei bis zehn Prozent wird sich eindeutig positiv auf die risikoadjustierten Erträge auswirken.

Hohe Solvenzeffizienz für institutionelle Anleger

Wandelanleihen dürften in den nächsten Jahren vor allem bei institutionellen Investoren stärker gefragt sein. Denn sie sind auch unter Regulierungsaspekten ein interessantes Instrument. Denn die anstehende Umsetzung von Solvency II dürfte Convertibles als effektives Instrument der Asset-Allokation zunehmend in den Fokus europäischer Versicherungsunternehmen rücken.

Das wachsende Interesse institutioneller Investoren wird durch eine Umfrage bestätigt, die wir im Oktober 2015 von Citigate Dewe Rogerson unter 105 internationalen institutionellen Investoren durchgeführt haben. 90 % der Befragten gaben an, ihr Engagement bei Wandelanleihen in den nächsten drei Jahren beibehalten oder ausbauen zu wollen. Als Gründe wurden vor allem Diversifizierung (59 %) und ungewisse Aussichten für die Aktienmärkte (18 %) angegeben. Am beliebtesten sind der Umfrage zufolge Wandelanleihen aus den USA und Europa.

Besser aktiv als passiv

Wandelanleihen aus Schwellenmärkten stoßen auf Skepsis

Im aktuellen Umfeld sind passive Investments bei Wandelanleihen aus unserer Sicht wenig ratsam. Aussichtsreicher dürfte eine aktive Titelauswahl sein. Aus unserer Erfahrung heraus empfehlen wir Anlegern einen Auswahlprozess in vier Schritten.

Im ersten Schritt wählen wir aus dem Investment-Universum möglichst ausgewogene Wandelanleihen aus. Deren Bonitätskennzahlen müssen solide sein, die der Wandelanleihe zugrundeliegende Aktie muss Aufwärtspotenzial bieten und die Eigenschaften von Aktien und Anleihen müssen im Wanlder im Gleichgewicht sein.

Das bedeutet: Eine ausgewogene Wandelanleihe schließt Convertibles mit Wandlungskursen deutlich über oder unter dem Kurs der zugrundeliegenden Aktie ebenso aus wie Pflichtwandelanleihen, die bei Fälligkeit in Aktien gewandelt werden, sowie sogenannte synthetische Wandelanleihen, die sich in der Regel aus Anleihen und Optionsscheinen zusammensetzen.

Im zweiten und dritten Schritt erfolgt die konkrete Wertpapierauswahl anhand von Kriterien wie Kapitalsicherung und einer thematischen Aktienauswahl. Im vierten Schritt sollten Anleger das Portfolio nach Gesichtspunkten der Risikokontrolle strukturieren.

Ein Convertible-Portfolio zusammenstellen

Convertibles als Instrument für Investition in Wachstumsbranchen

Mit diesen vier Schritten filtern wir für unsere Convertible-Fonds beispielsweise ein Portfolio mit rund 30 Titeln. Die beiden wichtigsten Themen sind momentan Cloud Computing und Healthcare. Nach unserer Einschätzung wird das Segment Cloud Computing wegen der Kosten- und Geschwindigkeitsvorteile für Unternehmen und Verbraucher weiterhin exponentiell wachsen. Wir sind auch zuversichtlich, dass die Zuwächse bei Gesundheitsausgaben das Wachstum des Bruttoinlandsproduktes in den entwickelten Volkswirtschaften wegen der zunehmenden Bedürfnisse einer alternden Bevölkerung weiter übertreffen werden.

Öl und Gas: zu instabil

Vom Öl- und Gassektor halten wir uns dagegen fern, da wir hier mittelfristig anhaltende Instabilität erwarten. Nicht investiert haben wir derzeit in Unternehmen aus China oder anderen Emerging Markets. Aufgrund der fehlenden Transparenz an diesen Märkten im Hinblick auf die Corporate Governance haben wir nicht viel Vertrauen in diese Märkte.

Wandelanleihefonds im Peergroupvergleich

PORTFOLIO	ISIN	1J	3J (ann)	5J (ann)
UBS (Lux) BS Convt Glbl € USD H Q-acc	LU 049 939 906 0	2.73	7.54	7.54
NN (L) Global Conv Opps I USD	LU 116 517 744 3	2.85	8.14	
Jupiter JGF Convert I USD Acc HSC	LU 052 225 698 0	2.76	5.04	5.42
M&G Global Convertibles USD C-H Acc	GB 00B 8J7 3C0 9	4.07	6.38	
Salar E1 USD	LU 041 496 878 3	0.02	4.71	6.06
Vontobel Global Convertible Bd H USD	FR 001 135 572 6	-0.01	4.75	5.81
UBAM Convertibles Global AHC USD	LU 041 854 7153	-1.68	7.44	
OYSTER Global Convertibles C USD HP	LU 087 157 199 7	-0.97	3.52	4.10
LO Funds – Conv Bd SH (USD) IA	LU 027 364 373 3	0.12	5.63	5.92
RWC Global Convertibles Fund B USD	LU 082 339 540 4	-0.15	5.39	6.00
Parvest Convertible Bd World	LU 082 339 540 4	-2.17	4.55	5.53

Quelle: NNIP Europe, True Peer Report 07-2016, Global Credit: Convertible Bonds (USD): Peergroup: Thomson Reuters Convertible Bond Global Focus USD (hedged)

Fazit

Convertibles: Produktkategorie mit viel Potenzial

Wandelanleihen sind eine interessante Produktkategorie, die gerade im aktuellen Marktumfeld die Vorteile von Aktien und Anleihen gut miteinander kombiniert. Schon eine alte Börsenweisheit sagt: „Es gibt immer jemanden, der einen Grund hat, in Wandelanleihen zu investieren – sei es ein Anleiheinvestor, der höhere Erträge wünscht, oder ein Aktienanleger, dem Sicherheit wichtig ist."

Aus diesen Gründen sollten Anleger auch Wandelanleihen in ein gut austariertes Portfolio beimischen. Um sich den teils aufwändigen Auswahlprozess zu sparen, können Anleger auch auf Wandelanleihen-Fonds setzen. Diese gibt es von verschiedenen Anbietern (vgl. Tabellen-Auszug), die teils unterschiedliche Auswahlprozesse für die einzelnen Titel verfolgen, die in einem solchen Convertible Bond Fonds vereint werden.

» Indexfonds (ETFs) erlauben es auch dem Privatanleger, sich mit wenigen Produkten ein breit gefächertes Anlage-Portfolio aufzubauen. Die Auswahl der einzelnen ETF sowie die Zusammenstellung der optimalen Asset-Allokation ist aber nicht ohne Tücke. Deshalb bietet die Branche jetzt auch verstärkt fertige ETF-Depotmischungen, ETF Dachfonds und automatisierte Vermögensverwaltungen mit ETF-Fonds an. Doch nicht überall, wo ETF draufsteht, ist ETF drin: Viele Fertigprodukte brechen mit dem Prinzip des passiven Managements und damit einem wesentlichen Pluspunkt der Anlageklasse. Wer sich an ETF auf Index-Klassiker hält, kann ein einfaches Portfolio selbst zusammenstellen und so Kosten sparen. Wer sich dennoch für Dach- oder Mischfonds entscheidet, muss prüfen, bevor er sich bindet. «

Einfache Fonds-Strategie

Wie man sich ein ETF-Portfolio baut

Barbara Sternberger-Frey, FUCHSBRIEFE

Gut 40 Jahre sind vergangen, seit John Bogle, der Gründer der amerikanischen Fondsgesellschaft Vanguard Group, den ersten Indexfonds auf den amerikanischen Aktienindex S&P 500 auf dem US-Markt vorstellte – und damit in der Investmentbranche fast eine Revolution auslöste. Denn Fonds, die lediglich einen Marktindex nachbilden und dabei sowohl auf aktives Management als auch auf teures Research komplett verzichten, waren bis dahin vollkommen unbekannt.

Erfolgsgeschichte mit Anlaufschwierigkeiten

In Europa werden mittlerweile rund 6.000 ETF von mehr als 200 Emittenten gehandelt, darunter allein 1.500 ETF, die in Deutschland erhältlich sind. Das verwaltetete Vermögen lag Ende 2015 bei rund 450 Mrd. Euro – Tendenz stark steigend. Befeuert wird der Trend auch durch die Schwächen aktiv gemanagter Fonds. Das Gros der Fondsmanager schafft es nicht, seine Benchmark über einen längeren Zeitraum zu schlagen. Vertraute man der jüngsten Studie des US-amerikanischen Indexanbieters S&P Dow Jones Indices, dann bleiben auf einen Zeitraum von zehn Jahren 86 % von ihnen hinter der Benchmark zurück. Bei einem Betrachtungszeitraum von fünf Jahren sind es noch 80 %.

Fondsmanagement: bestenfalls flüchtige Spitzenwerte

Buffet rät zum Kauf von Indexfonds

Dass es aktiven Fondsmanagern allenfalls temporär, aber niemals dauerhaft gelingen kann, besser als der Gesamtmarkt abzuschneiden, gilt mittlerweile durch diverse wissenschaftliche Studien als belegt. Schuld daran sind einerseits die hohen Kosten und andererseits die Erkenntnis, dass man die Marktentwicklung nun mal nicht vorhersehen kann. Sogar Warren Buffet, einer der profiliertesten Investoren und immerhin der drittreichste Mann der Welt, rät Privatanlegern daher zum Kauf von Indexfonds. Denn ein weltweit breit gefächertes Depot mit ETF verspricht langfristig das beste Chance-Risiko-Profil.

Wer sich ein Portfolio zusammenbauen will, muss bei der ETF-Auswahl einige Punkte beachten. Zwar gilt für die passive Anlagestrategie das Prinzip „keep-it-simple“. Nicht ganz so einfach ist aber die Auswahl der einzelnen ETF. Das liegt teilweise an der schieren Fülle von Indexfonds, die mittlerweile angeboten werden. Längst konkurrieren herkömmliche ETF, die ausschließlich bekannte Börsen- und Rentenmarktindizes wie die MSCI-Indizes, den EuroStoxx oder den REX-P abbilden, mit ETF auf spezielle gemanagte Indizes. Diese werden oft extra für den ETF-Markt konzipiert, verfolgen aber doch wieder aktive Anlagestrategien. Sogar Spekulationen à la Baisse sind damit möglich, selbst Hedgefonds-Strategien werden nachgebildet.

Augen auf bei der Titelwahl

Auswahl der ETF füs Depot als Herausforderung

Solche Spezial-ETF eigenen sich nicht für ein einfaches Buy-and-Hold-Basisdepot. Doch sogar ETF, die gängige Marktindizes abbilden, werden ihrem Anspruch nicht immer gerecht. Oft gibt es erhebliche Renditedifferenzen zwischen dem ETF und dem Index, den dieser ETF möglichst orginalgetreu kopieren soll. Wie groß die Unterschiede sein können, zeigt ein Vergleich der großen börsengehandelten Indexfonds auf den Deutschen Aktienindex DAX. So konnte der Lyxor DAX-ETF (ISIN LU 025 263 375 4) in den letzten fünf Jahren im Schnitt eine Rendite von 13,40 % pro Jahr erzielen und mit einem Plus von 0,08 % sogar einen Tick besser als der DAX selbst abschneiden. Der db x-trackers DAX-ETF (ISIN LU 027 421 148 0) brachte es im gleichen Zeitraum dagegen nur auf 12,84 %.

Ein Grund für solche Unterschiede sind auch bei ETF die Kosten. „Grundsätzlich erhalten Anleger bei ETF immer die Marktrendite minus Kosten“, sagt Sascha Werner, ETF-Analyst bei Moventum Asset Management. Die fondsinternen Kosten (TER) variieren auch bei Indexfonds. Bei DAX-ETF liegt die Spannbreite der TER zwischen 0,08 % und 0,16 %. Bei ETF auf Emerging Markets können Unterschiede sogar von 0,20 % bis 1,05 % reichen.

Steuertransparenz als Profi-Auswahlkriterium

Verfahren der Indexnachbildung hat Einfluss auf die Rendite

Einfluss auf die Rendite haben daneben auch das Verfahren, mit dem der ETF seinen Index nachbildet, der Umgang mit ausgeschütteten und reinvestierten Dividenden und die Besteuerung. ETF, die in Deutschland aufgelegt werden, gelten durchweg als „steuertransparent“. Das muss bei Fonds, die ihr Domizil in Luxemburg oder Irland haben, nicht immer der Fall sein. Dann kann es für deutsche Anleger kompliziert werden. Weist die Fondsgesellschaft reinvestierte Dividenden oder sonstige Erträge nicht aus, müssen Anleger schlimmstenfalls selbst bei der Fondsgesellschaft nachfragen, um den Anforderungen des deutschen Fiskus zu genügen. Investmentprofis kaufen daher nur steuertransparente Fonds.

Daneben sind Renditedifferenzen ein entscheidendes Kriterium bei der ETF-Auswahl. Welche ETFs in diesem Punkt überzeugen, können Privatanleger bei Bedarf auf Internetportalen wie Morningstar erfahren. Das ETF-Fachportal Justetf bietet Anlegern nicht nur jede Menge kostenfreier Informationen rund um die Indexanlage, sondern auch kostenpflichtige Informationen bis hin zu fundierten Strategieplanern.

Basis-Depot aus ETF-Klassikern

Ein ETF-Basis-Depot lässt sich schon mit den ETF-Klassikern auf führende Börsenindizes zusammenstellen. Eine gute Anregung für die optimale Anlagemischung liefert der Norwegische Staatsfonds (www.nbim.no), der momentan zu 59,6 % in weltweite Aktien, zu 37,4 % in Zinspapiere mit einer breiten Streuung über verschiedene Risikoklassen und Währungen sowie zu 3,1 % in Immobilien investiert ist. Mit diesem Mix hat der rund 800 Mrd. Euro schwere Staatsfonds in den letzten 16 Jahren durchschnittlich immerhin 5,89 % Rendite p. a. erzielt.

Fertiges Portfolio erwerben – eine Alternative?

Muster-Depots und Online-Vermögensverwalter helfen weiter.

Wer sich sein ETF-Portfolio nicht selbst zusammenstellen will, kann auch auf fix und fertige Musterdepots wie ETF-Mischfonds und ETF-Dachfonds zurückgreifen oder über Online-Vermögensverwaltungen, kurz Robo-Advisor genannt, komplett automatisierte Portfolios mit automatischem Rebalancing erwerben. Die Dachfonds sind dabei auf den ersten Blick eine besonders bequeme Alternative für Anleger. Denn der Fondsmanager übernimmt die Vermögensaufteilung und die Auswahl der passenden ETF. Das klingt zunächst vielversprechend.

Allerdings verliert das ETF-Depot im Mantel eines Dachfonds viel von seinem Charme. Denn Dachfonds sind teuer. Sie enthalten neben Vertriebskosten auch die Gebühren für das Fondsmanagement, weisen also die für Dachfonds typische doppelte Kostenstruktur auf. Hinzu kommt, dass die Einschaltung eines Dachfondsmanagers wieder ein Risiko ins Depot bringt, das ETF-Anleger eigentlich ausschalten wollen: das Managementrisiko. Im Grunde genommen sind aktiv gemanagte ETF-Dachfonds daher eigentlich eine Mogelpackung. Mit einer schlanken, kostengünstigen und vor allem passiven Indexanlage haben sie nicht mehr viel zu tun.

ETF-Mischfonds als Komplett-Lösung

Anders sieht es bei ETF-Mischfonds aus. Denn der Asset-Mix wird bei Auflage festgelegt, später gibt es nur ein regelmäßiges Rebalancing. Anpassungen der Asset-Allokation an veränderte Marktverhältnisse und ähnliche Managementeingriffe sind meist tabu. Als Komplettlösungen nehmen ETF-Mischfonds Anlegern daher vor allem die Aufgabe ab, die optimale Titelauswahl für eine langfristige „Buy-and-Hold-Anlagestrategie" zu treffen und das Depot mit den passenden, kostengünstigen und transparenten ETF zu bestücken.

Mischfonds-Vorteile sind teuer erkauft

Natürlich ist auch dieser Service nicht umsonst. Mit einer TER von 0,5 % bis 0,75 % sind die Musterportfolios durchweg teurer als ein selbst zusammengestelltes ETF Portefeuille, das schon ab 0,1 bis 0,3 % an jährlichen Kosten zu haben ist. Darüber hinaus variieren die Musterdepots je nach Anbieter.

Beim Comstage Vermögensstrategie UCITS ETF (ISIN DE000ETF 7011) machen Aktien-ETF 60 % des Fondsvermögens aus, Renten-ETF 30 % und Rohstoffe 10 %. Das Kapital wird über sechs Aktien-, drei Bonds- und einen Rohstoff-ETF breit gestreut Das klingt nach einer optimalen Allokation für die Langfristanlage. Trotz prinzipiell weltweiter Ausrichtung hat dieser Fonds seinen Anlageschwerpunkt allerdings in Europa. Denn 25 % des Aktienanteils entfallen auf den Stoxx 600, weitere 20 % auf den DAX und nur 25 auf US-Aktien. Zum Vergleich: Im MSCI-World-Index, der typischen Benchmark für ein internationales Depot, machen US-Titel immerhin 60 % des Index aus.

Einer der besten Mischfonds: der ARERO-Weltfonds

Der ARERO Weltfonds (LU 0360863863) dagegen, der vor fünf Jahren vom Mannheimer Professor und Kapitalanlageexperten Manfred Weber initiiert wurde, ist ebenfalls für die Langfristanlage konzipiert. Von der Grundidee her investierten Anleger daher in ein ähnlich breit gestreutes Depot wie beim Comstage-ETF. Zugleich sind sie aber sehr viel internationaler aufgestellt. Denn beim ARERO Weltfonds haben neben nordamerikanischen Aktien auch Emerging Markets und asiatische Titel ein hohes Gewicht. Litt der Fonds im vergangenen Jahr noch unter der Schwäche der Emerging Markets und der Rohstoffe, konnte er das seit Jahreswechsel mehr als wettmachen und zu einem der besten Mischfonds reüssieren.

ARERO: verdienen am BIP

Im Unterschied zu den anderen ETF-Mischfonds handelt es sich beim ARERO Weltfonds allerdings strenggenommen nicht um ein echtes ETF-Depot. Denn die Indizes werden lediglich über Swaps abgebildet. In seiner Grundidee sowie dank Verzicht auf Market Timing und Stockpicking folgt der Fonds aber strikt dem Prinzip einer passiv gemanagten Indexanlage. Daher ist er mit den anderen ETF-Mischfonds vergleichbar. Darüber hinaus wurde die Asset-Allokation in langjährigen historischen Studien entwickelt und soll den wissentschaftlich fundierten, optimalen Mix für eine Langfristanlage widerspiegeln. Einmal jährlich wird ein Rebalancing vorgenommen. Ansonsten verdienen Anleger immer entsprechend der nach realer Wirtschaftskraft (Anteil am Weltbruttoinlandsprodukt BIP) gewichteten Indizes.

UBS ETF MAP Balanced 7 F: vielseitiger Mix

Die (vielseitige) Mischung macht´s.

Auch der UBS ETF MAP Balanced 7 SF (ISIN IE 00B 95F FX0 4) legt in einen Mix aus Aktien, Renten und Rohstoffen an, wobei uch in Cash-ähnliche Instrumente umgeschichtet wird. Das Mulit Asset Portfolio (MAP) mit der Zahl „7" im Fondsnamen investiert ähnlich wie der ARERO Weltfonds in Swaps, allerdings volatilitätsgesteuert. Denn die Schwankung dieses ETF-Mischfonds soll 7,0 % nicht übersteigen. Daher kann die Asset-Allokation unterjährig stark variieren. Bei Aktien sind Spannweiten von 0 % bis 40 %, bei Rohstoffen 0 % bis 35 % und bei Zinspapieren und Futures auf Zinstitel sogar bis zu 80 % zulässig.

Starke Schwankungen, verleichsweise schwache Performance

Einmal jährlich wird der Anlagemix ausbalanciert. Nimmt man die Zielvolatilität zum Maßstab, war der UBS-ETF bislang nicht erfolgreich: In den vergangenen drei Jahren schwankte der Fonds um 9,9 % p.a. Das ist deutlich mehr als die angestrebten 7,0 %. Auch die Performance war mit 2,48 % im Drei-Jahres-Durchschnitt vergleichsweise schwach. Zwei weitere, weltweit anlegende ETF-Mischfonds von der Deutschen Bank verfolgen allerdings auch keine strikte „Buy-and-Hold-Anlagestrategie", denn in den Anlagemix kann immer wieder eingegriffen werden.

db x-trackers Portfolio Total Return: ausgewogene Strategie

Der schon vor rund 8 Jahren aufgelegte db x-trackers Portfolio Total Return (ISIN LU 039 722 194 5) verfolgt eine ausgewogene Strategie. Beim db x-trackers Portfolio Income (ISIN IE 00B 3Y8 D01 1) handelt es sich dagegen um einen defensiven EUR-Mischfonds. Dementsprechend stecken 5 % bis 30 % des Fondsvermögens in Aktien. Der Rest wird in Zinspapieren investiert, Rohstoffe sind bis zu 10 % tolerabel.

Offensiv ausgerichtet: db x-trackers

Der db x-trackers Portfolio Total Return ist deutlich offensiver ausgerichtet. Hier können 30 % bis 70 % in Aktien und in gleicher Höhe in Anleihen investiert werden, wobei Zinspapiere über alle Risikoklassen und Währungen verteilt sind. Auf Rohstoffe wird beim Total Return Fonds dagegen verzichtet. Die entsprechenden Marktindizes werden zudem – anders als beim Income Portfolio – über Swaps abgebildet.

Beide Fonds wollen primär in Anlageklassen investiert sein, die die höchsten Risikoprämien versprechen. Aus diesem Grund wenden sie neue Erkenntnisse aus der Kapitalmarktforschung an. Bislang sind sie damit nicht schlecht gefahren. Aber die Anlagestrategie ist nicht unumstritten, da sie von der Grundidee das passiven Investments abweicht.

Robo-Advisor: Anbieter sorgfältg prüfen

Robo-Advosor: Computergesteuerte ETF-Fonds-Verwaltung

Robo-Advisor verstehen sich dagegen als Komplettanbieter einer computergesteuerten ETF-Fonds-Vermögensverwaltung. Entsprechend werden Anleger via Internet durch einen Fragenkatalog zu Alter, Vermögen, Anlagedauer und Risikobereitschaft geschleust. Auf dessen Basis wird eine passende Depotmischung auf Basis gewichteter ETF empfohle. Die kann per Klick vom jeweiligen Advisor direkt verwaltet werden lassen. Umschichtungen bzw. Rebalancing sind in dem Paket mit enthalten. Bei manchen Anbietern, wie z. B. Scalable, ist sogar eine automatisierte Risikosteuerung mit eingeschlossen. Auch dieser Service ist mit laufenden Kosten von 0,4 % bis 1,4 % pro Jahr zuzüglich interne Fondskosten nicht ganz billig, dafür aber außerordentlich bequem. Zudem zeigt die Wertentwicklung, dass sich einige der noch jungen Anbieter, zu denen Scalable zählt, auch in schwierigen Marktphasen wie zur Zeit des Brexit-Votums außerordentlich gut geschlagen haben.

Anbieter-Auswahl: Vertrauen ist gut, Kontrolle ist besser

Das Problem: In dem noch jungen Markt der Robo-Advisor gibt es auch Anbieter, die nicht nur auf ETF, sondern auch auf aktiv gemanagte Fonds sowie risikoreichere und oft illiquide Alternativanlagen wie Crowd Investing, CFD und Factoringgeschäfte setzen. Und obwohl sie laut Werbung eine Vermögensverwaltung versprechen, versuchen sie sich im Kleingedruckten der Verträge bisweilen aus der Haftung zu stehlen. Anleger sollten daher vor Vertragsabschluss immer sorgfältig prüfen, wem sie ihr Geld anvertrauen – und sicherstellen, dass der Anbieter alle Auflagen der BaFin für Robo-Advisor auch erfüllt.

Die besten Fonds für 2017 in einem Depot

FONDS	ANLAGESCHWERPUNKT	ISIN	VOLUMEN	ANTEIL*	WERTENTWICKLUNG**		
DEPOTABSICHERUNG					lfd. Jahre	1 J	3 J
Deutsche Börse Xetra-Gold ETC	Gold	DE000A0S9GB0	3913,12 Mio. €	6,00%	20,10	18,36	6,01
db x-trackers db Hedge Fund Index UCITS ETF	Hedge Fonds	LU0328476337	223,02 Mio €	3,50%	-3,50	-5,34	-2,04
iShares Listed Private Equity UCITS ETF (EUR)	Beteiligungen/Private Equity	IE00B1TXHL60	359,18 Mio. $	9,50%	2,80	0,39	5,78
RENTENFONDS					6 M	1 J	3 J
iShares Core Euro Corporate Bond UCITS ETF	Unternehmensanleihen	IE00B3F81R35	7614,36 Mio. €	3,50%	3,78	4,75	2,73
db x-trackers II Emerg Markets Liqu. Eurobd. UCITS ETF	Emerging Markets Anleihen	LU0321462953	487,99 Mio. €	2,00%	9,03	8,53	6,03
iShares J.P. Morgan $ Emerging Markets Bond	Emerg. Markets Anl., Euro opt.	IE00B2NPKV68	6293,07 Mio $	3,00%	5,82	7,78	8,48
Multizins-INVEST	Anleihen Osteuropa	DE0009786061	309,51 Mio €	4,00%	4,11	1,72	4,17
Nomura Real Return Fonds	EU-Staatsanleihen, inflat.ges.	DE0008484361	155,53 Mio €	3,50%	-0,46	5,2	4,31
iShares eb.rexx® Government Germany 2.5-5.5 (DE)	deutsche Staatsanleihen	DE0006289499	337,80 Mio.€	3,00%	4,67	5,86	5,52
AKTIENFONDS					lfd. Jahre	1 J	3 J
db x-trackers MSCI World Index UCITS ETF 1C (EUR)	Aktien, Global	LU0274208692	2492,07 Mio. $	3,00%	-0,07	5,95	13,35
ComStage MSCI Europe Small Cap TRN UCITS ETF (EUR)	Aktien Europa, Small Caps	LU0392496344	47,43 Mio. $	2,00%	-3,96	1,55	10,68
Carmingnax Emergent A EUR acc	Aktien Emerging Markets	FR0010149302	1216,58 Mio €	2,00%	4,18	11,10	5,54
Amundi ETF MSCI Europe ex EMU UCITS ETF (EUR)	Aktien Europa	FR0010821819	303,16 Mio €	5,00%	-4,87	-4,16	4,71
iShares MSCI Europe UCITS ETF (Acc) (EUR)	Aktien Europa	IE00B4K48X80	504,86 Mio €	5,00%	-5,57	-3,76	4,90
iShares STOXX Europe Sel. Div. 30 UCITS ETF (DE) (EUR)	Aktien Europa divi.orientiert	DE0002635299	517,99 Mio €	5,50%	-3,86	0,01	7,72
iShares Dow Jones U.S. Select Dividend (DE) Inc (EUR)	Aktien USA	DE000A0D8Q49	357,34 Mio €	5,00%	7,75	16,18	14,83
Delaware Invmts US Lg Cp Val I USD Acc	Aktien USA	IE00B29QBH63	188,54 Mio $	5,00%	5,81	14,22	16,08
iShares Global Timber & Forestry UCITS ETF (EUR)	Aktien Rohstoffe, Holz	IE00B27YCF74	74,37 Mio $	1,50%	-2,28	2,74	4,54
Lyxor UCITS ETF World Water D-EUR	Aktien Rohstoffe, Wasser	FR0010527275	411,49 Mio €	4,00%	6,36	15,22	16,54
db x-trackers FTSE EPRA/NAREIT Developed Europe Real Estate UCITS ETF (DR) 1C (EUR	Immobilienaktien Europa	LU0489337690	335,94 Mio.€	4,00%	-3,69	1,27	14,46
IMMOBILIENFONDS					lfd. Jahre	1 J	3 J
WERTGRUND WohnSelect D	Immobilienfonds Europa	DE000A1CUAY0	316,48 Mio €	7,00%	3,09	4,31	5,62
KUNST				5,00%			
LIQUIDITÄT				8,00%			

*Quelle: Morningstar; * Anteil am Fondsdepot, ** Stand: 16.09.2016*

» Lange galten die Schwellenländer als die großen Lieblinge der Anleger. Doch dann kam die Finanzkrise der Jahre 2008/09 und die Schwellenländer fielen in Ungnade bei den Investoren. Seit dem Jahr 2010 hinken die Schwellenländer-Börsen der Wertentwicklung der boomenden Industrieländer-Börsen hinterher. Doch allmählich dreht sich der Wind an den Börsen wieder und die Anleger wenden sich wieder Schwellenländern zu. Das ist einerseits dem Anlagenotstand geschuldet. Auf der anderen Seite ist an den Märkten regelmäßig ein Favoritenwechsel zu beobachten. Von dem dürften einige Schwellenländer auch im nächsten Jahr noch deutlich profitieren. Die allmähliche Verbesserung der Fundamentaldaten wird für ein Comeback der Schwellenländer-Aktien sorgen. Am einfachsten können Anleger mit guten Fonds am Schwellenländer-Revival teilhaben. «

Schwellenländer-Revival
Aufstrebende Märkte im Fokus

Rolf Kuster, VP Bank

Die Schwellenländer profitieren von einigen Faktoren, die ihre Börsen auch im nächsten Jahr weiter anschieben werden. Einerseits drückt das global billige Geld weiter in die Märkte. Das stützt die Konjunktur und schiebt die Aktienkurse an. Die Verbesserungen zeigen sich in den Wachstumszahlen einiger Schwellenländer deutlich. Besonders in Asien übertreffen die jüngsten makroökonomischen Daten die Erwartungen der meisten Ökonomen.

Risikoappetit der Investoren wächst wieder

Keine nachhaltige Verunsicherung durch Brexit-Votum

Andererseits werden viele Investoren wieder grundsätzlich risikofreudiger. Das war nach dem überraschenden Brexit-Votum der Briten zu beobachten. Obwohl die Finanzmärkte an diversen Stellen kurz und heftig ausschlugen, haben sie ihre Erregungs-Spitzen schnell wieder abgebaut. Besonders bemerkenswert: Nur wenige Wochen nach dem Entscheid der Briten, die Europäische Union zu verlassen, ist das Angstbarometer der Börsen, der Volatilitätsindex (VIX), auf ein Zehn-Jahres-Tief zurückgegangen. Das zeigt: Die Anleger waren vom Ausgang offenbar überrascht. Langfristig nervös macht die Perspektive aber niemanden mehr. Die Unsicherheit war vor dem Votum deutlich größer.

Anleger vertrauen auf die Notenbanken

Dass die Anleger sich durch den Brexit und andere Überraschungen – vielleicht auch die US-Präsidentenwahl – nicht mehr so leicht nervös machen lassen, liegt auch wesentlich an den Notenbanken. Die Investoren vertrauen schlicht darauf, dass die Währungshüter mit ihren Maßnahmen wie niedrigen Zinsen und Anleihenkäufen größere Unfälle an den Märkten vermeiden werden. Vor diesem Hintergrund wird auch der Kauf riskanterer Anlagen als weniger gefährlich empfunden.

Dieser wachsende Risiko-Appetit zeigt sich deutlich an den Schwellenländer-Börsen. Nach einer drei Jahre andauernden Durststrecke notiert der Schwellenländerindex MSCI Emerging Markets in Euro gerechnet knapp im zweistelligen Plus-Bereich. Das deutsche Börsenbarometer DAX lag im Herbst 2016 hingegen noch knapp unter dem Niveau vom Jahresanfang. Mit einer Outperformance von rund 10 % gegenüber ihren Pendants aus den Industrienationen müssen Schwellenländeraktien also derzeit kaum einen Vergleich fürchten.

Schwellenländer wieder en vogue

Wer genau hinschaut, der wird sehen, dass an den Märkten ein Favoritenwechsel bevorstehen könnte. Das verdeutlichen die Daten des Analyseanbieters ECR Research. Während zunehmend mehr Banken grundsätzlich zur Vorsicht bei Aktieninvestitionen in den klassischen Märkten raten, werden Schwellenländeraktien zusehends als attraktiv eingestuft. Gemäss der Bank HSBC kaufen derzeit besonders institutionelle Anleger wieder vermehrt Aktien aus China und Co.

Investoren gewinnen bei Schwellenländern ihren Optimismus zurück

Der zunehmende Optimismus scheint sich zuerst bei professionellen Anlegern zu etablieren und langsam wieder Bahn zu brechen. Wie ein Blick auf die anhaltenden Abflüsse aus klassischen Fondstranchen verdeutlicht, überwiegt bei Privatinvestoren weiterhin die Angst vor einer anhaltenden Rezession in Brasilien oder einer nachhaltigen Wachstumsabschwächung in China. Oftmals ist an den Börsen der Trend zu beobachten, dass zunächst erst professionelle Anleger investieren, bevor das Gros der Anlegerschaft dem neuen Trend folgt.

Das aktuelle Umdenken vieler professioneller Anleger lässt sich fundamental begründen. Auch wenn Schwellenländeraktien nicht mehr per se als günstig gelten, weisen sie im Vergleich zu ihren Konkurrenten aus den Industrienationen noch einen Bewertungsabschlag auf.

Schwellenländer sind relativ preiswert

Interessantes Kurs-Gewinn-Verhältnis

Ein vergleichender Blick auf die Bewertungen verdeutlicht den relativen Preisvorteil vieler Emerging Markets. Hier ist besonders das Kurs-Gewinn-Verhältnis (KGV) interessant. Es setzt den aktuellen Kurs in Relation zum künftigen Gewinnwachstum. Ein besonders tiefer Wert bedeutet, dass der Titel in Bezug auf das künftige Gewinnwachstum günstig erworben werden kann. Ein hoher Wert sagt aus, dass der entsprechende Wert eher teuer ist.

Ein Vergleich der KGV zwischen Industrie- und Schwellenländern zeigt, dass diese im Herbst 2016 noch verhältnismäßig preiswert sind.

Per Ende August ist für die Schwellenländer mit einem Gewinnwachstum von 6,6 % für 2016 zu rechnen. Das KGV liegt dafür bei rund 12. Die Industrieländermärkte weisen aber mittlerweile ein KGV von immerhin 16 aus, bei einem Gewinnwachstum von beinahe 0 %.

Im Jahr 2017 werden sich die Gewichte noch weiter in Richtung Schwellenländer verschieben. Die Analysten rechnen mit einem durchschnittlichen Gewinnwachstum von rund 13 %. Das wäre eine deutliche Beschleunigung. Dahinter stehen vor allem Verbesserungen der wirtschaftlichen Lage in Russland und Brasilien. Beide Länder dürften ihre Rezession hinter sich lassen.

Welche Märkte sind lukrativ?

ETFs als Anlagemöglichkeit

Anleger haben viele Möglichkeiten, in Schwellenländer zu investieren. Dafür können sie beispielsweise einen kostengünstigen passiven Anlageansatz wählen. So bieten sich börsengehandelte Indexfonds (ETF) für ein preiswertes Investment in spezielle Märkte an. Die ETFs bilden die zugrundeliegenden Märkte 1 zu 1 ab. Daneben können Anleger auch aktive Fonds wählen, bei denen Fondsmanager mit entsprechender Expertise selbstständig Titel auswählen, in die der Fonds investiert.

Zentrale Herausforderung: die Länderselektion

Zentral ist für Anleger die Länderselektion. Der Indexanbieter MSCI unterscheidet Schwellenländer in einer ersten Stufe grob nach den Regionen Lateinamerika und Asien sowie Europa, Mittlerer Osten und Afrika (EMEA). Die Region Asien gilt als mit Abstand die wichtigste. Auf diese Region entfallen 70 % des Gesamtindex (MSCI Emerging Markets). Aufgrund unserer aktuellen Rohöleinschätzung und einer zu beobachtenden Verteuerung der Bewertungen nach der Rally in Lateinamerika bevorzugen wir diese Region für das nächste Jahr. Hier sehen wir z. B. ein überdurchschnittliches Renditepotenzial bei den Philippinen. Aus Gründen der Risikostreuung sollten Anleger aber nicht in ein einzelnes Land investieren.

Empfehlenswerte Fonds

Name	ISIN	Anlageschwerpunkt
iShares Core MSCI Emerging Markets IMI	IE 00B KM4 GZ6 6	Schwellenländer, inkl. kleinkapitalisierte Werte
J O Hambro Asia ex Japan	IE 00B 411 4S5 3	Asiatische Schwellenländer
VP China Consumer Basket	CH 030 100 174 6	Aktien, welche vom chinesischen Konsum profitieren

Quelle: vpbank

» Sicherheit und Rendite sind die gesuchten Kerneigenschaften aller Investoren. Aber angesichts des Niedrigzinsumfeldes bis hin zum Negativzinsumfeld müssen die Ansprüche an die Renditeerwartungen überdacht werden. Aus dem risikolosen Zins für Bundesanleihen ist inzwischen weitgehend eine Versicherungsprämie geworden. Insbesonder konservative Investoren wie Vermögensverwalter suchen angesichts des Niedrigzinsumfeldes und zunehmend schwankender Aktienmärkte eine Kombination aus Werterhalt und kalkulierbarer Ertragschance. Die Auszahlungsprofile von Express-Zertifikaten kommen diesen Wünschen entgegen. «

Express-Zertifikate

Mit Tempo zum Ziel

Nicolai Tietze, Deutsche Bank AG

Wer Ende 2007 ein Renditeziel von vier Prozent für 2008 erreichen wollte, legte sein Geld einfach in einer Bundesanleihe mit einjähriger Restlaufzeit an. Das sieht jetzt ganz anders aus. Im September 2016 lag die Rendite für einjährige Bundesanleihen bei minus 0,4 %. Während 2007 der risikolose Zins also rund 4 % betrug, kostet Sicherheit heute 0,4 %.

Folge der Niedrig-Zinsen: Anleihen werfen kaum Rendite ab

Die seit Jahren anhaltende Niedrigzinspolitik der großen Notenbanken – in Europa durch die Europäischen Zentralbank (EZB), in den USA durch die Fed, in Japan durch die BoJ – und das offensichtliche Kapitalüberangebot weltweit haben dazu geführt, dass Anleihen mit bester oder guter Bonität kaum noch Rendite abwerfen. Damit decken sie die niedrige Inflationsrate kaum noch ab. Dieser Zustand scheint im Euro-Raum auf absehbare Zeit unverändert bestehen zu bleiben.

Auf der Suche nach dem richtigen Chance-Risiko-Mix

Aktien sind keine echte Alternative

In diesem Umfeld müssen Investoren ihre Anlageentscheidungen treffen und einen guten Mix zwischen Chance und Risiko finden. Anleihen sind zwar wenig attraktiv. Der Sprung auf die Aktienseite ist für viele Investoren aus den unterschiedlichsten Gründen aber auch keine Option. Insbesondere die relativ hohen Schwankungsbreiten schrecken gerade konservative Anleger ab. Auch andere Anlageklassen und -regionen, wie z. B. Fremdwährungen, Rohstoffe oder Wertpapiere aus Emerging Markets, gelten diesen Anlegern oft als zu riskant. Hinzu kommt, dass der Research- und Betreuungsaufwand für ein derart breit diversifiziertes Portfolio relativ groß sein kann.

Den aktuellen Bedürfnissen nach relativer Sicherheit und einer Rendite über der Inflationsrate kommen Express-Zertifikate sehr nahe. Seit mehr als zehn Jahren werden sie emittiert und sind inzwischen fest am Markt etabliert. In den vergangenen Jahren ist das ausstehende Volumen dieser Produktgattung stetig gewachsen. Insbesondere wegen ihrer oft konservativen Ausgestaltungen und ihres einfachen Auszahlungsprofiles sind Express-Zertifikate gerade auch bei Vermögensverwaltern beliebt.

So funktioniert ein Express-Zertifikat

Express-Zertifikate: feste Laufzeit, fixierte Bewertungstage

Ein Express-Zertifikat ist eine Inhaberschuldverschreibung und bezieht sich stets auf einen Basiswert. Meist ist das ein Index (z. B. der Euro Stoxx 50) oder eine beliebige Aktie. Express-Zertifikate haben eine festgelegte Laufzeit und fixierte Bewertungstage, die in der Regel jährlich stattfinden. An diesen Tagen wird während der Laufzeit des Zertifikates der jeweils aktuelle Stand des Basiswertes betrachtet.

Bewertungstage entscheiden über Zinsrückzahlung.

Die Bewertungstage haben eine wichtige Funktion. Sie entscheiden darüber, ob das Express-Zertifikat mit Zinsen zurückgezahlt wird oder ob das Papier weiterläuft. Liegt der Basiswert am Bewertungstag auf oder über der sogenannten Einlösungsschwelle, wird das Zertifikat vorzeitig getilgt und der Anleger erhält den Einlösungsbetrag, also seinen Kapitaleinsatz plus eine Verzinsung, zurückgezahlt. Die Einlösungsschwelle wird bei der Emission des Zertifikats definiert. Wird die Einlösungsschwelle dagegen nicht erreicht, läuft das Zertifikat ein Jahr weiter. So besteht am zweiten Bewertungstag eine weitere Chance auf eine vorzeitige Rückzahlung. Erreicht das Express-Zertifikat sein vorab definiertes Laufzeitende, erfolgt ein letzter Blick auf die definierte Einlösungsschwelle. Diese entscheidet dann über die Rückzahlung eines zuvor festgelegten Betrages. Liegt der Basispreis über der Einlösungsschwelle, bekommen Anleger Kapital und Verzinsung ausgezahlt.

Schließt der Basiswert am letzten Bewertungstag jedoch unter der Einlösungsschwelle, aber über einer vorher festgelegten Barriere, erfolgt die Rückzahlung zum Ausgabepreis, der oft bei 100 Euro liegt. In diesem Fall hätte der Anleger mit dem Zertifikat keinen Gewinn gemacht. Notiert der Basiswert am Laufzeitende unter der Barriere, richtet sich die Rückzahlung des Zertifikates nach der prozentualen Wertentwicklung des Basiswertes zum Laufzeitende. Das kann dann auch einen Verlust für den Anleger bedeuten.

Mit einem Express-Zertifikat setzen Anleger also auf das Erreichen vorab definierter Kursziele zum Bewertungsstichtag. Geschieht dies, locken ordentliche Renditen. Ein Kapitalverlust droht, wenn sich der Basiswert entgegen der im Zertifikat definierten Eckdaten entwickelt und seine untere Barriere zum Laufzeitende unterschreitet (vgl. Tabelle).

Längere Laufzeit bei Kursrückgang

Beispielrechnung zum Express-Zertifikat

Rechnen wir das Szenario für ein Express-Zertifikat auf den Euro Stoxx 50 beispielhaft durch. Ein solches Wertpapier hat eine feste Laufzeit von meist drei bis fünf Jahren und einen jährlichen Beobachtungstermin. Der Euro Stoxx 50 notierte bei Emission des Express-Zertifikats bei 3.000 Punkten. Auszahlungsbedingung ist: Sollte der Index an einem Beobachtungstermin auf oder über 3.000 Punkten notieren, erhält der Anleger eine Rendite von beispielsweise 6 % und das Zertifikat wird vorzeitig zurückgezahlt. Der Anleger bekommt folglich sowohl sein eingesetztes Kapital als auch eine Prämie ausgezahlt. Notiert der Euro Stoxx 50 am Bewertungstag unter 3.000 Punkten, läuft das Produkt weiter bis zum nächsten Beobachtungstermin. Die Rendite bleibt dabei über den Zeitraum gleich und würde beispielweise am zweiten Beobachtungstermin bei insgesamt 12 % liegen.

Nominalwert bei den meisten Express-Zertifikaten: 100 Euro

Die Barriere unseres Beispiel-Zertifikats liegt bei 60 % des Anfangsreferenzwerts (3.000 Punkte). Das bedeutet: Notiert der Index am letzten Bewertungstag bei 1.801 Punkten, erhält der Anleger den Nominalwert des Zertifikats zurückgezahlt. Bei den meisten Express-Zertifikaten ist dieser Nominalwert bei 100 Euro. Er bekommt dann zwar keine Rendite, erleidet aber auch keinen Verlust.

Sollte also der Euro Stoxx 50 am finalen Bewertungstag dagegen unter die Barriere von 1.800 Punkten gefallen sein, bildet das Zertifikat die negative Entwicklung des Euro Stoxx 50 eins zu eins nach.

Auszahlungsprofil eines Express-Zertifikates

BEOBACHTUNGS-ZEITPUNKT	EINLÖSUNGSSCHWELLE	EINLÖSUNGSBETRAG
Nach 1 Jahr	3.000 Punkte	106,00 €
Nach 2 Jahren	3.000 Punkte	112,00 €
Nach 3 Jahren	3.000 Punkte	118,00 €
Nach 4 Jahren	3.000 Punkte	124,00 €
Nach 5 Jahren	3.000 Punkte	50,00 €
Nach 5 Jahren	*Basiswert = 1.500 Punkte*	
Nach 5 Jahren	1.800 ≤ Basiswert < 3.000	100,00 €

Quelle: X-markets

Seitwärtsmärkte bevorzugt

Überzeugend in leicht ansteigenden Seitwärts-Märkten

Express-Zertifikate können vor allem in seitwärts und leicht steigenden Märkten voll überzeugen. In diesen beiden Marktphasen schneidet der Zertifikate-Besitzer bei positiver Rendite weit besser ab als der Aktionär. Selbst in leicht fallenden Märkten bis zur Barriere sieht es für ihn im Vergleich zum Aktionär besser aus, da er bis auf einen eventuell gezahlten Ausgabeaufschlag keinen Verlust erleidet. In stark fallenden Märkten stimmt die Zertifikate-Auszahlung am Laufzeitende mit jener der Aktien-Anleger überein. Das bedeutet, dass der Aktionär nur in stärker steigenden Märkten besser abschneidet, aber dafür auch in der Bandbreite bis zur Barriere ein deutlich höheres Verlustrisiko tragen muss.

Zinsen auch bei leicht rückläufigen Märkten

Memory-Express-Zertifikate: Zahlung geht nicht verloren.

Eine Besonderheit sind Memory-Express-Zertifikate, auch Kupon-Zertifikate genannt. Diese dürften gerade unter den aktuellen Kapitalmarktbedingungen interessant sein. Der Unterschied zu klassischen Express-Zertifikaten besteht darin, dass eine vorher definierte jährliche Zahlung auch dann erfolgt, wenn die Einlösungsschwelle nicht erreicht wird. Das Memory-Express-Zertifikat muss nur über der sogenannten Zinsschwelle notieren. Diese liegt bei Emission generell unterhalb des aktuellen Kurses des Basiswertes. Sollte nun der Fall eintreten, dass der Basiswert am Bewertungsstichtag unter der Zinsschwelle liegt, ist die Zahlung dennoch nicht verloren. Sobald die Schwelle an einem der nächsten Stichtage unberührt bleibt, wird auch diese Zahlung nachgeholt.

Ein Beispiel: Ein Memory-Express-Zertifikat auf den DAX (Emissionspreis 100 Euro) läuft bis zum 18. Dezember 2018. Der jährliche Bewertungstag ist jeweils der 19. Dezember, die Zinsschwelle liegt bei 7.900 Punkten im DAX. Ob es nun eine Zinszahlung gibt, hängt davon ab, ob der DAX an einem der jährlichen Bewertungstage mindestens die Schwelle von 7.900 Punkten erreicht. Ist dies der Fall, erfolgt eine Zinszahlung in Höhe von 3,80 Euro je 100 Euro (3,8 %).

Liegt der DAX an einem der Bewertungstage unter 7.900 Zählern, entfällt die Zinszahlung. Der Anleger hat jedoch die Chance, dass diese Zinszahlung nachgeholt wird, sobald an einem der nachfolgenden Bewertungstage der DAX wieder bei mindestens 7.900 Punkten schließt. Dann erhält er die Zinszahlung aus dem aktuellen Jahr plus die Zinsen aus dem Vorjahr. In der Summe können über die ganze Laufzeit also

11,40 Euro ausbezahlt werden. Allerdings: Wird die Zinsschwelle auch am letzten Bewertungstag nicht erreicht, entfallen die Zinsen komplett.

Memory-Express-Zertifikate vorzeitig rückzahlbar

Wie bei klassischen Express-Zertifikaten können auch Memory-Express-Zertifikate vorzeitig zurückgezahlt werden. Das geschieht dann, wenn der Basiswert eine vorab definierte Einlösungsschwelle erreicht oder übersteigt. Diese liegt in unserem Beispiel beim DAX bei 11.000 Punkten. Solange diese Schwelle an einem der Bewertungstage nicht erreicht ist, läuft das Zertifikat ein weiteres Jahr.

Am letzten Bewertungstag ist entscheidend, dass der DAX mindestens auf der Barriere von 7.900 Punkten schließt, damit das Zertifikat zu 100 Euro zurückgezahlt wird. Liegt der DAX am letzten Bewertungstag unter 7.900 Punkten, erfolgt die Rückzahlung in Abhängigkeit vom Stand des DAX. Dann würden Anleger einen Kursverlust erleiden und auch keine Zinszahlung erhalten.

Geeignet für Seitwärtsmärkte

Ein solches Zertifikat eignet sich somit vor allem in einem Seitwärtsmarkt, mit einer Toleranzschwelle für leicht fallende Kurse. Insbesondere für Anleger, die großen Wert auf relativ stetige Zinszahlungen legen, sind insbesondere Memory-Express-Zertifikate eine Betrachtung wert. Bei stark steigenden Kursen erhalten Anleger ihr Kapital zurück und könnten dann direkt in den Markttrend investieren.

Vorteile in diversen Markphasen

Anleger verzichten auf Dividenden

Express-Zertifikate bieten Anlegern in verschiedenen Marktphasen Vorteile gegenüber einem direkten Investment. Speziell in seitwärts und leicht steigenden Phasen spielen Express-Zertifikate ihre Stärken voll aus. Zu beachten ist jedoch, dass Anleger bei Express-Zertifikaten auf Zahlungen wie zum Beispiel eine Dividende verzichten. Dies muss im Einzelfall vor einem Investment genau kalkuliert werden.

Die Möglichkeit, in trendschwachen Seitwärtsmärkten Renditen zu erzielen, macht Express-Zertifikate in jenen Marktphasen für defensive Anleger interessant. So reicht es in unserem ersten Beispiel aus, wenn der Euro Stoxx 50 nach fünf Jahren auf dem Stand der Emission steht. Selbst wenn der Index also nicht von der Stelle gekommen ist, beträgt die mit dem Express-Zertifikat erzielte Gesamtrendite 30 %.

Barriere sichert Kapital

Nützlich ist auch die Barriere. Diese liegt üblicherweise bei 60 % des Basiswertstands bei Emission. Sie sichert Anlegern eine Rückzahlung von 100 % ihres eingesetzten Kapitals, solange die Barriere am finalen Beobachtungstag nicht unterschritten ist.

Diese Sicherheit erkaufen sich Anleger damit, dass ihre maximal erzielbare Rendite vom Emissionstag des Zertifikats an feststeht. Beginnen

Express-Zertifikate: Vergleich zur Direktanlage im Basiswert in verschiedenen Marktumfeldern

MARKTENTWICKLUNG	⇩ FALLEND	⬂ LEICHT FALLEND	⇨ SEITWÄRTS	⬀ LEICHT STEIGEND	⇧ STEIGEND
	Verlust wie Basiswert	**kein Verlust** bis Barriere	**Ertrag** hohe vorzeitige Rückzahlung	**Ertrag** hohe vorzeitige Rückzahlung	**Ertrag** begrenzt auf vorzeitige Rückzahlung
Performance im Vergleich zum Basiswert	Auszahlung identisch dem Basiswert	Auszahlung besser als Basiswert	optimale Auszahlung, besser als Basiswert	optimale Auszahlung, besser als Basiswert	Auszahlung schlechter als Basiswert
absolute Wertentwicklung	Verlustbereich	neutral	volles Ertragspotential	volles Ertragspotential	Gewinn

Quelle: X-markets

die Aktienmärkte stark anzusteigen, ist die Wertentwicklung in einem Express-Zertifikat dagegen begrenzt. Jedoch bekommen Anleger bei einem Direktinvestment auch Kursverluste sofort 1:1 zu spüren. Anleger sollten beachten, dass ein Express-Zertifikat eine Inhaberschuldverschreibung ist und somit dem Emittentenrisiko unterliegt.

Fazit

Besonderer Vorteil von Express-Zertifikaten: Flexibilität

Express-Zertifikate sind Anlageprodukte, die insbesondere in Seitwärtsmärkten ihre Vorteile ausspielen. Gerade in solchen Phasen generieren sie eine deutlich über dem Marktdurchschnitt liegende Verzinsung. Zugleich sichern sie das Kapital in vorher definierten Bandbreiten vor Verlusten. Express-Zertifikate können daher als Depotbeimischung das Rendite-/Risiko-Profil eines Gesamtportfolios verbessern und die Volatilität reduzieren. Aufgrund dieser Eigenschaften nutzen neben Privatanlegern auch institutionelle Investoren und Vermögensverwalter in besonderen Marktphasen solche Papiere. Natürlich sind Zertifikate an den spezialisierten Börsen in Deutschland handelbar. Dies erlaubt Anlegern, die Papiere auch während ihrer Laufzeit zu kaufen und zu verkaufen und somit flexibel auf die Entwicklung des jeweiligen Basiswertes reagieren zu können.

» Die Welt ist fragiler geworden. Das Wachstum der Weltwirtschaft enttäuscht seit Jahren, die Prognosen werden mit großer Regelmäßigkeit herabkorrigiert. Die Renditen von Anleihen sind gering, zwischen den großen Währungen tobt ein Abwertungswettlauf. Und es gibt politische Risiken. Daher sollten Anleger ihr Vermögen auch über Währungen diversifizieren. Fremdwährungsanleihen sind dazu ein probates Werkzeug. Sie werden auch im Jahr 2017 ein sinnvoller und wichtiger Portfoliobaustein sein. Denn sie erfüllen zwei Funktionen: Zum einen tragen sie zur Diversifikation des Portfolios bei. Zum anderen bieten sie zusätzliche Ertragschancen. «

Eine gute Devise
Versichern und verdienen mit Fremdwährungen

Achim Lange, Hamburger Sparkasse

Die Bank für Internationalen Zahlungsausgleich (BIZ) hat für die letzten Jahre drei beunruhigende Entwicklungen ausgemacht: das ungewöhnlich niedrige Produktivitätswachstum, die historisch hohen Verschuldungsniveaus sowie den verringerten Handlungsspielraum der Politik. Addiert man noch die Flut an billigem Notenbankgeld und die diversen politischen Krisenherde hinzu, so entsteht ein Cocktail, der nach Unruhe an den Finanzmärkten schmeckt.

Kapitalmarktumfeld voller Extreme

Debatte um Zukunft des Euroraums wird wieder intensiver.

Für die Eurozone kommt nun noch hinzu, dass der anstehende Abspaltungsprozess Großbritanniens von der Europäischen Union (Brexit) für Unruhe sorgen dürfte. In diesem Zuge könnte sich die Debatte über die Zukunftsfähigkeit des Euroraums wieder intensivieren, zumal die hohen Schuldenberge, die Flüchtlingskrise, die Schwäche im Bankensystem und die gedrückte Preisentwicklung den Zusammenhalt auf die Probe stellen. In vielen Staaten des Euroraums, nicht nur in der Peripherie, sind die kritischen Stimmen lauter geworden. Populistische Kräfte erhalten verstärkten Zulauf – ein in vielen, auch außereuropäischen, Ländern zu beobachtendes Phänomen.

Risiko-Streuung ist unabdingbar

Risiken zu streuen scheint in diesem Umfeld mehr denn je ratsam. Speziell für den Euro-Investor hat sich in den letzten Jahren gezeigt, dass eine Diversifikation „aus der Eurozone hinaus" sinnvoll sein kann. Dies sollte nicht nur bei der Allokation nach Branchen, Unternehmen und Laufzeiten berücksichtigt werden, sondern auch im Bereich der Anlagewährungen.

Denn der Blick zurück zeigt: Es gab immer wieder Phasen der Verunsicherung über den Fortbestand der Eurozone, in denen der Euro mit Schwäche reagierte. Andere Währungen erhielten dagegen Auftrieb. Insbesondere war das im Jahr 2011/2012 zum Höhepunkt der Finanzkrise in der Eurozone der Fall. Der Euro wertete breit ab. Aber auch während der Griechenland-Krise zur Jahresmitte 2015 geriet der Euro sichtbar unter Druck, während diverse ausländische Währungen profitierten. Ein augenfälliges Beispiel aus dem Jahr 2016 war das Votum der Briten zugunsten des EU-Austritts. Im Nachgang des Referendums profitierten insbesondere der Neuseeland- und der Austral-Dollar.

Diversifikation auch bei Währungen

Auch für 2017 ist davon auszugehen, dass Diskussionen über Gestalt, Regeln und Sinnhaftigkeit der Eurozone immer wieder aufflammen werden. Der unveränderte Fortbestand der Europäischen Währungsunion ist nicht in Stein gemeißelt. Für die Zukunft ausschließlich auf den Euro als Anlagewährung zu setzen, könnte sich als riskant erweisen.

Nicht nur auf den Euro setzen

Dem Portfolio Anlagen in alternativen Währungen beizumischen ist also sinnvoll. Denn manifestieren würde sich ein neuerlicher Vertrauensverlust gegenüber der Eurozone in Kapitalabflüssen sowie einer Abwertung des Euro. Demgegenüber dürften „Fluchtwährungen“ profitieren. Gewinne in den Fremdwährungsanleihen im Portfolio würden somit Verlusten entgegenstehen, die bei Euro-Anlagen in einem solchen Falle zu erwarten wären.

Risiko: Wird der Euro stärker, verlieren Fremdwährungen

Natürlich hat die Diversifikation heraus aus dem Euro eine Kehrseite. Die Vermögensverteilung auf andere Währungen bedeutet auch, dass in Phasen, in denen die Eurozone positiv wahrgenommen wird, die Fremdwährungen gegenüber dem Euro verlieren dürften. Anleger sollten das aber schlicht als Versicherungs-Prämie betrachten, wenn sie aufgrund o.g. Überlegungen aus dem Euro hinausdiversifizieren.

Hinzu kommt: Den eventuellen Verlusten dürften Gewinne aus anderen Teilen des Portfolios entgegenstehen. Aktien und Unternehmensanleihen (Corporate-Bonds) dürften in solchen Phasen tendenziell zulegen. Eine derartige Marktsituation war im Jahr 2013 zu beobachten, als das Vertrauen in die Zukunft des Euro nach der „Whatever it takes“-Rede von EZB-Präsident Mario Draghi allmählich wieder zurückkehrte.

Globale Veränderung des Renditeumfeldes

Neben dem Diversifikationsaspekt gibt es noch ein zweites Argument, das für Fremdwährungsanleihen spricht. Sie bieten Chancen auf einen Mehrertrag gegenüber vergleichbaren Euro-Anlagen. Dieser Mehrertrag kann sich aus der Wechselkursentwicklung sowie aus höheren Anleihenrenditen ergeben. Denn obwohl die Renditeniveaus auch in anderen Währungsräumen inzwischen auf historisch niedrige Niveaus gesunken sind, bringen Fremdwährungsanleihen nach wie vor höhere Erträge als Euro-Papiere. In den klassischen Hochzinsländern Australien und Neuseeland fiel die Rendite von Staatsanleihen mit zehn Jahren Laufzeit deutlich. Sie ging seit Ende 2013 von 4,3 % (Australien) und 4,7 % (Neuseeland) bis zur Jahresmitte 2016 auf 2 % in Australien und 2,3 % in Neuseeland zurück.

Der weltweite Renditeverfall hat viele Ursachen.

Der global zu beobachtende Renditeverfall hat vielfältige Ursachen. So drückt die Abschwächung der Nachfrage aus China in Ländern wie Australien und Neuseeland auf das gesamtwirtschaftliche Wachstum. Hinzu kommt seit Mitte 2014 der Rohstoffpreisverfall, der Rohstoffexporteuren wie Australien, Norwegen, Kanada oder Mexiko zu schaffen macht. Die Preisrückgänge dämpften vielerorts die Teuerung und das nominale Wachstum. Infolge dessen gingen auch die Renditen der Staatsanleihen zurück.

Eine weitere Komponente ist die expansive Geldpolitik verschiedener großer Zentralbanken als Reaktion auf die Finanzkrise. Die niedrigen Leitzinsen und sinkenden Renditen in diesen Währungsräumen – vor allem in den USA, in Europa und in Japan – ließen die Investoren auf ihrer Suche nach Rendite über die Ländergrenzen hinausschauen. Sie schichten Kapital in andere Währungen um, setzen diese unter Aufwertungsdruck.

Die kräftigen Aufwertungen vieler Währungen gefährdeten schließlich auch in diesen Ländern die wirtschaftlichen Entwicklungen und die Preisstabilität. Den dortigen Notenbanken blieb oft nichts anderes übrig, als in den internationalen Abwertungswettlauf einzusteigen – und ihrerseits die Leitzinsen zu senken. So war das Jahr 2015 global durch massive Leitzinssenkungen in einer Vielzahl von Ländern geprägt.

Realisierung von Renditevorteilen

Verzinsung gegenüber Euro-Anlagen spricht für Fremdwährungs-Anleihen

Trotz der auch im Ausland gesunkenen Renditen lohnt es sich für Investoren aus der Eurozone aber noch immer, nach Fremdwährungsanleihen Ausschau zu halten. Denn in relativer Betrachtung sind Anlagen in vielen Währungsräumen unter dem Aspekt der Verzinsung gegenüber Euro-Anlagen ähnlicher Bonität weiterhin durchaus attraktiv (vgl. Abb 1, folgende Seite).

Abb. 1:
Anleiherenditen in Euro und Fremdwährung im Vergleich

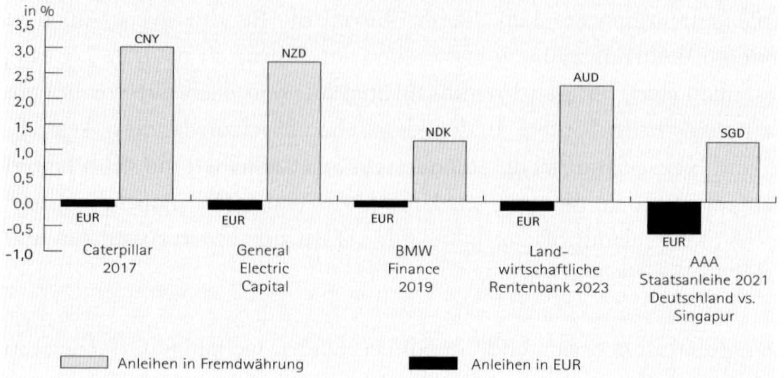

Quelle: Bloomberg, Hamburger Sparkasse AG, Stand: 31.08.2016

So beträgt der Renditeaufschlag von neuseeländischen oder australischen Staatsanleihen mit zehnjähriger Laufzeit gegenüber Bundesanleihen 230 bzw. 190 Basispunkte. Auch im Bereich der Unternehmensanleihen lassen sich Renditevorteile realisieren. So wies eine BMW-Anleihe in Kanadischen Dollar Ende August 2016 einen Renditeaufschlag von 145 Basispunkten gegenüber einer Euro-Anleihe des gleichen Unternehmens auf – bei gleicher Bonität. In Norwegischen Kronen betrug die Renditedifferenz immerhin noch 125 Basispunkte.

Fremdwährungsanleihen können Kursverluste besser ausgleichen.

Höher rentierliche Fremdwährungsanleihen haben im Vergleich zu Euro-Anleihen mit einer Rendite nahe Null zudem den Vorteil, Kursverluste bei Veränderungen des allgemeinen Zinsumfeldes besser ausgleichen zu können. Entsprechend würde die Wertschwankung des Portfolios geringer ausfallen. So liegt die Duration der im August 2026 fälligen Bundesanleihe zwei Jahre über der Duration einer australischen Staatsanleihe, die im April des gleichen Jahres fällig wird. Der Effekt bei einem Zinsanstieg ist durchaus beachtlich. Ein Anstieg des Renditeniveaus um einen Prozentpunkt würde bei der Bundesanleihe einen Kursverlust von 10 %, bei der australischen Anleihe hingegen nur um 8 % nach sich ziehen. Zu beachten ist allerdings, dass eventuell gleichzeitig entstehende Wechselkursverluste die Volatilität des Australdollar-Investments im Portfolio zusätzlich erhöhen können.

Phase sich einengender Zinsdifferenzen läuft aus

Grund für Renditedifferenzen: volkswirtschaftliche Gegebenheiten

Die Renditedifferenzen zwischen Anleihen der Eurozone und diversen ausländischen Währungsräumen haben ihre Ursache letztlich in der Unterschiedlichkeit der volkswirtschaftlichen Gegebenheiten. So sind

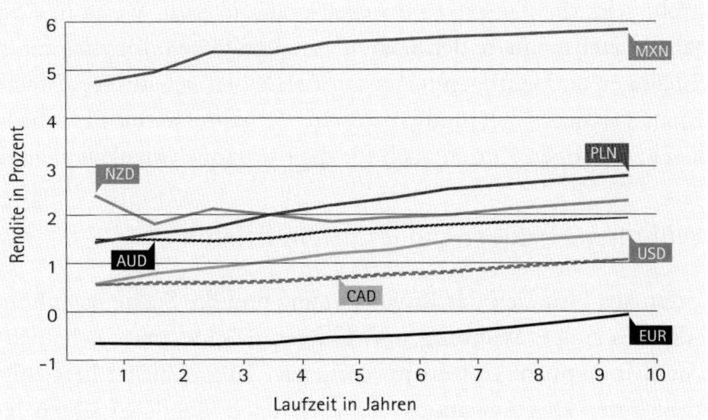

Renditestrukturkurven von Staatsanleihen im Vergleich

Quelle: Thomson Reuters, Hamburger Sparkasse AG, Stand: 31.08.2016

diverse Länder fundamental besser positioniert als die Eurozone. Viele entwickeln sich darüber hinaus nach wie vor dynamischer. Das robustere Wachstum schlägt sich in einer dynamischeren Preisentwicklung nieder. Mit dem höheren nominalen Wachstum vertragen sich auch höhere Notenbankzinsen. Die Zinsstrukturkurven verlaufen somit deutlich oberhalb derjenigen vergleichbarer Euro-Anleihen (vgl. Grafik).

Zeit einengender Zinsdifferenzen könnte zu Ende gehen

Auch wenn sich in China der Umbau der Volkswirtschaft in geordneten Bahnen fortsetzt, es nicht zu einem neuerlichen Preisverfall an den Weltrohstoffmärkten kommt und die US-Wirtschaft auf Wachstumskurs (mit einer Tendenz zu Leitzinsanhebungen) bleibt, dürfte in vielen Ländern die Phase der außergewöhnlich akkomodierenden Geldpolitik allmählich auslaufen. Dann könnte auch die Zeit sich einengender Zinsdifferenzen zwischen diversen Währungsräumen und der Eurozone allmählich zu Ende gehen.

Eurozone: keine Anzeichen für Ende der Niedrig-Zinsen

Denn während in vielen Währungsräumen die Renditetiefs weitgehend erreicht sein dürften, sehen wir in der Eurozone keine Anzeichen dafür, dass die extreme Niedrigzinsphase in absehbarer Zeit zu Ende geht. Vielmehr könnte die Europäische Zentralbank (EZB) im Hinblick auf mögliche konjunkturdämpfende Effekte des Brexit sowie die ohnehin schleppende Entwicklung von Wirtschaft und Preisen noch stärker auf das geldpolitische Gaspedal treten.

Aber selbst wenn es wider Erwarten zu einer deutlichen Beschleunigung der Preisentwicklung käme – beispielsweise infolge eines markanten Rohstoffpreisanstiegs – ist damit zu rechnen, dass die EZB darauf bestenfalls sehr zögerlich reagieren wird. Vielmehr wird sie weiterhin bestrebt sein, die Zinsen zu drücken und auf diese Weise den Schuldenabbau insbesondere der Staaten zu unterstützen. Impulse für einen nachhaltigen und kräftigeren Zinsauftrieb lassen sich unseres Erachtens nicht ausmachen. Eher sind japanische Verhältnisse mit für sehr lange Zeit sehr niedrigen Zinsen auch für die Eurozone einzukalkulieren.

In Währungen solider Länder diversifizieren

Anlageobjekte aus soliden Volkswirtschaften

Wer nun aus Gründen der Risikostreuung und der Suche nach höheren Renditen in andere Währungen investieren möchte, muss sich auch hier aus dem Investment-Universum geeignete Anlageobjekte herausfiltern. Sowohl unter Diversifikations- als auch unter Renditeaspekten bieten sich für längerfristige Investments hauptsächlich Währungen von Ländern mit vergleichsweise soliden volkswirtschaftlichen Rahmendaten an.

Zwar können sich Wechselkurse vorübergehend weit von fundamentalen Faktoren lösen. Entsprechend sind Währungsentwicklungen auf kurze Sicht kaum prognostizierbar. Auf längere Sicht hingegen haben Fundamentalfaktoren wie Wirtschaftswachstum, Inflation, Verschuldung und Leistungsbilanz durchaus Einfluss auf die Entwicklung von Währungen.

Wichtig: solides Wachstum, Renditechancen, niedrige Staatsverschuldung

Ein vergleichsweise solides Wachstum impliziert volkswirtschaftlich Renditechancen, so dass ausländisches Kapital angelockt wird und die Währung tendenziell gesucht ist. Ist die Staatsverschuldung zudem niedrig und halten sich die öffentlichen Defizite in Grenzen, so spricht dies für eine nachhaltig solide wirtschaftliche Entwicklung, zumal der Staat im Falle einer Krise fiskalpolitisch handlungsfähig ist.

Der Japanische Yen beispielsweise erfüllt diese Kriterien nicht, obwohl er an den Finanzmärkten in Krisenzeiten traditionell als „sicherer Hafen" fungiert und in volatilen Marktphasen in der Regel aufwertet. Auch die US- sowie die britische Volkswirtschaft haben Schwachstellen wie die staatlichen Schuldenstände, die ähnlich hoch sind wie in der Eurozone. Dies spricht aus Sicht langfristiger Investoren dagegen, die entsprechenden Währungen zur Diversifikation zu nutzen.

Attraktive Währungen im Blick

Mit einem etwas weiter in die Zukunft gerichteten Blick scheinen uns derzeit die folgenden Währungen besonders interessant: Kanadischer Dollar, Mexikanischer Peso, Norwegische Krone, Schwedische Krone,

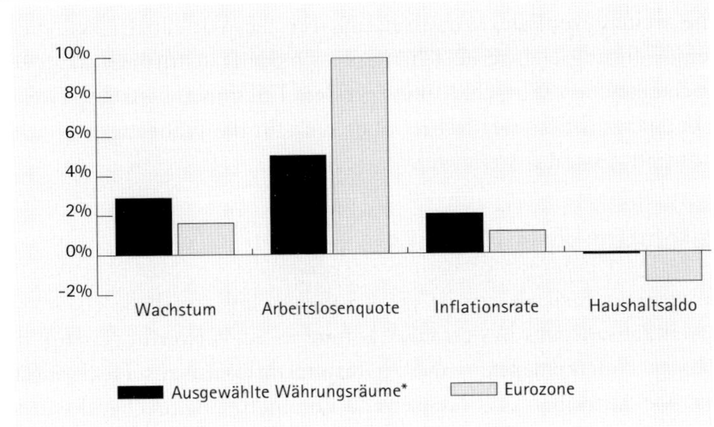

Volkswirtschaftliche Kennziffern im Vergleich

**Ausgewählte Währungsräume: Gleichgewichteter Durchschnitt der Kennziffern der Länder: Kanada, Mexiko, Norwegen, Schweden, Polen, China, Hongkong, Singapur, Neuseeland, Australien.*

Quelle: IWF, Hamburger Sparkasse; Stand vom 31.08.2016

Polnischer Zloty, Chinesischer Renminbi, Hongkong-Dollar, Singapur-Dollar, Neuseeland-Dollar sowie der Austral-Dollar.

Diese zehn Währungsräume haben gemein, dass sie vergleichsweise solide Rahmendaten aufweisen. Bildet man einen gleichgewichtigen Durchschnitt aus den Prognosen des Internationalen Währungsfonds, dürften diese Währungsräume 2017 – wie in den Vorjahren – dynamischer wachsen als die Eurozone. Entsprechend ist die Arbeitslosigkeit deutlich niedriger und die Preisentwicklung gesünder als in der Eurozone, die sich nicht weit entfernt von der Schwelle zur Deflation befindet. Auch die Staatsfinanzen sind in diesen Ländern im Hinblick auf die laufenden Haushalte sowie die Schuldenstände gemessen an der Wirtschaftskraft sichtbar solider als in der Eurozone.

Renditevorteil bei 230 Basispunkten

Diese volkswirtschaftlichen Differenzen manifestieren sich in einem Renditevorteil, der zur Jahresmitte 2016 gut 230 Basispunkte (2,3 %) betrug. Gemessen wurde das an einem Korb aus fünfjährigen Staatsanleihen der zehn genannten Währungsräume gegenüber einer fünfjährigen deutschen Bundesanleihe.

Erfolgsvoraussetzungen für diesen Währungskorb

Eine zentrale Voraussetzung für die Stabilität mehrerer der genannten Währungen ist der Ölpreis. Sollte es hier zu einem neuerlichen kräftigen Rückgang kommen und damit zu Einbußen beim Wirtschaftswachstum und bei den Staatseinnahmen der Förderländer, würden auch deren Währungen unter Druck geraten. Davon wären vor allem der Kanadische Dollar und die Norwegische Krone negativ betroffen.

Eine weitere zentrale Voraussetzung für die Vorteilhaftigkeit dieser Fremdwährungsengagements ist, dass sich der Transformationsprozess der chinesischen Wirtschaft ohne größere Friktionen fortsetzt. Dies ist nicht zuletzt für die asiatischen, aber auch für die Währungen Neuseelands und Australiens relevant.

Risikofaktor US-Geldpolitik

Die US-Geldpolitik könnte zu starken Verwerfungen an den Märkten führen

Ein weiterer Risikofaktor ist die US-Geldpolitik. Im Falle eines kräftigeren Zinsanstiegs in den USA könnte es zu Verwerfungen auf den globalen Anleihemärkten und zu Kapitalabflüssen aus Hochzinsländern wie Australien und Neuseeland kommen. Entsprechend würden deren Währungen unter Druck geraten. Ein solcher Effekt hatte sich bei Aufkommen der Zinserhöhungs-Erwartung („Tapering") im Frühjahr 2013 gezeigt. Wir rechnen allerdings damit, dass die US-Notenbank ihren sehr zögerlichen Zinsanhebungskurs beibehält.

Auch ein radikaler Schwenk in der US-Politik stellt ein Risiko dar. Derzeit gehen wir davon aus, dass die Nordamerikanische Freihandelszone NAFTA erhalten bleibt. Gäbe es hier im Nachgang zur US-Präsidentschaftswahl jedoch Einschränkungen, so dürfte dies den Kanadischen Dollar und den Mexikanischen Peso in Mitleidenschaft ziehen. Auch Währungen mit einer Kopplung an den US-Dollar wie der Hongkong-Dollar dürften in einem solchen Szenario gegenüber dem Euro an Wert verlieren.

Erhöhte Volatilität möglich

Mehrerträge bei Fremdwährungsanleihen lassen sich ohne das Eingehen zusätzlicher Risiken allerdings nicht realisieren. Dem Renditevorteil und der Chance auf Wechselkursgewinne steht das Risiko von Währungsschwankungen und -verlusten gegenüber. Darum ist es auch bei Währungsengagements von Vorteil, zu diversifizieren, das Investment also über verschiedene Währungsräume zu verteilen.

Geringeres Abwertungsrisiko bei gemischtem Warenkorb

So unterliegen beispielsweise Rohstoffwährungen wie die Norwegenkrone oder der Kanadische Dollar anderen Einflussfaktoren als der Polnische Zloty oder die Schwedische Krone. Das Abwertungsrisiko eines gemischten Währungskorbes ist somit geringer als das einer einzelnen Währung. Durch die Diversifikation ist demnach das Rendite-Risiko-Verhältnis günstiger.

Fazit

Bessere Risikostreuung spricht für Fremdwährungsanleihen

Es bleibt festzuhalten, dass die vielen Unsicherheitsfaktoren eine laufende Analyse der wirtschaftlichen und politischen Entwicklungen unabdingbar machen, damit gegebenenfalls frühzeitig mit Portfolioanpassungen reagiert werden kann. Relativ sicher scheint jedoch zu sein, dass die Eurozone strukturell belastet ist und sich mit Euro-Anleihen auf absehbare Zeit kaum etwas verdienen lassen wird. Die Chance auf eine Zusatzrendite, vor allem aber die verbesserte Risikostreuung sprechen aus heutiger Sicht für den Portfoliobaustein Fremdwährungsanleihen.

» Es ist gerade ein paar Jahr her, dass ein Liter Rohöl noch knapp einen Euro kostete (150 US-Dollar pro Fass, 159 Liter). An der Börse wurde im Sommer 2008 darauf spekuliert, dass die Nachfrage nach Öl schon bald nicht mehr gedeckt werden würde. Der Ölpreis kletterte von einem Rekord zum nächsten. Dann kam der Absturz. Heute bezahlen wir rund 30 Cent für einen Liter des Schwarzen Goldes. Zwischenzeitlich war es sogar noch deutlich weniger und es waberten Anfang 2016 sogar einzelne Spekulationen über die Finanzmärkte, dass der Ölpreis auf Null fallen könnte. Aber so ist es nicht gekommen, der Ölpreis hat sich berappelt. Bleibt die Preisfrage: Welchen Weg wird der Ölpreis 2017 einschlagen? «

Der Fracking-Hebel

Weiter Schmierstoff oder Auslaufmodell?

Jochen Stanzl, CMC Markets

Die Entwicklung des Ölpreises ist seit einigen Jahren äußerst volatil, die Schwankungen sind groß. Das ist nur bedingt auf Verschiebungen der Angebots- und Nachfragerelation zurückzuführen. So zeigt sich deutlich, dass der Ölpreisanstieg im Jahr 2008 insbesondere von den Finanzmärkten getrieben war. Es gab damals keine echte Verknappung an Öl. Aber es gab viel billiges Geld, das nach Anlagechancen suchte. Neben der hohen Liquidität an den Finanzmärkten spielte auch die schnell wachsende Nachfrage Chinas eine Rolle, warum Öl für Spekulanten so interessant wurde. Eine Fördermengenausweitung durch die OPEC war damals nicht denkbar. Stattdessen diskutierte man über die Endlichkeit des fossilen Brennstoffs Öl. Auch das trieb den Ölpreis auf damals ungekannte Höhen. In Expertengesprächen machten Prognosen von 300 US-Dollar je Fass Öl die Runde.

Erst Nachfrage-Einbruch...

Erst Freude über Öl-Milliarden...

Von den steil steigenden Ölpreisen haben einige Adressen profitiert. Im Nahen Osten freuten sich die Scheichs über die unverhofften Milliarden. Der Vermögenstransfer von den Konsumenten zu den Produzenten war der größte jemals statistisch erfasste. Die Restförderkapazitäten waren auf eine Million Barrel pro Tag gesunken. Bei einer weltweiten Nachfrage von über 80 Millionen Barrel pro Tag war das vielen eine zu kleine Sicherheitsmarge, falls durch Naturkatastrophen oder Terroranschläge irgendwo auf dem Globus die Förderung signifikant reduziert werden sollte.

...dann Nachfrageschock und Rezession

Dann aber kam alles plötzlich ganz anders. Schon Ende des Jahres 2008 kostete ein Barrel Öl keine 40 US-Dollar mehr. Dieser Rückgang wurde durch einen negativen Nachfrageschock ausgelöst. Der Zusammenbruch der amerikanischen Banken löste eine weltweite Rezession aus. Die noch wenige Monate zuvor befürchtete explodierende Nachfrage nach dem Schmierstoff der Weltwirtschaft blieb aus. Plötzlich gab es viel zu viel Öl am Markt, der Preis fiel. Erst in den Folgejahren erholte sich der Ölpreis wieder und stieg bis ins Jahr 2014 auf 100 US-Dollar je Fass.

... dann extreme Angebots-Ausweitung

Im Jahr 2014 kamen mehrere Faktoren zusammen, die schließlich eine extreme Angebotsausweitung zur Folge hatten. Schlüssel war die neue Fracking-Technologie, die in den USA entwickelt wurde. Mit ihr wurde es technisch möglich, schnell viele neue Quellen zu erschließen, anzuzapfen und relativ preiswert auszubeuten.

Fracking revolutioniert den Markt.

Die Fracking-Technologie profitierte selbst von zwei Sonderfaktoren. Das durch die Notenbanken in den Markt gepumpte billige Geld nach der Krise 2008/09 und die Verfügbarkeit von günstigen Krediten bei außerdem hohen Ölpreisen sorgten für einen Fracking-Boom in den USA. Es folgte über einige Jahre eine Fehlallokation von Kapital, die es bei einem normalen Zinsniveau niemals gegeben hätte. Binnen weniger Jahre wurden tausende Fracking-Bohrungen in den USA gemacht. Fracking wurde zudem politisch gefördert, da Washington nach den Anschlägen des 11. September 2001 versuchte, sich von den Ölimporten aus dem Nahen Osten unabhängiger zu machen.

OPEC gibt Mindestpreis auf

Im Ergebnis kam es durch die forcierte Fracking-Industrie zu einem positiven Angebotsschock, der einen erneuten drastischen Ölpreisverfall zur Folge hatte. Fracking war eine echte Gefahr für die traditionellen Ölförderer geworden. Gut sichtbar wird das am Verhalten der OPEC. Die Organisation der Erdölförderer erkannte, dass sie ihren angestrebten Mindespreis von 100 US-Dollar je Barrel nicht mehr würde halten und am Markt durchsetzen können, obwohl die OPEC 40 % des weltweiten Öls liefert und drei Viertel der weltweiten Ölreserven kontrolliert. Darum gab die OPEC diesen Mindestpreis im Winter 2014 überraschend auf. Sie sah in ihrer Mindestpreispolitik sogar eine Subvention für die amerikanische Konkurrenz. Also ließ man den Preis fallen. Von 100 US-Dollar je Fass rauschte der Ölpreis auf unter 30 US-Dollar im Februar 2016 abwärts.

Notförderung in einigen Ländern

Verstärkt wurde der Abwärtstrend dadurch, dass einige Länder ihre Förderung trotz sinkender Preise sogar ausweiten mussten. Die Haushalte etlicher arabischer Länder, aber auch der Etat von Russland, basierte auf deutlich höheren Ölpreisen. Hinzu kommt: Die Förderkosten je Barrel variieren deutlich zwischen den Ländern, so dass die Ölproduktion erst ab sehr unterschiedlichen Marktpreisen überhaupt Gewinne abwirft.

Öl-Staaten wollen Preisverfall durch mehr Förderung kompensieren.

Dies führt dazu, dass einige Länder „auf Teufel komm raus" Öl förderten. Sie versuchen – auch heute noch – die sinkenden (bzw. niedrigen) Ölpreise über größere Mengen zu kompensieren. Allerdings war die weltweite Nachfrage gar nicht so hoch. Die Öl-Lager füllten sich und drohten weltweit überzulaufen. Der Ölpreis unterschritt die Marke von 30 US-Dollar und Spekulationen über kostenloses Öl schossen ins Kraut. Schließlich drückten Spekulation von Investmentbanken auf fallende Öl-Notierungen den Preis zusätzlich.

USA haben die Kontrolle über den Ölpreis übernommen

Der entscheidende Punkt dieser Entwicklung und damit auch relevant für die künftige Perspektive des Ölpreises: Die Amerikaner haben mit Fracking die Dynamik am Weltmarkt für Öl grundsätzlich verändert. Ein traditionelles saudisches oder iranisches Feld muss teilweise jahrelang erschlossen werden. Ein Fracking-Bohrloch ist in wenigen Wochen gebohrt und in Betrieb genommen. Die Produktionszyklen von Fracking ähneln damit eher jenen von Agrarrohstoffen, die mehrere Male im Jahr angepflanzt und geerntet werden können.

Fracking-Industrie kann schnell auf Nachfrage-Verschiebung reagieren.

Die US-Fracking-Industrie ist damit zum neuen Swing-Produzenten für Öl geworden, der sehr schnell auf Verschiebungen bei Angebot und Nachfrage reagieren kann. Der OPEC ist es nun nicht mehr möglich, ohne die Gefahr hoher Verluste bei ihren Marktanteilen die Fördermengen zu reduzieren. Sie überlässt es seither den Marktkräften, einen fairen Gleichgewichtspreis beim Öl zu finden – und das bei einem hohen Angebot.

Das Öl-Angebot ist groß

Das Angebot der OPEC lag im Juni 2016 bei rund 33 Millionen Barrel pro Tag und befriedigt damit einen Anteil an der weltweiten Nachfrage von 96 Millionen Barrel pro Tag von 34%. Seit Ende 2015 stieg die Ölfördermenge der OPEC kontinuierlich an. Das lag vor allem daran, dass der Iran als Förderland zurückkehrte. Aber auch Saudi-Arabien und andere OPEC-Länder haben ihre Produktion hochgefahren, um die eigenen Marktanteile zu verteidigen. Betrachtet man einzelne Länder, so sticht Saudi-Arabien mit einer Rekordproduktion von 10,2 Millionen Barrel pro Tag hervor. Etwa auf einer Höhe mit Saudi-Arabien liegt Russland mit einer Ölproduktion von 11,2 Millionen Barrel pro Tag. Im Gegensatz zu den Saudis fördert Russland aber offenbar am Kapazitätslimit.

Mit dem Iran ist ein großer Player an den Ölmarkt zurückgekehrt. Irans Ölproduktion stieg binnen Jahresfrist bis Juni 2016 nach Aufhebung der Sanktionen um 840.000 auf 3,66 Millionen Barrel pro Tag. Das Land exportiert mittlerweile wieder 2,1 Millionen Barrel täglich. Neben Öl hat Iran hohe Erdgasreserven, die allerdings nicht so einfach aus dem Land exportiert werden können. Man benötigt LNG-Terminals oder Pipelines. Beides sind langfristige Investitionen, die in Zusammenarbeit mit dem Ausland angestrengt werden müssen.

USA führen Liga der Produzenten an.

Die Liga der Produzenten führen jetzt aber die USA an. Die hohe Flexibilität der Fracking-Technik steuert künftig den Ölpreis. Liegt dieser über den Förderkosten, lohnt sich schnelle Fracking-Förderungen. Notiert das Schwarze Gold darunter, werden die Bohrlöcher geschlossen. Bei dieser Kalkulation muss immer auch der US-Dollar im Blick behalten werden, da sowohl die Nordseeölsorte Brent als auch die US-Sorte WTI in US-Dollar gehandelt werden. Würde der US-Dollar Kraft verlieren, dürfte dies auch zu einer Neubewertung des Ölpreises führen. Dabei gilt: Sinkt der Dollar, steigt der Ölpreis.

Kosten der Ölproduktion definieren Fördermenge

Ölpreise decken kaum die Förderkosten

Als der Ölpreis noch über 100 US-Dollar notierte, waren die Gewinne immens. Jetzt decken die Preise kaum mehr die Förderkosten. Dies trifft besonders hart die Regionen, die auf teure Fördermethoden wie Tiefseebohrungen setzen. Aber auch Produzenten, die sicherstellen müssen, dass Felder, die bereits ihren Förderhöhepunkt erlebten, weiterhin in Betrieb gehalten werden, kommen bei niedrigen Preisen in Zugzwang. Großbritannien ist dafür ein Beispiel. Die Kosten für die britische Ölförderung werden von Rystad Energy UCube auf 44 Dollar/Barrel geschätzt. Hohe Steuern führen dazu, dass die tatsächlichen Produktionskosten noch weitaus höher ausfallen.

Nationen wie Norwegen und Saudi-Arabien schränken derzeit ihre Investitionen ein. Konzerne wie Shell haben rigide Ausgabenkürzungen beschlossen. In den USA hat sich unterdessen ein Rückstand bereits gebohrter und noch nicht in Betrieb genommener Fracking-Ölfelder gebildet. Der so genannte Fracklock wird auf mehrere Hundert Felder geschätzt. Diese dürften bei einem Ölpreis zwischen 55 und 60 US-Dollar in Betrieb genommen werden. Diese Preisspanne könnte daher der Deckel für den Ölpreis sein.

OPEC – Das Ende einer Macht

OPEC verliert Handlungsfähigkeit

Gegen diese neue Konstellation ist auch die OPEC machtlos. Die OPEC unter Führung von Saudi-Arabien zeichnet sich dadurch aus, dass sie einerseits Förderquoten in ihren Mitgliedsstaaten festlegt. Damit begrenzt sie das Angebot und hält Restkapazitäten vor, sollte es zu plötzlichen Förderausfällen kommen. Diese Restkapazitäten können kurzfristig hinzugeschaltet werden und dienen gemeinsam mit den strategischen Ölreserven der Länder der Sicherstellung der Ölversorgung in Notfallsituationen. Das können die Fracker jetzt auch.

Haupt-„Feind" der OPEC: die US-Fracking-Industrie

Würde die OPEC aber ihre Fördermengen kürzen, um den Ölpreis nach oben zu heben, würden die Amerikaner schnell ihre Fracking-Förderung hochfahren und sich Marktanteile schnappen. Solange die amerikanische Fracking-Industrie stabil bleibt, ist die Beweglichkeit der OPEC stark eingeschränkt. Das bringt Staaten, deren Wohlstand von hohen Ölpreisen abhängt, an Finanzierungsgrenzen. Rutscht der Ölpreis zu tief ab, z. B. unter 30 Dollar je Barrel, bekommen selbst Län-

„Bitte ein paar milde Millionen ..."

der wie Saudi-Arabien Probleme, ihre Haushalte zu finanzieren, da ihre Devisenreserven zur Deckung der hohen Staatsausgaben schwinden. Insofern können diese Länder den Preis kaum noch über die Angebotsseite steuern. Diese Option ist Vergangenheit. Bleibt nur die Nachfrageseite. Sie könnte deutlich höhere Ölpreise auslösen.

Die Nachfrage steigt kaum

Mehr Nachfrage in China und Indien

Die Ölnachfrage wird allerdings hauptsächlich vom Weltwirtschaftswachstum bestimmt. Da dies nur moderat wächst, steigt auch die Ölnachfrage nicht dynamisch an. Hinzu kommt eine Verschiebung der Nachfrage. Dabei spielt die Musik immer lauter in Asien. Indien wird im Jahr 2040 so viel Öl nachfragen wie die USA, obwohl der Pro-Kopf-Verbrauch in Indien 40 % unter jenem der USA liegen wird. Wegen einer wachsenden Mittelschicht und robustem Wirtschaftswachstum wird Indiens Ölnachfragezuwachs bis 2040 sogar höher sein als der von China. Chinas Ölnachfrage ist in der Dekade bis 2013 pro Jahr um 500.000 Barrel täglich gewachsen. Bis 2016 hat sich der jährliche Nachfragezuwachs auf 300.000 Barrel pro Tag verringert, weil China sein Wirtschaftsmodell stärker konsumorientiert und weniger auf die industrielle Fertigung fokussiert ausrichtet. Der Nahe Osten setzt deshalb bereits zunehmend auf Öllieferungen nach Indien.

Haupttreiber des indischen Nachfrage-Schubs: Die Regierung will die industrielle Fertigung stark erhöhen. Indiens Wirtschaft war traditionell immer dienstleistungsorientiert. Das Land verbraucht im Jahr 2016 laut IEA-Schätzungen 4,2 Mio. Barrel Öl täglich und liegt damit vor Japan, das 4,1 Mio. Barrel verbraucht. Die weltweite Nachfrage liegt bei 96 Mio. Barrel pro Tag. Die Nachfrage in Asien/Pazifik hat im Jahr 2015 bereits die Gesamtnachfrage Amerikas übertroffen. Europas Ölnachfrage sollte in den kommenden Jahren bei rund 14 Millionen Barrel pro Tag stagnieren. Weltweit wird die Nachfrage den IEA-Prognosen zufolge von 94,7 auf 97,4 Mio. Barrel pro Tag steigen.

Sinkende Öl-Nachfrage im Westen

Wichtig ist aber auch, dass die Bedeutung des Rohstoffs in Teilen der westlichen Welt abnimmt. Der Klimawandel und das dadurch ausgelöste nachhaltigere Denken reduzieren die Ölnachfrage. Heizungen und Verkehrssysteme werden immer effizienter oder auf andere Energieformen ausgerichtet (Stichwort E-Mobilität). Norwegen will als erstes Land Autos mit Benzin- und Dieselmotoren verbieten. Das Land stellt sehr viel Strom mit Wasserkraft her. Das reicht aus, um Autos mit Strom fahren zu lassen. Weitere Länder wollen nachziehen.

Das weltweit verfügbar große Ölangebot wird somit durch die Nachfrage kaum abgebaut. Zugleich liefern sich die Förderer weiter einen Tiefstpreis- und Verdrängungswettbewerb um Marktanteile. Zwar gibt es immer wieder Gespräche – insbesondere zwischen Saudi-Arabien und Russland – in denen über die Möglichkeit zur Senkung der Förderung debattiert wurde, um den Ölpreis zu stützen. Allerdings verliefen diese Gespräche bisher im Sande. Beide Länder können sich wegen ihrer angeschlagenen Haushalte keine geringeren Öleinnahmen leisten.

Fazit

Der Ölpreis schwankt zwischen hohem Angebot und moderater Nachrage.

Der Ölpreis ist zwischen dem hohen Angebot und der moderaten Nachfrage hin und her gerissen. Die Rahmendaten sprechen dafür, dass der Ölpreis knapp unter 30 US-Dollar pro Barrel sein Tief gesehen hat. Einen nochmaligen Rutsch der Preise in diese Region halten wir nur für möglich, wenn die Weltkonjunktur deutlich schwächelt. Angesichts des Wachstums der Weltwirtschaft und der steigenden Nachfrage aus Asien halten wir es für wahrscheinlicher, dass der Ölpreis mittelfristig wieder steigt. Dabei wird er sich in Richtung der Förderkosten der Fraking-Industrie bewegen. Viel Luft darüber hinaus hat der Ölpreis nicht. Denn das Angebot würde dann sehr schnell wieder steigen, der Preis fallen. Ölpreise von 100 Dollar je Fass halten wir daher für ausgeschlossen. Erst wenn die Lagerbestände deutlich sinken, gewinnt das Schwarze Gold einen größeren mittelfristigen Preispielraum nach oben.

Investoren sollten auf Öl-Förderer setzen.

Wer den Anstieg der Ölpreise ausnutzen möchte, sollte sich Unternehmen anschauen, die von Investitionen der Förderer profitieren. Solche Dienstleister der Öl-Industrie sind z. B. die Öldienstleister. Unternehmen wie Transocean (ISIN CH 004 826 551 3), Nabors (ISIN BM G63 59F 103 2), Hess (ISIN US 428 09H 107 7) oder auch Noble (ISIN GB 00B FG3 KF2 6). Diese Unternehmen liefern das Equipment, das die großen Upstream-Ölkonzerne wie Shell, Total oder BP benötigen, um nach Öl zu bohren und es zu fördern. Die Unternehmen in diesem Sektor kannten in den vergangenen Jahren nur eines: Kosteneinsparungen, Auftragsverluste und Entlassungen. Da sich der Ölpreis stabilisiert, könnten diese Firmen in Vorbereitung auf den nächsten Aufschwung an Wert gewinnen. Schließlich schaut die Börse nach vorn.

» Wenngleich es zum Immobilienbesitz weit weniger detaillierte Informationen gibt als zur Struktur des Geldvermögens, beschreiben alle Studien unisono dessen überragende Bedeutung für die Bundesbürger. Rund zwei Drittel des Gesamtvermögens sind im „Betongold“ investiert, insbesondere in Wohnimmobilien. Damit haben Fragestellungen rund um die Entwicklungen von Immobilieninvestitionen eine hohe Relevanz. Seitdem die Europäische Zentralbank das Zinsgefüge im Euro-Raum derart stark gesenkt hat, spürt der hiesige Immobilienmarkt wieder deutlich Wind im Segel. Sind Immobilien darum die neuen Anleihen für Privatinvestoren? «

Anleihen-Ersatz

Immobilien bringen mehr bei weniger Risiko

Thomas Paul, Böker & Paul, Kanzlei für Vermögensmanagement

Das Zinsumfeld lässt Privatanleger im Herbst 2016 mit einem lachenden und einem weinenden Auge zurück. Denn bereits seit rund 25 Jahren fallen die Zinsen in sinusförmigen Schwankungen. Inzwischen haben sie vielfach sogar die Null-Linie unterschritten. Das schmerzt bei der Geldanlage auf Konten, bescherte den Inhabern von Anleihen aber auch erhebliche Kursgewinne.

Richten Anleger ihren Blick in die Zukunft, tränen die Augen beim Blick auf die Zinsen besonders. Denn die Kursgewinne bei Anleihen sind Schnee von gestern. Und die absehbar weiterhin niedrigen Zinsen erschweren es Investoren, eine auskömmliche Rendite zu erwirtschaften.

Welche Renditen können Investoren erwarten?

Notenbank-Maßnahmen bringen Risiken für Anleihenbesitzer.

Die geldpolitischen Maßnahmen der Notenbanken bringen zudem erhebliche Risiken für Anleihenbesitzer mit sich. In einem Umfeld steigender Kapitalmarktzinsen sind Kursverluste bei Anleihen sicher. Aufgrund des niedrigen laufenden Ertrages können diese auch kaum durch die Zinszahlungen kompensiert werden. Je länger die Restlaufzeit der Anleihen ist, desto stärker sind negative Kursveränderungen.

Gold und Immobilien wieder beliebter

In diesem Umfeld wenden sich viele Privatanleger Anlageformen wie Gold und Immobilien zu. Insbesondere in den letzten fünf Jahren erfährt der deutsche Immobilienmarkt eine sehr starke Belebung, einhergehend mit deutlichen Preissteigerungen an vielen Standorten. Das Analysehaus empirica erhebt hierzu regelmäßig bundesweite Daten und verdichtet diese in diverse Indizes. Das Datenmaterial erlaubt die Schlussfolgerung, dass in den letzten beiden Jahren die Kaufpreis-Vervielfältiger angezogen sind. Ergo steigen die Investitionsbeträge für ein Immobilieninvestment stärker an, als die Mietpreise gesteigert werden konnten. In vielen Ballungszentren stiegen die Mieten stärker als die verfügbaren Einkommen. Diese Entwicklungen wirken risikoerhöhend für ein Immobilienengagement und machen eine sorgfältige Standortanalyse unerlässlich. (Lesen Sie dazu auch den ausführlichen Beitrag von Hr. Dr. Reiner Braun).

Die Kernerkenntnis für Anleger lautet: Die Veränderung der Vervielfältiger wirkt umgekehrt proportional auf die Anfangsrenditen der Immobilieninvestments. Bundesweit ergeben sich für die Neuvermietung von Bestandsimmobilien nur noch niedrige Brutto-Anfangsrenditen: Investoren können in begehrten Standorten also kaum noch mit Renditen über 4,00 % p. a. kalkulieren.

Eine Rentabilitätsbetrachtung: Anleihen vs. Immobilien

Diese Brutto-Anfangsrenditen sind jedoch nicht direkt vergleichbar mit jenen am Anleihenmarkt. Die wesentlichen Unterschiede sind die Erwerbsspesen des Investments, die laufenden Kosten der Instandhaltung und Pflege sowie die steuerliche Behandlung der Renditen.

Der direkte Immobilienkauf ist kostspielig.

Der direkte Erwerb von Immobilien ist wegen der Grunderwerbsteuer, eventueller Maklerkosten sowie der Notar- und Grundbuchkosten ungleich kostspieliger als Transaktionen von festverzinslichen Wertpapieren an einem Börsenplatz. Ebenso unterscheiden sich die laufenden Verwaltungskosten eines Wertpapierdepots signifikant von den Aufwendungen, die für Immobilien regelmäßig festzustellen sind. Für die Verwahrung eines Anleihenbestandes bei der Depotbank sind natürlich niedrige Fixkosten oder volumensabhängige Entgelte zu kalkulieren. Üblich sind 0,125 % zzgl. MwSt. Bei Immobilien schlagen Verwaltungs- und Instandhaltungskosten erfahrungsgemäß mit 10 bis 20 % der Kaltmiete zu Buche. Bei einer unterstellten Mietrendite von 4,00 % entspricht dies einer Kostenquote von 0,40-0,80 % auf das anfänglich investierte Kapital.

Vermögensanlagen werden von der Steuer unterschiedlich behandelt.

Auch die steuerliche Behandlung der beiden Vermögensanlagen ist in vielen Belangen unterschiedlich. Am deutlichsten wirkt die steuerrechtliche Regelung, dass Wertpapiererträge im Rahmen der privaten Vermögensanlage typischerweise mit der Abgeltungssteuer (25 % + Soli und KSt.) besteuert werden. Hingegen werden die Einkünfte aus Vermietung und Verpachtung der individuellen Besteuerung mit bis zu 45 % unterzogen. Andererseits werden Aufwendungen für den Immobilienbesitz in der Regel einkommensmindernd berücksichtigt. Wie sich diese unterschiedliche steuerliche Behandlung auswirkt, lesen Sie aus der Tabelle ab.

Rentabilitätsberechnung Anleihe versus Immobilien		
	ANLEIHE	IMMOBILIE
Investition: Nebenkosten: **Gesamtinvestition:**	100,0000 % 0,5000 % **100,5000 %**	100,0000 % 7,0000 % **107,0000 %**
Rendite der Investments: **Laufende Verzinsung / Mietrendite:** Laufende Kosten: **Lfd. Verzinsung nach Kosten / Mietreinertrag:**	1,0000 % **0,9950 %** -0,1488 % **0,8470 %**	4,0000 % **3,7383 %** -0,6000 % **3,1776 %**
Steuerliche Betrachtung Laufende Verzinsung / Mietrendite: Steuerrelevante Kosten: Laufende Einnahme nach Kosten: Kalkulatorische Abschreibung: Steuerliches Ergebnis: Relevanter Steuersatz: Steuerbelastung:	 1,0000 % 1,0000 % 1,0000 % 26,3750 % 0,2638 %	 4,0000 % -0,6000 % 3,4000 % -1,6000 % 1,8000 % 47,4750 % 0,8546 %
Rendite des Investors nach Steuern: Lfd. Verzinsung n. St. / Nettomietrendite:	0,7363 % 0,7326 %	3,1455 % 2,9397 %
Quelle: Navigato (microplan)		

Ein Blick auf die Risiken

Maximum DrawDown als Risiko-Index

Eine solche – zugegebenermaßen verkürzte – Renditebetrachtung wäre allerdings ohne eine Analyse des Risikoprofils zu kurz gedacht. Ein in der Praxis etabliertes und zunehmend angewendetes Risikomaß ist das sogenannte Maximum DrawDown („MDD"). Dieser Wert beschreibt die historisch maximal gemessene negative Wertentwicklung als Differenz zwischen einem Höchstwert und dem nachfolgenden Tiefpunkt. Das Maß ist bewusst zeitraumunabhängig.

Wird vereinfachend angenommen, dass ein zehnjähriger Anlagezeitraum betrachtet werden soll und es keine Veränderungen an den Ausgangsdaten geben wird, sind dem Immobilien-Investor nach einer zehnjährigen Betrachtung 31,46 % Nettoerlöse zugeflossen. Nach Abzug der Erwerbsspesen von 7,00 % verbleibt ein Gesamterlös von 24,46 %. Dem Anleiheninvestor flossen 7,36 % zu, was nach den Kaufkosten zu einem Gesamtvorteil von 6,86 % führt. Im Saldo verbleibt ein Vermögensvorteil von rund 17,5 % für das Immobilienengagement. Folglich kann dieses Investment eine Wertminderung gegenüber dem Rentenportfolio in dieser Höhe erfahren, bevor es zu einem Vermögensnachteil dieser Anlageentscheidung kommt. Vergleicht man dieses Resultat mit den historischen DrawDowns der beiden Anlagesegmente, ergibt sich für die Staatsanleihen ein MDD von ca. 5,7 % im Zeitraum 1970 bis 2016. In der gleichen Zeit lag der MDD im Wohnimmobilienmarkt bei gut 2,00 %. Offene Immobilienfonds weisen einen MDD von gut 10 % aus. Insofern scheint der Vermögensvorteil auch gegenüber diesem Risikoparameter positiv.

Gesamtmarkt-Betrachtung für Direktinvestments kritisch

Diese Betrachtung ist stark vereinfacht. Einerseits basieren die Risikoparameter auf einer Betrachtung des Gesamtmarktes. Das ist für Wertpapiere umsetzbar, bei Immobiliendirektinvestments aber kritisch. Denn ein Investor wird hier zwangsläufig „Klumpenrisiken" in Kauf nehmen. Zweifelsohne stehen ihm auch „Klumpenchancen" zu.

Immobilien und Finanzierung

Nicht zu vergessen ist die Finanzierungs-Ebene. Denn sie spielt in der Praxis eine erhebliche Rolle. Während Anleihen typischerweise mit Eigenkapital erworben werden, nutzen Immobilieninvestoren häufig anteilige Fremdfinanzierungen. Erweitert man das oben skizzierte Beispiel um Fremdfinanzierung des Netto-Kaufpreises (50 %) mit der Annahme, dass dieses Darlehen während der zehnjährigen Betrachtungsdauer nicht getilgt werden soll und eine Zinsvereinbarung zu 1,50 % geschlossen wird, so verändert sich die Kalkulation wie folgt:

Eigenkapital-Rendite steigt durch Hebel-Effekt

Bedingt durch den Hebel-Effekt der Finanzierung steigt die Rendite des Eigenkapitals auf ca. 6,5 %. Der Renditevorteil des Gesamtvermögens steigt ebenfalls – allerdings lediglich um netto ca. 0,35 % p.a. auf 2,76 %. Dies summiert sich in den zehn Jahren der Betrachtung auf 27,64 %. Nach Berücksichtigung der unterschiedlichen Erwerbsspesen der beiden Investitionsarten beträgt der Vorteil noch 21,14 % und ist nochmals um rund 4 %-Punkte gestiegen.

Fazit

Mit Immobilien die Niedrigzins-Phase umgehen.

Immobilien bieten eine gute Möglichkeit für Investoren, die Niedrigzinsphase zu umschiffen und ihre Rendite anzuheben. Natürlich hängt dies wie bei jedem Investment vom Kaufpreis und der laufenden Entwicklung ab. Historische Daten und unsere Analyse sprechen aber da für, dass die Risiken von Immobilien im Vergleich zu Anleihen deutlich geringer sind. Die Vorteile sind so groß, dass nachteilige Aspekte des Investments (erhöhte Kauf- und Verwaltungsaufwendungen, risikobehaftete Liquidierbarkeit, Klumpenrisiko) zwar nicht außer Acht gelassen werden sollten. Sie scheinen aber akzeptabel zu sein. Daneben zeigt

Rentabilitätsberechnung Anleihe versus teilfremdfinanzierte Immobilie		
	ANLEIHE	IMMOBILIE
Investition: Nebenkosten: **Gesamtinvestition:**	100,0000 % 0,5000 % **100,5000 %**	100,0000 % 7,0000 % **107,0000 %**
Eigenkapital: Fremdkapital: **Gesamtkapital:**	100,5000 % 0,0000 % 100,5000 %	57,0000 % 50,0000 % **107,0000 %**
Rendite der Investments: **Laufende Verzinsung / Mietrendite:** Laufende Kosten: Fremdkapitalzinsen: **Lfd. Verzinsung nach Kosten / Mietreinertrag:**	1,0000 % **0,9950 %** -0,1488 % **0,8470 %**	4,0000 % **3,7383 %** -0,6000 % -0,7500 % **3,1776 %**
Steuerliche Betrachtung Laufende Verzinsung / Mietrendite: Steuerrelevante Kosten: Steuerrelevante Fremdkapitalzinsen: Laufende Einnahme nach Kosten: Kalkulatorische Abschreibung: Steuerliches Ergebnis: Relevanter Steuersatz: Steuerbelastung:	 1,0000 % 1,0000 % 1,0000 % 26,3750 % 0,2638 % 	 4,0000 % -0,6000 % -0,7500 % 2,6500 % -1,6000 % 1,0500 % 47,4750 % 0,4985 %
Gesamtkapital-Rendite des Investors nach Steuern: Lfd. Verzinsung n. St. / Nettorendite:	0,7363 % 0,7326 %	3,5015 % 3,2724 %
Eigenkapital-Rendite des Investors nach Steuern:	0,7363 %	6,6730 %

Quelle: Navigato (microplan)

sich, dass Fremdfinanzierungen Immobilieninvestoren die Möglichkeit geben, vom Leidtragenden der Zinsentwicklung zum Profiteur derselbigen zu werden (Lesen Sie dazu auch den Beitrag von Hr. Uwe Eilers). Einen Hebel auf die Eigenkapitalrendite gibt es. Er reduziert die gleichzeitig anwachsenden Risiken aber nur geringfügig. Anleger, die mit Immobilien ihre Ruhestandsversorgung verstetigen wollen, sollten auf Fremdmittel verzichten.

»Niemand weiß, wie lange die Niedrigzinsphase noch anhalten wird. Solange es dabei bleibt und keine Wirtschaftskrise aufkommt, dürften die Preise in den begehrten „Schwarmsstädten" um 3% bis 5% jährlich weiter steigen, die Mieten mit etwa 2% bis 3% hinterherhinken. Das Rückschlagpotenzial durch platzende Blasen liegt kurzfristig bei 20% bis 30%. Langfristige Investoren können das aussitzen – die preisgetriebene Suburbanisierung um die Schwarmstädte dient als „Puffer-Nachfrage" und verhindert so künftigen Leerstand. Das Restrisiko muss jedoch sorgfältig gegen die Risiken negativer Zinsen, Euro-Verfall und Staatspleiten abgewogen werden.«

Wohnungsmarkt
Schwarmbewegung mit Blasengefahr

Reiner Braun, empirica-Institut

Trendumkehr nach langen Jahren sinkender Nachfrage

Am Wohnungsmarkt hat sich über lange Jahre ein Mißverhältnis aufgebaut. Denn spätestens seit der Jahrhundertwende schien die Zeit der stetig steigenden Wohnungsnachfrage vorbei zu sein. Die Zahl der Fertigstellungen sank. Nach 2010 kam es infolge verstärkter Zuwanderung aus dem Ausland, insbesondere aus dem krisengeschüttelten Südeuropa, jedoch zu einem Wiederanstieg. Dabei wurde im Jahr 2014 ein neuer vorläufiger Höchststand erreicht. Die im Jahr 2015 hohen Flüchtlingszuwanderungen sind dabei noch gar nicht berücksichtigt

Entkopplung von Einwohner- und Haushaltszahl

In all den Jahren stieg die Wohnungsnachfrage trotz Bevölkerungsschwankungen nahezu ununterbrochen weiter an. Das erklärt sich dadurch, dass es immer mehr Alleinlebende und immer weniger Familien gibt. Dadurch teilen sich immer weniger Personen eine Wohnung, so dass die Nachfrage trotz konstanter oder gar sinkender Einwohnerzahlen ansteigt. Das wurde von den potenziellen Wohnungsbauinvestoren seit Ende der 1990er Jahre jedoch lange Zeit nicht erkannt oder zumindest nicht in der Planung berücksichtigt.

Regionales Missverhältnis durch Binnenwanderung

Größte regionale „Umverteilung" der Nachkriegszeit ist in vollem Gang

In den letzten zehn Jahren hat sich die Situation aufgrund einer Verhaltensänderung der Deutschen weiter zugespitzt. Infolge eines „Schwarmphänomens" konzentriert sich die Bevölkerung immer stärker auf einzelne Städte und Regionen. Bestimmend für die (regionale) Wohnungsnachfrage ist also nicht nur die Zahl der Haushalte, sondern der Umfang der Binnenwanderung. Wohnungen gibt es ausreichend viele, aber am falschen Ort und in der falschen Qualität.

Zuwanderungsregionen profitieren von Wanderungsströmen und werden daher mittel- bis langfristig noch eine steigende Nachfrage verbuchen. Auf der anderen Seite gibt es Abwanderungsregionen. Erstmalig in der Nachkriegszeit kommt es in einzelnen Gegenden zu sinkenden

Haushaltszahlen. Die bundesweite Nachfrage nach Wohnungen lässt daher keine Aussagen über regionale Knappheiten oder die regionale Neubaunachfrage am Wohnungsmarkt zu.

Neubauprojekte trotz sinkender Wohnungsnachfrage?

Trotz rückläufiger Wohnungsnachfrage gibt es in den Abwanderungsregionen immer noch Neubauprojekte. Der Hintergrund: Auch in Regionen, in denen die quantitative Nachfrage sinkt, gibt es zahlungskräftige Interessenten, deren Qualitätsansprüche im vorhandenen Bestand nicht erfüllt werden können. Daher wächst die Bedeutung der qualitätsbedingten Zusatznachfrage und wird oft zum alleinigen Grund für Neubau. Jeder zusätzliche Wohnungsbau erhöht jetzt aber vor Ort den bestehenden Leerstand um dieselbe Größenordnung.

Ganz anders die Situation in Zuwanderungsregionen: Hier ist die Einwohnerzahl deutlich gestiegen, aber das Angebot neuer Wohnungen konnte nicht Schritt halten. Es entstanden Wohnungsengpässe. Mieten und Kaufpreise sind gestiegen, der Leerstand ist gesunken.

Die meisten „Schwärmer" sind jung

Wer verlässt die Abwanderungsregionen? Die aktuelle „Schwarmstudie" von empirica identifiziert Gruppen und Beweggründe. 15- bis 24-jährige ziehen aus Ausbildungsgründen in die Uni-Städte. Die Phase des Berufseinstiegs lockt 25- bis 34-jährige Akademiker, deren Zahl stetig steigt, an die boomenden Wirtschaftsstandorte. Bei den 35- bis 44-jährigen sind es feste berufliche Etablierung und/oder Familiengründung, die sie ins Umland der Wachstumsstädte ziehen lassen. Das Ergebnis: Die Einwohner bis zum Alter von Mitte 30 konzentrieren sich regional immer stärker, eine Konzentration, die in späteren Lebensphasen nur geringfügig wieder abnimmt. Die oft zitierte „Altenwanderung in die Städte" kann dagegen empirisch nicht nachgewiesen werden.

Alle wollen nach München, Hamburg und Berlin

Studierende und Berufseinsteiger

Die „Neuordnung" der Bevölkerungsverteilung in Deutschland wird plastischer, wenn man die regionalen Wanderungssalden einzelner Großstädte analysiert. So verliert das wachsende Berlin nach wie vor Einwohner durch Suburbanisierung an das Umland – meist junge Familien oder Geringverdiener, die in der Stadt nicht die passenden oder für sie nicht bezahlbare Wohnungen finden. Die Wanderungsgewinne von Berlin stammen dagegen aus nahezu allen Landkreisen und kreisfreien Städten Deutschlands – selbst Hamburg und München verlieren zugunsten der Hauptstadt. Dabei handelt es sich zum Teil um Studierende, aber vor allem um junge Berufseinsteiger.

Ganz anders sieht das Bild für eine Stadt in einer Schrumpfungsregion aus. Das Beispiel Coburg zeigt, dass die Stadt Einwohner nur aus dem eigenen Umland gewinnt. Dagegen verliert sie an die Mehrheit aller deutschen Landkreise Einwohner. Die Zuwanderung nach Coburg muss darum als nicht als nachhaltig bezeichnet werden. Denn irgendwann sind im Umland keine oder kaum noch potenzielle Zuwanderer. Dann gewinnt die überregionale Abwanderung die Oberhand. Das Wachstum in Coburg ist in diesem Sinne „unecht".

Trügerisches Wachstum durch Umlandszuwanderung

Schwarmverhalten der jungen Erwachsenen

Der Begriff „Schwarmverhalten" drückt aus, dass Abwanderer aus anderen Regionen ausschwärmen und in vergleichsweise wenige „Schwarmstädte" einfallen. Während sie damit an den Zielorten zur Wohnraumverknappung beitragen, wird es in anderen Kreisen zunehmend leerer. Im Gegensatz zu früher verteilt sich die Bevölkerung damit nicht mehr unidirektional um (von Nord nach Süd oder von Ost nach West), sondern multidimensional – aus Remscheid nach Köln, aus dem Donnersbergkreis nach Mainz, aus der Oberpfalz nach Regensburg und von überallher nach Berlin, Hamburg und München.

Schwarmverhalten als Ursache von Leerstand und Wohnraummangel

Die demographische Spaltung des Landes wird getragen von den Jüngeren, die noch auf der Suche nach ihrem Lebensmittelpunkt sind. Die Bildungsausweitung – der Anteil der Studienanfänger eines Jahrganges – ist von 36 % im Jahre 2003 auf 53 % im Jahr 2013 gestiegen. Das ist allerdings nicht der Hauptgrund für das Schwarmverhalten. Denn die Hochschulkapazitäten wurden in den letzten Jahren überwiegend außerhalb der Schwarmstädte aufgebaut.

Berufsanfängerwanderung als treibender Faktor

Die „Hauptschwärmer" sind die Berufsanfänger (Altersklasse 25 bis 34 Jahre). Sie wandern zum einen weiter aus den peripheren ländlichen Räumen ab und zum anderen aus den vielen Hochschulstädten und -kreisen weiter in die Schwarmstädte. Das sorgt für eine erhebliche Konzentration in vergleichsweise wenigen Regionen.

Nach der Ausbildungsphase ziehen die „Schwärmer" weiter

Beispielhaft gesprochen zieht der junge Mensch erst zum Studium nach Emden, Kaiserlautern oder Greifswald, um danach dann weiter nach Leipzig, Köln oder Stuttgart zu ziehen. Zwar gewinnen durch die Berufsanfängerwanderung auch eine Reihe von ländlichen Kreisen wieder Einwohner hinzu. Dies reicht aber häufig nicht aus, um die vorherge-

40 % der Kreise verliert Einwohner

henden Verluste auszugleichen. Nach Abschluss der Ausbildungs- und Berufsanfängerwanderung haben 40 % der (altersklassengewichteten) Kreise Einwohner verloren.

Kräftiger Zuwachs in den Schwarmstädten

Kräftig gwonnen haben in erster Linie die „jungen Schwarmstädte". Spitzenreiter ist München – hier werden aus 100 aller 10- bis 15-Jährigen 336 der 30- bis 34-Jährigen. Es folgen Leipzig, Frankfurt, Mannheim, Heidelberg, Darmstadt, Regensburg, Dresden. Insgesamt 29 Städten gelingt es, so viele junge Menschen anzuziehen, dass sich jeder Geburtsjahrgang mindestens verdoppelt. Darunter sind mit Landshut oder Koblenz auch Mittelstädte.

Urbanisierungstrend: Es geht nicht nur um Arbeitsplätze

Das starke Schwarmverhalten der Jüngeren ist nicht nur dem Arbeitsplatzangebot geschuldet. Abgesehen von der Situation in einigen wenigen Kreisen mit extrem hoher Abwanderung ist die Zahl der Arbeitsplätze in den letzten Jahren überall vergleichbar gewachsen wie in den Schwarmstädten. Deutlich stärker gestiegen ist in den Schwarmstädten aber die Zahl der dort Wohnenden, aber nicht dort arbeitenden Beschäftigten. Sie pendeln zur Arbeit aus der Stadt hinaus (!) und nicht wie im Suburbanisierungstrend früherer Jahrzehnte in die Stadt hinein.

Wohnortqualität schlägt Arbeitsplatznähe

Es ist heute nicht mehr ungewöhnlich, in Köln zu wohnen, aber in Hagen zu arbeiten. Oder fast täglich von Berlin nach Wolfsburg zur Arbeit oder nach Frankfurt (Oder) in die Vorlesung zu pendeln. Hauptsache, man wohnt in einer lebendigen, vitalen, urbanen Stadt. Dies beschreibt den Kern des Schwarmverhaltens: Ein starker Bedeutungszuwachs der Wohnortqualität, für den auch weite Pendelentfernungen in Kauf genommen werden.

Steigende Miet- und Kaufpreise bergen Blasengefahr

Vor allem als Ergebnis der demographischen Entwicklung (Binnenwanderung und steigende Haushaltszahlen, zuletzt auch Außenwanderung und Flüchtlinge) steigen die Mietpreise für Neuvermietung im bundesweiten Durchschnitt und vor allem in den Wachstumsregionen seit etwa dem Jahr 2007 an. Mit einer Verzögerung von rund zwei Jahren folgten auch die Kaufpreise, die den Vorsprung der Mieten daher erst Ende 2013 eingeholt hatten (vgl. Abbildung 4). Das anschließende Überschießen der Kaufpreise steht in engem Zusammenhang mit der europäischen Staatsschuldenkrise und dem Renditenotstand am Kapi-

Der empirica-Immobilienpreisindex von 2004 bis 2016

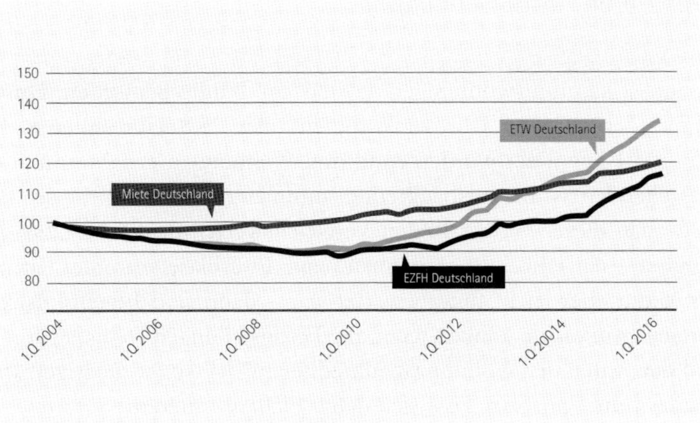

Quelle: empirica

talmarkt. Dadurch haben sich die Kaufpreise vor allem in den attraktivsten Stadtregionen von der Mietpreisentwicklung entkoppelt.

Kauf- und Mietpreise: gefährliches Auseinanderklaffen

Analog zur Wohnungsnachfrage weisen die Preisanstiege nämlich erhebliche regionale Unterschiede auf. In einigen Städten wie Hamburg, Mainz, Freiburg, München oder Berlin haben sich die Kaufpreise für Eigentumswohnungen bereits gefährlich weit von der Entwicklung der Mietpreise entfernt.

Preisblasen: eine realistische Befürchtung?

Angst vor der Blasenbildung

Seit die inserierten Kaufpreise stärker steigen als die Mieten wird heftig diskutiert, ob es am Wohnungsmarkt in Deutschland eine Preisblase gibt oder zumindest eine droht. Als Blase bezeichnet man einen spekulativen Preisauftrieb, der durch den fundamentalen Zusammenhang von Angebot und Nachfrage nicht mehr zu rechtfertigen ist. Das Schädliche daran sind weniger die hohen Preise selbst, sondern die dadurch überzeichnete Knappheit. In der Folge kann es zu Fehlallokationen kommen: der Wohnungsbau und die dazu erforderliche Kreditvergabe werden über Gebühr angekurbelt, Kapital für alternative Anlageinvestitionen wird knapp.

Gefährlich wird eine Blase aber erst, wenn sie platzt. Dann wird Vermögen vernichtet, weil die Buchwerte der Immobilien an Wert verlieren. Es entstehen Leerstände und im schlimmsten Fall kommt es zu einer Bankenkrise, weil die Kreditausfälle überhand nehmen. Letzteres ist derzeit (noch) nicht zu fürchten, da vor allem Eigenkapital durch Anlage in „Betongold" in Sicherheit gebracht wird.

Indikatoren für Blasenbildung

Die Preisblase: mehr Schreckgespenst als realistisches Szenario

Neuere Eigentumswohnungen kosten im bundesdeutschen Durchschnitt derzeit fünf Jahreseinkommen oder 25,8 Jahresmieten. Pro Tausend Einwohner wurden rund drei Wohnungen errichtet, und die ausstehenden Wohnungsbaukredite summieren sich auf 40 % des BIP. Stellt man diese Werte z. B. den Vergleichswerten des Jahres 2004 gegenüber – ein Jahr, in dem niemand eine Preisblase vermutet hat und der Markt eher leicht unterbewertet war – dann sind Eigentumswohnungen heutzutage ähnlich teuer, die Fertigstellungen weitaus geringer und der Anteil der Wohnungsbaukredite am BIP sogar niedriger. Eine bundesweite Preisblase lässt sich damit nicht attestieren.

Regionale Märkte sind stärker bedroht als der nationale Gesamtmarkt

Aber auch wenn bundesweit Entwarnung gegeben werden kann, gibt es regionale Märkte, auf denen eine Preisblase droht. Insgesamt wachsen Mieten und Kaufpreise im zweiten Quartal 2016 in 209 von 402 Landkreisen/kreisfreien Städten nicht mehr im Gleichklang. Allerdings kann bislang nur in 14 Kreisen ein übermäßiges Neubauvolumen gemessen werden. Dennoch indiziert der empirica-Blasenindex für 140 Kreise eine hohe Blasengefahr.

Entwicklung beobachten: Zahlreiche Faktoren beeinflussen das Blasenrisiko

Die weitere Entwicklung der regionalen Blasengefahr hängt vom Tempo der Angebotsausweitung (Fertigstellungen), den Kapitalmarktbedingungen (Zinsen, Kreditvergabe) und von wohnungspolitischen Maßnahmen ab.

Die Kumulation mehrerer Auslöser birgt Gefahrenpotenzial

Zuletzt sind die Kaufpreise für Eigentumswohnungen im Bestand schneller gestiegen als im Neubau. Das ist Ausdruck einer Knappheit der am Markt verfügbaren Immobilien bei anhaltend hoher Nachfrage. Sobald das Neubauangebot an Fahrt gewinnt, wird dieser Preisanstieg gedämpft. In vielen vergangenen Zyklen stieg das Angebot jedoch zu spät und dann zu stark, mit der Folge eines Überangebotes.

Fallende Preise durch Überangebot und Regulierung möglich

Sollte dies passieren, könnten die Preise sogar fallen. Im ungünstigsten Falle würden gleichzeitig auch noch die Mietpreisbremse verschärft und die Mietspiegel durch Hinzunahme älterer Mieten abgesenkt. Viele Käufer von Eigentumswohnungen zur Vermietung ignorieren die möglichen Folgen der laufenden Wohnungsmarkteingriffe derzeit angesichts von „Renditenotstand“ und Wohnungsknappheit.

Regional unterschiedliche Folgen platzender Preisblasen

Eine Blasengefahr droht derzeit zum einen in etlichen attraktiven Schwarmstädten mit hoher Zuwanderung und knappen Märkten. Zum anderen sind aber auch immer mehr kleinere Städte und „schrumpfende" Regionen betroffen. Sollte eine Blase platzen, dürften die Auswirkungen in beiden Regionstypen recht unterschiedlich ausfallen. In den Schwarmstädten wird die Preisentwicklung vermutlich nur eine Delle erhalten, denn die Nachfrage wird hier auch langfristig recht stabil sein. Dafür spricht allein die langjährige Suburbanisierung von Haushalten, die zum überwiegenden Teil lieber in der Stadt geblieben wären, dort aber keine passende oder bezahlbare Wohnung finden konnten. Diese Suburbanisierer dienen gewissermaßen als Pufferpotential bei einem Preisschock, viele würden dann in die Stadt zurückkehren.

Abwanderungsregionen sind beim Platzen einer Blase stärker gefährdet

Anders sieht es in den „schrumpfenden" Regionen und weniger attraktiven Kleinstädten aus, die eher durch überregionale Abwanderung und Zuwanderung nur aus dem Umland geprägt sind. Dort wird eine platzende Blase mehr als Dellen hinterlassen. Insbesondere steht hier kein Pufferpotenzial zur Verfügung. Ein Wirtschaftsabschwung würde zu einer verstärkten, überregionalen Abwanderung führen und die Leerstände weiter in die Höhe treiben.

Fazit: Wahl zwischen Pest oder Cholera

Vielerorts resultiert die Blasengefahr aus gestiegenen Vervielfältigern – die Entwicklung der Kaufpreise ist dort den Mieten „enteilt". Langfristig müssen daher entweder die Kaufpreise sinken oder die Mietpreise deutlich anziehen. Spätestens bei steigenden Zinsen sind die aktuellen Niveaus nicht mehr tragbar. Die Mietpreise können in naher Zukunft jedoch nur noch langsam ansteigen, weil gewisse natürliche Schmerzgrenzen bei der Mietbelastung erreicht werden.

Nur Anpassung der Kaufpreise kann die Blasengefahr bannen

Im Ergebnis wird eine Normalisierung überwiegend durch eine Anpassung der Kaufpreise erfolgen müssen. Dies kann über sehr lange Zeiträume und damit eher allmählich oder aber ruckartig passieren. Eine ruckartige Anpassung ist vor allem dann zu erwarten, wenn die Blase aufgrund externer Schocks platzen sollte (Wachstumseinbruch, schneller Zinsanstieg). Und wenn uns die Geschichte der Preisblasen eines lehrt, dann das: Risiken oder Übertreibungen werden mit scheinbar guten Gründen immer (zu) lange ignoriert, aber meist führt dann eine plötzliche „Einsicht" unverhofft zum Wendepunkt.

» Gold ist eines der bewährtesten Wertaufbewahrungsmittel der Geschichte. Es war immer das wichtigste Krisenmetall und wurde als Schutz vor Inflation und Währungszusammenbrüchen betrachtet. Gerade in der heutigen Situation der Überverschuldung diverser Staaten bekommt Gold wieder eine erhöhte Aufmerksamkeit. Staaten kaufen Gold, aber auch Privatanleger greifen verstärkt zu dem Edelmetall, um sich eine Absicherung für den Finanz-GAU zuzulegen. Auch die Silbernachfrage ist im Windschatten des wieder steigenden Goldpreises kräftig angezogen. Was ist also für das Jahr 2017 für Gold und Silber zu erwarten? «

Glänzende Zeiten
Gold und Silber im Aufschwung

Von Rainer Beckmann, ficon börsebius Invest GmbH

Die Entwicklung des Goldpreises ist extrem zyklisch. Das zeigt sich vor allem bei einem Blick auf den langfristigen Verlauf des Goldpreises. So gibt es Zeiten, in denen interessiert sich offenbar fast niemand für Gold. Und dann gibt es Zeiten, da scheint es so, als wollten nahezu alle Menschen Gold kaufen. Es bilden sich Schlangen vor den einschlägigen Geschäften der Goldhändler und Lieferengpässe bei den Internethändlern.

Hohe Nachfrageschwankungen

Die zyklische Entwicklung des Goldpreises

Diese krassen Nachfrageschwankungen spiegeln sich auch in der Entwicklung des Goldpreises wider. Denken Sie nur ein wenig zurück. Im Jahr 2001 notierte der Goldpreis noch bei 250 US-Dollar je Unze. Im September 2011 erreichte er schließlich seinen bisherigen Höchstkurs von 1.921 US-Dollar für eine Feinunze (31,3 Gramm). Anschließend ging es dann wieder teils äußerst steil abwärts und der Kurs fiel bis nahe an die psychologische Marke von 1.000 US-Dollar je Unze heran (vgl. Abb. 1).

Goldpreisentwicklung 2001 bis heute

Abb. 1

Der Goldpreis läuft in ein Dreieck aus Aufwärts- und Abwärtstrend. Ein Ausbruch nach oben ist wahrscheinlich.
Quelle: vwd; Stand vom 23.09.2016

Im nächsten Jahr wird es aufwärts gehen

Im Herbst 2016 notiert der Goldpreis schon wieder deutlich höher an der wichtigen Marke von 1.300 USD je Unze. Auf diesem Niveau tastet er sich seit geraumer Zeit vorsichtig seitwärts. Von dieser Basis aus wird es im nächsten Jahr weiter gehen – und zwar aufwärts in Richtung der alten Höchstkurse aus dem Jahr 2011.

Die Zinssituation und die Rolle der Nationalbanken

Diverse Gründe sprechen dafür, dass der Goldpreis im nächsten Jahr weiter steigen wird. Neben der Angebots- und Nachfragerelation sind es derzeit aber vor allem geldpolitische und psychologische Motoren, die den Goldpreis anschieben.

Entscheidende Argumente für steigende Gold-Notierungen liefern die Notenbanken. Wir befinden uns an den Anleihemärkten in einer Situation, die wir noch nie zuvor erlebt haben. Anleihen im Volumen von weit über 13 Billionen US-Dollar haben inzwischen eine negative Rendite. Sie bringen also keinen Zinsertrag mehr, sondern einen Verlust.

Abgesehen vom Risiko der hohen Anleihenkurse und ihrer Unattraktivität erhöht der Null- und Negativzins automatisch den Reiz des Goldes. Schließlich war die Verzinsung von Anleihen immer ein Grund, der gegen einen Kauf von Gold gesprochen hat. Denn Gold wirft keinen Ertrag ab. Wenn Anleihen das aber auch nicht mehr gewährleisten, wird Gold als werthaltiges und sicheres Investment relativ attraktiver. Allein daduch wird sich die Anzahl von Neuinvestoren in Gold erhöhen. Sie werden Vermögen von Anleihen dorthin verschieben.

Wohin führt uns die Zentralbankpolitik der EZB, Fed und BoJ?

Da beim Blick auf die Notenbanken nicht zu erkennen ist, dass diese ihre Haltung in der näheren Zukunft ändern werden, spricht dieses Argument noch eine geraume Zeit für Gold. Und niemand weiß, wohin uns die Zentralbankpolitik der EZB, der Fed und BoJ führen wird. Ich glaube jedoch fest daran, dass dieses Geldexperiment nicht gutgehen wird. Darum halte ich es für sicher, dass die Notenbankpolitik ein Garant für weitere weltweite Goldkäufe von Anlegern sein.

Die Verschuldung von Staaten und Privathaushalten

Ein weiteres Argument pro Gold ist die Entwicklung der globalen Schulden. Wir befinden uns weltweit in einer massiven Schuldenkrise. Diverse Staaten haben inzwischen Schuldenquoten von teilweise weit über 100% ihres BIP erreicht. Sorgen machen da speziell die Japaner, aber auch immer stärker Länder wie die USA, Italien, Griechenland oder Portugal.

Langfristig kritisch ist dabei, dass alle Länder ihre Staatsschulden nicht reduzieren, sondern weiter kräftig ausbauen. Selbst Deutschland nimmt keine Schuldenrückzahlung vor, sondern gibt die Mittel aus den stark sprudelnden Steuereinnahmen für weitere Investionen und Renten-Geschenke im Sozialhaushalt aus.

Unternehmen leben zunehmend auf Pump

Die weltweit niedrigen Zinsen sind ein Brandbeschleuniger

Aber nicht nur die Staaten leben auf Pump. Auch immer mehr Unternehmen und private Konsumenten nehmen Kredite auf. Der Schuldenstand der amerikanischen Verbraucher liegt bei beachtlichen 12 Billionen US-Dollar. Die weltweit niedrigen Zinsen sind dafür ein exzellenter Brandbeschleuniger. Sie treiben die weitere Schuldenentwicklung kräftig an, denn Kreditnehmer brauchen ja fast keine Zinsen mehr für neue Darlehen bezahlen.

Hinzu kommt: Die Notenbanken wollen die Kreditvergabe der Banken ja geradezu ankurbeln, damit die Konjunktur wieder in Schwung kommt. Allerdings werden Kreditnehmer mit immer weiter steigenden Schuldenständen auch anfälliger für Veränderungen der Zinssätze oder der Einkommenssituation. Auf der anderen Seiten investieren Unternehmen nicht, wenn sie keine Wachstumschancen und damit Verdienstmöglichkeiten sehen. Dann nützen auch billigste Kredite nichts – aber sie führen zu einer weiteren Baustelle, die für steigende Goldnotierungen spricht.

Die Situation der europäischen Banken

Teilweise geht es den Banken noch schlechter

Insbesondere die Banken in Europa stecken weiter tief in der Krise. Man könnte zwar annehmen, dass sich diese Banken durch die massiven Hilfen seitens der Staaten oder der EZB nach der großen Bankenkrise der Jahre 2008 und 2009 wieder erholt hätten. Dem ist allerdings nicht so. Teilweise geht es ihnen noch schlechter.

Auch hier spielen die Rettungsaktionen der Notenbanken eine unheilvolle Rolle. Denn haben die Banken durch den Kauf von Staatsanleihen vielfach noch kräftige Kursgewinne gemacht, sind diese Zeiten jetzt vorbei. Die andere Seite des Geschäftes, die Kreditseite, bringt jedoch die ersten italienischen Geldhäuser durch einen unvorstellbar großen Berg fauler Kredite ins Wanken. Aber auch deutsche Banken sind mit Eigenmitteln unterversorgt. Das bleibt brandheiß und es ist größte Vorsicht geboten, da ja die Staaten nach 2009 nicht mehr für ihre Banken einspringen dürfen.

Die unsichere globale Lage

Nicht zu vergessen sind einige international schwelende Krisenherde. Was mir derzeit am wenigsten gefällt, ist Russland mit seinem Präsidenten Putin. Einerseits köchelt es im Syrien-Konflikt, andererseits bleibt die Lage in der Ukraine angespannt. Dieser Konflikt wird wahrscheinlich nochmals hochkochen und die Gesamtsituation mit dem Westen verschlechtern. Die anschließenden Fragen heißen: Wie lange lässt sich die restliche Welt diese Eingriffe noch gefallen? Und was ist mit möglichen Veränderungen im baltischen Raum?

Brexit: Die Börsen reagierten mit starken Kursverlusten

Wir brauchen aber gar nicht so weit weg zu sehen. Direkt vor unserer europäischen Haustür gibt es einen großen Unsicherheitsfaktor. Der von sehr vielen Marktteilnehmern nicht erwartete Schritt der Briten, aus dem Verbund der EU auszutreten, war wie Donnerhall. Die Börsen reagierten mit starken Kursverlusten. Der Gold- und der Silberpreis verzeichneten fulminante Preisaufschläge. Inzwischen ist zwar wieder Ruhe an den Märkten eingekehrt. Es ist nach dem Referendum aber eine noch nie dagewesene Nachfrage nach Gold aus den Reihen der britischen Investoren zu spüren.

Wachsende Nachfrage

Neben diesen emotionalen Faktoren, die die Nachfrage nach Gold antreiben, spielt auch das Angebot eine entscheidende Rolle bei der Preisbildung. Dass sich die Nachfrage bereits 2016 deutlich erhöht hat, zeigen die Zahlen deutlich. Bis zur Jahresmitte wurden bereits gut 2.300 Tonnen Gold gekauft. Auch der Investmentbereich mit den ETF´s wartet mit den stärksten Umsätzen seit 2011 auf. Kontinuierliche Abgabeüberhänge im Jahr 2015 stehen nunmehr massive Käufe im ersten Halbjahr 2016 gegenüber. Es sieht ganz danach aus, dass wir in diesem Jahr eine höhere Nachfrage bei den Gold-ETFs haben werden als noch im Krisenjahr 2009 zum Höhepunkt der Banken- und Börsenkrise.

Die Rolle der Großinvestoren weltweit

Die negativen Anleihenzinsen zwingen institutionelle Großanleger, Alternativen für ihre Anlagen zu suchen. Dabei könnte auch Gold als Sicherheits-Investment in den Fokus rücken. Derzeit halten z. B. amerikanische institutionelle Investoren nur 0,3 % ihrer Anlagen in Gold und Goldaktien. Sollten sie diese Summe nur verdoppeln wollen, bedarf das einer Investitionssumme von 130 Mrd. US-Dollar. Das würde dem Goldpreis einen nicht unerheblichen Schub geben.

Diskussion um Abschaffung des Bargeldes beflügeln Gold

Die immer wieder angestoßene Diskussion, das Bargeld abzuschaffen, ist für eine zunehmende Anzahl von Menschen ebenfalls ein Grund, Gold zu kaufen. Wenn jede einzelne Kontobewegung nachvollziehbar ist, dann ist der gläserne Steuer-Bürger perfekt. Das wollen viele Menschen aber nicht. Hinzu kommt die Sorge, dass politische Eingriffe ins Geldsystem in einer Welt ohne Bargeld viel einfacher sind. Dafür wird Gold als Alternative wahrgenommen.

Wer nun allerdings glaubt, dass Gold auf dem aktuellen Niveau schon zu teuer ist, dem sei ein Blick in die Vergangenheit empfohlen. An der Kaufkraft des Jahres 1980 gemessen und verglichen mit dem damaligen Goldkurs von 850 US-Dollar, müßte der Preis inflationsbereinigt heute bei über 2.300 US-Dollar je Feinunze liegen.

Möglichkeiten, Gold zu kaufen

Aus welchem Motiv wird Gold gekauft?

Anleger, die in Gold investieren wollen, müssen zunächst entscheiden, aus welchem Motiv heraus sie Gold kaufen. Wer Gold als Versicherung kauft, sollte es physisch erwerben. Dazu können Anleger in Form von Barrengold oder Goldmünzen anlegen. Vorteil: Der Erwerb ist frei von Mehrwertsteuer. Nur die sogenannten Medaillen sind mehrwertsteuerpflichtig. Gekauft werden kann Gold bei Banken, der Degussa oder bei den seriösen Internet-Händlern.

Beachten sollten Anleger die Stückelung. Denn je kleiner diese ist, desto teurer wird das Investment. Je kleiner die Einheit, desto höher ist der Aufschlag für den Käufer der Goldstücke. Für den Erwerb einer 10-tel Unze Krügerrand, der weltweit bekanntesten Goldmünze, ist ein Preisaufschlag von ca. 10 % zu kalkuliern, verglichen zu einer Münze mit einem Gewicht von einer Unze.

Allerdings gibt es hier einen gewissen Zielkonflikt: Dienen die Goldmünzen als Kauf für „schlechte Zeiten", sollten wohl eher die kleinen Einheiten von 1-Gramm-Plättchen bis hin zur 10-tel Unze gewählt werden. Wer will schon eine Unze Gold im Wert von z. Zt. 1.200 Euro für ein Brot ausgeben. Aber 1 Gramm Gold kostet heute auch schon ca. 38 Euro.

Gold-Investment auf Papier

Gold über Indexfonds kaufen

Wer die Rendite in den Vordergund stellt, kann Gold über börsengehandelte Indexfonds kaufen. Alternativ zum direkten und physischen Kauf bietet sich dies seit einigen Jahren über ETFs oder ETCs (exchange traded funds/commondities) an.

Handelbare Einheiten sind hier in der Regel 1 Unze, 1/10 Unze oder auch 1 Gramm. Diese Art der Goldanlage ist in den letzten Jahren immer beliebter geworden. Anleger kaufen eine handelbare Einheit von Gold und können es jederzeit mit einer sehr eng gestellten Handelsmarge wieder an der Börse verkaufen.

Für deutsche Investoren ist Xetra Gold sehr gut geeignet. Hier steht ein Gramm Gold für jeden Anteil. Dieser ist jederzeit über die Bank auslieferbar und physisch hinterlegt. Halten Anleger diesen ETF länger als 12 Monate in ihrem Depot, ist er frei von Spekulationssteuer. In jedem Fall ist ein ETF kostengünstiger als der Kauf einer Münze. Spesen kommen allerdings im Falle einer Auslieferung zu einem späteren Zeitpunkt noch dazu.

Goldaktien mit Kurs-Hebel

Eine weitere Möglichkeit der spekulativen Goldanlage ist der Kauf einer Goldminenaktie über die Börse (vgl. Abb. 2). Im Gegensatz zum physischen Kauf oder über einen Gold-ETF ist der Kauf einer Goldaktie aber wesentlich spekulativer. Denn neben dem Goldpreis spielt für die Aktie auch die Unternehmensentwicklung eine wichtige Rolle.

Kursverlauf Barrick Gold Corp. von 2011 bis heute

Abb. 2

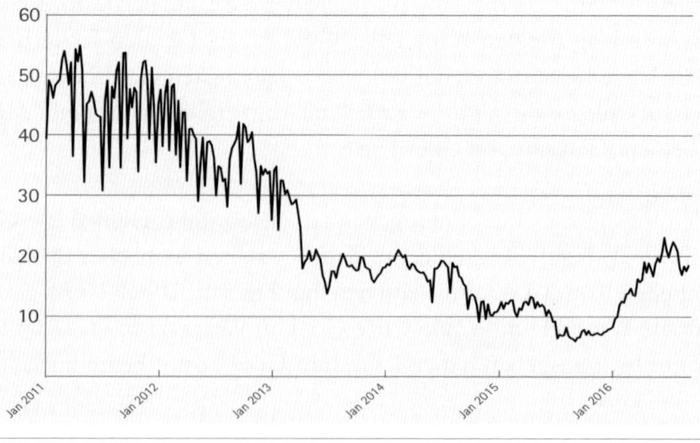

Die Aktie hat deutlich stärker verloren als der Goldpreis. Sie wird aber auch stärker zulegen.
Quelle: vwd, Stand 22.09.2016

Beispiel hierfür ist die Kursentwicklung der weltweit größten Goldmine Barrick Gold Corp. Während der Goldpreis von seinem Höchstkurs im September 2011 bis zum Dezember 2015 etwa 45 % verlor, ging die Barrick-Gold-Aktie um genau 90 % nach unten. Genauso heftig ist dann allerdings auch die Gegengewegung. Anlagen in Goldminen sind daher nur für spekulative Anleger geeignet, die bereit sind, die Risiken einer solchen Anlage zu tragen.

Silber

Der Seltenheitswert nimmt zu

Der kleinen Bruder des Goldes gewinnt in der Zukunft eine ganz andere Bedeutung, denn der Seltenheitswert nimmt langsam zu. Von entscheidender Bedeutung: Gold wird in der Regel gehortet und der große Berg an Goldbesitz wird weltweit durch jede Jahresförderung weiter erhöht. Es wird schlicht sehr wenig Gold effektiv verbraucht oder geht verloren. Das ist beim Silber anders.

Die volatile Preisentwicklung

Der größte Teil der Silberförderung wird durch die Industrie verbraucht und nicht in entsprechendem Maße recycelt. Dass so viel Silber verbraucht wird, heißt, dass der Bestand an förderfähigem Silber immer weiter abnimmt und das Edelmetall damit immer wertvoller werden muss. Silber wird in immer neuen industriellen Verfahren eingesetzt, ist daher aber auch von konjunkturellen Entwicklungen abhängiger als das gelbe Edelmetall. Die industrielle Nutzung von Silber erklärt auch die prozentuale größere Schwankungsbreite. Die Preisentwicklung im Silber ist wesentlich volatiler als der Goldpreis. Die Höchstmarke im Silberpreis lag in den Jahren 1980 und 2011 bei 50 USD pro Feinunze (vgl. Abb. 3).

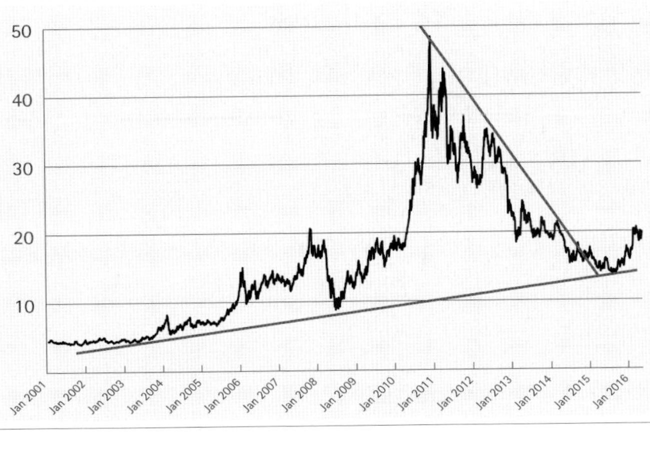

Silberpreisentwicklung 2001 bis heute

Abb. 3

Der Silberpreis hat seinen langfristigen Aufwärtstrend bereits bestätigt. Der kurzfristige Abwärtstrend ist beendet.

Quelle: vwd; Stand vom 23.09.2016

Anlagemöglichkeiten in Silber

Silbermünzen und Barrensilber

Für ein Direktinvestment in Silber greifen Anleger wie auch beim Gold zu physischen Silbermünzen bzw. Barrensilber. Im Unterschied zum Gold ist der Kauf von Silber jedoch mehrwertsteuerpflichtig. Ausnahmen sind staatliche Kurantmünzen, die aber in der Regel nur einen geringen Silberanteil haben. Empfehlenswert sind gängige Barrengrößen bzw. Münzen in Form von einer Unze, die von der kanadischen, amerikanischen oder östereichischen Münze angeboten werden. Auch hier sind Anbieter wie Banken, Degussa oder der seriöse Internethandel zu bevorzugen.

Der Silberpreis spiegelt sich im Kurs wider

Daneben besteht auch beim Silber die Möglichkeit, direkt auf einen ETF oder ETC für die Depotanlage zu setzen. Der Silberpreis spiegelt sich direkt im Kurs wieder. Die Kurse sind an der Börse eng gestellt und Sie haben bei einigen Zertifikaten bzw. ETC`s auch noch eine Währungskurssicherung eingebaut (z. B. Dt. Bank ETC Silber 10 Unzen; ISIN: DE 000 A1E K0J 7).

Fazit

Gold als Krisenversicherung

Es gibt einige Gründe, die für den Kauf von Gold und Silber sprechen. Insbesondere Gold gilt nach wie vor als gute Krisenversicherung gegen den Finanz-GAU. Silber fährt im Windschatten des großen Edelmetall-Bruders mit.

Wer Gold zur Absicherung kauft, sollte ca. 10 % seines Nettovermögens im Edelmetall versichern. Für den Kauf eignen sich Münzen und

Kursverlauf Silver Wheaton von 2011 bis heute

Abb. 4

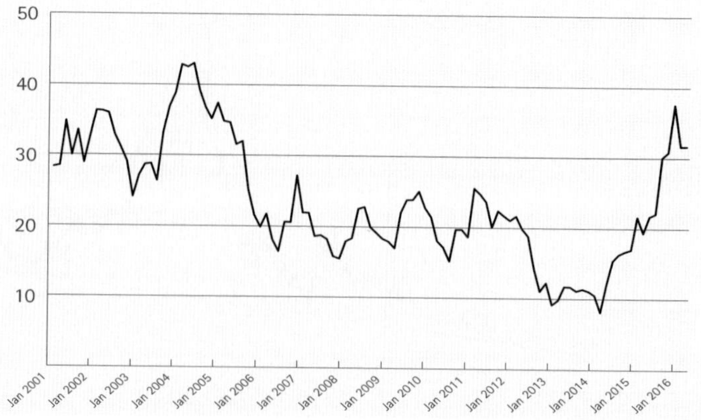

Die Aktie hat großes Aufwärtspotenzial.
Quelle: vwd, Stand 22.09.2016

Barren oder Xetra-Gold, das eine Auslierung des physischen Goldes garantiert. Dass die prozentualen Kursgewinne gegenüber den Notierungen von 1.000 US-Dollar je Feinunze Gold schon wieder teuer erscheinen lassen, ist jedoch beim Kauf als Versicherung zu kurz gesprungen. Denn bei einem Finanz-Unfall würde der Goldpreis noch deutlich höher klettern.

Aktienkauf bekannter großer Goldförderer

Anleger die Gold und Silber kaufen, um Rendite zu erzielen, entscheiden sich eher für den Aktienkauf bekannter großer Goldförderer. Je kleiner die Gold- oder Silberminen sind, desto spekulativer sind die Aktien und je größer die Kursavancen, desto stärker die Kursrückgänge.

Besonders interessant ist sicher auch ein Engagement im Wert Silver Wheaton Corp. (ISIN CA 828 336 107 6). Das Unternehmen fördert weder Gold noch Silber. Es kauft aber die beiden Metalle von anderen Metallminen, die Gold oder Silber als Beiprodukt mit fördern, und diese dann an Silver Wheaton zu einem sehr günstigen Preis weitergeben. Im Gegenzug hilft Silver Wheaton dann bei der Finanzierung von Erschließungen neuer Minenvorhaben.

» Seit Monaten werden Diamanten verstärkt als krisensichere Kapitalanlage beworben. In der Presse erscheinen zunehmend Artikel, die sich diesem Thema widmen. Der Auslöser ist klar: Sachwerte sind im Umfeld der aktuellen Notenbankpolitik stärker gefragt. Nachdem inzwischen sogar darüber spekuliert wird, ob die Banken auch Privatkunden mit Negativzinsen auf deren Einlagen bestrafen, gewinnen Sachwerte weiter Auftrieb. Vermögende suchen nach Anlagealternativen, die noch zusätzlich eine hohe Sicherheit bieten. Wer schon genügend Immobilien, Gold und sonstige Anlagen besitzt, kommt früher oder später auch auf die Idee, Diamanten zu kaufen. Bevor Anleger jedoch in geschliffene Steine investieren, sollten sie sich wie bei jeder Anlage über ihre Ziele und die Möglichkeiten des Investments klar sein. «

Diamanten

Rentierliche Anlage oder nur Wertsicherung?

Alexander Fuchs, FUCHS-Team

Diamanten haben einen großen Ruf. Sie genießen seit Jahrhunderten die Anerkennung als wertvolles Gut, das weltweit besonders geschätzt wird. Dieser Mythos entstammt noch aus der Zeit, als Diamanten relativ selten waren und die schönsten und größten Steine nur Königen und Herrschern vorbehalten blieben.

Diamanten leben von ihrem königlichen Ruf

Die beiden Länder, in denen Diamanten seit etwa dem 3. Jahrhundert v. Chr. gefördert wurden, waren Indien und Indonesien. Allerdings konnte die Menschen die Steine damals noch nicht bearbeiten. Darum waren alle Exemplare, die in den gewaltigen Schatzkammern der indischen Herrscher verschwanden oder die über Händler ihren Weg nach Europa fanden, ungeschliffene Rohdiamanten.

Diamanten sind seit Jahrhunderten gefragt.

Einen hohen Wert hatten die seltenen Steine aber sogar in ungeschliffenem Zustand über Jahrhunderte hinweg. Denn erst ab dem 14. Jahrhundert waren die ersten Spezialisten technisch überhaupt in der Lage, Diamanten zu schleifen und mit verschiedenen Facetten zu versehen. Das verlieh den Edelsteinen einen völlig neuen Anblick und damit auch einen neuen Wert.

Die ungeschliffenen Steine blieben aber dennoch stark gefragt und waren längst keine Massenware. Denn bis ins 18. Jahrhundert blieben Indien und Indonesien die einzigen beiden Länder, in denen überhaupt Diamanten gefördert wurden. Erst mit den Entdeckungen neuer Diamantenfelder in Brasilien im 18. Jahrhundert begannen die glänzenden Steine allmählich, ihre extreme Seltenheit zu verlieren.

Diamanten verlieren durch neu entdeckte Vorkommen an Wert.

Als dann in den 70-er Jahren des 19. Jahrhunderts die Fördermengen in Südafrika kräftig stiegen und die Edelsteine die Märkte überschwemmten, verloren Diamanten ihren bislang unverwüstlichen Nimbus der

Seltenheit. Der britische Unternehmer und Politiker Cecil Rhodes erkannt den Bedarf, den Diamantenmarkt zu kontrollieren, was ihm mit seiner Firma De Beers Consolidated Mines Limited schließlich auch gelang. Dem sogenannten benevolenten Monopol gelang es binnen einiger Jahrzehnte, die Zufuhr an Rohdiamanten für den Schmuckmarkt zu steuern und relativ zügig der Nachfrage anzupassen.

De Beers steuert die Angebotsseite

Mit De Beers' Möglichkeit, die Seltenheit von Diamanten in gewissem Umfang über die Angebotsseite zu steuern, bekamen die Steine wieder einen höheren Wert. Hilfreich dabei war auch, dass die Edelsteine seit Mitte der 30-er Jahre des vergangenen Jahrhunderts anhand der noch heute verwendeten 4 C's systematisch klassifiziert werden. Die Kriterien sind carat (Gewicht), clarity (Reinheit) color (Farbe) und cut (Schliff). Diese Einteilung half, eine relative Seltenheit zu schaffen und die Steine gewannen ihre Funktion als wertvolle Güter wieder zurück.

Taugen Diamanten als Kapitalanlage?

Anleger sollten aber nicht unbesehen auf den Mythos vertrauen, sondern sich fragen, ob Diamanten heute noch als Kapitalanlage taugen. Zumindest wird in der Werbung kolportiert, dass Diamanten die härteste Währung der Welt und somit eine gute Kapitalanlage seien.

Analysieren wir also, ob geschliffene Diamanten die Voraussetzungen für eine rentierliche Kapitalanlage erfüllen. Dazu betrachten wir vier Faktoren, die bei der Bewertung jeder Kapitalanlage analysiert werden sollten: Sicherheit, Mobilität, Liquidität und Rentabilität.

Die Kriterien Sicherheit und Mobilität sprechen für Diamanten

Sicherheit: Darunter wird eine allgemeine Wertschätzung für das Anlagegut verstanden. Diese ist für Diamanten gemeinhin gut bis sehr gut. Positiv kommt hinzu, dass Diamanten nicht altern und keinem natürlichen Verschleiß unterliegen.

Mobilität: Auch dieses Kriterium erfüllen die Edelsteine bestens. Sie konzentrieren höchste Werte auf sehr kleinem Raum. So lässt sich ein Vermögen problemlos in einer Hosentasche transportieren. Das gilt zumindest solange, wie die Echtheitsexpertisen auf Papier zu Hause bleiben. Ist die Expertisennummer auf den Stein gelasert, lässt sich im Internet die Expertise sogar jederzeit ansehen.

Liquidität: Dieses Kriterium ist als problematisch zu bewerten. Denn die Liquidität von Diamanten ist deutlich eingeschränkt. Der Grund:

Es gibt schlicht keinen transparenten Wiederverkaufsmarkt. Darum lassen sich Diamanten nur sehr umständlich und oft mit hohen Abschlägen in den Warenkreislauf zurückführen.

Einen transparenten Wiederverkaufsmarkt gibt es nicht

An diesem Punkt wird eine Stärke der Steine zu einer Schwäche. Denn da jeder Diamant einmalig ist, muss für jeden Stein einzeln ein Preis ermittelt werden. Zudem finden sich nur wenige Adressen, die überhaupt bereit sind, kurzfristig einen Diamanten zu einem akzeptablen Preis zu kaufen. Juweliere, Auktionshäuser und Internetplattformen verkaufen die Steine vorranging auf Kommission. Private Verkäufer müssen sich darum häufig sehr lange gedulden oder hohen Preiszugeständnisse machen, um ihren Stein an den nächsten Interessenten zu bringen. Die wenigen Händler, die eine Rückkaufgarantie abgegeben haben, sind zudem meist nur bereit, die bei ihnen gekauften Steine wieder zurückzunehmen.

Eine Ausnahme ist es, wenn Anleger bereit sind, mehrere Millionen Euro in einen Diamanten zu investieren. Denn dann bieten sich die namhaften Auktionen als gute Verkaufsplattformen an. Die großen und seltenen Diamanten, die in den vergangenen Jahren dort versteigert wurden, werden ihren Wert behalten und wahrscheinlich sogar steigern. Solche einmaligen Diamanten sind so selten und teuer wie die Gemälde der Alter Meister.

Rentabilität: Diamanten werfen – genau wie Gold – keine Zinsen ab. Das mag in einem Nullzins-Umfeld zu vernachlässigen sein, sollte aber wegen der oft langen Haltedauer der Steine grundsätzlich bedacht werden. Hinzu kommt, dass es möglicherweise auch sinnvoll ist, Diamanten zu versichern. Dabei entstehen aber Kosten.

Die Rendite ergibt sich allein durch Preissteigerungen. Um mit Anlagediamanten aber einen Gewinn zu erzielen, muss die Wertsteigerung des Steins in Deutschland mindestens zwischen 19 % und 84 % liegen. Das ist davon abhängig auf welcher Handelsstufe (Privatkunde, Juwelier oder Auktionshaus, Diamantenhändler) der Stein verkauft wird.

Rendite entsteht nur durch Preissteigerungen

Ein Blick auf den Diamtenpreisindex der FUCHSBRIEFE zeigt jedoch, dasss die Preise auf Eurobasis in den vergangenen 20 Jahren um nur 9 % gestiegen sind. In den vergangenen 10 Jahren waren es immerhin 18 %. Zwischenzeitlich stieg der Index auch mal um 41 %. Er fiel dann aber aufgrund schwacher Nachfrage und eines Überangebots an Steinen prompt zurück (vgl. Chart nächste Seite). Der FUCHS-Dia-

Diamantpreis-Index

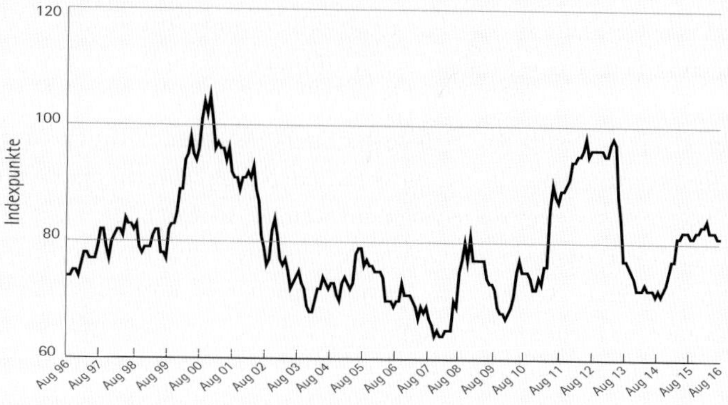

Langfristig schwanken die Diamantpreise stark, bewegen sich unter dem Strich aber seitwärts
Quelle: FUCHSBRIEFE

mantpreis-Index spiegelt die Preisentwicklung von 25 exemplarischen Diamantenstufen unterschiedlicher Qualitäten in den Gewichten 0,25 ct bis 1,00 ct wider.

Diamantpreis-Indizes können das reale Bild verzerren

Es gäbe natürlich noch viele andere Möglichkeiten, Indizes für Diamantpreise zu erstellen. Geschliffene Diamanten sind im Gegensatz zu Gold kein homogenes Gut und ohne deutlichen Wertverlust auch nicht teilbar. Allerdings können solche Indizes leicht das reale Bild verzerren. Denn die Preise eines Diamanten steigen entsprechend der Größe und des Gewichts nicht linear, sondern exponentiell an. Ein Fünfkaräter kostet darum etwa 30 Mal mehr als ein Einkaräter gleicher Qualität. Zählt man neben den weißen runden Diamanten auch farbige Steine und Phantasieschliffe hinzu, kommt man auf mehrere tausend Preiskategorien für geschliffene, natürliche Diamanten. Selbst Fachleute sind mit der Vielzahl der Preise häufig überfordert.

Diamanten drängen sich nicht als Kapitalanlage auf

Diese rationale Analyse zeigt, dass Diamanten zwar einen Mythos haben, sich aber aufgrund ihrer Eigenschaften nicht wirklich als rentable Kapitalanlage aufdrängen. Die Steine haben zwar einen hohen Wert und lassen sich leicht transportieren, aber sie erfüllen zwei andere wichtige Kriterien einer guten Kapitalanlage nicht. Denn Rentabilität und Liquidität sind mangelhaft.

Diamanten als Wertsicherung nutzen

Bleibt die Frage, ob Anleger die funkelnden Steine zumindest als Instrument zur Wertsicherung (Vermögenssicherung) einsetzen können. Diese Frage lässt sich uneingeschränkt mit Ja beantworten. Denn Schmuckdiamanten werden seit Jahrtausenden als wertvoller Sachwert geschätzt, auch wenn ein solcher Stein keinerlei Nutzwert hat. Nicht betrachtet werden in dieser Kategorie die Industriediamanten. Diese haben natürlich einen Nutzwert (z.B. Einsatz in Schnitt- und Schleifwerkzeugen), aber sie kosten auch nur den Bruchteil eines natürlichen Steins. Schmuckdiamanten dagegen haben einen höheren Wert und vermitteln ihren Besitzern zudem ein Gefühl von Luxus. Dieses Faszinosum wird es auch in weiterer Zukunft geben. Denn das menschliche Verhalten ist nun einmal emotional gesteuert. Darum eigenen sich natürliche Diamanten grundsätzlich als langfristige Wertsicherung. So profan es klingt: Irgendeinen Wert wird der Stein jederzeit haben – und wenn er nur als Tauschobjekt in Krisenzeiten dient.

Schmuckdiamanten eignen sich zur Wertsicherung

Eine Versicherung auf Diamanten aufbauen

Wenn Diamanten aber neben dem schmückenden Charakter auch als Wertaufbewahrungsmittel wirken sollen, muss sich der Anleger im Vorfeld Gedanken machen, wie er sein diamantenes Vermögensportfolio aufbauen will. Häufig wird empfohlen, sich nur auf farblose Brillanten in den Größen 0,25 ct bis 2,00 ct, in den Farbkategorien Hochfeines Weiß+ bis Weiß, in den Reinheiten lupenrein bis sehr kleine Einschlüsse und den Schliffgüten exzellent bis sehr gut einzulassen.

Ein diamantenes Vermögensportfolio will durchdacht sein

Diese Empfehlungen sind meines Erachtens zu kurz gegriffen. Denn grundsätzlich birgt jeder geschliffene Diamant einen Wert in sich, der vermarktbar ist. Sicherlich gibt es ausgefallene Diamanten, die nicht jedermanns Geschmack sind. Das können Diamanten im Tannenbaum- oder Tennisschlägerschliff, schwarze Diamanten oder stark mit Einschlüssen versetzte Steine sein. Doch grundsätzlich dient jeder schöne Diamant als Tauschobjekt. Entsprechend empfehle ich, das Investment auf viele Diamanten zu verteilen. Investitionen in Diamanten sollten jedoch nur von einem versierten Laien oder mit Unterstützung seriöser Berater vorgenommen werden.

Bedrohung des Werts durch synthetische Steine

Eine langfristige Gefahr für die Wertsicherung des Vermögens mit Diamanten droht noch durch die stetig steigenden Produktionszahlen synthetischer Diamanten. Die Qualität dieser Kunstdiamanten ist inzwischen so hoch, dass sie nur noch schwer von echten und damit sehr wertvollen Steinen zu unterscheiden sind. Momentan ist die Anzahl der synthetischen Steine zwar noch überschaubar und sie bilden nur einen kleinen Bruchteil der im Umlauf befindlichen Schmuckdiamanten.

Synthetische Diamanten verändern die Branche

Doch ihr Anteil wird sich in den kommenden Jahren spürbar ändern, da die Produktionsmethoden verbessert werden. Die Herstellung der künstlichen Steine verbilligt sich dadurch zunehmend. Folglich dürften auch die täuschend echt aussehenden künstlichen Edelsteine preiswerter werden – und damit neue Käufer anlocken. Insbesondere in Asien ist das Phänomen schon zu beobachten. Dort schmücken sich junge erfolgreiche Menschen gern mit Diamant-Schmuck. Der soll aber vor allem glänzen, unbedingt echt und teuer muss er nicht sein.

Die Branche hat das natürlich längst erkannt und versucht, Unterscheidungsmöglichkeiten für die Kunstdiamanten zu schaffen. So wird entweder eine Kennzeichnungspflicht für die künstlich erzeugten Steine vereinbart werden. Oder es werden preiswerte, handliche Geräte entwickelt, um die Kunst- von den Naturprodukten zu unterscheiden.

Fazit

Diamanten werden weiter ein Mythos bleiben. Anleger sollten sich aber weder davon noch von ihrem funkelnden Glanz blenden lassen. Als renditeträchtige Geldanlage taugen die Steine nicht. Das wird so bleiben, solange es keinen transparenten Wiederverkaufsmarkt gibt. Denn die Abschläge bei der Veräußerung sind so hoch, dass sie aus heutiger Sicht nicht durch Preissteigerungen aufgefangen werden können.

Eine neue Bewertungsstelle soll den Wiederverkauf steuern

Allerdings könnte sich das in den kommenden Jahren ändern. De Beers hat nämlich erkannt, dass prognostizierte geringere Fördermengen natürlicher Diamanten und die steigenden Produktionszahlen synthetischer Diamanten die empfindliche Balance zwischen Angebot und Nachfrage der Schmuckdiamanten gefährden. Darum hat das Unternehmen eine Bewertungsstelle für Diamanten geschaffen. Die Partner dieses International Institute of Diamond Valuation (IIDV) werden kontinuierlich ausgebaut. Dort können Diamanten aus Privatbesitz zum Wiederverkauf angeboten werden. Bislang ist der Dienst auf die USA beschränkt. Es ist jedoch damit zu rechnen, dass auch internationale Juweliere zur Partnerschaft eingeladen werden. Wie sich dann die Expertisen von IIDV gegenüber denen der bisher namhaften Labore GIA (Gemological Institute Of America) und HRD (hooge raad voor diamant) am Markt behaupten werden, bleibt abzuwarten. Es ist aber gut möglich, dass die Preisfindung transparenter wird und sich die Wiederverkaufsmöglichkeiten verbessern. Dann hätten Diamanten auch wieder eine Rendite-Perspektive.

Aktuelle Diamantenpreise in Euro per Karat inkl. MwSt.

0.25 ct	IF	VVS 1	VVS 2	VS 1	VS 2	SI 1	SI 2	P 1	P 2
E	3.220 €	2.800 €	2.490 €	2.240 €	2.050 €	1.800 €	1.490 €	1.200 €	720 €
F	3.030 €	2.630 €	2.340 €	2.100 €	1.910 €	1.680 €	1.400 €	1.120 €	670 €
G	2.930 €	2.560 €	2.270 €	2.050 €	1.860 €	1.640 €	1.360 €	1.090 €	650 €
H	2.650 €	2.310 €	2.050 €	1.850 €	1.670 €	1.480 €	1.220 €	980 €	590 €
I	2.370 €	2.060 €	1.840 €	1.660 €	1.500 €	1.320 €	1.100 €	870 €	530 €
0.50 ct									
D	9.650 €	7.660 €	6.740 €	5.960 €	5.360 €	4.500 €	3.600 €	2.780 €	1.700 €
E	7.520 €	6.390 €	5.690 €	5.200 €	4.740 €	4.110 €	3.340 €	2.580 €	1.550 €
F	6.320 €	5.630 €	5.010 €	4.590 €	4.170 €	3.630 €	2.970 €	2.300 €	1.410 €
G	5.890 €	5.010 €	4.550 €	4.210 €	3.820 €	3.320 €	2.780 €	2.190 €	1.320 €
H	5.290 €	4.720 €	4.280 €	3.960 €	3.640 €	3.160 €	2.620 €	2.060 €	1.240 €
I	4.520 €	4.000 €	3.640 €	3.440 €	3.190 €	2.800 €	2.390 €	1.920 €	1.150 €
0.75 ct									
D	11.360 €	9.130 €	8.030 €	7.120 €	6.410 €	5.380 €	4.110 €	3.320 €	2.030 €
E	9.050 €	7.870 €	7.010 €	6.420 €	5.840 €	5.080 €	3.730 €	3.150 €	1.890 €
F	7.940 €	7.260 €	6.460 €	5.920 €	5.390 €	4.680 €	3.350 €	2.930 €	1.790 €
G	7.340 €	6.390 €	5.800 €	5.360 €	4.880 €	4.230 €	3.090 €	2.750 €	1.660 €
H	6.830 €	6.240 €	5.670 €	5.250 €	4.830 €	4.190 €	2.910 €	2.700 €	1.620 €
I	5.550 €	5.020 €	4.560 €	4.310 €	3.990 €	3.500 €	2.680 €	2.370 €	1.430 €
1.00 ct									
D	22.100 €	16.700 €	14.000 €	12.200 €	10.800 €	8.500 €	6.500 €	4.700 €	2.900 €
E	16.600 €	14.400 €	12.500 €	10.900 €	9.600 €	7.800 €	6.200 €	4.500 €	2.600 €
F	14.000 €	12.100 €	10.600 €	9.300 €	8.200 €	6.700 €	5.200 €	3.900 €	2.200 €
G	11.600 €	10.200 €	8.800 €	7.800 €	7.000 €	5.900 €	4.600 €	3.400 €	2.000 €
H	9.400 €	8.300 €	7.200 €	6.300 €	5.800 €	4.900 €	4.000 €	3.000 €	1.800 €
I	8.000 €	7.000 €	6.200 €	5.500 €	5.000 €	4.400 €	3.600 €	2.700 €	1.600 €
2.00 ct									
D	42.900 €	32.300 €	27.100 €	24.200 €	19.300 €	14.600 €	10.800 €	6.800 €	4.000 €
E	31.400 €	27.200 €	23.100 €	20.400 €	17.600 €	13.700 €	10.100 €	6.500 €	3.500 €
F	27.300 €	23.700 €	20.200 €	17.900 €	15.400 €	12.000 €	8.900 €	5.800 €	3.200 €
G	21.900 €	19.200 €	16.300 €	14.500 €	12.700 €	10.200 €	7.500 €	4.900 €	2.800 €
H	16.800 €	14.900 €	12.700 €	11.300 €	10.000 €	8.100 €	6.200 €	4.100 €	2.300 €
I	12.900 €	11.400 €	9.800 €	8.900 €	7.900 €	6.700 €	5.100 €	3.400 €	1.000 €
3.00 ct									
D	80.600 €	57.500 €	48.300 €	42.000 €	31.900 €	23.500 €	16.600 €	9.200 €	5.300 €
E	54.600 €	47.400 €	39.800 €	34.300 €	27.800 €	21.100 €	15.200 €	9.000 €	4.900 €
F	46.700 €	40.600 €	34.000 €	29.600 €	24.000 €	18.300 €	13.100 €	7.900 €	4.300 €
G	36.400 €	32.000 €	26.800 €	23.300 €	19.300 €	15.000 €	10.800 €	6.600 €	3.700 €
H	26.900 €	23.900 €	20.000 €	17.400 €	14.500 €	11.400 €	8.600 €	5.200 €	2.900 €
I	20.500 €	18.100 €	15.300 €	13.600 €	11.400 €	9.300 €	7.000 €	4.200 €	2.400 €

FARBE: *D = River (hochfeines Weiß +)*
E = River (hochfeines Weiß)
F = Top Wesselton (feines Weiß +)
G = Top Wesselton (feines Weiß)
H = Wesselton (Weiß)
I = Top Crystal (leicht getöntes Weiß)

REINHEIT: *IF = lupenrein*
VVS = sehr, sehr kleine innere Merkmale
VS = sehr kleine innere Merkmale
SI = kleine innere Merkmale
P = deutliche Einschlüsse

Durchschnittliche Endverkaufspreise im deutschen Einzelhandel für Brillanten mit sehr gutem Schliff. Die aktuellen Marktpreise können auf Grund kurzfristiger Marktbewegungen von den Angaben abweichen.

» Der Kunstmarkt boomt und die Preise laufen vielfach heiß. Das zeigt sich bei den vielen Versteigerungen sehr deutlich. Insbesondere die Preise für Künster mit großen Namen erreichen teils exorbitante Höhen. Damit verschlechtert sich das Chance-Risiko-Verhältnis so stark, dass neue Käufe in den Top-Segmenten des Marktes wenig sinnvoll erscheinen. Auf der Suche nach Anlagealternativen fließt das Geld in bisher vernachlässigte Segmente des Kunstmarkte. Davon profitiert beispielsweise Maritime Malerei. Aber auch lange ignorierte Bernsteine sind plötzlich wieder gefragt. Auch bei historischen Autos verschiebt sich die Nachfrage aus dem Top-Segment zu den Emerging Classics. Damit bieten sich Anlegern verschiedenste Möglichkeiten, Geld zu diversifizieren und Rendite zu machen. «

Ausgereizt

Kunstmarkt und Liebhabereien

FUCHS-Team

Hohe Preise locken wenige Käufer an

Der Kunstmarkt – voran Moderne Kunst und Gegenwartskunst – sind im Herbst 2016 weitgehend ausgereizt. Die durchschnittlichen Preise haben ein Niveau erreicht, das nur noch wenige Käufer anlockt. Das zeigten die jüngsten Auktionen, auf denen sich die Käufer ziemlich zurückhielten. Zu den Favoriten der jüngsten Auktionen in Deutschland zählten beispielsweise Künstler wie Rudolf Bartels, Elisabeth Büchsel, Edmund Kesting, Hans Kinder, Max Uhlig und Wolfgang Leber.

Nur noch wenig Herausragendes

Dass dieses Segment kaum noch Luft nach oben hat, zeigt der Blick auf die kommenden Auktionen anhand der ersten Auktionskataloge. Ein Durchblättern zeigt: Wirklich Herausragendes ist selten. Nur einzelne Werke heben sich ab. So sticht bei Lempertz in Köln eine kleine Landschaft von Josse de Momper 1564 (Antwerpen - 1635 Antwerpen) hervor (Schätzung: 18.000 Euro). Ein zauberhaftes Früchtestillleben „Pfirsiche" hält Koller in Zürich parat. Solche Werke von Henri Fantin-Latour (1836-1904) sind sehr beliebt. Die Schätzung mit 40.000 bis 60.000 CHF ist im angemessenen Rahmen. Höchst selten gelangen Ölgemälde des verstorbenen ostdeutschen Malers Werner Tübke (1929-2004) zum Aufruf. Aber Lehr Kunstauktionen in Berlin ist es gelungen, ein Spitzenwerk des Malers „Kleiner Strand, mit stehender Mittelfigur" zum Aufruf zu bringen (Schätzpreis 24.000 Euro).

Die Marken-Macher

Machtverschiebung am Markt

Neben den Auktionshäusern zeigt sich am Markt eine Machtverschiebung hin zu Galerien und Museen. Diese vergrößern ihren Einfluss auf die Preise am Markt. Das hat für Sammler Vor- und Nachteile, die diese bei der Suche nach Kunstinvestments berücksichtigen sollten. Die Galerien und Museen übernehmen immer stärker die Rolle von Marken-Machern. Damit beeinflussen sie massiv die Preise. Nur Künstler, die

Die Gallerie wird als Markenmacher wichtiger

– am besten international – ausgestellt werden, haben das Potenzial, zu einer gefragten Marke zu werden. Damit gehen dann Aufmerksamkeit, Ruhm und auch steigende Preise einher. Das wiederum liegt im Interesse der Galerien, Museen und Auktionshäuser.

Befördert wird diese Rolle durch die knappen öffentlichen Finanzen, die für Kultureinrichtungen bewilligt werden. Diese Einrichtungen sind darum zunehmend bestrebt und gezwungen, mehr Geld selber zu erwirtschaften. Das gelingt am besten durch öffentlichkeitswirksame Ausstellungen mit hoher Besucherresonanz. An dieser Stelle kommen Museen, Sponsoren, Sammler, Händler und Galeristen ins Spiel.

Sammler nehmen Einfluss auf die Gestaltung der Museen

Finanzstarke Sammler und Sponsoren nehmen dabei Einfluss auf die Ausrichtung der Museen. Häufig liefern solche global tätigen Unternehmen komplette Ausstellungskonzepte (vom Objekt über das Merchandising bis zum Katalog) ans Museum. Das dient dazu, das Preisniveau der vertretenen Künstler abzusichern. Hier steht die Wertsicherung der eigenen Kunstbestände im Mittelpunkt. Interessante, aber weniger bekannte Künstler haben kaum eine Chance, dagegen zu konkurrieren.

Weniger bekannte Künstler haben kaum eine Chance

Das sollten Sammler berücksichtigen. Da viele Künstler lange Zeit unter dem Radar und unbekannt bleiben, sind sie auch lange Zeit preiswert. Das kann für Liebhaber eine Chance sein, wenn sie selber Künstler (für sich) entdecken. Ein guter Ort dafür sind kleinere Galerien. Ob diese Künstler aber auch den Sprung auf die Ebene der breiten öffentlichen Wahrnehmung schaffen, ist ungewiss. Genau davon hängt es aber ab, ob ein Kunstwerk überhaupt Preissteigerungspotenzial hat.

Der Verkaufserfolg von Kunstwerken wird somit zu einem Netzwerk-Phänomen. Wer zu Investitionszwecken kauft, wird eher bei bereits bekannten Künstlern aktiv. Hier gibt es schon eine gewisse Preiskurve, die mit der Bekanntheit der Künstler korreliert. Wichtigste Aufgabe für den Investor ist es, nun abzuschätzen, ob diese aufsteigende Kurve noch weiteren Bestand haben wird – und wie lange. Davon hängt der Erfolg des Kunst-Investments ab. Wem es nicht in erster Linie auf Rendite ankommt, der kann seinen Horizont ruhigen Gewissens auf unbekanntere Künstler ausweiten.

Die Kunst wird zum Konsumgut gemacht

Kunst wird damit immer stärker zu einem Konsumgut gemacht. Befördert wird das durch Galeristen, Museen und Sponsoren. Sammler und Investoren sollten diese Marktmechanismen kennen und bei Kaufentscheidungen berücksichtigen. Wer günstig kaufen möchte, muss abseits des Mainstreams suchen. Er hat dann aber auch gute Chancen auf überdurchschnittliche Wertsteigerung.

Marinemalerei gefragt

Steigende Nachfrage nach speziellen Segmenten

Für dieses Spezialsegment der Malerei steigt die Nachfrage. Marinemalerei liefert uns Sinnbilder unserer Auseinandersetzungen mit Gefahren, Naturgewalten, Kriegsereignissen und Feindschaften, aber auch für die Schönheit des Naturerlebens. Auffallend für die Werke der Marinemaler des 17. bis 19. Jahrhunderts ist der hohe Anteil militärischer Darstellungen. Die Neuordnung der Welt – von Spanien und Portugal ausgehend – finden wir in der Marinemalerei wieder. Auch die technische Entwicklung und gesellschaftliche Veränderungen ab der Mitte des 19. Jahrhunderts gehen in die Marinemalerei ein. Es werden z. B. Schiffe mit Dampfantrieb gezeigt. Erfolgreiche Reeder und Kapitäne lassen ihre „Flotten" für repräsentative Zwecke malen.

Das Gros der Objekte entstammt dem 17. bis frühen 20. Jahrhundert. Das derzeit marktschwache 19. Jahrhundert findet sich auch bei den Schiffsbildern dieser Zeit wieder. Die Preisspanne ist – je nach Motiv und Lager – weit: von wenigen hundert Euro bis hin in die Zehntausende. Einige Namen haben gute Aussichten auf eine starke Preisentwicklung. Dazu gehören Andreas Achenbach, Theodor Gudin, Josef Vernet, Ivan Constantinovich Aivazovsky, Hermanus I Koekkoek, Patrick von Kalckreuth, Emil Nolde, Lyonel Feininger, Charles-Louis Verboeckhoven etc.

Ölgemälde und Druckgrafische Arbeiten

Neben Ölgemälden finden wir ein breites Angebot druckgrafischer Arbeiten. Besonders dekorativ und wertstabil scheinen die Arbeiten von Horst Janssen, Paul Klee, Lyonel Feininger, Erich Heckel, Gerhard Marcks, Otto Wilhelm Eglau. Die Auswahl ist breit und vielgestaltig.

Historische Automobile ausgebremst

Der Markt für historische Autos ist ebenfalls weitgehend ausgereizt. Darauf deuten einerseits die Preise in den Spitzensegmenten, andererseits die Nachfrageverschiebung hin. In den Top-Segmenten blieben bei den jüngsten Versteigerungen immer wieder Fahrzeuge stehen. Die Preisvorstellungen der potenziellen Verkäufer sind schlicht zu hoch für die interessierten Käufer. Dieses Phänomen ist in der gesamten Marktbreite und unabhängig von der Automarke zu beobachten. Hervorragende Preise erzielen nur noch absolut perfekte Wagen – mit einer lückenlosen Dokumentation.

Aufgrund dieser hohen Preise im Top-Segment verschiebt sich die Nachfrage immer weiter in die jüngeren Jahrgänge. Die Wagen der sogenannten Emerging Classics umfassen die Baujahre der 60er bis 80er Jahre. Besonders gefragt sind hier z. B. die Mercedes 300 SL/500 SL der Modellreihe R107, der 190 EVO II oder auch die Limited Edition des E500 (W124). Solche Fahrzeuge gibt es im Herbst 2016 zu Preisen zwischen 50.000 und 100.000 Euro. Die Aussichten, mit solchen Jahrgängen Gewinn zu erzielen, sind mittelfristig gut.

Chinesen entdecken Bernstein

Preise für das Gold des Meeres steigen

Hohe Preise führen auch in anderen Segmenten zu einer Verschiebung der Nachfrage. So rückt ein seit den 50er Jahren in Vergessenheit geratener Schmuckstein wieder in den Mittelpunkt: Bernstein. Seit einiger Zeit explodieren die Preise für den braunen Harzschmuck gewaltig. Zünder sind chinesische Käufer, die das versteinerte Harz in allen Variationen für sich entdeckt haben. Darum hat sich der Wert von Bernstein im Reich der Mitte binnen kürzester Zeit grundlegend geändert. Eine Bernsteinkette aus Großmutters Zeiten kann in China heute durchaus vierstellig notieren. Auf vielen Flohmärkten hierzulande kosten Bernsteinketten aber noch immer 20 bis 30 Euro.

Diese Chance haben inzwischen auch einige Bernsteinhändler in Deutschland erkannt, die Bernstein kaufen. Am einfachsten finden sich seriöse Bernsteinhändler heute im Internet. So bietet z. B. die Seite www.bernsteinmobil.de den Ankauf von Bernstein für chinesische Kunden an. Wer im Internet nach den Schlagworten „Bernstein“ und „Ankauf“ sucht, wird aber noch einige weitere Anbieter finden.

Echtheit von Bernstein lässt sich schnell feststellen

Wichtig für den Wert ist die Echtheit. Die lässt sich für Bernstein schnell selber feststellen. Wird echter Bernstein mit einem Woll- oder Seidenläppchen gerieben, zieht dieser Lappen anschließend kleine Papierschnitzel an, ganz ähnlich einem Magneten.

Art déco gefragt

Auch die Stilepoche Art déco (1920 bis 1940) wird von Käufern wieder stärker nachgefragt. Dieser Stil bezog sich auf Einrichtungsgegenstände, Mode, Autos sowie Architektur. Sie wurde in Paris und New York ungemein erfolgreich. Es wurden aber auch etliche Zeichnungen, Plakate oder Gemälde im Stil des Art déco angefertigt. Besonderer Beliebtheit erfreuen sich auch wieder die Skulpturen der Stilrichtung.

Wer in dieses Segment als Sammler einsteigen möchte, findet dafür recht gute Möglichkeiten. So gibt es auf Auktionen oder im spezialisierten Handel etwa bernsteinfarbige Karaffen mit sechs Trinkgläsern für ca. 200 Euro. Eine Tischlampe von Schneider Paris (1925) ist für ca. 500 Euro zu haben. Es sind sogar ganze Zimmereinrichtungen im Angebot.

Vorsicht bei Jugenstil-Stücken

Der Sammelanfänger dieses Stils muss aber aufpassen, dass er keine Jugendstil-Stücke erwirbt. Diese sind in ihrer Form verschlungener als die geometrisch geformten Objekte des Art déco. Designernamen wie Eileen Gray oder Jean-Michel Frank bzw. Jacques-Émile Ruhlmann sind eine solide Bank.

Fazit

Am Markt für Liebhabereien und am Kunstmarkt verschiebt sich das Chance-Risiko-Verhältnis weit in Richtung Risiko. In vielen Bereichen des Marktes sind die Preise ausgereizt. Die Nachfrage wandert in die mittleren Preissegmente ab und hebt auch dort die Notierungen spürbar an. Davon profitiert beispielsweise das Fotosegment, das sich einer stark steigenden Nachfrage erfreut. Lesen Sie dazu auch den folgenden Beitrag von Hr. Arne von Neubeck.

Langfristiger Anlagehorizont muss sein

Wer neu in den Markt einsteigen will, sollte sich sehr genaue Expertisen beschaffen und einen langfristigen Anlagehorizont haben. Grundsätzlich gilt dabei: Kunst und Liebhabereien sind Investments, weil sie persönlich gefallen und einen langen Zeithorizont haben. In allen anderen Fällen sollten Anleger lieber die Finger davon lassen, um Enttäuschungen zu vermeiden.

» Anleger investieren aus richtigen und nachvollziehbaren Gründen in Aktien, Anleihen und Fonds. Darüber hinaus stehen Sachwerte hoch im Kurs – vor allem wegen der Niedrigzinsen an den Märkten. Aber was ist eigentlich von einem Investment in den ältesten von Menschenhand geschaffenen Sachwert zu halten? Investitionen in Kunst können schön sein und ansehnliche Renditen abwerfen. Zunehmend global gefragt ist Fotokunst. Doch wie können Anleger gut in dieses Segment investieren? «

Rendite mit dem Auslöser

Fotos werden als Investment entdeckt

Arne von Neubeck, The Global Fine Art GmbH

Immer auf verschiedene Titel setzen

Eine diversifizierte Kunstsammlung und ein breit gestreutes Investmentdepot unterscheiden sich von der Struktur her kaum. In beiden Fällen sollte man nicht alles auf eine Karte, sondern auf verschiedene Titel setzen. Junge Unternehmen bringen vielleicht ein hohes spekulatives Element mit in ein Depot ein. Blue Chips hingegen erhöhen deutlich die Sicherheit, begrenzen aber auch dessen Potenzial. Ebenso ist es in der Kunst. Jungkünstler sind riskant, aber unter Umständen höchst lukrativ. Weltweit etablierte Künstler sind relativ „sichere Bänke", sofern der Preis nicht Folge einer sichtbaren Übertreibung ist.

Kunst als Anlageklasse: Chancen und Risiken

Auch im Kunstmarkt gibt es Risiken

Um es vorweg zu nehmen: Auch im Kunstmarkt gibt es Risiken. Die Börseneinbrüche der Jahre 2000, 2008 und 2011 markieren für das Gros der Anleger schmerzliche Meilensteine in ihrer Anlagegeschichte. Und wer hätte vor wenigen Jahren gedacht, dass jüngst ausgerechnet Bankentitel, Energieversorger und zuletzt Automobilhersteller zu den Sorgenkindern der großen Indizes gehören?

Mit Immobilien im deutschen Osten wurden in den 90er Jahren Milliarden verbrannt. Und Immobilienbesitzer in den USA, Spanien und anderen Ländern konnten nach der Finanzkrise 2008 Lieder davon singen, dass man auch den Wert einer Immobilie durch den Schornstein jagen kann. Goldkäufer aus dem Jahre 2012 werden wohl die nächste Finanzkrise herbeisehnen, um endlich wieder die vormaligen Höchststände zu erreichen. Und Rohstoffsinvestoren werden sich fragen, wann die Rohölpreise denn überhaupt mal wieder in die Nähe alter Bestmarken klettern werden.

Investments im Kunstmarkt

Ähnlich verhält es sich mit Investments im Kunstmarkt. Diese als rein spekulativ zu bezeichnen, ist ebenso falsch, wie Kunstinvestments als alleinige Lösung für alle Anlageprobleme im Niedrigzinsumfeld zu proklamieren. Es kommt – wie so oft – auf die Mischung, auf die vernünftige Allokation an. Denn natürlich gibt es gegenüber den zuvor genannten Assetklassen gewisse Nachteile.

Nachteile der Anlageklasse

1. Preisliche Intransparenz: für einen Laien ist schwer erkennbar, ob ein aufgerufener Preis für ein Kunstwerk, etwa in einer Galerie, gerechtfertigt oder überzogen ist.
2. Keine Indizes als Anlagevehikel: Anders als bei Aktien, Rohstoffen oder Edelmetallen ist ein Investment in einen Index in Form eines Wertpapiers nicht möglich.
3. Kein täglich liquider Markt verfügbar: Für die Veräußerung eines Kunstwerkes ist mitunter erheblich mehr Zeit einzuplanen als für die sekündliche Möglichkeit des Aktienhandels oder die Rückgabe eines Krügerrandes.

Chancen und Risiken beim Kunstkauf

Diesen Risiken stehen Chancen gegenüber. So folgt der Kunstkauf oft einem Spektrum von Motiven. Neben den Zielen von Kapitalsicherung und Kapitalvermehrung spielen häufig Prestige und der ästhetische Wert eine erhebliche Rolle.

Daneben ist für viele Anleger wichtig, dass sie mit Kunst einen konjunkturunabhängigen Sachwert erwerben. Selbstverständlich profitiert auch der Kunstmarkt von einer weltweiten Prosperität. Dennoch wirkt er in Finanzkrisen bei weitem nicht so angeschlagen wie die Börsen, die unmittelbar und teilweise heftig reagieren. Hinzu kommt: Der Kunstmarkt ist ein Wettbewerbsmarkt. Während in anderen Anlagebereichen die Spekulation eine wesentlich treibende Kraft ist, bestimmen in der Kunst noch viel wesentlicher das Angebot und die Nachfrage den Preis.

Kunst schlägt Aktien

Abb. 1

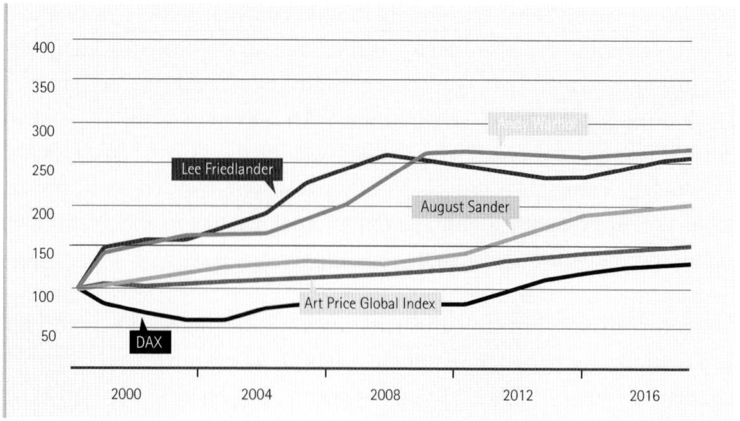

Die Wertentwicklung von Kunst ist seit dem Jahr 2000 höher als die des DAX. Auch im Kunstmarkt gibt es einzelne Outperformer.
Quelle: Artprice | Deutsche Börse

Grundsätzlich kann es sinnvoll sein, in Kunst zu investieren. Die Anlageklasse weist eine höhere Performance im Vergleich zu anderen Assetklassen aus. Das zeigt ein Vergleich anhand von Kennzahlen führender Kunstindizes mit Indizes anderer Anlageklassen (vgl. Chart). Hinzu kommt, dass Kunst ein Portfolio gut diversifizieren kann. Denn Kunstinvestments korellieren kaum zu Anlageklassen wie Aktien oder Anleihen.

In welche Kunst sollte man investieren?

Malerei, Skulpturen, Fotografie und weitere

Die Palette möglicher Kunst-Investments ist breit gefächert und kategorisiert sich in Malerei, Skulpturen, Fotografie und weitere. Hier gilt auch eine gängige Börsenregel: Sollte für jemanden der Wertpapiermarkt Neuland sein, so wäre man mit dem Invest in Standardwerte vermutlich besser beraten, denn mit dem Kauf von Pennystocks. Übertragen auf ein Kunstinvestment heißt das: Wer langfristig auf der relativ sicheren Seite sein möchte, sollte auf Schlüsselwerke eines Künstlers setzen. Gemeinhin sind diese in der Anschaffung teurer, erhöhen aber die Sicherheit für eine substanzvolle Wertentwicklung. Auch der Wiederverkauf dürfte sich leichter gestalten.

Die Recherche solcher Künstler oder einzelner Kunstwerke mit hohem Bekanntheitsgrad fällt dabei relativ leicht. Sie ist – den Internet-Suchmaschinen sei Dank – auch für Laien durchführbar. Gemeinhin gilt: Je mehr internationale (Einzel-)Ausstellungen in Museen, je mehr mediale Berichterstattung und je länger am Markt berichtet wird, desto höher ist die Bedeutung eines Künstlers.

Fotokunst – ein Segment für Einsteiger

Vorteile

Vom Genre her bietet sich die künstlerische Fotografie als Einstiegsinvestment an. Sie verfügt über folgende Vorteile gegenüber anderen Kunstrichtungen:

1. Fotokunst ist als relativ neue Kunstform sehr gut aufgezeichnet. Viele etablierte Fotografen leben noch, haben ihr Schaffen dokumentiert bzw. im weiteren Verlauf ihres Lebens mit der Dokumentation begonnen.
2. Fotografien werden zumeist in Editionen aufgelegt. Handelt es sich um eine Auflage von 10, ist eine kaufmännische Vergleichbarkeit des Marktes besser gegeben als bei Unikaten. Denn jedes Motiv existiert dann 10 mal, in der Regel mit höherer Marktdurchdringung.
3. International gehandelte Fotokunst ist noch relativ günstig zu er-

werben. Lediglich 1.000 Euro reichen bereits aus, um in eine Fotografie in kleiner Edition eines Fotografen mit internationaler Reputation zu investieren. Nach oben hin besteht freilich keine Grenze. Für einen Anleger, der im Rahmen einer diversifizierten Assetallokation in Kunst anlegen möchte, ist diese Segment daher geeignet.

Zum Investmentprozess und der Künstlerauswahl

Auktionen stehen häufig im medialen Fokus. Wichtiger als diese sind aber Messen sowie der klassische Handel. So beginnt für uns der klassische Investmentprozess ebendort. Wie bei Aktien gilt auch hier die Empfehlung, nicht alles auf einen Wert (Künstler) zu setzen. Daher sollten Investoren bei höheren Anlagebeträgen über die Fotografie hinaus in andere Kunstrichtungen investieren.

Was beim Kauf von Fotokunst zu berücksichtigen ist

Wer in Fotokunst investieren möchte, sollte einige Besonderheiten dieses Segments berücksichtigen. Originalabzüge der Künstler, die zeitnah nach der Entstehung des Negatives angefertigt werden (sogenannte Vintage-Prints) sind in ihrer Bedeutung höher anzusiedeln als spätere Abzüge. Diese, zur Lebzeiten des Künstlers produziert, sind in der Regel wiederum wichtiger als posthum veröffentlichte Abzüge aus dem Nachlass des Künstlers.

Ein konkretes Beispiel hierzu liefert der großartige Fotograf August Sander (1876–1964), der in den 20er und 30er Jahren des letzten Jahrhunderts ein epochales Werk der Portrait-Fotografie geschaffen hat. Sogenannte Modern Prints aus den 90er Jahren, abgezogen von seinem Enkel Gerd, liegen preislich derzeit zwischen 3.600 und 10.000 Euro. Die Abzüge seines Sohnes Gunther aus den 70/80er Jahren kosten im mittleren fünfstelligen Bereich, während für die wenig vorhandenen Vintages von August Sander sechstellige Summen aufgerufen und bezahlt werden.

Technische Details: Zurverfügungstellung und Lagerung

Kunst aus rein ökonomischen Gründen erwerben?

Am Kunstmarkt sind renditeorientierte Anleger nicht besonders beliebt. Sie haben – teilweise zur Recht – den Ruf, die Kunst nicht der Kunst wegen zu erwerben, sondern aus rein ökonomischen Erwägungen. Trotzdem schließt das eine das andere nicht aus. Im Idealfall erfolgt der renditegetriebene Kauf von Kunstgegenständen im Einklang mit Galerist und Künstler. Das kann beispielsweise dann der Fall sein, wenn die Kunstwerke nach Kauf der Öffentlichkeit zur Verfügung gestellt werden. Es ist auch für die Renditeentwicklung hilfreich, wenn der Künstler nicht nur stattfindet, sondern auch öffentlich beworben wird.

Kunst als Sachwert

Begreift man die Kunst als Sachwert und möchte sie nicht unbedingt in den eigenen Räumlichkeiten verfügbar haben, bietet sich die Einlieferung in ein Zollfreilager an. Dort werden Bilder unter besten Bedingungen gelagert. Eine angemessene Versicherung ist obligatorisch, wobei jährliche Kosten für Einlagerung und Versicherung unter der Management-Fee eines Investmentfonds liegen.

Kunst mit Vorteilen bei Steuer und Erbrecht

Das Investment in Kunst ist ein sinnbildlich schönes Investment mit weiteren Vorzügen. Erfolgt der Erwerb in einem zollfreien Raum, in Deutschland, der Schweiz oder sonstwo auf der Welt, spart der Anleger die fällige Mehrwertsteuer von 19 % (in Deutschland, bei Direktkäufen beim Künstler fallen 7 % Umsatzsteuer an). Alleine darum könnte die Einbindung eines Zollfreilagers sinnvoll sein. Wenngleich Kunstanlagen mittel-, besser langfristig, betrachtet werden sollten, so ist der Hinweis oportun, dass (private) Kunstkäufe eine Spekulationsfrist von nur einem Jahr aufweisen. Erträge sind nach 12 Monaten also steuerfrei.

Weitergabe von Kunst

Nicht minder bedeutsam ist die Weitergabe von Kunst, z. B. in einem erbrechtlichen, familiären Rahmen. Der Oberbegriff der „Verschonung" steht hier für eine erhebliche steuerliche Bevorteilung. Diese ist zwar an teilweise harte Kritieren geknüpft. Gerade vermögenden Familien, bei denen die erbrechtlichen Freigrenzen nicht mehr ausreichen, haben aber gute Möglichkeiten der steuerlich völlig legalen Gestaltung.

Wie sind die Aussichten am Markt?

Handelsvolumen 2015 rückläufig

Derzeit wird viel über eine Blasenbildung am Kunstmarkt diskutiert, die sich in den letzten Jahren durch die steigende Nachfrage aufgetan habe. Tatsache ist aber: Das Handelsvolumen am Kunstmarkt insgesamt war im Jahr 2015 gegenüber dem Jahr 2014 sogar rückläufig. Die angebliche Flutung des Marktes mit Kapital ist aus den Statistiken nur bedingt herauslesbar. Im Jahr 2016 haben sich die Preise innerhalb der Segmente sehr unterschiedlich entwickelt.

Ein überraschend klares und positives Signal kommt – ausgerechnet – aus der Finanzbranche, transportiert über den Art & Finance Report 2016 der renommierten Prüfungsgesellschaft Deloitte in Zusammenarbeit mit ArtTactic. Demnach wollen 78 % der in der Studie befragten Vermögensverwalter Kunst in ihre Angebotspalette aufnehmen und anbieten.

Kunst als wichtige Anlageform

Zudem wird Kunst als wichtige Anlageform anerkannt – ein Novum in einer Branche, die in den vergangenen Jahren vorrangig in Wertpapiere investiert hat. Infolge der neuen Realitäten an den Finanzmärkten weichen die Vermögensverwalter aber offenbar zunehmend auf andere Anlageklassen aus und nehmen strategische Anpassungen bei der Assetallokation vor. Vor dem Hintergrund, dass der Kunstmarkt vom Volumen her – gemessen an anderen Märkten – weiterhin nur mit Kapitalzuflüssen in homöopathische Dosen versorgt wird, können solche strategischen Änderungen durchaus neue, treibende Kraft für die Preise entwickeln.

Kunst als Investment?

Kunstinvestments eignen sich für vermögende Anleger, die ihr Geld bereits in allen üblichen Anlageklassen investiert haben und sich nach einer Streuung im Portfolio sehnen. Wie andere Sachwerte auch ist Kunst als Anlageform mittel- bis langfristig zu begreifen. Bei sorgsamer Auswahl der Künstler – international etabliert, limitiert und gut dokumentiert – sichert Kunst Kapital und kombiniert diese Sicherheit mit sehr gutem Wertsteigerungspotenzial.

Angesichts der fortwährend niedrigen Zinsen mit zunehmenden Systemrisiken bei steigendem weltweiten Wohlstand und zugleich wachsender Aufmerksamkeit für das Asset Kunst bei Vermögensverwaltern stehen wir wohl eher am Anfang, denn am Ende einer lukrativen und nachhaltigen Preisentwicklung bei Kunstinvestments.

Ratschlag

Grundsätzlich sollten Anleger einen Ratschlag beachten: Entweder sie haben oder entwickeln eine eigene vertiefte Kenntnis über den Kunstmarkt und ihr favorisiertes Anlagesegment. Dazu zählt die Bereitschaft, sich intensiv mit der Materie auseinanderzusetzen. Oder der geneigte Investor zieht vertrauenswürdige Berater mit entsprechenden Fachwissen hinzu, um sich beim Investmentprozess und bei der Auswahl geeigneter Investmentobjekte beraten zu lassen.

V. Ihr Vermögen

» In den aktuellen Projektrunden des FUCHS Performance-Projekts von Dr. Jörg Richter und Verlag Fuchsbriefe stellen sich die teilnehmenden Vermögensverwalter einem harten Vergleich. Die Frage: „Schaffen es die Profis, eine simple, aber zugleich wissenschaftlich begründete Anlagelösung langfristig zu schlagen?" Der Beitrag zeigt auf, warum allein das Unterfangen eine große Herausforderung für die Anlageprofis ist. Und sagt dem Anleger, wei er damit umgehen kann.«

Rendite-Faktoren
Wissenschaft trifft Praxis

Von Jörg Richter, Dr. Richter | Kanzlei für Vermögen GmbH

Bei Aktien zählt nur die Zukunft

Die Forschung rund um das Thema Wertpapieranlage blickt auf eine lange Tradition zurück. Schon 1934 veröffentlichten die US-Wissenschaftler Graham und Dodd die Erkenntnis, dass der Wert einer Aktie sich aus dem heutigen Wert zukünftiger Erträge ergibt, die von den Investoren erwartet werden. Die Vergangenheit spielt in den Aktienkursen also keine Rolle, nur die Zukunft zählt. In den 50er und 60er Jahren meldeten sich dann Mathematiker zu Wort, die die optimale Zusammenstellung eines Portfolios anhand von Formeln ermitteln konnten. Markowitz und Sharpe sind inzwischen bekannte Namen und ihre Formeln werden bei der Zusammenstellung zahlreicher Portfolios genutzt.

Die zentralen Forschungs-Erkenntnisse

Vier Leitsätze für Anleger aus der Wissenschaft

Will man die vielen Forschungsergebnisse für die Geldanlage zusammenfassen, ergeben sich vier zentrale Leitsätze, die jeder Anleger kennen sollte:

1. Wer mehr Rendite will als der „sichere“ Zins liefert, muss Risiken eingehen.
2. Die künftige Entwicklung der Kapitalmärkte lässt sich nicht prognostizieren.
3. Die Verteilung auf viele unterschiedliche Vermögensklassen und Einzelwerte reduziert das Risiko – und kostet Anleger nichts („Lege nicht alle Eier in einen Korb“).
4. Der gesamte Markt ist nicht grundsätzlich zu schlagen.

Sind aktiv gemanagte Investmentfonds sinnlos?

Besonders der vierte Leitsatz missfällt Anbietern von aktiv gemanagten Investmentfonds. Er stellt nämlich die Notwendigkeit und Sinnhaftigkeit ihrer Produkte in Frage. Dennoch lässt er sich nicht leugnen. Die Zahlen und langfristigen Statistiken sprechen klar für den Leitsatz. Neuere Veröffentlichungen zeigen, dass es die von Werbung angepriesenen Produkte auf lange Sicht nicht schaffen, besser als der Markt zu sein. Die Forscher haben auch einen der Gründe für dieses

Kosten sind der größte Renditefresser

Phänomen entdeckt: Die Kosten der Kapitalanlage sind die größten Renditefresser. Der Zusammenhang ist schnell erklärt. Selbst wenn ein Fondsmanager oder Vermögensverwalter es einige Zeit schafft, z. B. am US-Aktienmarkt bessere Ergebnisse zu erzielen als der Index Standard & Poors 500, so sind die Kosten für diesen Aufwand (Managerkosten) in der Regel so hoch, dass sie die Outperformance wieder vernichten.

Renditeerwartungen müssen zum Markt passen

Eine weitere grundlegende Erkenntnis wurde 1976 dokumentiert: Die Rendite von Aktien setzt sich aus zwei Komponenten zusammen:

Rendite = Risikoloser Zins + Marktprämie

Unrealistische Erwartungen von Investoren

Die Beratungspraxis zeigt aber: Viele Investoren haben feste Renditeerwartungen abgespeichert: „4 bis 5 Prozent pro Jahr" sind Sätze, die häufig als Richtgröße für erwartete Erträge zu hören sind. Das Problem: Diese Erwartungen werden enttäuscht werden. Sie sind nicht realistisch. Warum dies so ist, zeigt die Anwendung der Formel im aktuellen Marktumfeld:

Risikolose Kapitalanlagen gibt es derzeit nicht

Basis ist der „risikolose Zins". Seit der Finanzkrise mit ihren Nachwirkungen gibt es keine risikolosen Kapitalanlagen mehr. Selbst Staaten, die früher als „absolut sicher" galten oder auch Spareinlagen bei Banken und Sparkassen beinhalten Risiken. Dennoch dürfen langlaufende Bundesanleihen als gute Indikation für den risikolosen Zins für deutsche Anleger herangezogen werden. Auch die sog. „Umlaufrendite", die einen Korb von Bundesanleihen und öffentlichen Pfandbriefen mit einer mittleren Laufzeit abbildet, ist als Orientierungswert für den Anleger geeignet.

Der risikolose Zins liegt heute bei 0 bis 1%

Mit Blick auf das heutige Zinsniveau wird deutlich, wo das Problem liegt. Der erste Teil der Formel muss heute mit einer Null gefüllt werden. Genau genommen ist der risikolose Zins sogar negativ. Wer also damals mit „4 bis 5 %" gerechnet hat, muss diesen Wert heute abziehen. Ergebnis: 0 bis 1 % sind die heutigen Werte für den „risikolosen Zins".

Hinzuaddiert wird die zweite Komponente, die Marktprämie. Sie ist die langfristige Entlohnung dafür, dass ein Investor in den Aktienmarkt mit seinen Schwankungen investiert und „ins Risiko geht". Es gibt also eine Rendite dafür, dass Anleger in Aktien investieren. Diese Komponente ist der Höhe nach weitgehend konstant. Je nach Markt, in den investiert wird, liegen die langfristigen Marktprämien zwischen 5 und 9% vor Kosten und Steuern. Die Tabelle unten zeigt aktuelle, realistische Renditeerwartungen für die langfristige Anlage bei unterschiedlichen Aktienquoten.

Berechnung realistischer Renditen

Risikoloser Zins + Marktpräme = realistische Rendite

Rechnen wir nun beide Komponenten zusammen: „Risikoloser Zins“ + Marktpräme = „realistische Rendite“. Der „risikolose Zins“ ist im aktuellen Umfeld Null. Setzen wir für die „Marktprämie“ den Mittelwert von 7% p.a. an, dann kann ein Anleger mit einer Aktienquote von 50% des Gesamtvermögens langfristig eine Gesamtrendite vor Kosten und Steuern von 3,5% erwarten (vgl. Tabelle). Steuerbar ist die realistisch zu erwartende Rendite dann nur noch über die Gewichtung des Faktors „Marktprämie“ – entweder über die Investitionsquote oder über die einzelnen Märkte. In beiden Fällen ist der Faktor das „Risiko“.

Renditeerwartung

Aktienquote	10%	20%	30%	40%	50%	60%	70%	80%	90%
vor Kosten und Steuern	0,70%	1,40%	2,10%	2,80%	3,50%	4,20%	4,90%	5,60%	6,30%

Quelle: eigene Berechnungen, Dr. Richter | Kanzlei für Vermögen GmbH, 2016

Aktien schlagen den Gesamtmarkt

Im Jahr 1993 brachten die Wissenschaftler Fama und French eine neue Forschungs-Botschaft: Demnach sei es richtig, einfach nur in den gesamten Aktienmarkt zu investieren. Der Clou aber war die Erkenntnis, das es im Aktienmarkt zusätzliche und stabile Renditeprämien gibt. Mit diesen sei der Gesamtmarkt nun schließlich doch zu schlagen. Der Preis dafür ist aber erneut ein höheres Risiko (Schwankungen). Die zwei Sonderfaktoren, die Fama und French entdeckt hatten, waren der „Value-Faktor“ und der „Größen-Faktor“ (size).

Der Value-Faktor

Der Value-Faktor ist zu erzielen, wenn in Unternehmen investiert wird, deren Aktienkurs im Vergleich zu ihrem Buchwert, auch innerer Wert genannt, niedrig ist. Die Aktien dieser Unternehmen müssten eigentlich höher bewertet sein, daher können Investoren erwarten, dass es zu einer Anpassung zum Marktdurchschnitt kommt. Natürlich gehen die Aktionäre das Risiko ein, dass der geringere Kurs doch angemessen ist, weil alle verfügbaren Informationen bereits im Aktienkurs berücksichtigt sind.

Renditefaktoren vorn

Abb. 1

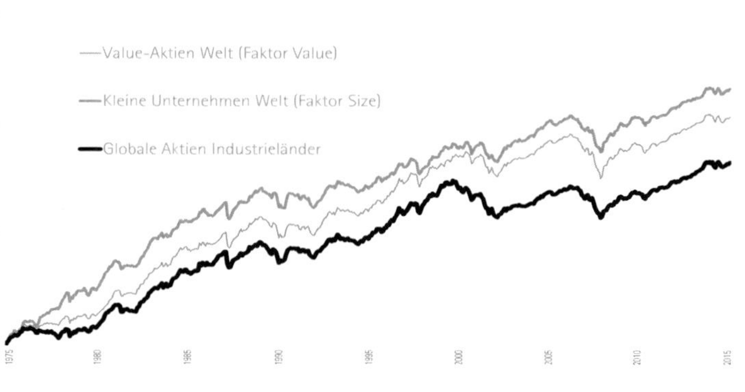

Langfristig werden Anleger reichlich belohnt, die in kleine oder niedrig bewertete börsennotierte Unternehmen investieren.

Daten: Dimensional, alle Angaben ohne Gewähr | Quelle: eigene Berechnungen, Dr. Richter | Kanzlei für Vermögen GmbH, 2016

Der Size- oder Größenfaktor

Der Size-Faktor wird auch „Small-Cap-Faktor“ genannt. Kleine, börsennotierte Unternehmen sind häufig flexibler aufgestellt, als die großen „Blue Chips“. Sie können daher lukrative Geschäftsnischen besetzen oder sind wendiger, wenn die Kunden neue Bedürfnisse haben. Deshalb erzielen sie langfristig höhere Gewinne und dies zeigt sich in höheren Renditen (verglichen mit dem Gesamtmarkt). Allerdings besteht die Gefahr, dass solche Unternehmen mit ihrem Geschäftsmodell scheitern. Deshalb ist das Schwankungsrisiko höher.

Langfristiges Engagement in Aktien wird belohnt

Die beiden Wissenschaftler konnten beweisen, dass Investoren auf jeden Fall belohnt werden, wenn sie langfristig investiert bleiben. Die obige Grafik zeigt den Effekt: Wer 1975 angelegt hatte und statt in den Gesamtmarkt kleine und unterbewertete Unternehmen gekauft hatte, hat einen deutlichen Mehrertrag erwirtschaftet. Die zweite wichtige Botschaft: Auch die Investition in den gesamten weltweiten Aktienmarkt hätte Anleger in den letzten 40 Jahren reich gemacht – trotz aller Börsencrashs. Denn ein langer Atem ist die Voraussetzung für Rendite.

Auf der Suche nach Rendite-Faktoren

Faktoren für den Mehrertrag

Die Studien von Fama und French waren der Beginn eines wahren Forschungsbooms. Neue Faktoren wurden gesucht und gefunden (vgl. Tabelle rechts oben). Diese Faktoren gelten für den Aktienmarkt als gut erforscht. Allerdings fällt es bei einigen Faktoren schwer, den anhand der Zahlen abzuleitenden Mehrertrag auch logisch zu begründen.

Eines darf bei aller Liebe zu einzelnen Rendite-Faktoren aber nicht übersehen werden: Alle Prämien sind nur langfristig zu erzielen, also

RENDITEFAKTOREN		
Faktor	**Beschreibung Unternehmen**	**Wie erklärbar?**
Value	Niedriges Kurs-Buchwert-Verhältnis	Die von Anlegern gemiedenen Unternehmen sind im Durchschnitt besser als ihr Ruf. Diese Erkenntnis setzt sich langfristig durch und führt zu höheren Kursen.
Size	Geringe Marktkapitalisierung	Kleine Unternehmen müssen Anlegern für ihr Eigenkapital mehr bieten, da der Mainstream der Investoren sich auf die großen Unternehmen fokussiert.
Quality	Stabilen Erträge, solide Geschäftsmodelle. Schwerpunkt: Verhältnis Bruttogewinn – Vermögenswerte	Um solche Unternehmen erkennen zu können, muss eine aufwändige Bilanzanalyse erfolgen. Diesen Aufwand wollen viele Investoren nicht eingehen. Daher überraschen diese Aktien dann mit mehr Profitabilität und Erträgen für den Aktionär.
High Dividend	Hohe Dividendenrenditen	Für die Wissenschaft ist es schwer, diesen Faktor einleuchtend zu erklären. Ein Erklärungsansatz ist, dass die Unternehmensführung sich nur dann für eine erhöhte Dividende entscheiden wird, wenn sie davon ausgeht, dass diese Höhe auch langfristig gehalten werden kann. Ansonsten besteht das Reputationsrisiko.
Low Beta / Low Volatility	Kurse mit geringeren Schwankungen als Marktdurchschnitt	Obwohl der Faktor empirisch nachgewiesen wurde, ist er schwer zu erklären. Er steht im Widerspruch zu der Erkenntnis, dass eine höhere Rendite auch ein höheres Risiko bedeutet.
Momentum	Aktien sind in letzten 3 – 12 Monaten besser als der Gesamtmarkt gelaufen, performen auch in den nächsten Monaten besser	Der Effekt wird mit typischen, aber unlogischen Anlegerverhalten erklärt („was letzten Monat gut war, ist auch weiterhin gut"). Dies führt zu einem sich selbst verstärkenden Effekt.

Quelle: eigene Recherche, Dr. Richter | Kanzlei für Vermögen GmbH, ohne Gewähr, 2016

nicht im Sprint. Es gibt immer Jahre, in denen der Markt einzelne Prämien nicht hergibt. In anderen Jahren können sie dann aber besonders ordentlich eingesammelt werden.

Im langfristigen Vergleich zeigt sich dann, dass die verschiedenen Faktor-Prämien regelmäßig bei den Anlegern ankommen. Die Grafiken

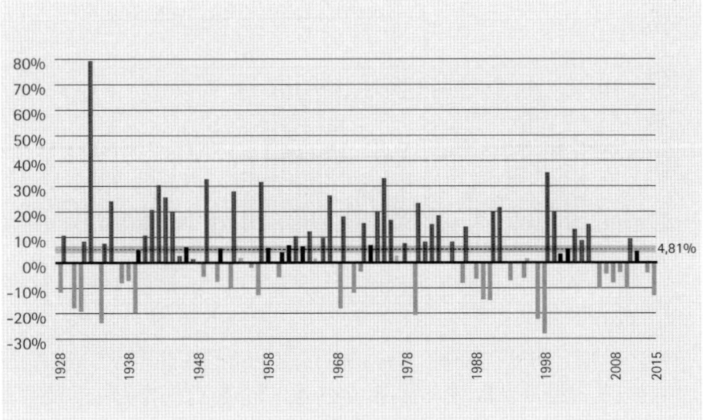

Nicht jedes Jahr im Plus

Abb. 2

Die Grafik zeigt die jährlichen Mehr- oder Minderrenditen der Value-Aktien gegenüber den Wachstumsaktien" in den USA. Im langjährigen Durchschnitt betrug der Mehrertrag 4,81 %.

Quelle: Dimensional, alle Angaben ohne Gewähr

belegen diesen Effekt, in welchen Jahren im US-Aktienmarkt seit 1928 Value-Unternehmen besser abgeschnitten haben als Wachstumsaktien, also der Faktor „Value“ entlohnt wurde. Zu sehen ist, dass der Mehrertrag im Durchschnitt über 4,81 % betrug, allerdings bedurfte es Geduld (vgl. Grafik vorige Seite).

Kapitalanlage als Langstreckenlauf denken

Kapitalanlage als Langstreckenlauf

Unabhängig von allen Rendite-Faktoren müssen Anleger die Kapitalanlage demnach als einen „Langstreckenlauf“ denken. Das ist bei der Festlegung des Anlagehorizonts zu Beginn der Anlage elementar. Denn kurze Anlagezeiten führen zu völlig anderen Vermögensstrukturen als eine langfristige Vermögensanlage. In einigen Perioden war sogar viel Geduld nötig, um einzelne Prämien zu kassieren (vgl. Grafik Mehrwert Value). Wir haben hier jeweils 10-jährige Anlageperioden verglichen. Die erste Säule bildet den Anlagezeitraum 1928 bis 1937 ab, die letzte den Zeitraum von 2006 bis 2015. Zu sehen ist: Es kann auch lange Anlageperioden geben, in denen die Value-Prämien nicht ausreichend be zahlt wurden. Wer 2006 mit der Investition begonnen hat, wartet noch immer auf seinen Faktor-Lohn. Genau dies ist aber auch der Grund, warum viele Wissenschaftler davon ausgehen, dass die Value-Prämie in den nächsten Jahren wieder abschöpfbar ist und die Durststrecke für Value-Investoren allmählich zuende geht.

Demnächst wohl wieder Value-Lohn erzielbar

Fazit: Einfach, preiswert und langfristig bringt Rendite

Wer regelmäßig und langfristig investiert, wird eine gute Rendite machen. Das gelingt auch dann, wenn Anleger einfach nur in den gesam

Langfristig erfolgreich

Abb. 3

Mehrertrag der Value-Aktien gegenüber Wachstumsaktien bei einer Anlagedauer von 10 Jahren. Nur wenige Investoren konnten innerhalb 10 Jahren keinen Zusatzgewinn verdienen.

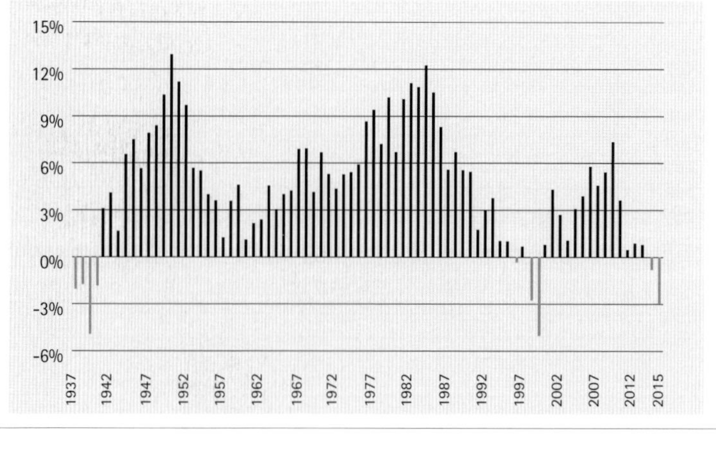

Quelle: Dimensional, alle Angaben ohne Gewähr

ten Markt investieren und auf Zusatzrenditen aus einzelnen Faktoren verzichten. Die einfachste Form ist der Kauf eines Indexfonds auf den MSCI World All Country. Hier sind nahezu alle handelbaren Aktien der Welt aus den Industrieländern und Schwellenländern zusammengefasst. Mit einem Wertpapier kauft der Anleger also den gesamten weltweiten Aktienmarkt.

Mit einem Wertpapier den gesamten Aktienmarkt kaufen

Anleger, die Faktor-Renditen abschöpfen wollen, können das am besten über börsengehandelte Indexfonds (ETF, vgl. Tabelle). Ein „Value-ETF" enthält nur Value-Aktien in seinem Portfolio. So können Anleger die zu erwartende Mehrrendite dieses Faktors gezielt abschöpfen. Die Auswahl der Value-Titel obliegt dabei natürlich dem Fonds. Zugleich können Anleger verschiedene Rendite-Faktoren entsprechen ihrer persönlichen Präferenz auswählen.

Dass die Faktor-Strategie gut funktioniert, zeigt die dritte Projektrunde des FUCHS Performance-Projekts von Dr. Jörg Richter und Verlag Fuchsbriefe. Hier wird das Vermögen einer Stiftung live gemanagt. Der Stifter baute sein Depot selbst, um es mit den Leistungen der anderen Banken und Vermögensverwalter zu messen. Da er regelmäßige Ausschüttungen benötigt, wählte er im Aktienbereich den Faktor „Dividende". So schöpft er deutlich höhere Dividendenzahlungen im Vergleich zum weltweiten Aktienmarkt ab. Der Rest des Portfolios ist in europäischen Staatsanleihen investiert. Mit nur zwei Indexfonds hat er damit das ganze Porfolio abgebildet. Das spart Kosten – und der Stifter ist damit sehr erfolgreich. Sein Portfolio liegt nach Qualitätspunkten auf Rang 8 von 52 Vermögensverwaltern. Nach reiner Vermögensmehrung belegt das Depot sogar Platz 4 (Stand: 22.09.2016).

Performance-Projekt zeigt: Die Faktor-Strategie funktioniert

Es zeigt sich also: Die aktiven Vermögensverwalter haben es schwer, dieses einfache Portfolio zu schlagen und ihren Mehrwert zu beweisen. Das Portfolio und der Verlauf der Projektrunde kann auf der Internetseite www.prüfinstanz.de beobachtet werden.

Fondsanbieter von „Faktor Produkten"

Land	Rating
ishares	Value, Size, Low Volalitity, Quality, Momentum, Dividende auf den MSCI World und den MSCI Europa
dbx-trackers	Value, Size, Low Beta, Quality, Momentum, Dividende für Aktien weltweit
UBS	Value, Size, Low Volatility, Quality für USA- und Europa-Aktien
Wisdom tree	Dividenden, u. a. in Kombination mit Size
SDPR	Dividenden

Quelle: eigene Recherche, Dr. Richter | Kanzlei für Vermögen GmbH, Angaben ohne Gewähr

» Stetige Erträge tragen maßgeblich zum dauerhaften Anlageerfolg bei. Für das Kalenderjahr 2017 erwarten wir an den Kapitalmärkten hohe Schwankungen. Das ist ein Umfeld, um über den kontinuierlichen Verkauf von Optionen Zusatzeinkommen zu generieren. Stillhaltergeschäfte, also der planmäßige Verkauf von Optionen, sind unserer Meinung nach eine attraktive Möglichkeit, sich die Vorteile von Aktien (z. B. Sachwert) nutzbar zu machen, gleichzeitig jedoch die Schwankungen von Aktienanlagen zu reduzieren. Auch lässt sich der Einstieg in die Aktien durch den Sicherheitspuffer optimieren. Im Mittelpunkt steht darüber hinaus immer die Absicht, gute Erträge zu erwirtschaften. «

Prämienstrategie

Als Stillhalter mit Optionen Erträge optimieren

Andreas Fritz, Hansen & Heinrich Universal Fonds

Um zu verstehen, wie Anleger mit Stillhaltergeschäften ein Zusatzeinkommen erwirtschaften und zugleich Schwankungen reduzieren können, müssen wir uns mit Optionen befassen. Wie also funktionieren Optionen?

Eine Option ist ein Vertrag

Eine Option ist ein Vertrag zwischen zwei Kontrahenten. Die Option beinhaltet für den Käufer das Recht, nicht aber die Pflicht, innerhalb einer bestimmten Laufzeit – in der Regel geht es um 1, 3 oder 6 Monate – eine im Voraus bestimmte Menge eines Basiswertes, z. B. eine Aktie, zu einem festgesetzten Preis (Strike-Preis) zu kaufen (Call-Option) oder zu verkaufen (Put-Option). Dafür zahlt der Options-Käufer dem Verkäufer der Option eine Prämie.

Stillhalter kassiert Prämie

Der Verkäufer (Stillhalter) muss für seine Verpflichtung – Lieferung bzw. Bezug der Aktien zum festgesetzten Preis – einstehen. Dafür erhält er die Optionsprämie, unabhängig von der Ausübung der Option. Während der Laufzeit kann sich der Stillhalter jederzeit zu den aktuellen Marktpreisen durch den Rückkauf der verkauften Option aus seiner Verpflichtung befreien.

Optionen werden an der EUREX gehandelt

Wie man einen Optionswert berechnet

Während der Laufzeit wird der aktuelle Wert der Option aus dem inneren Wert (aktueller Kurs abzüglich Strikepreis) und dem Zeitwert der Option berechnet. Der Zeitwert ergibt sich aus der Laufzeit und der Volatilität (historische Schwankung) des zugrunde liegenden Basiswertes. Grundsätzlich gilt: Je länger die Laufzeit und je höher die Volatilität, desto höher die Prämie.

Gehandelt werden Optionen auf alle großen deutschen und europäischen Aktien an der European Exchange (EUREX) in Frankfurt, einer der weltgrößten Terminbörsen.

Basisstrategien und deren Konsequenz

Worauf Käufer und Verkäufer setzen

Bei einem Optionsgeschäft kann der Anleger zwischen zwei Grundpositionen wählen. Er kann entweder als Käufer oder als Verkäufer der Option auftreten. Der Käufer einer Kaufoption spekuliert dabei auf stark steigende Kurse. Der Verkäufer derselben Kaufoption setzt hingegen auf einen nur marginalen Kursanstieg, eine Kursstagnation oder sogar auf leicht fallende Notierungen der zugrunde liegenden Aktie. Der Käufer einer Verkaufoption erwartet eine stark fallende Tendenz, der Verkäufer hingegen eine stagnierende bzw. steigende Tendenz.

Historische Daten belegen, dass ca. 70 % der gekauften Optionen für den Käufer wertlos verfallen. Grund dafür ist, dass Marktteilnehmer geneigt sind, kurzfristige Kurserwartungen zu überschätzen. Stark steigende Kurse in sehr kurzer Zeit sind äußerst selten. Verfällt der abgeschlossene Kontrakt, verbleibt die Prämie beim Verkäufer der Option (Stillhalter).

Zusatzerträge durch systematischen Verkauf von Optionen

Eine für konservative Anleger nutzbare Strategie ist vor diesem Hintergrund der systematische Verkauf von Optionen (Stillhalterstrategie). Ziel ist es, mit diesen kontinuierlich Zusatzerträge zu erzielen, wenn die Optionen verfallen. Dabei ist zwingend zu berücksichtigen, dass nur „gedeckte“ Optionen verkauft werden sollten. „Gedeckt“ ist eine Option immer dann, wenn die entsprechenden Aktien vorhanden sind (Kaufoption) bzw. beim Verkauf einer Verkaufoption ausreichende Liquidität vorhanden ist.

Beispiel einer gedeckten Kaufoption

Ein Anleger besitzt 200 BASF-Aktien. Der Anleger erwartet auf Sicht der nächsten 3 Monate seitwärts laufende Kurse. Er ist bereit, seine Aktien (aktueller Preis: 85 Euro) zu 90 Euro zu verkaufen.

Garantiepreis eingeräumt

Zwecks Renditesteigerung verkauft dieser Anleger nun das Recht (Call-Option) an den Käufer der Option, die Aktien zu 90 Euro zu kaufen. Bei einer Laufzeit von 3 Monaten erhält der Anleger dafür eine Prämie in Höhe von 2 Euro oder 2,35% je Aktie.

Bei Fälligkeit der Option entscheidet der aktuelle Kurs der BASF-Aktie über das weitere Geschehen. Liegt der Kurs von BASF bei 85 Euro, wird der Käufer sein Recht (Kauf der Aktie zu 90 Euro) nicht wahrnehmen. Der Verkäufer der Option hat einen zusätzlichen Ertrag er zielt. Ist die Aktie auf 80 Euro gefallen, wird der Käufer sein Recht ebenfalls nicht wahrnehmen. Der Kursrückgang für den Verkäufer der Option wurde aber durch den Erhalt der Prämie reduziert. Steigt der Kurs von BASF auf über 90 Euro, wird der Käufer sein Recht ausüben und die Aktien zu 90 Euro erwerben. Der Verkäufer muss seine Aktien zum vereinbarten Preis abgeben. Er bekommt also weniger, als er in diesem Moment am Markt realisiert hätte. Allerdings behält er zusätzlich die Prämie von 2 Euro je Aktie.

Möglichen Kursverlust mit Prämie aufrechnen

Beispiel einer gedeckten Verkaufoption

Ein Anleger verfügt über Liquidität und erwartet für die nächsten 3 Monate eine Seitwärtsbewegung auf den Aktienmärkten. Er rechnet dabei mit stabilen Kursen der bei 85 Euro notierenden BASF-Aktie. Daher ist er bereit, eine Verkaufoption mit Basispreis 80 Euro für 3 Monate zu verkaufen. Dafür erhält er eine Prämie von 1,80 Euro.

Der umgekehrte Fall

Bei Fälligkeit der Option entscheidet der dann aktuelle Kurs der BASF-Aktie über das weitere Geschehen. Liegt der Kurs von BASF unverändert um 85 Euro, wird der Käufer sein Recht (Verkauf der Aktie zu 80 Euro) nicht wahrnehmen. Der Verkäufer der Option hat seinen maximalen Ertrag erzielt. Ist die Aktie auf 90 Euro gestiegen, wird der Käufer sein Recht ebenfalls nicht wahrnehmen. Ist die Aktie hingegen auf 75 Euro gefallen, wird der Käufer sein Recht wahrnehmen und dem Verkäufer die Aktie zu 80 Euro andienen. In diesem Fall zahlt er für den Kauf der BASF-Papiere einen Aufschlag gegenüber dem aktuellen Marktpreis. Allerdings behält der Optionsverkäufer seine Prämie, die seinen Einstandskurs von 80 Euro entsprechend reduziert.

Beim Verkauf von Put-Optionen sollte ausreichend Liquidität zurückgehalten werden. Dies ist die Voraussetzung, um auf kurzfristige Volatilitätsimpulse angemessen reagieren zu können.

Stillhaltergeschäfte in der Praxis

70 % aller Optionsgeschäfte laufen zugunsten des Stillhalters

Diese Systematik lässt sich gut in die Praxis umsetzen. Denn Aktienmärkte bewegen sich trotz zwischenzeitlich hoher Schwankungen zu über 70 % in Seitwärts- oder in leichten Aufwärtsphasen. Demnach verlaufen gut 70 % aller Optionsgeschäfte zugunsten des Stillhalters. Der Verfall des Zeitwertes zum Verfallstag ist eine zentrale Komponente dieses Erfolges oder plakativer ausgedrückt: Der Anleger lässt sich für das Warten bezahlen.

Anleger sollten bei dieser Strategie kurz laufende Optionen veräußern, die eine Restlaufzeit zwischen einem und drei Monaten haben. Der Vorteil ist, dass der Zeitwertverfall am Ende der Laufzeit am größten ist. Darüber hinaus ist die Gefahr einer Änderung der Markteinschätzung bei kurzer Laufzeit am geringsten.

Aufpassen bei der Wahl des Basispreises

Bei der Wahl des jeweiligen Basispreises sollte der Anleger historische Daten (z.B. Volatilität, Kursentwicklung der letzten Wochen etc.) entsprechend berücksichtigen. Grundsätzlich hat es sich als vorteilshaft erwiesen, Basispreise zu wählen, die zwischen 5% und 15% über bzw. unter dem aktuellen Kursniveau liegen. Dann ist die Prämie, die man als Optionsverkäufer erhält, vergleichsweise hoch und der Stillhalter hat gute Chancen, dass die Option zu seinen Gunsten verfällt.

Neben den reinen Optionsdaten ist es wichtig, fundamentale Kriterien der Aktienanlagen in jedem Fall zu berücksichtigen. Es wäre falsch, eine Put-Option aufgrund von attraktiven Kennzahlen (z.B. hoher Ertrag bei kurzer Laufzeit) zu verkaufen, wenn der Basiswert nicht attraktiv ist.

2016 besondere Risiken bei Optionen auf Bankaktien

Beispielsweise sei hier auf die Entwicklung der europäischen Bankaktien 2016 eingegangen. Die Aktien des Sektors wiesen das gesamte Jahr 2016 gute Put-Optionskennzahlen auf. Trotzdem hat sich der Verkauf von Put-Optionen aufgrund der schlechten fundamentalen Aussichten nicht angeboten. Denn das hohe Risiko bestand, eine fundamental unattraktive Aktie angedient zu bekommen.

Kauf Total Aktien und Bewirtschaftung über Call-Optionen

DATUM	TYP	WERTPAPIER	ORDERKURS	BETRAG (€)
30.11.2015	Kauf	Total S.A.	44,89	53.868,00
18.12.2015	Verkauf Call	Total Call OS, Basis 44, Jan. 2016	0,39	468,00
18.01.2016	Dividende	Total S.A.	0,61	732,00
19.01.2016	Verkauf Call	Total Call OS, Basis 43, Feb. 2016	0,35	420,00
16.02.2016	Verkauf Call	Total Call OS, Basis 43, März 2016	0,46	552,00
12.04.2016	Dividende	Total S.A.	0,61	732,00
12.04.2016	Verkauf Call	Total Call OS, Basis 44, Juni 2016	0,58	696,00
10.06.2016	Closing Call	Total Call OS, Basis 44, Juni 2016	0,07	-84,00
10.06.2016	Verkauf Call	Total Call OS, Basis 44, August 2016	1,02	1.224,00
23.06.2016	Dividende	Total S.A.	0,61	732,00

Quelle: eigene Darstellung

Praxis-Beispiel: Kauf der Total-Aktie und Stillhaltergeschäft

Um Ihnen die Funktionsweise zu verdeutlichen, zeigen wir Ihnen nachfolgend ein Beispiel, das wir für einen Kunden im Jahr 2016 in die Praxis umgesetzt haben. Dabei handelt es sich um den Kauf von Total-Aktien und der Bewirtschaftung über Call-Optionen

Total interessanter Ertrag

Es zeigt sich, dass die Total-Aktie seit Kauf leicht abwärts tendierte (Kursveränderung gegenüber Kauf: -3,8%). Trotz dieser Entwicklung konnte der Anleger einen Gesamtertrag von 6,3% erzielen. Neben den hohen Dividendenerträgen trugen die regelmäßigen Stillhalterprämien erheblich zu diesem guten Ergebnis bei (vgl. Tabelle Vorseite).

Fazit

Vor dem Hintergrund der für 2017 zu erwartenden, sehr volatilen Marktentwicklung sind Stillhaltergeschäfte mit Optionen ein interessanter Ansatz. Beiden Strategien (Kauf und Verkauf von Optionen) reduzieren die Schwankung im Portfolio.

Jährliche Zusatzerträge mit Optionen von 5% drin

Außerdem bietet eine kontinuierlich umgesetzte konservative Stillhalterstrategie für Anleger die Chance, jährlich Zusatzerträge von 5% zu erwirtschaften. Für Anleger, die auf regelmäßige Erträge angewiesen sind (z. B. Stiftungen), sind sie ein probates Mittel. Eine Streuung über verschiedene Basiswerte, Laufzeiten und Optionen steigert wie bei allen Börsengeschäften die Erfolgschancen.

Stillhalterkonzept macht Aufwand

Die Umsetzung des Stillhalterkonzeptes ist zwar mit einem höheren Aufwand verbunden. Dieser lohnt sich aber gerade in Niedrigzinsphasen. Wer diesen Aufwand nicht selber betreiben möchte, kann diese Aufgabe wie auch seine gesamte Vermögensanlage an einen Vermögensverwalter delegieren. Geschäftsbanken werden in der Regel dabei keine große Unterstützung bieten. Erfahrungsgemäß ist ihnen der Aufwand dafür zu groß.

» Niemand hätte es vor nicht allzu langer Zeit für möglich gehalten, dass die Zinsen in Deutschland auf das heutige Niveau fallen würden. Des einen Freud ist des anderen Leid: Das bedeutet für den Anleger, dass Zinsen auf Anleihen nicht mehr auskömmlich sind. Versicherer müssen aus regulatorischen Gründen gar Bundesanleihen mit negativen Zinsen erwerben. Immobilienbesitzer dagegen jubeln. Das niedrige Zinsumfeld sollte jeder, der es kann, für seine Immobilienfinanzierung ausnutzen. Man weiß nicht, wie lange die Zinsen auf diesem Niveau verharren werden. «

Immobilienfinanzierung
Niedrigzinsen richtig nutzen

Uwe Eilers, Geneon Vermögensmanagement AG

Immobilienpreise auf Höchststand

Die Immobilienpreise sind in den Ballungsräumen Deutschlands auf einen Höchststand geklettert. Dies gilt für alle Arten von Immobilien, insbesondere aber für Wohnimmobilien. Noch vor einigen Jahren konnte man Mietshäuser in den Großstädten wie Frankfurt für das 13- bis 18-fache der Jahresnettomiete (JNM) erwerben. Aktuell liegen die Preise zwischen dem 20- und 35-fachen der JNM. In sehr guten Lagen werden auch noch deutlich höhere Preise gezahlt. Ein wesentlicher Grund dafür sind die niedrigen Zinsen, die seit einiger Zeit herrschen.

Vom Mieter zum Eigentümer

Die niedrigen Zinsen machen es auch für Mieter immer interessanter, selbst eine Immobilie zur Eigennutzung zu erwerben. Häufig sind die dafür zu zahlenden Zinsen sowie Tilgungen niedriger als die bisher zu zahlende Miete. Beim Kauf einer Immobilie wird im Regelfall Eigenkapital und Fremdkapital eingesetzt. Bei der Suche nach Fremdkapital stehen verschiedene Ansprechpartner zur Verfügung.

Anbieter von Immobilienfinanzierungen

Ansprechpartner Hausbank oder Direktbank

Erster Ansprechpartner ist meist die Hausbank. Durch die Kenntnis der finanziellen Verhältnisse des Darlehensnehmers kann dieses Kreditinstitut recht schnell eine Finanzierungskalkulation erstellen. Alternativ kann man das Angebot einer Direktbank einholen. Dies ist dann sinnvoll, wenn es sich um eine relativ einfache Immobilie, also eine einzelne Wohnung oder ein selbstbewohntes Einfamilienhaus handelt.

Wichtig: Wie geht der Kreditgeber vor, wenn Probleme auftauchen

Beim Vergleich der Finanzierungsangebote sollten Käufer nicht nur den Zinssatz als einziges relevantes Entscheidungskriterium heranziehen. Wichtig sind neben der unbürokratischen Abwicklung der Darlehensbereitstellung auch die Qualität der langfristigen Begleitung durch die Bank. Sofern Banken dafür bekannt sind, problembehaftete Kredite – eventuell auftretende Arbeitslosigkeit oder Krankheit, wodurch eine Zeit lang der Immobilienkredit nicht bedient werden kann – sehr schnell an Aufkäufer zu verkaufen, sollte man überlegen, ob man das Risiko eingehen möchte. Schließlich wird in solch einem Fall selten lösungsorientiert im Sinne des Kreditnehmers gearbeitet, sondern die Immobilie zum höchstmöglichen Preis liquidiert, um den größtmöglichen Anteil am Kredit zurück zu erhalten.

Clevere Finanzierung von Immobilien

Scharfer Wettbewerb unter den Immobilienfinanzierern erleichtert das Verhandeln

Selbstbewohnte Eigentumswohnungen oder das Einfamilienhaus zu finanzieren, ist relativ einfach. Der Verkehrswert ist im Regelfall durch viele vorhandene Vergleichsobjekte simpel zu ermitteln. Aus dem Grund besteht in dem Segment der größte Wettbewerb zwischen den Finanzierern. Entsprechend niedrig können Kreditnehmer häufig die Zinsen verhandeln, sofern die Finanzierung im üblichen Rahmen der Beleihung liegt. Diese liegt zwischen 50 und 80% des Verkehrswertes. Selbstverständlich muss die Bonität des Kunden einwandfrei und das Einkommen dauerhaft ausreichend für die Bedienung von Zins und Tilgung sein.

Möglichst hohe Tilgungsraten ansetzen

Die Finanzierung ist im aktuellen Niedrigzinsumfeld oft äußerst attraktiv. Allerdings sollten Anleger möglichst langfristig kalkulieren. Bei den aktuellen Niedrigzinsen sollten Kreditnehmer unbedingt die Tilgungshöhe nach oben anheben. Unter 3% sollte die Tilgungsrate keinesfalls liegen, 5% wären noch besser.

Sondertilgungsmöglichkeiten einräumen lassen

Empfehlenswert ist, sich noch Sondertilgungsmöglichkeiten während der Laufzeit einräumen zu lassen. Grund dafür ist das Risiko eines deutlichen Zinsanstiegs bis zum Ende der Zinsbindungsfrist. In dem Fall wäre es unglücklich, wenn nach 10 Jahren Laufzeit nicht bereits mindesten 35% des Ursprungsdarlehens getilgt sind. Andernfalls läuft man Gefahr, dass dann die Annuität nicht mehr gezahlt werden kann und das Eigenheim verkauft bzw. gar zwangsversteigert werden muss.

Anders kalkulieren bei vermieteten Immobilien

Zinshäuser können anders kalkuliert werden

Etwas anders müssen Investoren bei einer vermieteten Immobilie kalkulieren. Denn hier stehen Mieteinkünfte zur Zahlung von Zins und Tilgung zur Verfügung. Steuerlich können neben den Zinskosten und einem möglichen Disagio Abschreibungen auf die Immobilie getätigt werden. Vorfälligkeitsentschädigungen bei vorzeitiger Ablösung eines Darlehens können im Regelfall steuerlich geltend gemacht werden. Die Details dazu sollten immer mit einem Steuerberater besprochen werden.

Die Finanzierung von Gewerbeimmobilien ist sehr stark von der Bonität des Eigentümers, aber auch der Mieter abhängig. Letzteres ist gerade bei langfristigen Mietverhältnissen wichtig, vor allem wenn ein Mieter den größten Teil der Gewerbeimmobilie angemietet hat.

Besondere Anforderungen an Büroimmobilien

Weitere wichtige Faktoren sind die Lage und die Art der Immobilie. Relativ neue und moderne Büroimmobilien in Innenstadtlage lassen sich einfacher neu vermieten als ältere in Stadtrandlage. Spezialimmobilien, wie z. B. Fabrikgebäude, Lagerhallen, Hotels etc., sind nur für einen kleinen potenziellen Mieterkreis von Interesse. Somit kann es lange dauern, bis sich neue Mieter für solche Immobilien finden. In dem Fall muss ein länger währender Leerstand überbrückt werden.

Je besser die Lage, desto einfacher die Finanzierung

Je besser die Lage und je einfacher die dauerhafte Vermietbarkeit, desto einfacher ist es, eine Finanzierung zu finden und desto besser sind die Finanzierungskonditionen. Kleine bis mittelgroße Gewerbeimmobilien sind dabei im Regelfall am einfachsten durch die eigene Hausbank oder aber die lokal ansässige Bank zu finanzieren. Denn diese können die lokale Lage am besten einschätzen. Bei großen Gewerbeimmobilien sind es oft die Spitzeninstitute oder die großen Geschäftsbanken, die allein wegen der Größe entsprechende Finanzierungen stemmen können.

Niedrigzinsen sichern

Bestandsimmobilien oft einfacher zu finanzieren

Bestandsimmobilien haben für die Banken den Vorteil, dass neben der Bonität des Eigentümers bereits die Mietentwicklung verfolgt werden kann. Daneben ist im Regelfall schon ein substantieller Teil des ursprünglichen Darlehensbetrags getilgt, so dass das Ausfallrisiko durch die finanzierende Bank deutlich reduziert ist. In den meisten Fällen werden in Deutschland Immobilienfinanzierungen mit einer Zinsbindungsfrist von 5 und noch häufiger 10 Jahren abgeschlossen. Das bedeutet, dass man für diese Zeit einen festen Zins zu zahlen hat.

Darlehensablösung vor Ende der Zinsbindung

Falls man das Darlehen vorher als vertraglich vereinbart ablösen möchte, berechnen fast alle Banken hohe Vorfälligkeitsentschädigungen. Dies ist die Differenz des Zinses mit dem aktuellen Kapitalmarktzins plus der Ertragsmarge für die restliche Laufzeit. Gerade bei der aktuellen Zinssituation, also Kapitalmarktzins bei 0 % bzw. gar negativ und oft ursprünglicher Finanzierungszins von 4 % und höher, würde eine hohe Vorfälligkeitsentschädigung anfallen. Inwiefern dies nach Abwägung aller Fakten tatsächlich negativ ist, ist erst dann zu beurteilen sofern die steuerlichen Möglichkeiten alle berücksichtigt wurden.

Vorzeitige Kündigung eines Darlehens bei Niedrigstzinsen nicht anzuraten

Aus dem Grund ist eine vorzeitige Kündigung bei den aktuell niedrigen Zinsen selten ratsam. Falls die restliche Zinsbindungsfrist weniger als 3 Jahre beträgt, kann man sich die niedrigen Zinsen auf eine andere Art und Weise sichern. Die einfachste Möglichkeit ist die Vereinbarung eines sogenannten Forward-Darlehens. Dies bedeutet, dass man sich bereits jetzt den Zins für die Zeit nach dem Ablauf der regulären Zinsbindungsfrist sichert.

Einen Forward kann man sowohl mit der bisherigen Bank vereinbaren als auch mit einer neuen Bank. Beim Wechsel der Bank sollte man in der Kalkulation berücksichtigen, dass die Grundschulden auf die neue Bank übertragen werden müssen, wobei Notar- und Kosten des Grundbuchamts anfallen. Gegebenenfalls müssen zudem die Kosten für ein neues Wertgutachten für die Bank getragen werden.

Ein Forward ist mit Kosten verbunden

Ein Forward ist im Regelfall mit Kosten verbunden. Diese können unterschiedlich hoch ausfallen, abhängig von der jeweiligen Bank und Zinssituation an den Kapitalmärkten. Einige Banken rechnen aktuell bis zu einem Forward von einem Jahr keinen Aufschlag, danach etwa 0,4 % p. a. Andere wiederum rechnen aktuell 0,3 % Aufschlag pro 12 Monate.

Beispielrechnung

Beispiel: Die Zinsbindung eines Immobiliendarlehens läuft am 31.08.2019 aus. Die Restschuld beträgt dann noch 300.000 Euro. Die Idee ist, sich schon jetzt eine Anschlussfinanzierung mit einem festen Zins für weitere 10 Jahre zu sichern, also bis zum 31.08.2029. Falls der aktuelle 10-jährige Hypothekenzins 1,1 % p. a. beträgt, muss man für ein Forward-Darlehen etwa 0,8 % bis 0,9 % hinzu addieren. Unter dem Strich sichert man sich dann einen Zins von etwa 1,9 % bis 2 % p. a. ab dem 01.09.2019 für weitere 10 Jahre.

Absicherung gegen einen Zinsanstieg

Absicherung gegen Zinsanstieg bei höherem Kreditvolumen

Sofern Investoren Immobiliendarlehen in Höhe von mindestens 1 Mio. Euro haben, können sie sich gegen einen möglichen Zinsanstieg auf eine andere Art und Weise absichern. Sofern man eine Termingeschäftsfähigkeit mit der Bank vereinbart, kann man als eine Möglichkeit Verkaufoptionen (PUTS) auf den BUND-Future (den Terminkontrakt auf 10-jährige Bundesanleihen) an der EUREX kaufen.

Das Geschäft: Steigen die Kapitalmarktzinsen und damit die Zinsen für die Baufinanzierungen an, fällt der BUND-Future. Davon profitiert der Optionspreis der Verkaufoption. Die Anzahl und Laufzeit der zu erwerbenden Optionen kann ein professioneller Berater leicht ausrechnen. Man bezahlt für den Kauf der Verkaufoptionen eine sogenannte Optionsprämie. Sie verfällt bis zum Laufzeitende, falls der Zins keinen Anstieg oder gar weitere Senkungen zu verzeichnen hat. Sofern der Zins allerdings ansteigt, erzielt man einen Gewinn, der die Zinsdifferenz (Zinsverlust) für die spätere Anschlussfinanzierung innerhalb der geplanten Laufzeit (z. B. 10-jährige Zinsbindung) ausgleichen sollte.

Nutzen Sie Ihre Optionen

Zu beachten ist, dass die Laufzeit der Optionen in der Regel nicht länger als 9 Monate beträgt. Aus diesem Grund muss man den Kauf der Verkaufsoptionen bis zum Beginn der Anschlussfinanzierung eventuell häufiger tätigen, um eine durchgehende Absicherung zu erhalten.

Zinsterminkontrakte auf Bundesanleihen

Alternativ ist es bei größeren Darlehen (über 1 Mio. Euro) auch möglich, Zinsterminkontrakte auf Bundesanleihen zu kaufen. Dafür bieten sich beispielsweise der 5-jährige BOBL-Future oder der 10-jährige BUND-Future an. Dies bedingt ebenfalls die Termingeschäftsfähigkeit sowie die Professionalität der Bank und des Bankberaters, diese Art der Geschäfte für den Kunden zu tätigen.

Steigen die Zinsen, fällt der Preis des BUND-Future

Sofern die Kapitalmarktzinsen und damit die Zinsen für Baufinanzierungen ansteigen sollten, fällt der Preis des BUND-Future. Damit erzielt man einen Gewinn, der die Zinsdifferenz (Zinsverlust) für die spätere Anschlussfinanzierung innerhalb der geplanten Laufzeit (ggfs. 10-jährige Zinsbindung) ausgleichen sollte.

Zu beachten ist allerdings, dass bei einem weiteren Absinken der Kapitalmarktzinsen die Kurse dieser Terminkontrakte ansteigen. Dies führt zu einem Verlust. Dieser ist zu tragen, wenngleich er später durch günstigere Finanzierungszinsen ausgeglichen werden sollte.

Fazit

Kauf und Umschuldung jetzt lohnenswert

Die niedrigen Zinsen sind auf der Anlageseite ein Problem, auf der Kreditseite können Vermögende aber davon profitieren. Sowohl der Kauf als auch die Umschuldung von Immobilien ist lohnenswert und bietet einige Gestaltungsoptionen.

Die Niedrigzinsphase kann auch gut genutzt werden, um Anschlussfinanzierungen zu vereinbaren. Insbesondere für Kreditnehmer mit Darlehen ab 1 Mio. Euro gibt es kluge Gestaltungsmöglichkeiten, die dieser Beitrag aufgezeigt hat.

» Kapitalanleger müssen sich auf die Abschaffung der Abgeltungssteuer einrichten. Über fast alle Parteigrenzen hinweg und nur von wenigen opponiert ist das der erklärte politische Wille. Die vor mehr als zehn Jahren im September 2006 vom damaligen Bundesfinanzminister Peer Steinbrück (SPD) abgewandelte Formel von der Taube auf dem Dach und dem Spatz in der Hand ist zwischenzeitlich obsolet geworden. Wie können sich Anleger auf die künftigen steuerlichen Rahmenbedingungen einrichten? «

Anlegen wird teurer

Das Ende der Abgeltungsteuer naht – Was tun?

Carsten Seidel, K&L Gates LLP

Mit der Einführung des automatischen Informationsaustausches ab 2017 (für 2016) fällt die seinerzeit gegebene Begründung für den besonderen Steuertarif (Abgeltungsteuer) weg. Die ausländischen Einkunftsquellen werden dem Fiskus weitgehend bekannt sein. Erwartete Steuermehreinnahmen sind willkommen.

35% Abgeltungsteuersatz vom Tisch

Vorgeschlagen wurde eine Erhöhung des bisher geltenden Satzes auf 35%. Die bloße Anhebung des Steuersatzes unter Beibehaltung der sonstigen Separierung der Kapitaleinkünfte – grundsätzliche Abgeltungswirkung des Steuerabzugs – erscheint aber weder sinnvoll noch rechtlich haltbar. Die Veranlagungsverfahren bei einem Kapitalertragsteuer- und damit Abgeltungstarif von 35% würden ohnehin zunehmen, da die Zahl der Fälle von Günstigerprüfungen stiege. Der Ausschluss des Werbungskostenabzugs wäre noch weniger überzeugend bzw. gerechtfertigt als jetzt. Die singuläre Anhebung des Steuersatzes wird daher gegenwärtig wohl nicht mehr weiter diskutiert.

Einkommensteuertarif für Vermögen

45% von X ist die wahrscheinliche Regelung

Wahrscheinlicher ist die Rückführung der Kapitaleinkünfte unter den progressiven Tarif. Der Anleger wird sich auf eine Steuerbelastung von bis zu „45% von X“ einstellen müssen.

Offen ist der künftige Umgang mit Verlusten

Der Gesetzgeber könnte daneben versucht sein, ähnlich wie bei den Einkünften aus privaten Veräußerungsgeschäften, die Kapitaleinkünfte in einer eigenen Schedule zu belassen. Verluste aus Kapitalvermögen dürften dann mit positiven Einkünften aus anderen Einkunftsarten (z.B. Arbeitseinkünfte) nicht ausgeglichen bzw. verrechnet werden. Der Fiskus würde damit seiner Angst vor der Sozialisierung von Verlusten sogenannter „Spekulanten“ Rechnung tragen. Täte er dieses, sollten dazu korrespondierend allerdings die Altverluste aus privaten Veräußerungsgeschäften, die auf der Basis der bis Ende 2008 geltenden Rechtslage entstanden und typischer Weise auf Wertpapiergeschäfte zurückzuführen sind, wieder mobilisiert werden. Diese Altverluste sollten dann mit positiven Kapitaleinkünften (sowohl aus laufenden Erträgen als auch aus Veräußerungsvorgängen) verrechnet werden können. Altverluste sind seit dem Auslaufen der bis Ende 2013 geltenden Übergangszeit nämlich nur noch sehr eingeschränkt nutzbar, weil eine Verrechnung mit Kapitalgewinnen ab 2014 nicht mehr möglich ist.

Aufwand bleibt bei der Kreditwirtschaft

Weiterhin 25% Kapitalertragsteuerabzug

Die seit 2009 greifende Abgeltungswirkung des Kapitalertragsteuerabzugs entfiele, Kapitaleinkünfte wären zwingend in die Veranlagung einzubeziehen. Der Einfachheit halber wird man an dem Kapitalertragsteuerabzug in Höhe von 25% (zzgl. SolZ) festhalten, Erhöhungen selbstverständlich vorbehalten. Der Aufwand für den Fiskus durch die Veranlagung der Kapitaleinkünfte dürfte aber nur moderat steigen. Denn die Last der Ermittlung der Einkünfte trägt seit 2009 die Kreditwirtschaft, die dafür erhebliche Investitionen in ihre Infrastruktur vorgenommen hat.

Bestehendes Verrechnungssystem kann beibehalten werden

Das System der von den Kreditinstituten für jedes Depot zu führenden Verlustverrechnungstöpfe wird man wohl aufrechterhalten, wenn es zu einer Schedulenbesteuerung der Kapitaleinkünfte kommt. Bereits heute bestehende Verrechnungstöpfe werden fortgeführt, Ausgleich und Verrechnung mit Gewinnen aus Depots bei anderen Banken muss der Anleger – wie schon gegenwärtig – über eine Veranlagung herbeiführen. Ob die nur eingeschränkte Verrechnung der Verluste aus Aktienverkäufen und damit die Aktienverlustverrechnungstöpfe beibehalten werden, bleibt abzuwarten. Die Wahrscheinlichkeit ist nicht gering, denn die „Aktienspekulanten“ sind aus Sicht des Fiskus die schlimmsten.

Die frühere Haltefrist wird nicht wieder eingeführt

Ohne Prophet sein zu wollen, wird man deshalb auch erwarten müssen, dass eine Rückkehr zur grundsätzlichen Steuerfreiheit der Vermögensebene, wie sie vor 2009 bestand, überhaupt nicht zur Diskussion stehen wird. Veräußerungsgewinne aus Kapitalanlagen werden auch nach Abschaffung der Abgeltungssteuer unabhängig von einer Haltefrist steuerpflichtig sein bzw. bleiben.

Das führt zu der Frage, ob es ein Steuersatz-„Grandfathering“ für die bei einem Verkauf bislang der Abgeltungssteuer unterliegenden Kapitalanlagen geben kann. Die schlichte Erhöhung des anzuwendenden Steuersatzes ist allerdings ein weniger schwerwiegender Eingriff als die (erstmalige) steuerliche Verstrickung von Vermögenswerten. Bei der erstmaligen steuerlichen Verstrickung muss zumindest für die bis dahin erzielten Wertsteigerungen ein Bestandsschutz gelten. Verfassungsrechtliche Bedenken gegen die Erhöhung des Steuersatzes bestehen daher nicht. Realistischerweise wird es deshalb keinen Bestandsschutz im Sinne einer nur 25%igen Besteuerung der Gewinne aus der Veräußerung von bisher der Abgeltungssteuer unterliegenden Kapitalanlagen geben. Auch die Veräußerung dieser Kapitalanlagen wird daher progressiv besteuert werden.

Keine verfassungsrechtlichen Bedenken

Mit Spannung darf aber der zukünftigen Behandlung der bis heute dem Bestandschutz unterliegenden, vor dem 1.1.2009 angeschafften Wertpapiere (Altpapiere) entgegen geblickt werden. Im besten Fall werden diese Wertpapiere nicht angerührt, eine steuerfreie Veräußerung bliebe dann auch zukünftig möglich. Erwartet werden darf aber wohl eine andere Lösung. Der Gesetzgeber könnte nämlich die Änderung des InvStG zum Vorbild nehmen und für diese Altpapiere ebenfalls eine Festschreibung des Kurswertes auf bspw. den 31.12.2017 vornehmen. Die bis zu diesem Zeitpunkt erzielten Wertsteigerungen blieben steuerfrei. Zukünftige Wertsteigerungen – ggf. vorbehaltlich eines besonderen Freibetrages – würden dann steuerlich erfasst.

Stichtagsregelung für Altpapiere wahrscheinlich

Bei Dividenden und Veräußerungsgewinnen von Aktien müsste zur Vermeidung einer Übermaßbesteuerung das Teileinkünfteverfahren Anwendung finden, wonach nur 60% des Ertrags bzw. Gewinns besteuert würden.

Teileinkünfteverfahren für Aktiengewinne

Bei einer Rückkehr zur tariflichen Einkommensteuer unterlägen die Kapitaleinkünfte auch wieder dem Progressionsvorbehalt. Das hätte in Fällen einer Doppelansässigkeit des Anlegers und bei Anwendung eines Doppelbesteuerungsabkommens ebenfalls eine höhere Steuerbelastung zur Folge.

Rückkehr zum Progressionsvorbehalt

Ein Quantum Trost aufgrund positiver Gegeneffekte

Die Unterwerfung der Kapitaleinkünfte unter die tarifliche Einkommensteuer würde zumindest einige mit der Abgeltungssteuer verbundene Nachteile wieder beseitigen können. Beispielhaft können folgende Auswirkungen aufgezählt werden:

Beispiele für positive Folgen

- Das gegenwärtig mit der angeblichen Vereinfachung und pauschalierten Besteuerung gerechtfertigte Werbungskostenabzugsverbot

Abzugsfähige Aufwendungen

darf nach Wegfall der Abgeltungssteuer auf keinen Fall Bestand haben. Vermögensverwaltungsentgelte, Depotgebühren, Beratungskosten etc. wären dann wieder steuermindernd zu berücksichtigen. Gerade bei großen Kapitalvermögen können das erhebliche Kosten sein.

Spenden schlagen steuerlich wieder stärker zu Buche

- Die Kapitaleinkünfte wären wieder Bestandteil des Gesamtbetrages der Einkünfte. Damit ginge eine Erhöhung der Bezugsgröße für den steuermindernden Abzug von Spenden einher. Gegenwärtig wirken sich Spenden und Ausstattungen von Stiftungen durch Steuerpflichtige, die im Wesentlichen Einkünfte aus Kapitalvermögen erzielen, steuerlich fast überhaupt nicht aus.

Vorteile auch für Erben

- Die – allerdings ohnehin nur unzureichend ausgestaltete – Ermäßigung der tariflichen Einkommensteuer von Erben, die aus dem geerbten Vermögen Einkünfte erzielen (§ 35b EStG), würde wieder Anwendung finden können. Gegenwärtig unterliegen Dividenden, die ein Erbe aus einer Beteiligung erzielt, uneingeschränkt der Abgeltungssteuer; und dies, obwohl die thesaurierten Gewinne auch in die Bemessungsgrundlage für die Erbschaftsteuer eingeflossen sind.

Handlungsüberlegungen

Angesichts des engen Besteuerungsrahmens lassen sich nur wenige strategische Maßnahmen identifizieren.

Kapitaleinkünfte ins Betriebsvermögen?

- Im Einzelfall könnte es sinnvoll sein, zukünftig die Kapitaleinkünfte nicht im Privatvermögen, sondern in einem Betriebsvermögen (z.B. in einer gewerblich geprägten GmbH & Co. KG) zu erzielen. Dies insbesondere dann, wenn die Verluste – bei ansonsten progressivem Tarif – nur mit Gewinnen aus Kapitaleinkünften verrechenbar sein sollten. Die allgemeinen Verlustverrechnungsbeschränkungen (§§ 15a, 15b EStG) blieben auch dann allerdings zu beachten.

Steueraufschub durch fondsgebundene Lebensversicherungen

- Sollte die einkommensteuerliche Behandlung von Lebensversicherungen nach Abschaffung der Abgeltungssteuer im Grundsatz unverändert bleiben, könnten fondsgebundene Lebensversicherungen in Betracht gezogen werden. Damit wäre immerhin ein Steueraufschub erzielbar. Die mit der Lebensversicherung verbundenen höheren Kosten müssten allerdings einkalkuliert werden.

Taktische Maßnahmen

Als taktische Reaktionen der Steuerpflichtigen kämen folgende Maßnahmen in Betracht.

- Die Realisation von Gewinnen kann vorgezogen werden, um die steuerliche Belastung zu senken.

Gewinne vorziehen

- Die Realisation von Verlusten kann bis zu einem Zeitpunkt nach Abschaffung der Abgeltungssteuer aufgeschoben werden. Die Entlastungswirkung wäre dann höher.
- Bei Aktienbesitz wäre bezüglich der Gewinn- oder Verlustrealisation wegen des Teileinkünfteverfahrens die erwartbare Höhe des Grenzsteuersatzes nach Abschaffung der Abgeltungsteuer zu prüfen.
- Für Dividendenausschüttungen gelten die gleichen Überlegungen.
- Werbungskosten sollten, soweit möglich, erst nach Abschaffung der Abgeltungssteuer getragen werden.

Werbungskosten möglichst erst nach Abschaffung der Abgeltungsteuer geltend machen

- Je nach Ausgestaltung der gesetzlichen Neuregelung könnte eine Depotseparierung erforderlich werden. Für z. B. Aktien oder Fondsanteile, die bis zum Wirksamwerden der Neuregelung bereits angeschafft waren, wäre ggf. ein (Unter-)Depot zu eröffnen, um eine Identifizierbarkeit unterschiedlich steuerlich zu behandelnder Wertpapiere zu gewährleisten.
- Kapitalanleger sollten (Groß-)Spenden und die Ausstattung von Stiftungen mit Kapital aufschieben, um eine Steuerentlastung aufgrund des Sonderausgabenabzugs zu erlangen.

Großspenden aufschieben

- Wertpapiervermögen könnte auf Kinder (etwa im Rahmen der Freibeträge) unentgeltlich übertragen werden. Eine Vervielfältigung von Freibeträgen sowie eine niedrigere tarifliche Progression könnten die Steuerbelastung auf die Kapitalerträge senken.

Wertpapiervermögen auf Kinder übertragen

Fazit

Die Politik wird die Abgeltungsteuer in absehbarer Zeit abschaffen. Es ist sinnvoll, die Debatte um die Abschaffung der Steuer zu verfolgen, um zu gegebener Zeit entsprechende Anpassungen vorzunehmen.

» Am 30. Juni 2016 endeten nach fünf bzw. vier Jahren die FUCHS Performance-Projekte I und II, initiiert von Dr. Jörg Richter und Verlag Fuchsbriefe. 102 Vermögensverwalter waren angetreten, die Ziele und Wünsche eines Private-Banking-Kunden mit 1,5 Mio. Euro liquidem Anlagevermögen zu erfüllen. Dass dies beinahe der Hälfte der Projektteilnehmer nicht gelang, ist nur eine Überraschung dieses Direktvergleichs der Anlageprofis. «

Performance-Projekt
Vermögensverwalter im Vergleich

Ralf Vielhaber, Verlag Fuchsbriefe

Am 1. Juli 2011 starteten 71 Teilnehmer mit der Runde I im FUCHS Performance-Projekt von Dr. Jörg Richter und Verlag Fuchsbriefe. Am 1. Juli 2012 kamen in einer zweiten Runde weitere 31 hinzu. Beide Runden endeten am 30. Juni 2016. Das Projekt war während der gesamten Laufzeit mit tagesaktuellen Kursen unseres Partners vwd und den Punktberechnungen von Quanvest auf pbpi.de (jetzt pruefinstanz.de) einzusehen.

Ziele des Projekts

Das Projekt hatte zwei Ziele. Zum einen wollte es die unmittelbare Vergleichbarkeit unter den Teilnehmern herstellen. Zum anderen wollte es deren Leistung an den typischen Anforderungen eines Private Banking-Kunden messen: realer Kapitalerhalt nach Steuern und Gebühren, geringe Ausschläge des Depots nach unten, einen maximalen Verlust von 20 % gemessen am erreichten Höchststand und pro Quartal eine Entnahme von 3.000 Euro.

Rendite und Risiko ins gewünschte Verhältnis bringen

Es ging also nicht in erster Linie um Rendite, sondern um das Verhältnis von Rendite zu dem dafür eingegangenen Risiko. Unsere Wertungskriterien machten sich diese Anforderungen zur Grundlage. Dafür galt es, wissenschaftlich anerkannte Risikomaße zu finden. Sie heißen Sortino Ratio und Omega.

Wie wir werteten

Malus für hohe Verluste

Einen Rückgang von maximal 20% vom erreichten Höchststand wollten wir akzeptieren. Wer diese Marke unterbot, büßte Punkte ein. Sieben Tage lang übten wir Kulanz, dann setzte ein dynamischer Punktabzug ein. Wurde die Verlustschwelle sechs Wochen und mehr in einem Quartal unterschritten, entfielen sämtliche Punkte (maximal 100).

Ein weiterer Abschlag kam nach der Halbzeit in beiden Projektrunden zum Tragen: in Projektrunde I also nach fünf, in Projektrunde II nach vier Quartalen. Denn unser Projektkunde wurde nervös, wenn ein Vermögensverwalter vornehmlich die Depotrisiken im Blick hatte, aber nicht genug darauf hinwirkte, dass er am Ende der Projektlaufzeit mindestens den realen Ausgangswert vom Projektstart zurückerhielt. Er verlangte den vollen Ausgleich der Inflationsrate sowie von Gebühren und Steuern.

Gelang dem Vermögensverwalter das in einem Quartal nicht, zogen wir ebenfalls Punkte ab. Der Abzug richtete sich nach dem Ausmaß der Zielverfehlung. Diese Punkte konnten zum Projektende wiedererlangt werden, wenn dann die Renditevorgabe eingehalten war. Unser Malus mahnte, dieses Ziel nicht aus den Augen zu verlieren.

Gleiche Gebühren für alle

Die Gebühren wurden für alle Teilnehmer in gleicher Höhe angesetzt: 1,20% (inkl. MwSt.) vom erreichten Gesamtvermögen. Befanden sich eigene Fonds in den Depots, konnten die im Fonds bereits enthaltenen Gebühren geltend gemacht werden.

Anonymität möglich

Es gehört Mut dazu, sich einem Wettbewerb wie dem FUCHS-Performance-Projekt von Dr. Jörg Richter und Verlag Fuchsbriefe zu stellen. Daran nehmen fast alle renommierten Adressen im Private Banking, seien es Banken, seien es Vermögensverwalter, teil (siehe dazu im Internet: www.pruefinstanz.de/Performanceprojekt/Teilnehmer).

Um die Einstiegshürde zu senken, konnten die Teilnehmer ihren Status auf der Seite prüfinstanz.de anonym schalten, das heißt: Für den externen Besucher waren diese Anbieter nur unter einem Kürzel zu sehen. Diese Möglichkeit nutzten zum Ende des Projekts 46 der 102 Anfangsteilnehmer. Drei waren wegen Geschäftsaufgabe oder Lizenzentzug im Projektverlauf bereits ausgeschieden.

Projektrunde I: Performance IMC souveräner Sieger

Performance IMC verteidigt Spitzenplatz über mehrere Jahre

Souverän verteidigte die langjährige Nummer 1, die Performance IMC Vermögensverwaltung AG, bis ins Ziel ihren Spitzenplatz. Bereits seit dem zweiten Projektjahr lag das Unternehmen mit Sitz in Mannheim an der Spitze des Feldes. Es ging mit einem Zugewinn von 431.773,81 Euro aus dem Rennen. Zuletzt betrug der Punktevorsprung 51 zum Zweitplatzierten, der Finanz Konzept AG aus der Schweiz. Diese erwirtschaftete ein Plus von 268.559,79 Euro. Auch dieser Vermögens-

DIE BESTEN 5 IN PROJEKTRUNDE I*							
PLATZ	LAND	PORTFOLIOMANAGER	RENDITE GESAMT**	RENDITE P. A.**	RENDITE PUNKTE	SORTINO PUNKTE	OMEGA PUNKTE
1	D	PERFORMANCE IMC VERMÖGENSVERWALTUNG AG	28,78%	5,2%	416	403	491
2	CH	FINANZ KONZEPT AG	17,90%	3,3%	381	408	472
3	D	SYDBANK A/S (DEUTSCHLAND)	9,25%	1,8%	361	410	472
4	LU	SEB PRIVATE BANKING S.A.	17,87%	3,3%	397	383	445
5	D	*VERMÖGENSVERWALTER****	28,94%	5,2%	414	371	426

** nach 20 Quartalen in der Punktewertung. Das vollständige Ranking finden Sie auf www.prüfinstanz.de. ** nach Gebühren und Steuern *** anon. Teilnahme*

verwalter war seit dem zweiten Projektjahr stets im Spitzenfeld der besten Fünf. 17 Punkte betrug der Vorsprung zu Platz 3, der besten Bank in diesem Projekt, der Sydbank S/A (Deutschland) aus Dänemark mit einem Zugewinn am Projektende von 138.779,92 Euro vor SEB Private Banking mit einem Plus von 268.090,08 Euro und 14 Punkten Rückstand zum Drittplatzierten.

Der zeitweilige Vermögenshöchststand

Den zeitweiligen Höchststand erreichte ein Depot am 26. Mai 2014 mit einem Gesamtwert von 2.249.944,19 Euro. Das entspricht einem Zugewinn von 749.944,19 oder annähernd 50%. Am anderen Ende der Skala kam ein Depot am 18. Januar 2016 mit 1.052.733,57 Euro auf den niedrigsten Stand in Projektrunde I – ein satter Verlust von -447.266,43 Euro.

44% erfüllten die Anforderungen nicht voll

31 von 71 Teilnehmern – das sind 44% – gelang es nicht, zum Projektschluss die Anforderungen des Kunden voll zu erfüllen. 17 Teilnehmer machten sogar einen nominalen Verlust. Ein Stuttgarter Vermögensverwalter kam mit einem satten Minus von 230.653,05 Euro nach fünf Jahren Projektlaufzeit ins Ziel. Zu den größeren Wertevernichtern gehört auch eine Hamburger Privatbank mit anonymem Status, die sich Risikovermeidung als Investmentansatz auf die Fahne geschrieben hat. Auch die DekaBank Deutsche Girozentrale Luxembourg S.A. hat sich mit einem Verlust von 149.794,96 Euro nicht unbedingt mit Ruhm bekleckert.

24 schafften den Kapitalerhalt nicht

Den Kundenwunsch realer Kapitalerhalt nach fünf Jahren Laufzeit – ein wichtiges Auswertungskriterium – erfüllten 36 Teilnehmer, die zum Projektende noch eigenständig am Markt aktiv waren. 24 schafften diese Kundenvorgabe nicht. Um dieses Ziel zu erreichen, waren bei einer Geldentwertung von 4,4 % über die fünfjährige Gesamtlaufzeit des Projekts mindestens 66.00 Euro hinzu zu verdienen. Das entspricht einer jährlichen Durchschnittsrendite von 0,86 %.

Dreizehn Teilnehmer überschritten den vorgegebenen maximalen Verlust von 20 %, eine Quote von 18 %. Ein Vermögensverwalter aus der Schweiz, der gerne mit Hedgefonds operiert, machte einen maximalen Verlust von sage und schreibe 33,94 %.

Höchster Gewinn 38,3 %

Die höchsten durchschnittlichen Bruttorenditen erwirtschaftete die Falcon Asset Management GmbH. Der Vermögensverwalter machte eine Bruttorendite von 5,4 % p. a. und kam nach Punkten auf Rang 14. Ihr Gewinn über die Gesamtlaufzeit lag bei 455.802,99 Euro, ein Plus von 30,4 %. Performance IMC Vermögensverwaltung AG folgte mit 5,2 % p. a. und einem Gesamtplus von 431.733,81 Euro (+28,8 %), gleichauf mit einem Vermögensverwalter aus Köln, der es ebenfalls auf 5,2 % p. a. brachte und der dafür einen hauseigenen Vermögensverwaltungsfonds einsetzte.

Erfolgreich mit und ohne Fonds

Im FUCHS Performance-Projekt Runde I waren Fonds die beliebteste Anlageklasse. Sie kamen auch stark in den Depots der Top 10 vor. Einen hohen Anteil verwendete die Sydbank mit 70 bis 80 %, gefolgt von Performance IMC mit 70 %, SEB Private Banking mit 40 bis 50 % und der Raiffeisenbank Steiermark/Premium.PrivateBanking mit 40 %. 20 % durchschnittlicher Fondsanteil waren es bei der Frankfurter Bankgesellschaft (Schweiz), bei Hauck&Aufhäuser im Schnitt unter 20 % und ausschließlich Direktanlagen nutzte Finanz Konzept.

1,2 % inkl. USt. gelten als angemessen

Den pauschalen Preisansatz von 1,2 % inklusive Umsatzsteuer halten fast alle Top 10-Teilnehmer in Projektrunde I des FUCHS Performance-Projekts von Dr. Jörg Richter und Verlag Fuchsbriefe für fair und angemessen. Nur die Raiffeisenbank Steiermark/PremiumPrivateBanking widerspricht: Sie sieht dies im oberen Bereich des Preisbandes.

Performance Projekt II: Gut und günstig siegt

Die Nummer 1 aus dem Vorjahr der Projektrunde II im FUCHS Performance-Projekt von Dr. Jörg Richter und Verlag Fuchsbriefe, die Dr. Kohlhase mbH, hat ihren Spitzenplatz auch im letzten Projektjahr verteidigt. Auf Platz 2 folgt eine Bank aus Süddeutschland, die ihren

Namen jedoch verbergen möchte. Platz 3 schließlich geht an die Hamburger Vermögensverwaltung Knapp Voith.

Depothöchststand am 22. Juli 2015

Der zeitweilige Höchststand eines Depots wurde am 22. Juli 2015 mit einem Gesamtwert von 2.610.528,61 Euro erreicht. Den niedrigsten Stand verzeichnete ein Teilnehmervermögen am 20. Januar 2016 mit 1.220.548,26 Euro – das Ausgangskapital hatte sich somit um 279.451,74 Euro reduziert. Der Vermögensdurchschnitt zum Ende der Projektrunde II lag bei 1.613.705,49 Euro. Das entspricht einem Zugewinn von 113.705,49 Euro oder 7,6% über die Gesamtlaufzeit bzw. 1,8% p. a.

Höchste Bruttorendite 8,8%

Die höchsten durchschnittlichen Bruttorenditen erwirtschafteten ICFB Investment Consulting Financial Brokerage GmbH mit 8,8% p. a., gefolgt von einer Bank, die anonym bleiben will und die 6,1% p.a. schaffte sowie Knapp Voith Vermögensverwaltung mit einer jährlichen Rendite von 4,6%.

Die II. Projektrunde war mit 31 Teilnehmern gestartet. Davon kamen fünf aus dem deutschsprachigen Ausland. Unter den Teilnehmern zum Projektende waren 16 bankunabhängige Vermögensverwalter und entsprechend 13 Banken oder Sparkassen.

41% verfehlten mindestens eine Kundenvorgabe

12 von 29 Teilnehmern (41%) gelang es nicht, zum Projektende alle Kundenvorgaben zu erfüllen. Sieben Teilnehmer gingen mit einem teils deutlichen Minus aus dem vierjährigen Rennen, darunter eine öffentliche Bank aus Süddeutschland. Sie entpuppte sich als größter Wertevernichter mit einem satten Minus von 108.292 Euro. Ein erstaunliches, wenn nicht sogar erschreckendes Ergebnis.

DIE BESTEN 5 IN PROJEKTRUNDE II*

PLATZ	LAND	PORTFOLIOMANAGER	RENDITE GESAMT**	RENDITE P. A.**	RENDITE PUNKTE	SORTINO PUNKTE	OMEGA PUNKTE
1	D	DR. KOHLHASE VERMÖGENSVERWALTUNGSGESELLSCHAFT MBH	15,36%	3,6%	329	392	448
2	D	*BANK****	26,64%	6,1%	345	339	425
3	D	KNAPP VOITH VERMÖGENSVERWALTUNGS AG	19,62%	4,6%	341	314	421
4	D	VERMÖGENSKULTUR AG	13,90%	3,3%	308	331	415
5	FL	LIECHTENSTEINISCHE LANDESBANK AG	10,52%	2,5%	321	321	408

** nach 16 Quartalen in der Punktewertung. Das vollständige Ranking finden Sie auf www.prüfinstanz.de. ** nach Gebühren und Steuern *** anon. Teilnahme*

Höchster Gewinn 40,2 %

Den höchsten Wertzuwachs erzielte wie schon in den Jahren zuvor die ICFB Investment Consulting Financial Brokerage GmbH. Zum Projektschluss lag der Zugewinn des Kölner Vermögensverwalters bei 603.333,45 Euro oder einem Plus von 40,22 %.

Aktien beliebteste Anlageklasse

Beliebteste Anlageklasse waren Aktien. Insgesamt kauften die Teilnehmer im Projekt 618 mal Aktien, 238 mal Anleihen, 569 mal Fonds, lediglich zweimal einen Genussschein, 38 Optionsscheine, die gewöhnlich zur Depotabsicherung dienen, und 420 mal Zertifikate. Auf diese Weise kamen 1.886 Wertpapierkäufe zustande.

Aktiv gemanagte Fonds kamen zwischen 0 (Knapp Voith) und >90 % (Dr. Kohlhase) zum Einsatz. Häufig war eine Beimischung von 10 bis 20 % zu sehen (Bankhaus Jungholz, Vermögenskultur, Bankhaus Spängler). Passive Fonds wie die neuerdings so beliebten, weil kostengünstigen ETF kamen besonders stark bei Vermögenskultur mit einem Anteil von 40 bis 50 % zum Einsatz, während diese Investments sonst zwischen 5 und 20 % den Weg ins Portfolio fanden.

„In der Ruhe liegt die Kraft"

Mit der Dr. Kohlhase Vermögensverwaltung hat ein Vermögensmanager den Wettbewerb für sich entschieden, der vor allem das Risikomanagement beherrscht, aber auch in der Lage ist, die erforderliche Rendite zu erwirtschaften, um die Geldentwertung zu kompensieren. Seinem Leitspruch „In der Ruhe liegt die Kraft" wird er gerecht: Mit nur 44 Transaktionen im Projektverlauf und nur 15 Wertpapieren, die er gehandelt hat, liegt er am unteren Rand des Teilnehmerfeldes. Zugleich sind seine Gebührenvorstellungen sehr günstig.

Die zweitplatzierte Bank kommt sogar auf eine Rendite von 6,1 % p. a. und kann den maximalen Verlust unter 10 % – bei 9,0 % – halten. Während die führenden Zehn im Wettbewerb die Kundenanforderungen locker erzielten, ist andererseits leider festzustellen, dass immerhin 12 von 29 Teilnehmern am Projektende die Kundenvorgaben verfehlten.

Fazit: Nur Wenige überzeugten voll

Zwei Drittel der Teilnehmer in beiden Projektrunden haben die Kundenvorgaben erfüllt

In beiden Projektrunden schafften es (deutlich) mehr als ein Drittel der Teilnehmer nicht, die Kundenvorgaben – realer Kapitalerhalt, maximal 20 % Verlust vom erreichten Höchststand sowie quartalsmäßige Ausschüttung von 3.000 Euro – umzusetzen. „Ruhiger Schlaf" mit möglichst geringen Ausschlägen nach unten war dem Kunden nicht einmal bei der Hälfte aller Teilnehmerportfolios vergönnt.

Der fundamentale Investmentansatz dominierte sowohl zahlenmäßig das Teilnehmerfeld als auch vom Erfolg her. Unter den Top 10 in beiden Projektrunden ließ sich kein Teilnehmer mit einem quantitativen, prognosefreien Anlageansatz ausmachen. Wenig überraschend setzen alle Teilnehmer auf breite Streuung ihrer Anlagen und führen den wesentlichen Anteil an der Rendite auf die strategische und taktische Zusammenstellung der Anlagen zurück. Die Suche nach dem optimalen Ein- und Ausstiegszeitpunkt spielt eine untergeordnete Rolle.

Fundamentaler Investmentansatz dominierte

Als Anlageklasse hatten Aktien die Nase vorn. Während in Projektrunde I Fonds das beliebteste Anlageinstrument waren, dominierten in Projektrunde II klar Einzeltitel. Auch ETF kamen zum Einsatz, selten dagegen Optionsscheine. Insbesondere in Projektrunde II lagen mit Dr. Kohlhase und Knapp Voith zwei Vermögensverwalter im Vorderfeld, die stark auf Anleihen setzten: in Form von Fonds wie als Einzeltitel.

Aktien beliebteste Anlageklasse

Viel bewirkt viel – das lässt sich nicht verifizieren. Die beiden nach Punkten Bestplatzierten, Performance IMC Vermögensverwaltung AG in Runde I und Dr. Kohlhase Vermögensverwaltungsgesellschaft mbH in Runde II, kamen mit 24 bzw. 15 Wertpapieren zurecht. Kohlhase reichten zudem 44 Transaktionen zum Sieg.

Am Ende gilt: Es gibt eine Handvoll herausragender Vermögensverwalter in Deutschland und dem deutschsprachigen Ausland, die es schaffen, über einen längeren Zeitraum Kundenvorgaben erfolgreich einzuhalten und den Wettbewerb auszustechen. Konsequente Strategieeinhaltung, eine ruhige Hand sowie eine klare Vorstellung von Märkten und Marktentwicklungen sind dabei zentrale Erfolgsfaktoren. Wer keine dezidierte eigene Marktmeinung hat, macht sich als aktiver Manager überflüssig.

Eine Handvoll Vermögensverwalter ragt heraus

Das Performance-Projekt geht weiter

Runde III startete im November 2014. 52 Anbieter managen fünf Jahre lang ein Stiftungsportfolio.

Runde III und Runde IV haben bereits begonnen

Runde IV begann am 1.1.2016 mit der Rekordteilnehmerzahl von 72 (Private Banking Portfolio).

Runde V wird am 1. Januar 2017 starten. Dann stehen Anlageerfolge mit vermögensverwaltenden Fonds im Mittelpunkt des Interesses. Mehr finden Sie auf www.prüfinstanz.de

Runde V ist in Vorbereitung

» Welchem Vermögensmanager kann man vertrauen? Diese Frage stellen Kunden nicht erst seit der Finanzkrise 2008 immer lauter. Denn viele haben mit fragwürdigen Produkten wie undurchsichtigen Zertifikaten ein kleines oder auch größeres Vermögen verloren. Seitdem reiht sich Prozess an Prozess, Urteil an Urteil. Ursache war häufig die Gier der Banken und ihrer provisionsbezahlten Berater. Doch fairerweise muss an dieser Stelle auch gesagt werden: Nicht jeder Prozess, der angestrengt wird, ist berechtigt. Die Private Banking Prüfinstanz hat ein Monitoring eingerichtet, das jenseits der Gerichte über die Vertrauenswürdigkeit der Finanzhäuser Auskunft gibt. «

Trusted Wealth Manager
Vertrauenswürdigkeit im Private Banking

Ralf Vielhaber, FUCHSBRIEFE

Orientierungshilfe für Private Banking-Kunden

Seit Januar 2016 gibt es für Anleger eine neue Orientierungshilfe, die Aussagen über die Vertrauenswürdigkeit und den fairen Umgang von Banken und Vermögensverwaltern trifft. Die Private Banking Prüfinstanz – Verlag FUCHSBRIEFE und Dr. Richter, IQF – haben die Vertrauensampel konzipiert, um feststellen zu können, wer das Siegel Trusted Wealth Manager (vertrauenswürdiger Vermögensmanager) verdient.

Geht ein Vermögensverwalter fair mit seinen Kunden um?

Im Mittelpunkt von Trusted Wealth Manager steht die Frage: Geht eine Bank(niederlassung) fair mit ihren Kunden um? Oder gibt es immer wieder Auseinandersetzungen wegen Verstößen gegen die Anlagerichtlinien? Oder wegen kostentreibender Zusatzleistungen, über die Kunden nicht hinreichend aufgeklärt wurden? Oder wurde gar falsch beraten, weil Provisionsinteressen im Vordergrund standen?

Laufendes Monitoring

Fünf Referenzquellen

Die Klärung der Fairness-Frage geschieht durch ein laufendes Monitoring auf Niederlassungsebene von Banken und Vermögensverwaltern zunächst in Deutschland. Die Vertrauenswürdigkeit ergibt sich aus fünf Referenzquellen in fünf Vertrauenssegmenten:

1. Öffentlich zugängliche Quellen, Medienrecherche
2. Kooperierende Fachanwälte
3. Hinweise von Kunden
4. Hinweise von Mitarbeitern
5. Selbstauskunft der Bank

Die Vertrauensampel auf www.pruefinstanz.de

Die Vertrauensampel zeigt an, ob ein Private Banking Anbieter auf Ebene einer Niederlassung oder gesamthaft voll vertrauenswürdig ist.

Alle eingehenden Hinweise werden von der Private Banking Prüfinstanz (PBPI) sorgfältig überprüft und mit den Fachanwälten – auch solchen, die Banken in Verfahren vertreten – diskutiert. Außerdem werden grundsätzlich die betroffenen Banken, Vermögensverwalter, Family Offices zu Vorwürfen gehört.

Nicht jeder Vorwurf ist berechtigt

Klar ist: Nicht jeder Vorwurf ist berechtigt. Nicht jedes aus formalen Gründen gewonnene Verfahren kann dazu dienen, einen Anbieter als nicht vertrauenswürdig einzustufen. Es wird immer Grenzfälle geben, über die unterschiedlich geurteilt werden kann. Deshalb sind Nachvollziehbarkeit und Transparenz wichtig. Die jeweilige Entscheidung wird auf der Seite der Prüfinstanz dargestellt.

Die Vertrauensampel erhebt nicht den Anspruch, eine juristisch eindeutige Auskunft zu geben. Sie will vielmehr Orientierung ermöglichen und ist eine Wertung, eine Meinungsäußerung der Prüinstanz, die auf den genannten Quellen und deren Abwägung aufbaut. Anders als Bewertungen beispielsweise auf Shop-Seiten, die manipulationsanfällig sind, gewährleistet die Vertrauensampel ein klares Verfahren und eine transparente Urheberschaft der Wertung.

91 Adressen bisher mit „Fairness-Ausweis"

Monitoring seit Januar 2016

Seit Januar dieses Jahres beobachtet die Prüfinstanz in fünf Segmenten, ob Informationen vorliegen, die auf ein unfaires Verhalten von Vermögensverwaltern gegen ihre Kunden hindeuten und bewertet diese Informationen.

792 Adressen unter Beobachtung

792 Häuser einschließlich ihrer Niederlassungen stehen aktuell unter laufender Beobachtung (http://www.pruefinstanz.de). Ständig eingesehen werden öffentlich zugängliche Quellen (Pressedienste, Medien). Die Prüfinstanz greift auf Informationen von Fachanwälten zu, insbesondere der acht Kanzleien, die den Beirat stellen. Die Prüfinstanz fordert Kunden und Mitarbeiter auf, sie vertraulich über entsprechende Fälle zu informieren. Und sie bittet die einzelnen Anbieter um eine Selbstauskunft.

Als unfair wertet die Prüfinstanz insbesondere Fälle nachweislich unzureichender Beratung, die zu Produktfehlkäufen führen. Dazu gehört aber auch das nachgewiesene Verschweigen von Provisionseigeninteressen eines Anbieters bei der Produktauswahl. Um die jeweiligen Fälle abzuklären, nimmt die Prüfinstanz auf die entsprechenden Urteile zur Hand und tritt sowohl mit den Anbietern als auch den Kundenanwälten in Kontakt.

Viele juristisch verfolgte Fälle liegen oftmals ein Jahrzehnt oder länger zurück. Daher legt die Prüfinstanz Wert auf die Auskunft, ob und wie ein betroffener Anbieter personelle und strukturelle Konsequenzen im Beratungsprozess gezogen hat. Diese lassen wir uns genau erläutern.

Welche Konsequenzen wurden gezogen?

Sind die Ausführungen stimmig und passen sie zu unseren Beobachtungen in unseren alljährlichen Bankentests (TOPs), schaltet die Vertrauensampel dennoch auf Grün, auch wenn beispielsweise ein aktuelles Gerichtsurteil über ein lange zurückliegendes Fehlverhalten nachteilig für den Anbieter ausfällt. Dies ist dann „Schnee von gestern". Wo allerdings keine oder nur unzureichende Auskunft gegeben wird, gehen wir von einem Fortdauern der problematischen und von den Gerichten monierten Praxis aus und stellen entsprechend die Ampel auf Gelb bzw. Rot.

18 Anbieter vertrauenswürdig

Laut Fairness-Monitoring der Private Banking Prüfinstanz (www.pruefinstanz.de) „Trusted Wealth Manager" verdienten bis Mitte September 2016 insgesamt 75 Adressen das Signet „vertrauenswürdig". Dazu zählen Banken, Vermögensverwalter und Family Offices. Rechnet man die Niederlassungen heraus, sind es lediglich 18. Fünf – avesco Financial Services AG, Bankhaus Gebr. Martin AG und Donner & Reuschel AG, Sal. Oppenheim sowie Taunus Sparkasse Private Banking – befanden sich zum Redaktionsschluss noch in einer Nachprüfung. Sie haben in ihrer Selbstauskunft von laufenden Streitfällen mit Kunden berichtet.

75 vertrauenswürdige Adressen bis Mitte September 2016

Vertrauenswürdige Adressen (Stand: September 2016)

Ars Pecuniae, Braunschweiger Privatbank, BV & P, Capitell Vermögens-Management (4 Niederlassungen), Deutsche Oppenheim Family Office AG (2 Niederlassungen), Dr. Kohlhase Vermögensverwaltung, Feri Trust (3 Niederlassungen), FIVV AG, Fürstlich Castell'sche Bank (17 Niederlassungen), Knapp Voith Vermögensverwaltungs AG, Pictet & Cie. (2 Niederlassungen), Reichmuth & Co., Spiekermann & Co. (4 Niederlassungen), Südwestbank (27 Niederlassungen), von der Heydt & Co., VZ VermögensZentrum (4 Niederlassungen), Wamsler & Co. (2 Niederlassungen), Weber FinanzPartner

Scheitern an der Selbstauskunft

Die meisten Anbieter scheitern für den Nachweis der Vertrauenswürdigkeit an der Selbstauskunft. Die Prüfinstanz hat hier Fragen gestellt wie „Haben Sie in den letzten drei Jahren Verfahren mit Kunden geführt?“ oder „Stellen Sie Kundenzufriedenheitsumfragen an?“ Oder „Wie viele Beschwerden kommen auf 100 Kunden?“.

91 mal Selbstauskunft gegeben

In 91 Fällen hat die Prüfinstanz dazu eine konkrete Antwort bekommen. Eine Adresse, die Volksbank Mittelhessen eG, lehnt die Abgabe einer Selbstauskunft dezidiert ab. Sechs Anbieter sind nach eigener Angabe aktuell in Verfahren mit Kunden verstrickt oder haben sich in den letzten drei Jahren juristisch mit Kunden auseinandergesetzt. Wohlgemerkt: Das sind diejenigen, die dies in einer Selbstauskunft bekanntgeben. Das ist mutig. Und es schafft auch Klarheit für Kunden, wie ein Anbieter mit solchen Fällen umgeht: transparent.

Daneben sind Fälle zu etlichen Häusern bekannt geworden, die eine Selbstauskunft ablehnen. Drei Häuser sagen, dass sie sich in der Mehrzahl der Fälle außergerichtlich mit den Kunden geeinigt hätten bzw. eine solche Einigung anstrebten.

Kundenzufriedenheitsumfragen meist Standard

In 52 Niederlassungen gehören regelmäßige Kundenzufriedenheitsumfragen zum regelmäßigen Standard. In 34 Fällen werden die Ergebnisse veröffentlicht. In der Regel, so die Selbstauskünfte, kommen weniger als 5 Beschwerden auf 100 Kunden.

Fazit

Vertrauen auf beiden Seiten

Das Monitoring wird mit fortschreitender Zeit seine volle Kraft entfalten. Je mehr Kunden und auch Mitarbeiter die Prüfinstanz auf Fehlverhalten aufmerksam machen, je präziser Banken und Vermögensverwalter schildern, welche Konsequenzen sie aus eigenem Fehlverhalten oder auch nur ungenügenden Prozessen gezogen haben, desto mehr werden sich Verhaltensstandards einstellen, die am Ende beiden Seiten zum Vorteil gereichen: den Kunden, die dann gewöhnlich auf einen fairen Umgang vertrauen dürfen; die Vermögensverwalter und Banken, weil dann schrittweise das grundsätzliche Vertrauen in sie und ihre Dienstleistungen zurückkehrt.

VI. Perspektiven über das Jahr hinaus

» Zukunftsvorsorge und Ruhestandsplanung sind im Begriff, zum Megathema der nächsten Jahre zu werden. Trotz unterschiedlichster Positionen hierzu beginnt sich ein Konsens abzuzeichnen. Doch ist es nicht damit getan, die Bundesbürger und Sparer davon zu überzeugen, dass Aktien ein wichtiger Vermögensbaustein sind. Die entscheidende Frage ist die nach der Qualität der Anlagestruktur – ein Aspekt, der häufig sträflich vernachlässigt wird. Falsch strukturierte Aktienanlagen führen nicht nur zu enttäuschten Erwartungen. Sie sind auch eine große Gefahr für jede Ruhestandsplanung. «

Vorsorge neu denken

Erfolgsfaktoren für Strategie und Kommunikation

Stefan May, quirin bank AG

Der Anleger kann heute auf klare, wissenschaftlich begründete Anlagegrundsätze zurückgreifen

Was ist vernünftigerweise damit gemeint, wenn von einer falschen oder richtigen Aktienanlage die Rede ist? Sicher nicht, ob ein Anleger genau in das Marktsegment investiert hat, das gerade zufällig besonders gut gelaufen ist. Diese Frage entscheidet sich erst im Nachhinein und gibt keinen Hinweis, welche Aktienanlagen in Zukunft gut laufen werden. Dank eines beispiellosen, über 60 Jahre andauernden Zusammenspiels aus theoretischer und empirischer Finanzmarktanalyse stehen dem Anleger stattdessen wissenschaftlich begründete Anlagegrundsätze zur Verfügung, welche eine klare Trennlinie zwischen Spekulation und Investition markieren. Sie liefern die entscheidenden Qualitätskriterien für eine erfolgreiche Anlagestrategie.

Erfolgsfaktor Strategie

Fünf Erfolgsbausteine

Folgende Anlagegrundsätze gewährleisten den langfristigen Erfolg einer Investmentstrategie:

- Internationale Diversifizierung
- Depotstrukturierung über anerkannte Anlageklassen
- Konzentrierte und kosteneffiziente Umsetzung
- Regelmäßiger Wertschwankungsausgleich („Rebalancing")
- Kein aktives Management

Diese Grundsätze sind umso wichtiger, je langfristiger die mit der Anlage verfolgten Ziele angelegt sind. Daher haben sie für die Zukunftsvorsorge und Ruhestandsplanung eine herausragende Bedeutung. Ein Blick auf die Anlagegrundsätze:

Internationale Diversifizierung

Je spezieller ein Investment, desto größer die Einzelrisiken

Statistische Analysen internationaler Kursverläufe zeigen, dass die Schwankungsintensität bei Einzelaktien am höchsten ist, gefolgt von nationalen bis hin zu internationalen Aktienmarktindizes. Sie weisen

Kursverlauf DAX vs. MSCI (in Euro)

Abb. 1

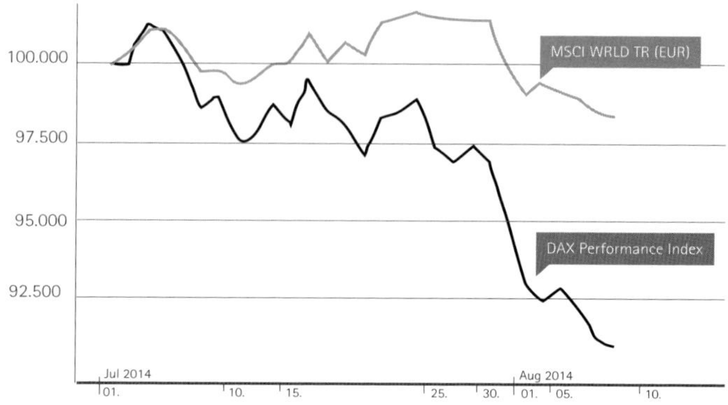

Kursverläufe indexiert, 1.1.2013 bis 25.11.2015, jeweils ohne Dividenden
Quelle: vwd

die geringsten Schwankungen auf. Diese Abstufungen sind das Ergebnis ökonomischer Gesetzmäßigkeiten. Je spezieller das Investment ist, desto größer sind die Risiken. Das zeigt sich beispielhaft an der Kursentwicklung der VW-Vorzugsaktie. Diese ist nach dem Abgas-Skandal wegen der spezifischen Unternehmensrisiken deutlich stärker gefallen als der DAX, der durch andere deutsche Titel stabilisiert wurde.

Je internationaler die Anlage, desto weniger länderspezifische Risiken

Vergleichbare Konstellationen herrschen vor, wenn man nationale mit internationalen Indizes vergleicht (vgl. Abbildung). Die Begründung der deutlich geringeren Kursschwankungen des Weltaktien-Index folgt derselben ökonomischen Logik wie die Begründung der Schwankungsunterschiede zwischen Einzeltitel und nationalen Indizes. Neben den globalen Risiken sind nationale Aktienmärkte zusätzlich noch länderspezifischen Risiken ausgesetzt, die den entsprechenden Index gravierend beeinträchtigen können.

Das bedeutet für Anleger: Mit einer konsequent diversifizierten internationalen Anlagestrategie beteiligen sie sich am Renditepotenzial der globalen Marktwirtschaft. Die unkalkulierbaren und heftigen Kursverluste einzelner Wertpapiere und Märkte werden durch internationale Risikostreuung eliminiert. Das Gesamtrisiko eines Depots wird dadurch auf seinen unvermeidbaren Rest abgesenkt.

Depotstrukturierung über anerkannte Anlageklassen

Wertentwicklung von wenigen Wertschöpfungsfaktoren abhängig

Was ist unter diesem Anlagegrundsatz zu verstehen, wenn letztlich doch in Aktien, Anleihen, Immobilien, Rohstoffe und Währungen investiert werden muss? Der Hintergrund sind empirische Studien, die beweisen,

Wissenschaftlich fundierte Anlageklassen	
ANLAGEKLASSE / WERTSCHÖPFUNGSFAKTOR	VERBUNDENES RISIKO
Markt- bzw. Standardwertfaktor	Allgemeines globales Aktienmarktrisiko
Nebenwertefaktor („Small und Mid Caps")	Spezielles Risiko gering kapitalisierter Unternehmen
Substanzwertfaktor („Value Stocks")	Spezielles Risiko unterbewerteter Unternehmen
Bonitätsfaktor	Ausfallrisiko/Kursverlustrisiko aufgrund einer Neubewertung der Ausfallwahrscheinlichkeit durch den Markt („Spreadrisiko")
Quelle: eigene Darstellung	

dass sich die Wertentwicklung von Portfolios und einzelnen Wertpapieren immer auf einen relativ kleinen Kreis bestimmender Anlageklassen und Einflussfaktoren mit jeweils spezifischen Rendite-Risiko-Profilen zurückführen lässt. Diese werden häufig als Wertschöpfungsfaktoren (bzw. Risikofaktoren) bezeichnet.

Ein Wertpapier ist demnach lediglich „Träger" dieser Faktoren. So ist beispielsweise eine langlaufende deutsche Staatsanleihe lediglich Träger des Laufzeitenfaktors. Eine langlaufende Unternehmensanleihe dagegen beinhaltet sowohl den Laufzeiten- als auch den Bonitätsfaktor. Ähnliches gilt für Aktien: Eine Aktie ist immer Träger des allgemeinen Marktfaktors, wobei je nach Kapitalisierung und Bewertung noch die Nebenwert- und Substanzwertfaktoren hinzutreten.

Ein auf wissenschaftlicher Evidenz beruhender Investmentansatz besteht nun darin, jedes Portfolio in ausgewogener und kontrollierter Weise den relevanten Faktoren auszusetzen. Wird diese Vorgehensweise in eine konsequente Internationalisierungsstrategie eingebettet, dann erhält man eine Depotstruktur, die eine überdurchschnittliche Rendite bei optimiertem Rendite-Risiko-Verhältnis erwarten lässt.

Konzentrierte und kosteneffiziente Umsetzung

Auf die (Wertpapier-) Auswahl kommt's an

Die Auswahl konkret investierbarer Anlageprodukte ist ein wichtiger Schritt bei der Zusammenstellung eines qualitativ hochwertigen Portfolios. Hierbei sind zwei Kriterien relevant: Zum einen muss das selektierte Anlageprodukt seine Anlageklasse möglichst genau repräsentieren. Zum anderen muss dies möglichst kostengünstig geschehen.

Vermögensentwicklung eines Ansparplans mit und ohne Kosten

Abb. 2

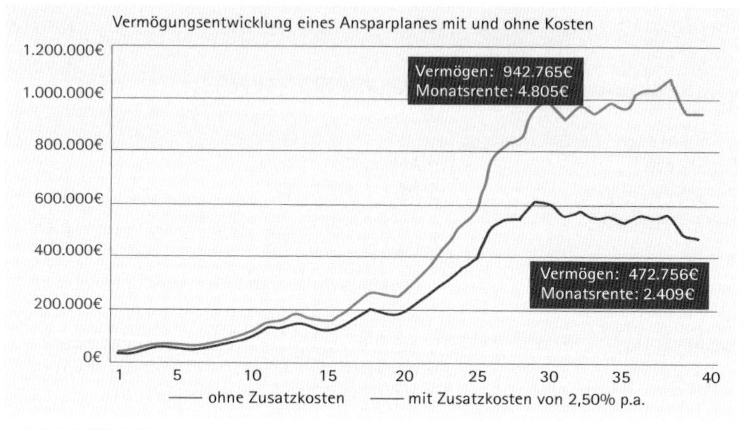

Die Kosten machen langfristig einen großen Unterschied in der Altersvorsorge aus.

Quelle: eigene Darstellung

Insbesondere eine durchgängige Kosteneffizienz ist auf lange Sicht entscheidend. Doch genau hier liegt eine Schwachstelle vieler Wertpapierdepots. Selbst konservative Schätzungen gehen speziell bei Altersvorsorgedepots von deutlich überhöhten Kosten aus. Gesamtkostensätze von 2,5 bis 3,5 % p.a. sind durchaus nicht ungewöhnlich. Selbst wenn Sparer sich zu riskanteren und damit renditeträchtigeren Anlageformen wie etwa Aktien durchringen, bleiben die effektiv erzielten Wertzuwächse häufig schon allein wegen der Kosten weit hinter dem zurück, was die internationalen Finanzmärkte eigentlich bieten (vgl. Abb. 2). Durchgängige Kosteneffizienz ist daher ein entscheidendes Qualitätsmerkmal, speziell wenn es um die Zukunftsvorsorge geht – und macht unter dem Strich einen gewaltigen Unterschied.

Regelmäßiger Wertschwankungsausgleich

Anlagequoten müssen regelmäßig rebalanciert werden

Disziplin in den Anlageentscheidungen ist ein weiterer entscheidender Erfolgsfaktor. Die aus gutem Grund gewählten Anlagequoten müssen durch einen disziplinierten und regelmäßigen Wertschwankungsausgleich („Rebalancing") immer wieder hergestellt werden. Das gilt sowohl innerhalb jeder einzelnen Anlageklasse als auch zwischen den verschiedenen Anlageklassen.

Der Wertschwankungsausgleich innerhalb der Anlageklassen verhindert ein durch Marktbewegungen verursachtes Abdriften von der ursprünglich gewählten Zusammensetzung. Ausgelöst durch Kurssteigerungen können beispielsweise Substanzwerte plötzlich so hohe Marktbewertungen aufweisen, dass sie dieser Kategorie eigentlich nicht mehr zugeordnet werden dürften. In der Konsequenz befinden sich dann aber in der Anlageklasse Substanzwerte plötzlich Aktien, für die keine entsprechende Prämie mehr erwartet werden kann und die zudem eine völlig andere Risikocharakteristik aufweisen.

Der Wertschwankungsausgleich zwischen den Anlageklassen hat die Aufgabe, sicherzustellen, dass Anleger auch nach kräftigen Marktbewegungen stets die dem ursprünglich gewählten Risikoniveau entsprechenden Renditechancen wahrnehmen können.

Kein aktives Wertpapiermanagement

Ein strategisch und operativ professionell betreutes Depot sichert Anlegern die Teilhabe an der Innovationskraft und Produktivität internationaler Märkte, Regionen und Unternehmen. Die entsprechenden Wertzuwächse sind nichts anderes als Entlohnungen, die der Markt für die Überlassung des entsprechenden Risikokapitals zur Verfügung stellt. Allein aufgrund dieser Erkenntnis verbieten sich die üblicherweise angebotenen „aktiv" gemanagten Finanzanlagen, die spekulativen Charakter haben und darüber hinaus meistens sehr teuer sind.

Publikumsfonds: zufällige Erfolge

Regelmäßig erweisen sich zwei Drittel aller aktiv gemanagten Publikumsfonds weniger erfolgreich als eine entsprechende Vergleichsinvestition. Für das verbleibende, vordergründig erfolgreiche Drittel wurde immer wieder gezeigt, dass die erzielten Erfolge unterhalb der Signifikanzlinie eingefahren werden. Dies bedeutet: Die Wertentwicklungen sind mit überwältigender Wahrscheinlichkeit dem Zufall geschuldet; Erkenntnisse, die unter unabhängigen Finanzmarktforschern und -analysten inzwischen als empirische Tatsachen angesehen werden. Prognosebasierte Investmentstrategien nützen dem Anleger letztlich nichts und sind aufgrund hoher Kosten nur für den anbietenden Finanzdienstleister interessant. Dies dürfte auch der Grund sein, warum sie unvermindert propagiert werden.

Erfolgsfaktor Kommunikation

Kennzahlen, die kaum ein Privatanleger versteht

Selbst die beste Anlagestrategie ist wertlos, wenn der Anleger sie nicht versteht. Häufig aber werden Anleger mit Informationen oder Allgemeinplätzen versorgt, die nicht wirklich hilfreich sind. So wird ihnen gerne ein Spektrum möglicher Anlagen offeriert, deren Risiken von „spekulativ" über „chancenorientiert" bis hin zu „überwiegend schwankungsarm" bzw. „konservativ" reichen. Manche Institute liefern sogar quantitative Kennzahlen wie „Volatilität", „Maximum Drawdown" oder den sogenannten „Value at Risk" der entsprechenden Vorschläge mit.

Das Problem dieser und ähnlicher Informationen besteht für Anleger darin, dass für sie kein Zusammenhang zwischen Anlageziel und Kennzahl erkennbar ist. Was bedeutet eine Volatilität von 9 % p.a. für das konkrete Ziel, in 30 Jahren ein Ruhestandseinkommen von 3.000 Euro pro Monat beziehen zu können? Ein „normaler" Kunde kann das nicht wissen. Durch den Einsatz anerkannter Methoden der Finanzmarktanalyse und des Portfoliomanagements lassen sich hingegen Kennzahlen ermitteln, die wertvolle Hilfestellung bieten. Hierbei sollte zwischen einer Anspar- und einer Entnahmephase unterschieden werden.

Während es in der Ansparphase in erster Linie um einen gezielten Vermögensaufbau geht, der später ein auskömmliches Einkommen gewährleisten soll, steht in der Entnahmephase ein bereits vorhandenes Vermögen im Vordergrund. Dieses soll ein realistisch geplantes Einkommen ausreichend lange finanzieren und eventuell auch den Kindern oder Enkelkindern hinterlassen werden.

Zielgerichtete Information als das A und O erfolgreicher Vorsorge

Folgende Beispiele einer zwar fiktiven, aber durchaus realistischen Anlegersituation machen deutlich, dass zielgerichtete Anlegerinformationen das „A" und „O" einer erfolgreichen Zukunftsvorsorge sind.

Ansparphase: Vermögensbildung und Einkommenssicherung

Wir stellen uns den 35-jährigen Angestellten Bernhard Riemann vor, für den eine monatliche Versorgungslücke von 3.600 Euro ermittelt wurde. Er verfügt über ein liquides Vermögen von 250.000 Euro, das er für seine Altersvorsorge anlegen möchte. Darüber hinaus ist er bereit, hierfür monatlich 250 Euro anzusparen. Der Ruhestand ist im Alter von 65 Jahren, also in 30 Jahren geplant.

Ermittlung des künftigen Rentenbetrages

Zunächst lassen sich auf der Grundlage des vorhandenen Vermögens, der monatlichen Zuzahlung sowie eines „risikofreien" Zinses von 0,70 % folgende Beträge ermitteln: Ohne weitere Zuzahlung kann bei Rentenantritt ein Ruhestandseinkommen in Höhe von 1.378 Euro erwirtschaftet werden. Das entspricht einer heutigen Kaufkraft von 1.021 Euro. Mit den Zuzahlungen kann dieser Betrag auf 1.825 Euro gesteigert werden (Kaufkraft: 1.352 Euro). Hierbei handelt es sich um den Rentenbetrag, der bei einer Anlage des aktuellen Vermögens sowie der laufenden Zuzahlungen bis Rentenantritt zu 0,70 % für einen anschlie-

Kennzahlen einer Monte-Carlo-Simulation		
Wahrscheinlichkeit, Zielrente zu erreichen	Vermögen bei Renteneintritt	
88,42 %	Erwartungswert: 2.090.768 €	in heutiger Kaufkraft: 1.548.879 €
Wahrscheinlichkeit, Minimalrente zu erreichen	Rentenzahlung bei Rentenantritt	
99 %	Erwartungswert: 9.344 €	in heutiger Kaufkraft: 6.922 €
Quelle: eigene Darstellung		

ßenden Zeitraum von 20 Jahren erzielbar wäre. Diesen Wert verwenden wir in der folgenden Analyse als eine Art Untergrenze möglicher Rentenzahlungen, d. h. als gewünschte Minimumrente.

Errechnete Kennzahlen

Auf Grundlage der Auswertung Tausender Szenarien im Rahmen einer Monte-Carlo-Simulation können die in der Tabelle dargestellten Kennzahlen ausgewiesen werden. Diese sind besonders geeignet, die Vorteilhaftigkeit einer Finanzmarktanlage mit dem Zweck der Zukunftsvorsorge zu untermauern. Auf Grundlage der Auswertung Tausender Szenarien im Rahmen einer umfangreichen Monte-Carlo-Simulation können über die finanzmathematischen Berechnungen hinaus folgende spezielle Kennzahlen ausgewiesen werden, die besonders geeignet sind, die Vorteilhaftigkeit einer Finanzmarktanlage zu untermauern.

Minimalrente wird mit 95% Wahrscheinlichkeit erreicht

Die Wahrscheinlichkeit, die Minimalrente von 1.825 Euro zu erreichen, liegt bei über 99 %. Dieses Ziel kann praktisch sicher erreicht werden. Da wir als gewünschte Minimalrente den Wert eingegeben haben, der auch bei einer Festgeldanlage zu 0,70 % bezogen werden könnte, kann wie folgt argumentiert werden: Mit einer optimierten Anlagestruktur (Aktienquote 70 %) wird der Festgeldanlage-Rentenbetrag so gut wie sicher erreicht. Darüber hinaus besteht eine sehr große Wahrscheinlichkeit von 88,42 %, über das Doppelte dieses Betrages (3.600 Euro) verfügen zu können. Der Erwartungswert der Rentenzahlung liegt bei 9.344 Euro bei einem zu erwartenden Vermögen von 2.090.768 Euro nach Ablauf der Ansparphase.

Als Ergebnis lässt sich festhalten: Durch den Einsatz geeigneter Kennzahlen kann begründet werden, dass Aktienanlagen speziell in der Ansparphase eine unverzichtbare Rolle spielen. Erst sie liefern die Impulse zur Vermögensbildung und Einkommenssicherung.

Herr Riemann ist mittlerweile 64 Jahre alt, im Ruhestand und verfügt aufgrund zwischenzeitlicher Entnahmen „nur“ über ein Vermögen von 500.000 Euro. Damit möchte er seine laufende Rente aufbessern. Eine Recherche zu Auszahlungsplänen von Versicherungen diverse Angebote (vgl. Tabelle unten): Diese Angebote wurden ohne Todesfallschutz erstellt. Stirbt Bernhard Riemann vorzeitig, bleibt den Angehörigen nichts.

Vergleichbarkeit mit Versicherungsangebot herstellen

Um die Angebote der Versicherungen mit den Ergebnissen einer optimierten Aktienanlage vergleichen zu können, analysieren wir die Vermögenssituation Herrn Riemanns auf der Grundlage einer rechnerischen Entnahmedauer von 20 Jahren und einer Aktienquote von 30 %. Das entspricht laut unserem internen Rendite-Risikomodell einer Rendite von 4,36 % und einer Volatilität von 7,40 % jährlich. Die Inflationsrate wurde bewusst mit 0 % angesetzt, da sonst ein Vergleich mit dem Versicherungsangebot nicht mehr korrekt wäre, da dieses ja eine gleichbleibende Zahlung vorsieht.

Bei vollständigem Vermögensverzehr könnten bei einem Zinssatz von 0,70 % p.a. aus einer Festgeldanlage über 20 Jahre hinweg 2.233 Euro pro Monat bezogen werden, also deutlich mehr als bei den vorliegenden Versicherungsangeboten, von denen das beste 1.780 Euro monatlich bietet.

Umgang mit dem "Langlebigkeitsrisiko"

Ein berechtigter Einwand gegen diesen Vergleich ist, dass beim Versicherungsangebot kein „Langlebigkeitsrisiko“ besteht. Diesem unbestreitbaren Vorteil des Versicherungsangebots steht zwar der ebenfalls unbestreitbare Nachteil gegenüber, dass das Vermögen bei einem vorzeitigen Ableben des Begünstigten an die Versicherung geht und die

Reale Versicherungsangebote

ANBIETER	GARANTIERTE MONATLICHE RENTE	MÖGLICHE RENTE NACH 10 JAHREN
EUROPA	1.780,31€	2.729,51€
Barmenia	1.641,38€	2.095,79€

Den Angeboten liegen folgende Angaben zugrunde:
Anzulegender Betrag: 500.000 €
Alter bei Auszahlungsbeginn: 64 Jahre
Rentenart: konstanter Monatsbetrag ohne „Dynamisierung

Nachkommen folglich leer ausgehen. Trotzdem überwiegt bei den meisten Menschen doch die Befürchtung, aufgrund versiegenden Vermögens über gar keine Alterseinkünfte mehr verfügen zu können, was sie letztlich von einer Anlage am Finanzmarkt abhält.

Relativierung des Langlebigkeitsrisikos

Dieser Sorge halten wir folgendes entgegen: Unterstellen wir als gewünschte monatliche Rentenzahlung genau den Betrag, den auch eine Versicherung bietet (1.780 Euro), ergibt sich bei einer Aktienquote von 30 % – trotz Entnahmen – auch nach 20 Jahren noch ein zu erwartender Vermögensstand von 433.585 Euro. Insofern sollten sich die Befürchtungen bezüglich des „Langlebigkeitsrisikos" bereits etwas relativieren.

Auch kann man fast mit Sicherheit (Wahrscheinlichkeit >99 %) davon ausgehen, dass das Vermögen länger als 20 Jahre ausreicht – und zwar in der Regel deutlich länger. So kann das vorhandene Vermögen selbst in einem unwahrscheinlichen Krisenfall die geplante Entnahme von 1.780 € pro Monat trotzdem immer noch 303 Monate finanzieren.

Fazit

Ordentliches Vermögen nach längerer Ansparphase quasi sicher

Die niedrigen Zinsen werden zur Folge haben, dass sich Anleger verstärkt nach Alternativen am Markt umsehen. Dass dabei Aktien in den Fokus rücken, gilt als sicher. Wer seine Altersvorsorge mit Aktien organisieren möchte, sollte dabei aber die dargestellten Qualitätskriterien beachten. Sie sind letztlich das Geheimnis jedes nachhaltigen Anlageerfolgs. Das haben all unsere Berechnungen, aber auch die unabhängige Finanzmarktforschung gezeigt.

Ermittelte Kennzahlen entwickeln sich voraussichtlich noch deutlich besser

Schließlich sei darauf verwiesen, dass sich die von uns ermittelten Kennzahlenwerte – insbesondere die Wahrscheinlichkeitsangaben – in der Praxis noch deutlich günstiger darstellen werden. Grund: Die zugrundeliegenden Annahmen wurden bewusst sehr konservativ gewählt. Die Argumente, die für eine Aktienanlage gerade mit Blick auf die eigene Zukunftsvorsorge sprechen, sind daher tatsächlich noch viel stärker, als es die dargestellte Analyse nahelegt.

» Japan ist bereits im dritten Jahrzehnt einer ausgeprägten Bilanzrezession. Zugleich erschwert die demografische Entwicklung dort die wirtschaftliche Erholung des Landes. Inzwischen werden in der Eurozone Parallelen zur Situation in Japan immer deutlicher erkennbar. Doch es gibt auch signifikante Unterschiede. Klar ist nur: Europa steht gerade an der Wegscheide, dem japanischen Beispiel zu folgen oder doch noch einen eigenen Weg aus der Krise zu finden. Die jüngsten Entwicklungen sind allerdings nicht sehr ermutigend. «

Verlorene Zeit

Geht Europa den gleichen Weg wie Japan?

Dr. Wolfgang Leoni, Sal. Oppenheim

Der Park des japanischen Kaiserpalastes im Zentrum Tokios war so teuer wie der gesamte US-Bundesstaat Kalifornien. Klingt utopisch? Nicht im Jahr 1991, auf dem Höhepunkt der japanischen Immobi-lienpreisblase. Damals wurde der Wert des Kaiserpalastes tatsächlich so hoch geschätzt. Fast zwei Drittel des globalen Immobilienvermögens entfielen zu diesem Zeitpunkt auf die Innenstadt von Tokio.

Parallelen zur heutigen Eurozone unverkennbar

Gut zwei Jahrzehnte ist es inzwischen her, dass Japan vom Konjunkturmotor und Musterschüler zum Dauersorgenkind der Weltwirtschaft mutierte. Auslöser war das Platzen einer Immobilienblase, dessen Folgen die japanische Wirtschaft bis heute beschäftigen. Hinzu kommen der demografische Wandel und mangelnde Strukturreformen. Seitdem leidet Japan unter einer ausufernden Staatsverschuldung, ausbleibendem Wachstum, einer hartnäckig niedrigen Inflation und äußerst geringen Zinsen. Die Parallelen zur heutigen Situation in der Eurozone sind unverkennbar.

„Geschichte wiederholt sich nicht, aber sie reimt sich häufig", wusste schon Mark Twain. Drohen Europa – und insbesondere der Eurozone – nun ebenfalls verlorene Jahrzehnte? Können die EZB und die europäische Politik Lehren aus den bisher erfolglosen Versuchen zur Überwindung der japanischen Deflation ziehen? Und welche Strategie erscheint besonders Erfolg versprechend?

Die japanische Krise

Krisenauslöser Yen-Kursaufwertung

Zur Analyse lohnt ein Blick auf die Ursachen des beispiellosen japanischen Booms, der in eine bereits mehr als zweieinhalb Jahrzehnte währende Krise mündete. Einer der Gründe war das Plaza-Abkommen der G5-Länder von 1985, infolgedessen der Wechselkurs des Yen gegenüber dem Dollar innerhalb von zwei Jahren kontrolliert um 100% nach oben geschleust wurde.

Gigantischer Börsenauftrieb

Japaner und internationale Investoren spekulierten auf weitere Yen-Steigerungen und kauften alles, was einen Wert in Yen hatte. Dies trieb neben den Immobilienpreisen auch die Tokioter Börse in ungeahnte Höhen: Der Nikkei-Index versechsfachte sich innerhalb von nur einer Dekade. Ende 1989 erreichte er einen Stand von knapp 39.000 Punkten – ein bis heute nicht wieder erreichtes Niveau.

Kurswechsel in der Geldpolitik

Expansive Geldpolitik heizte spekulative Investitionen an

Angeheizt wurde die Blase durch eine expansive Geldpolitik, schließlich wollte man die Exporteure angesichts der starken Währung unterstützen. Dies forcierte kreditfinanzierte Überinvestitionen vieler Unternehmen. Die Unternehmensverschuldung stieg bis Krisenbeginn auf über 140% des Bruttoinlandsprodukts (BIP). Gegen Immobilien als Sicherheit vergaben die Banken gerne Kredite. Ihre Bilanzsummen erhöhten sich in den 1980er Jahren um 80%.

Ende 1989 erzwangen ein neuer Zentralbankchef und die anziehende Inflation den Kurswechsel in der Geldpolitik. Die Leitzinsen wurden relativ schnell von 3,25% auf 6,0% erhöht. Prompt platzte die Spekulationsblase.

Häufung fauler Kredite in den Bankenbilanzen

Ab 1990 sanken bereits die Börsenkurse. Die Immobilienpreise folgten 1991. Der Preisverfall im Immobiliensektor riss Löcher in die Unternehmensbilanzen. Der Absturz des Aktienmarkts ließ den Wert börsennotierter Gesellschaften schwinden. Damit sanken die Werte der Sicherheiten, so dass sich die notleidenden Kredite im Bankensektor anhäuften.

Kredite für Zombies

Ausmaß der Krise zunächst unterschätzt

Da die exportlastige Wirtschaft noch zwei Jahre lang vom günstigen globalen Umfeld profitierte, erkannten die offiziellen Stellen das ganze Ausmaß der Krise zunächst nicht. Die Aufsichtsbehörden forcierten die notwendigen Wertberichtigungen im Banken- und Unternehmenssektor nicht energisch genug und verzichteten auf eine Zwangsrekapitalisierung der Banken. Das „zombie lending“, die anhaltende Kreditvergabe an nicht überlebensfähige Unternehmen, wurde toleriert und verzögerte realwirtschaftliche Auswirkungen der Immobilienkrise.

In der Folge stiegen die Volumina der faulen Kredite weiter an. Die Unternehmensverschuldung kletterte noch vier Jahre nach Krisenbeginn weiter. Erst danach setzte die Bilanzrezession ein. Die Unternehmen sparten mehr und hielten sich mit Investitionen zurück.

Am Arbeitsmarkt erfolgten die notwendigen Anpassungen über die Lohnseite: Die Gehälter fielen, während die Arbeitslosenquote nur leicht anstieg. Damit war der Grundstein für die deflationäre Phase gelegt. Investitions- und Konsumvorhaben wurden zeitweise zurückgestellt, was zusätzlich auf die Preise drückte. Bis heute hat Japan nicht zu einer normalen Inflationsentwicklung zurückgefunden.

Die Reaktion der Bank of Japan

Quantitative Lockerungsmaßnahmen erst ein Jahrzehnt nach Beginn der Krise

Auch die Bank von Japan (BoJ) hatte die Krise anfangs unterschätzt. Sie senkte die Leitzinsen zunächst nur moderat. Erst Ende 1995 lag das Zinsniveau bei 0,5%. Die eigentliche Nullzinspolitik wurde im April 1999 eingeführt. Quantitative Lockerungsmaßnahmen folgten erst ein Jahrzehnt nach Ausbruch der Krise, als das Platzen der Dot-Com-Blase zusätzlichen Druck aufbaute. Nennenswerte Bereinigungen im Bankensektor blieben dagegen aus. Die vielfältigen und oft intransparenten Überkreuzbeteiligungen zwischen Unternehmen und Banken gab letzten eine implizite Bestandsgarantie. Erst ab 1999 wurden Reformen zur Entflechtung eingeleitet.

Wichtigste Waffe gegen die Krise: die Fiskalpolitik

Wichtigste Waffe bei der Krisenbewältigung war die Fiskalpolitik, die zunächst sogar günstige Voraussetzungen hatte: Der Staat war nur gering verschuldet und erzielte Haushaltsüberschüsse. 1997 allerdings führte eine Konsumsteuererhöhung – in Verbindung mit schrumpfenden Löhnen und der beginnenden Asienkrise – zu einer erheblichen Verschlechterung der Wirtschaftslage.

Versuche, die deflationäre Geisteshaltung der Bevölkerung zu überwinden

Zu diesem Zeitpunkt wurden auch die Hilfsmaßnahmen umfangreicher: Ab 1998 wurden insgesamt 25 Pakete geschnürt. Da diese sich auf „alte“ Industrien stützten, brachten sie nicht den gewünschten Impuls. Auch die 2012 verkündeten „Abenomics“ von Ministerpräsident Shinzo Abe sollten der Wirtschaft mittels einer expansiven Geld- und Fiskalpolitik sowie einer ambitionierten Strukturpolitik mehr Leben einhauchen. Die „deflationäre Geisteshaltung“ der Bevölkerung sollte damit endlich überwunden werden.

Bis heute keine beherzten Reformen durchgeführt

Doch über den Berg ist Japan bis heute nicht. Das von der Regierung geschätzte Potenzialwachstum ist von 5% vor der Krise auf heute 0,3% geschrumpft. Die Kerninflation hat trotz jahrzehntelanger expansivster

Geldpolitik nie wieder die 1-Prozent-Marke überschritten. Die Ursachen liegen jedoch nicht nur in der Immobilienkrise von 1991, sondern auch in ungünstigen demografischen Trends und in strukturellen Faktoren: Japans Aufholprozess nach dem Zweiten Weltkrieg gilt seit den 1990er Jahren als abgeschlossen. Beherzte Strukturreformen sind bis heute ausgeblieben – auch im Rahmen der Abenomics blieben sie in den Anfängen stecken.

Parallelen zu Europa

Bilanzrezession auch in Europa

Nach Parallelen zur aktuellen Situation in Japan braucht man in Europa nicht lange suchen: Auch den Problemen in der Eurozone ging eine geplatzte Immobilienblase voraus – vor allem in Irland und Spanien. Die Auswirkungen waren für die einzelnen Länder der Währungsunion sehr unterschiedlich. Ähnlich wie in Japan ist in Spanien und Irland die private Verschuldung im Vergleich zum BIP in den Jahren vor dem Platzen der Blase kontinuierlich gestiegen. Daran hatten auch die privaten Haushalte einen entscheidenden Anteil. Nach dem Ausbruch der Finanzkrise im dritten Quartal 2007 kam es daher, wie in Japan, zu einer Bilanzrezession.

In Europa und den USA lief nach dem Platzen der Immobilienpreisblase einiges anders

Damit hören die unmittelbaren Gemeinsamkeiten aber bereits auf. Nachdem die amerikanische Immobilienblase geplatzt war, zwang eine weltweite Finanzkrise die Notenbanken zu einer drastischen geldpolitischen Expansion. Innerhalb kürzester Zeit wurden – anders als in Japan – die Leitzinsen auf Rekordtiefstände gesenkt. Schnelle Liquiditätshilfen sorgten dafür, dass das Bankensystem nicht kollabierte. Dies beinhaltete im ersten Schritt auch eine Rekapitalisierung des Bankensektors. In den USA wurde diese sehr beherzt angegangen. In der Eurozone wurden einige Banken verstaatlicht, Bad Banks eingerichtet und ein erster Stresstest durchgeführt, dessen günstige realwirtschaftliche Annahmen an der Realität allerdings vorbeigingen.

Solvenzzweifel an Staaten in der Eurozone

Wie in Japan reagierte die Politik auf den zu erwartenden tiefen Einbruch der Wirtschaft mit umfangreichen Konjunkturprogrammen, die anders als in Japan auch ihre stimulierende Wirkung entfalteten. Doch im Gegensatz zu Japan wurde in der Eurozone sehr schnell die Solvenz einzelner Staaten angezweifelt. Nachdem Griechenland seine Budgetdefizite manipuliert hatte und erheblich nach oben korrigieren musste, stand das Land 2010 vor der Zahlungsunfähigkeit und konnte nur durch den Bruch der No-Bail-Out-Klausel gerettet werden.

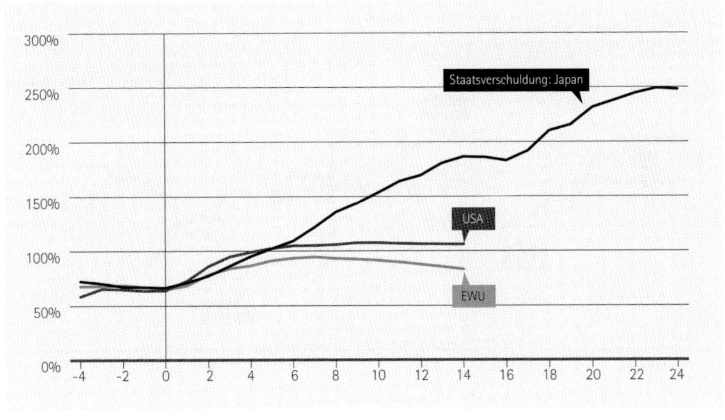

Staatsverschuldung

Abb. 1

Unter den großen Industrieregionen hat die Eurozone noch die geringste Staatsverschuldung

Quelle: Haver Analytics Inc.

Whatever it takes

In der Folge gerieten auch Irland, Portugal und Spanien ins Visier der Investoren.Die stellten letztlich gar den Zusammenhalt der EWU in Frage. Erst die „Whatever it takes“-Rede von EZB-Präsident Mario Draghi im Juli 2012 setzte diesen Spekulationen ein Ende. In der Eurozone hat die Geldpolitik damit einen erheblichen Teil zur Deeskalation und damit schon früh zur Eindämmung der Krise beigetragen. Die Notenbank erwies sich in der EWU als einzige Institution, die die Stärke und das Vertrauen besaß, um Krisen zu bewältigen.

Weniger exzessive Reaktionen als in Japan

Die Staatsschuldenkrise in der EWU hat aber auch bewirkt, dass es nicht zu einer solch expansiven Fiskalpolitik wie in Japan kommen konnte (vgl. Abb 1). Zwar ist die Verschuldung in den Peripheriestaaten drastisch gestiegen. Dies ist aber nicht auf staatliche Ausgabenprogramme zurückzuführen. Vielmehr sorgten die automatischen Stabilisatoren und vor allem die Hilfen für den Bankensektor für den Anstieg. Zudem dient der Maastrichter-Vertrag immer noch als ein wichtiges Regulativ. Auch wenn seine Regeln zuletzt häufig gebrochen wurden, stehen exzessive Ausgabenprogramme in der Eurozone nicht auf der Tagesordnung. Auch die Erkenntnis, dass man es nach dem Platzen der Blase nicht mit einer konjunkturellen Krise, sondern mit strukturellen Problemen zu tun hat, hat Europa Japan voraus. Die Umsetzung der richtigen Maßnahmen aus dieser Erkenntnis steht allerdings auch in der „Alten Welt“ noch aus.

Geht die Eurozone den gleichen Weg wie Japan?

Japans Fehler liegen offen

Japans größte Fehler liegen auf der Hand: Die Bankensanierung wurde verschleppt, strukturelle Reformen unterblieben und auf der po-

Geldmengen-multiplikator

Abb. 2

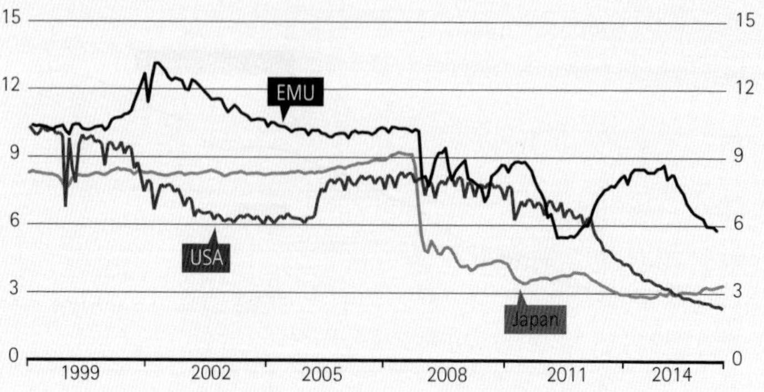

Das von Zentralbanken bereitgestellte Geld kommt nicht in der Wirtschaft an.

Quelle: Haver Analytics Inc., Sal. Oppenheim KGaA

litischen Seite wurde das „alte gesellschaftliche Modell“ konserviert. Hinzu kommen die demografischen Herausforderungen einer zügig alternden Gesellschaft. Wie schlägt sich Europa bei diesen Faktoren?

Japans Erfahrungen in der Eurozone zum Teil genutzt

In der EWU wurden die akuten Probleme im Bankensektor unmittelbar nach dem Ausbruch der Finanzkrise deutlich schneller angegangen. Dies geschah auch, weil die Krise fast alle Industrieländer zeitgleich betraf und man auf die in Japan gemachten Erfahrungen zurückgreifen konnte.

Die Verquickung der europäischen Banken mit ihren jeweiligen Nationalstaaten und die schwere Rezession haben den Bankensektor in den vergangenen Jahren belastet. Die notleidenden Kredite sind daher wie in Japan kontinuierlich gestiegen.

Faule Kredite bremsen geldpolitische Maßnahmen aus

Darin liegt auch der zentrale Dämpfer für die Wirkung der Geldpolitik der EZB: Wegen ihrer faulen Kredite sind die Banken nicht in der Lage, die von der EZB zur Verfügung gestellte Liquidität in neue Kredite umzuwandeln. Dies gilt vor allem für Institute in Italien, Irland, Portugal und Spanien. Die schleppende Kreditvergabe verhindert, dass der geldpolitische Impuls aus der EZB in die Realwirtschaft übertragen wird. Ablesbar ist das Phänomen an sinkenden Geldmengenmultiplikatoren und an Inflationsraten, die sich seit Jahren nahe der Nulllinie bewegen (vgl. Abb. 2).

Weltweit deflationäre Tendenzen

Hinzu kommt, dass der schwache Preisauftrieb inzwischen weltweit verbreitet ist: Die Inflationsraten sinken in fast allen Industrieländern und – von wenigen Ausnahmen abgesehen – auch in den meisten großen Schwellenländern. Die Gründe für die schwache Inflationsdynamik liegen in der zunehmenden Globalisierung und den nach wie vor vorhandenen Überkapazitäten in den Unternehmen.

Hohe Preistransparenz verhindert Preisauftrieb

Hinzu kommt, dass die schnell zunehmende Digitalisierung eine globale Preistransparenz schafft, die Unternehmen daran hindert, höhere Preise durchzusetzen. Bei echter Deflation schieben Verbraucher ihre Konsumwünsche in Erwartung weiter sinkender Preise auf; die schwächere Nachfrage senkt die Preise erneut und so weiter. Diese berüchtigte Abwärtsspirale ist bisher immerhin nicht zu beobachten.

Schwieriges demografisches Umfeld

Wachstum nötig, um aus Schulden herauszuwachsen

Eine angemessene Inflationsrate ist allerdings kein Selbstzweck. Nominales Wachstum wird nicht zuletzt gebraucht, um aus hohen Schuldenständen herauszuwachsen. Verharren die Preise auf ihrem Niveau, bleibt nur der Weg über reales Wachstum. Dieses kann sich nur aus einer wachsenden Bevölkerung oder aus steigender Produktivität speisen.

USA haben unter den Industrienationen die besten Voraussetzungen

Die USA beispielsweise sind viel besser aus der Krise gekommen und blicken auch positiver in die Zukunft, weil die Inflationsrate dort höher ist als in den meisten anderen Industrieländern. Aber auch, weil die demografische Entwicklung in den USA günstig verläuft.

In Japan steigt dagegen der Abhängigkeitskoeffizient – das Verhältnis der Jungen und Alten zu jenen im erwerbsfähigen Alter – seit Beginn der 90er Jahre. Europa befindet sich – wie die USA – ungefähr auf seinem „demografischen Optimum". Auch hier wird der Abhängigkeitskoeffizient in den kommenden Jahren ansteigen. Aber anders als in den USA wächst die Gesamtbevölkerung weder in Japan noch in Europa.

Mangelnde Strukturreformen

Ein weiteres grundlegendes Problem, das Japan mit Europa verbindet und von den USA mit ihrem flexiblen Arbeitsmarkt unterscheidet, sind die ausbleibenden Strukturreformen (vgl. Abb. 3, nächste Seite). Während Amerika vergleichsweise dynamisch wächst und kräftige Neueinstellungen vermeldet, legen die Eurozone und Japan ein anämisches Wachstum an den Tag.

Europas Reformeifer erlahmt bereits

Japans Premier Shinzo Abe wollte zu Beginn seiner Amtszeit die hartnäckige Stagnation mit einem Dreierlei an Maßnahmen bekämpfen: su-

Reformen in der EWU

Abb. 3

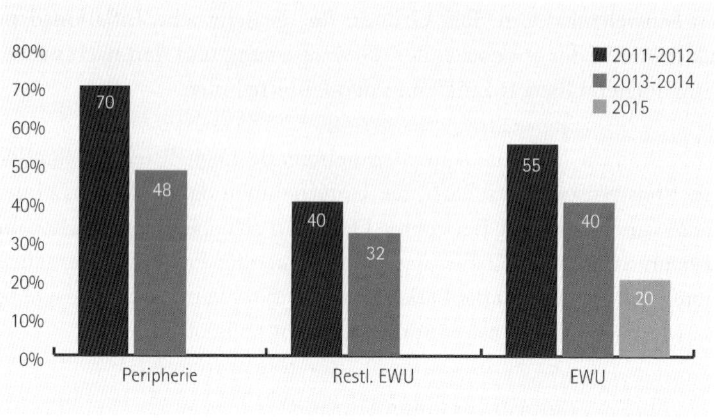

Der Reformeifer in der Eurozone lässt Jahr für Jahr erkennbar nach.

Quelle: EZB auf Basis des Berichts Going for Growth. Umgesetzte Reformen in % der Empfehlungen

perexpansive Geldpolitik, flexible Fiskalpolitik und Strukturreformen. Die Bank von Japan hat den ersten Punkt geliefert. Die Bemühungen, den Staatshaushalt zu sanieren, sind jedoch versandet und die Strukturreformen wurden nie beherzt angegangen.

Im „Going for Growth"-Bericht erkennt die OECD wenig Fortschritte bei den japanischen Reformen. Im „Ease of Doing Business"-Ranking der Weltbank verliert Japan kontinuierlich Plätze. Europa droht derselbe Weg: Haben die Länder der EWU auf dem Höhepunkt der Krise und unmittelbar danach wichtige Reformen auf den Weg gebracht, vor allem auf den verkrusteten Arbeitsmärkten, so ist nach Berechnungen der OECD der Reformeifer in den vergangenen Jahren zum Erliegen gekommen.

Fazit

Der japanische Weg bleibt ein großes Risiko für Europa

Die Eurozone ist deutlich japanischer geworden, als viele Beobachter das noch vor wenigen Jahren für möglich gehalten haben. Die Probleme im Bankensektor und vor allem die ausbleibenden strukturellen Reformen sind eindeutige Parallelen zu Japan, auch wenn Europa weniger verkrustet und offener ist als Japan. Dennoch spricht einiges dafür, dass uns das schwache Wachstum, die verhaltene Inflation und die niedrigen Zinsen noch über lange Jahre begleiten werden.

Geldpolitik als Reparaturwerkstatt der Euro-Staaten

Mit ihrer expansiven Geldpolitik folgt die EZB in weiten Teilen dem Weg, den die BoJ vorgezeichnet hat. In der Eurozone ist die Geldpolitik zum Reparaturbetrieb des Staates geworden. Die EZB befindet sich in einem Dilemma: Sie ist ihrem Mandat verpflichtet, mittelfristig Preisstabilität zu gewährleisten. Deswegen hat sie die Zinsen auf Rekordtiefstände gesenkt und ist im Frühjahr 2015 in das Ankaufprogramm von Staatsanleihen eingestiegen. Ihr Ziel war es unter anderem, das Zinsniveau über alle Segmente zu senken und damit Wachstum zu generieren.

EZB hat den Staaten Europas immer wieder Zeit gekauft

Ein Kernproblem: Seit 2012 hat die EZB den Euro-Mitgliedsstaaten aber auch immer wieder Zeit gekauft. Gerade die günstigeren Refinanzierungsbedingungen sollten Spielraum für strukturelle Reformen schaffen. Bisher wurde der aber von der Politik nicht genutzt.

Die EZB ist damit immer wieder in Vorleistung getreten, ohne die Staaten zwingen zu können, ihre Politik zu ändern. Sie hat sich damit als die einzige Institution profiliert, die in der Eurozone agiert. Dies ist bereits jetzt eine Überforderung, die die Glaubwürdigkeit der EZB beeinträchtigt.

Die Politik muss lernen, mit den Konsequenzen der Krise umzugehen

Vermutlich wäre der Druck der Märkte über höhere Zinsen auf die Staatshaushalte viel effektiver, um die Regierungen zu echten und notwendigen Strukturreformen zu bewegen. Allerdings wären die Konsequenzen in den Ländern auch wesentlich schärfer und die innenpolitischen Spannungen in den Staaten deutlich größer. Das müsste die Politik aushalten – übrigens auch in Deutschland.

Letztlich ist es an der Politik zu entscheiden, ob wir uns in Europa weiter in Richtung japanische Verhältnisse bewegen oder den Weg in die andere Zukunft einschlagen. Mit beherzten Strukturreformen sollte es möglich sein, wieder einen höheren Wachstumspfad in Europa einzuschlagen. Allerdings sieht es danach derzeit nicht aus. Die Politik scheint sich im Windschatten der EZB für den kurzfristig leichteren Weg entschieden zu haben.

» Alles im Griff auf dem sinkenden Schiff – so stellt sich für den Autor des folgenden Beitrags die Lage des Weltfinanzsystems (das Schiff) und seiner selbsternannten Steuermänner (die Notenbanken) dar. Sie haben mit den falschen Mitteln versucht, die Krise zu „bekämpfen“ und im Grunde alles nur noch schlimmer, weil unflexibler und anfälliger gemacht. Dadurch haben sich die Dimensionen des möglichen Schadens noch einmal vergrößert. Anleger haben drei Möglichkeiten damit umzugehen. «

Die neue Fragilität

Anlegen in Vor-Sicht auf den Zusammenbruch

Thomas Mayer, Flossbach von Storch Research Institute

Die Bezeichnung „neue Normalität" führt in die Irre

Die Erholung von der „Großen Rezession“ der Jahre 2008-2009, ausgelöst durch die vorangegangene „Große Finanzkrise“, wurde mit den Namen „Neue Normalität“ oder, in der jüngeren Vergangenheit, „Neue Mittelmäßigkeit“ belegt. Die erste Namensgebung wird Mohamed El Erian, früher Direktor der Allianztochter PIMCO und heute Berater bei der Allianz, zugeschrieben. Die zweite stammt von der geschäftsführenden Direktorin des Internationalen Währungsfonds, Christine Lagarde. Die Bezeichnungen wurden gewählt, um die ungewöhnlich niedrigen Wachstums- und Inflationsraten widerzuspiegeln, die den Aufschwung während der letzten acht Jahre gekennzeichnet haben. Aber sie sind irreführend, weil sie vermitteln, dass die Wirtschaft nach der Rezession ein neues Gleichgewicht auf niedrigerem Niveau für Wachstum und Inflation gefunden hätte, und dass nun die Finanzstabilität wieder hergestellt sei. Meiner Einschätzung nach trifft aber weder die erste noch die zweite Vermutung zu.

Übergangszeit zu einer weiteren großen Finanzkrise

Im Gegenteil: Mir scheint, dass wir uns in einer fragilen Übergangszeit zwischen der Großen Finanzkrise und einer weiteren Krise befinden, die vermutlich nicht schwächer (und möglicherweise sogar stärker) als die vorangegangene ausfallen wird. Dabei sehe ich keine Anzeichen dafür, dass die Wirtschaftspolitiker in den Zentralbanken und Regierungen die Gefahren des fragilen Umfelds erkannt hätten, das sie im Zug ihres Krisenmanagements geschaffen haben. Aus diesem Grund müssen wir leider davon ausgehen, dass sie ihren gegenwärtigen Kurs fortsetzen werden, bis das fragile System erneut in seine Teile zerbricht. Für Anleger heißt dies, dass sie Robustheit schaffen müssen.

Von Blinden geführt

Theoretische Rechtfertigung von Markteingriffen

Konventionelle Ökonomen in den Regierungen, Zentralbanken und der akademischen Wissenschaft sehen die Wirtschaft durch die Brille des neokeynesianischen Modells. Dieses Wirtschaftsmodell entstand

IS-LM-Modell

Abb. 1

Wo sich die beiden Kurven treffen, existiert ein Gleichgewicht zwischen Realwirtschaft und Geldmarkt. IS steht für Gütermarkt, LM für Geldmarkt.

Quelle: eigene Darstellung

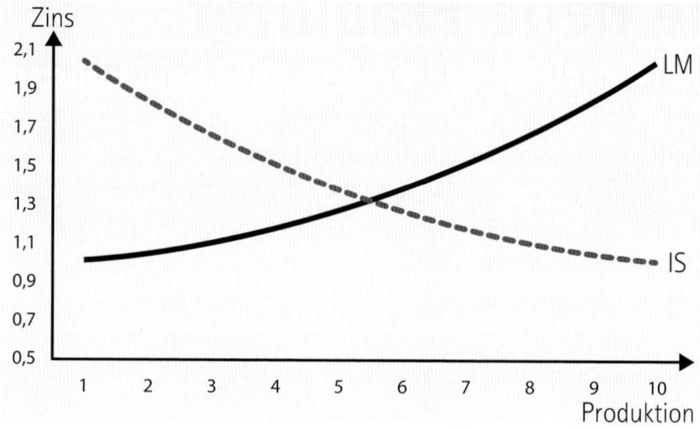

nach der Beilegung des Streits zwischen der marktliberalen Chicago-Schule und der keynesianisch orientierten Lehrmeinung der Universitäten an der Ostküste der USA. Es kombiniert die Annahme rationaler Erwartungen der Wirtschaftssubjekte mit den Annahmen von Rigiditäten und Unvollkommenheiten in den Märkten und rechtfertigt auf diese Weise die Globalsteuerung der Wirtschaft und Staatseingriffe in die Märkte. In seiner einfachsten Version kann es durch das IS-LM-Modell dargestellt werden, das die gesamtwirtschaftliche Produktion mit dem Zins verbindet (Abb. 1).

Das Streben nach dem Gleichgewicht

Ein Gleichgewicht in der Realwirtschaft und im Geldmarkt existiert demnach dort, wo sich die beiden Kurven treffen. Wenn nun die Zentralbank das Geldangebot erhöht (LM nach rechts), sind im neuen Gleichgewicht die Zinsen niedriger und die Produktion höher. Erhöht die Regierung die Staatsausgaben, steigen Produktion und Zins. Wenn sowohl die Geldmenge als auch die Staatsausgaben erhöht werden (IS nach rechts), kann der Zins gleich bleiben, aber die Produktion steigt. So einfach ist das –in der Theorie.

Neokeyensianer am geldpolitischen Ruder

Berücksichtigt man noch eine leicht modifizierte Philipps-Kurve, in der die gesamtwirtschaftliche Kapazitätsauslastung in Bezug zur Inflation gesetzt wird, ist das theoretische Gerüst der Zentralbank zur Verfolgung von Inflationszielen fertig. Die Zinspolitik kann über die Taylor-Regel abgeleitet werden, die die Höhe des Leitzinses als Funktion der erwarteten Inflationsrate, der Kapazitätsauslastung und der Abweichung der Inflationsrate vom Ziel bestimmt. Zahlreiche Studien haben gezeigt, dass die Zentralbanken heutzutage weitgehend nach dieser Regel vorgehen.

Weiter mit dem falschen Modell

Bisherige Modelle liefern keine hinreichenden Erklärungen

Dieses Modell bleibt allerdings eine Erklärung zur Entstehung des Geldes schuldig. Es wird einfach angenommen, dass die Zentralbank das Geldangebot steuern und damit die Marktzinsen beeinflussen kann. Weder Kredit- noch Kapitalmärkte existieren in dem Modell. Auch die Verschuldung spielt keine Rolle. Es war jedoch der durch übermäßige Kreditvergabe geschaffene Schuldenüberhang, der die große Finanzkrise heraufbeschwor. Konventionelle Ökonomen sahen sie deshalb nicht kommen, weil ihr Modell Kreditvergabe und Schuldenaufbau überhaupt nicht einbezog.

Unzureichende Modelle wurden bis heute nicht entsorgt

Man hätte annehmen sollen, dass die Ökonomen nun die Modelle, die versagt hatten, auf den Prüfstand stellen würden. Überraschenderweise geschah das nicht. Die Mehrheit der Ökonomen blieb ihrem sehbehinderten Modell treu und suchte allenfalls in der Struktur des Finanzbereichs und im Verhalten der dort Tätigen Erklärungen für die Krise.

Geldpolitik auf dem Niveau der medizinischen Säftelehre

Insbesondere die Zentralbanker verfolgten weiterhin eine Politik, die aus dem Modell abgeleitet wurde, das sie nicht vor der Krise gewarnt hatte. Als diese Politik nicht die gewünschten Ergebnisse brachte, ließen sie das Modell immer noch nicht fallen, sondern erhöhten die Dosis der Maßnahmen. Gegenwärtig gleicht die Geldpolitik der vorwissenschaftlichen Medizin, die aufgrund von vagen Vorstellungen über das Gleichgewicht der Säfte im Körper Therapien anwandte, die einen höchst zweifelhaften Beitrag zur Gesundung ihrer Patienten leisteten.

Die Rolle des Kredits

Geldpraktiker auf der richtigen Fährte

Die konventionellen Ökonomen und Zentralbanker hätten die Fehlerhaftigkeit ihrer Politik verringern können, wenn sie andere ökonomische Modelle als nur das neokeynesianische Modell als Instrument zur Analyse des Kredit- und Schuldenzyklus in Betracht gezogen hätten. Ein paar Praktiker und nicht auf die herrschende Lehre fixierte Ökonomen fanden einige Hinweise auf die Ursachen der Krise in der postkeynesianischen Theorie von Hyman Minsky, die den „Risikoappetit" der Schuldner im Verlauf des Kreditzyklus in den Mittelpunkt ihrer Betrachtungen stellt. Andere studierten die umfassendere „österreichische" Theorie des Kreditzyklus, in der die Zentralbanken eine kritische Rolle bei der Erzeugung von Kreditzyklen spielen. Als ich mich auf die Suche nach Antworten auf die berühmte Frage von Königin Elisabeth II zur Kredit- und Schuldenblase machte – „Warum hat das

Das Wicksell-Hayek-Mises Modell

Abb. 2

Stilisierte Beschreibung des österreichischen Kredit- und Investitions-Boom-Bust-Zyklus nach Wicksell, von Mises und von Hayek (WMH-Modell)

Quelle: eigene Darstellung

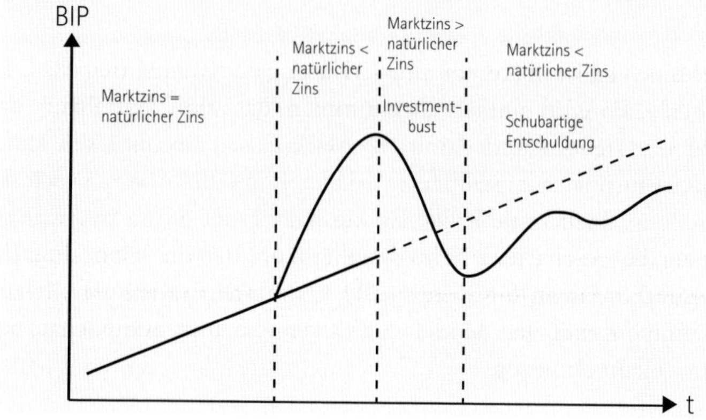

niemand bemerkt?" –, kam ich von Minsky zur österreichischen Schule der Ökonomie.

Das WMH-Modell

Obenstehende Abbildung zeigt eine (von mir) stilisierte Beschreibung des österreichischen Kredit- und Investitions-Boom-Bust-Zyklus nach Wicksell, von Mises und von Hayek (WMH-Modell). Solange der tatsächliche Zins im Kreditmarkt mit der natürlichen Rate übereinstimmt, wächst die Wirtschaft auf einem stabilen Pfad. Zu diesem Zins wird genauso viel Geld als Ersparnis stillgelegt, wie über die Kreditvergabe der Banken zu Investitionszwecken geschaffen wird. Ersparnis und Investition sind folglich ex-ante und ex-post im Gleichgewicht. Drückt die Geldpolitik jedoch den Marktzins vorübergehend unter den natürlichen Zins, werden neue Investitionen angestoßen und die Ersparnis entmutigt. Ex-ante übersteigen nun die Investitionen die Ersparnisse.

Notwendige Liquidierung marginaler Investitionsprojekte

Für eine gewisse Zeit wächst die Wirtschaft nun über dem langfristig stabilen Pfad. Wenn sich jedoch die neu angestoßenen Investitionen ihrer Fertigstellung nähern, wird der Mangel an Ersparnis sichtbar. Real betrachtet wurden nicht genug Ressourcen aus der Konsumgüterproduktion genommen, um die durch die Investitionen veranlasste Produktion von Kapitalgütern bis zu deren Fertigstellung durchführen zu können. Die Zinsen steigen daher und weniger rentierliche, „marginale" Projekte müssen abgebrochen werden. Der Investment-Boom wandelt sich zum „Bust". Die Liquidierung marginaler Projekte bringt langfristig die Investitionen wieder in Übereinstimmung mit den Ersparnissen. Kurzfristig führt der Absturz der Investitionen jedoch in die Rezession und möglicherweise in die Finanzkrise, wenn Banken durch die Abschreibung von Krediten insolvent werden.

Zombie-Wirtschaft: Anpassungsprozess unterbrochen

Unproduktive Anlagen bleiben erhalten, wenn Zentralbank interveniert

Wenn nun die Zentralbank interveniert und den Zins auf dem Kreditmarkt wieder unter den natürlichen Zins drückt, um die Rezession und Finanzkrise zu beenden, wird der Anpassungsprozess unterbrochen. Kapitalanlagen, die zum natürlichen Zins unproduktiv wären, bleiben erhalten und stützen die Beschäftigung. Da nun aber die Ressourcen in weniger effizienten Verwendungen eingeschlossen werden, sinkt die Produktivität der Faktoren Arbeit und Kapital. Die Bürde der weiterhin hohen Schuldenlast verringert die Bereitschaft zur weiteren Verschuldung von Firmen und privaten Haushalten und macht die Banken bei der Kreditvergabe sehr vorsichtig. Neuinvestitionen leiden unter der gesteigerten Risikoaversion von Kreditnehmern und Kreditgebern. Gleichzeitig wird das Wachstum der Wirtschaft instabil, da öffentliche und private Schuldner wiederholte und nur teilweise erfolgreiche Anstrengungen zum Abbau ihrer Überschuldung machen.

Nur eine Rezession kann die Blockade brechen

Niedriges Wachstum führt zu niedriger Inflation, was die Zentralbank als Bestätigung für die niedrigen Zinsen auffasst, die wiederum die zur Steigerung des Wachstums notwendige Strukturanpassung verhindern. Wegen der erhöhten Wachstumsschwankungen ist jede zeitweilige Erholungsphase der Wirtschaft zu kurz, um die Straffung der Geldpolitik zu erlauben, die aus dem Zinstal hinausführen würde.

Auf diese Weise sind Politik und Wirtschaft in einem Umfeld niedrigen Wachstums, niedriger Inflation und niedriger Zinsen gefangen. Je länger dieses Umfeld anhält, desto tiefer wird die Fehlallokation der Ressourcen verwurzelt und desto teurer wird die eigentlich notwendige Strukturanpassung. Letztlich kann dann nur noch eine weitere Rezession die Blockade brechen. Doch ist es offen, ob danach wieder ein besseres ökonomisches Umfeld gefunden werden kann.

Erhöhte Fragilität

Zentralbanken haben Zerbrechlichkeit des Finanzsystems erhöht

Der schon hohe Grad der Fragilität der globalen Wirtschaft und des Finanzsystems vor der Großen Finanzkrise wurde durch die Reaktion der Zentralbanken und anderer Wirtschaftspolitiker auf das Platzen der Kreditblase weiter erhöht. Im Sinne Nassim Talebs definiere ich ein System einzelner Teile (z. B. ein physisches Objekt, eine Wirtschaft, einen Finanzsektor) als fragil, wenn (i) es zentral gesteuert wird, (ii) seine Teile eng und starr miteinander verbunden sind und (iii) die Toleranz für Fehler und Irrtümer gering ist.

Finanzsystem nach der großen Finanzkrise zentral gemanagt

In der Zeit nach der Großen Finanzkrise haben die Zentralbanken „unkonventionelle Maßnahmen" ergriffen, wie die Steuerung der Zinserwartungen, Programme zum Ankauf von Wertpapieren und negative Zinsen, um ihren Einfluss auf die Zinsen und Vermögenspreise auszudehnen. Das hat zu einem stärkeren zentralen Management des Finanzsystems und einer engeren Verbindung seiner Teile geführt. So sind die Leitzinsen der Zentralbanken in den G7-Ländern nach der Finanzkrise alle gegen Null gefallen und die Zinspolitik dort hat einen zunehmenden Einfluss auf die Entwicklung in den Schwellenländern genommen.

Aktive Wechselkurspolitik zur Verteidigung

Volkswirtschaften durch Wechselkurspolitik starrer verbunden

Da die als zu schwach empfundene Wirtschaftsentwicklung zu einem Wettkampf in der Vermeidung von Wechselkursaufwertungen geführt hat, wurden die Volkswirtschaften innerhalb der globalen Wirtschaft durch eine aktivere Wechselkurspolitik starrer vernetzt. So bewegen sich die Wechselkurse der G7-Länder und der großen Schwellenländer wie China in relativ engen Schwankungsmargen gegeneinander. Jeder Ausbruch einer Währung aus diesen Margen wird von der heimischen Politik oder der anderer Länder oft als Bedrohung empfunden.

Kleine Anstöße können jetzt große Wirkung haben

Schließlich hat die weiterhin hohe Schuldenlast in dem gegenwärtigen Umfeld von niedrigem Wachstum und niedriger Inflation die Toleranz für Fehler im Management von Wirtschaftseinheiten und der ganzen Volkswirtschaft verringert. In diesem Umfeld können auch kleinere Widrigkeiten oder Rezessionen Schuldenkrisen auslösen. Abbildung 3 zeigt die gesamte Verschuldung aller Wirtschaftssektoren (einschließlich des Finanzsektors) in den G7-Ländern.

Gesamtverschuldung in den G7-Ländern (einschl. Eurozone)
Abb. 3

Hohe Gesamtverschuldung in den Industrieländern

Quelle: Haver Analytics und eigene Berechnungen

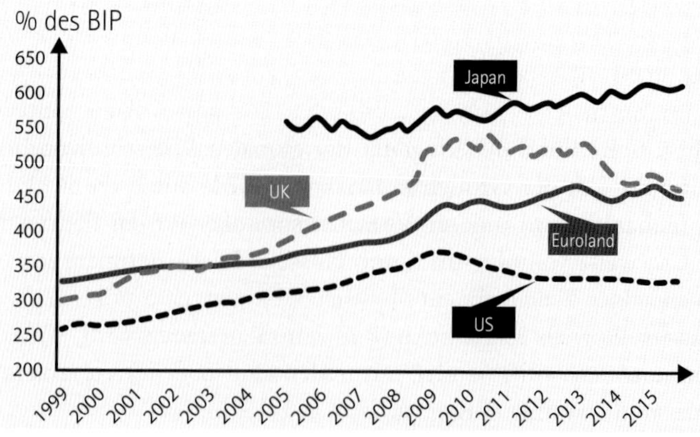

Seit Ende der 1990er Jahre sind die Schuldenquoten enorm gestiegen. In den letzten Jahren sind die Schuldenquoten in den USA und Großbritannien zwar leicht gesunken, sie sind aber immer noch um 76% des BIP in den USA und 164% des BIP in Großbritannien höher als Anfang 1999. In der Eurozone und Japan sind die Schuldenquoten immer noch höher als am Ende der großen Rezession in 2009. Die hohe Verschuldung wäre weniger besorgniserregend, wenn Aussichten auf höheres Wirtschaftswachstum und höhere Inflation bestünden. Dafür gibt es jedoch keine Anzeichen.

Anlegen in der Neuen Fragilität

Drei Möglichkeiten für den Anleger

Da nicht zu erkennen ist, dass den verantwortlichen Politikern die Gefahren des fragilen Umfelds bewusst sind, das sie geschaffen haben, muss man davon ausgehen, dass sie ihren gegenwärtigen Kurs fortsetzen werden, bis das fragile Wirtschafts- und Finanzsystem wieder in die Brüche geht. In diesem Umfeld hat der Anleger drei Möglichkeiten: (1) auf Anlagen zu setzen, die im fragilen Umfeld gute Rendite versprechen, und auf das Beste zu hoffen, (2) auf die nächste Krise und den Zerfall des Systems zu wetten, oder (3) gezielt robuste Anlagen zu suchen, die genügend Puffer haben, um die nächste Krise zu überleben. Ich halte die dritte Möglichkeit für die beste.

Finanzanlagen für „Truthahn-Anleger"

Die erste Möglichkeit, „mit dem Strom zu schwimmen" und „das Beste zu hoffen", leidet an dem, was im angelsächsischen Raum oft als „Truthahn Effekt" bezeichnet wird. Truthähne nehmen bis zum Vorabend des Erntedankfests an Gewicht zu, dann werden sie geschlachtet. Für sie kommt der Tod so plötzlich und unerwartet wie katastrophale Verluste für den „Truthahn-Anleger", der Volatilität (bzw. Versicherungen) verkauft hat, um moderate Prämien einzunehmen, solange alles gut geht.

"Truthahn-Anleger" ignorieren die lange Sicht

Truthahn-Anleger sind kurzsichtig, auf die nahe Zukunft fokussiert und ignorieren die längere Frist, weil sie glauben, dass diese zu weit weg ist, um für sie wichtig zu sein. Typische Truthahn-Anlagen sind der Verkauf von Kreditversicherungen, manche strukturierte Kreditprodukte oder Bankaktien. Anlagen dieser Art werfen oft eine ansehnliche Rendite während eines Kreditaufschwungs ab, aber sie können katastrophale Verluste einfahren, wenn sich die Fragilität zeigt.

Wetten auf den Zusammenbruch mit hohen Wartekosten

Das Gegenteil einer Truthahn-Anlage ist eine Anlage, die sich erst dann lohnt, wenn die Krise ausbricht. Beispiele für diese Anlagen sind der Kauf von Volatilität oder sogenannter „sicherer Häfen" (US- oder deutsche Staatsanleihen). Das Problem aktiver Wetten auf den Tod der Truthähne ist, dass diese meist (tatsächliche oder alternative) Kosten verursachen, solange die Truthähne gemästet werden. Daraus ergeben sich Fragen zur emotionalen Stärke und Liquidität des Anlegers: Ist der Anleger stoisch genug, um die Wartekosten zu ertragen, bis die Wette aufgeht? Hat er genügend Liquidität, um die Wartezeit zu überstehen? Vermutlich können nur wenige Anleger beide Fragen mit ja beantworten.

Stürmische Zeiten gut überstehen

Das lässt die dritte Möglichkeit, die Schaffung von Robustheit, übrig. Robuste Anlagen haben genügend Resilienz, um stürmische Zeiten zu überstehen. Im Gegensatz zu den Wetten auf den Tod der Truthähne lohnen sie sich in ruhigen Zeiten und leiden nur zeitweilig, wenn die Schlachtung der Truthähne ansteht. Danach sind sie wieder bei guter Gesundheit. Die einzige Voraussetzung, die Anleger in Robustheit erfüllen müssen, ist, dass sie während einer Krise die Nerven behalten. Sie dürfen nicht in Panik verfallen und ihre Anlagen am Höhepunkt der Krise zu Schlussverkaufspreisen abstoßen.

Ein robustes Portfolio enthält Aktien oder Anleihen von Emittenten mit robusten Geschäftsmodellen

Ein robustes Portfolio enthält Aktien oder Anleihen von Emittenten mit robusten Geschäftsmodellen. Solche Modelle sind gegen ruinöse Konkurrenz und Rezession geschützt, haben einen Sicherheitsabstand zum Einfluss von Staaten, um die unvorhersehbaren und oft zerstörerischen Einflüsse staatlicher Politik zu vermeiden, sind nur in geringem Umfang verschuldet und verfügen damit über einen Puffer zur Abfederung von Stößen. Diese Anlagen müssen in ein breit diversifiziertes Portfolio eingebracht werden, um die nicht messbaren Risiken abzufangen.

Fazit

Robuste Portfolios beim Warten auf das Zerbrechen des Systems

Die „neue Normalität“ oder „neue Mittelmäßigkeit“ trifft nicht die Natur des Aufschwungs nach der großen Finanzkrise. Diese besteht vielmehr in der „neuen Fragilität“, die von den Zentralbanken und Wirtschaftspolitikern durch ihren Umgang mit der Krise geschaffen wurde. Da es keine Anzeichen dafür gibt, dass die Verantwortlichen in den Zentralbanken und Regierungen die Gefahren der neuen Fragilität erkannt hätten, muss man leider davon ausgehen, dass sie ihren gegenwärtigen Kurs fortsetzen werden, bis das fragile System erneut zerbricht. Für Anleger heißt dies, dass sie ihre Portfolios auf Robustheit ausrichten müssen.

VII. Die Gastautoren stellen sich vor

Dr. Rudolf Apenbrink
T +49 (0)211 910 0
rudolf.apenbrink@hsbc.de

Dr. Rudolf Apenbrink ist Vorstand der HSBC Deutschland und verantwortet die Bereiche Global Private Banking und Asset Management. Er begann seine Karriere bei der Bank direkt nach seiner Promotion im Jahr 1993. Zehn Jahre später übernahm er den Vorsitz der Geschäftsführung der heutigen HSBC Global Asset Management Deutschland. 2007 zog es ihn nach Asien, wo er mehrere Jahre als CEO für die Region Asia Pacific bei der HSBC Global Asset Management Hongkong arbeitete. Chinas Dynamik hat er in dieser Zeit persönlich erleben können. Dabei hat ihn vor allem die Can-do-Attitüde der Chinesen beeindruckt. Zurück in Düsseldorf war er CEO für das Asset Management in Europa, den Nahen Osten und Afrika. Nach vielen Jahren der Tätigkeit im Bereich institutionelle Anleger kam 2015 mit der Berufung zum Vorstand die Verantwortung für das Private Banking hinzu.

Leading International Bank

HSBC

HSBC Trinkaus & Burkhardt AG
Königsallee 21/23
40212 Düsseldorf

T +49 (0)211 910 0
F +49 (0)211 910 616

www.hsbc.de

HSBC Deutschland hat unter den deutschen Banken eine besondere Positionierung inne: global vernetzt als Teil einer der größten Bankengruppen der Welt und gleichzeitig individuell und persönlich in der Betreuung deutscher Kunden mit den Werten aus einer 230-jährigen Geschichte. Ausgerichtet auf die Zielgruppen Firmenkunden, institutionelle Kunden und vermögende Privatkunden besitzt die Bank ein tragfähiges Geschäftsmodell. Als deutsche Einheit der HSBC-Gruppe verfügt sie mit „AA-(Stable)“ zudem über das beste Fitch-Rating einer privaten Geschäftsbank in Deutschland. HSBC Deutschland erhebt den Anspruch, führende internationale Bank für deutsche Kunden zu sein. Als Teil der weltweiten HSBC-Gruppe mit über 4.400 Niederlassungen in 71 Ländern kann sie auf eines der größten internationalen Netzwerke zurückgreifen. Damit ist HSBC in der Lage, interessante Anlagechancen in den weltweit größten und am schnellsten wachsenden Märkten zu finden. Im Private Banking zählt HSBC Deutschland nach dem verwalteten Vermögen zu den Top-5-Anbietern in Deutschland. Bei der Betreuung von vermögenden Privatkunden setzt die Bank auf eine intensive Verzahnung mit dem Firmenkundengeschäft und einen konsequent international ausgerichteten Anlageprozess.

Rainer Beckmann, geboren 1950, ist Geschäftsführender Gesellschafter der ficon börsebius Invest GmbH in Düsseldorf. Nach seiner Ausbildung zum Bankkaufmann bei der Deutsche Bank AG war er in Private Banking und Wealth Management tätig und absolvierte dabei Auslandsaufenthalte in New York und Toronto. Anschließend arbeitete er als Broker und Berater deutscher Banken, Versicherungen und Investmentfonds im kanadischen Wertpapiermarkt beim Brokerhaus Midland Doherty in Hamburg. Im Privatbankhaus Merck, Finck & Co. in Düsseldorf verantwortete er ab 1993 die Leitung der Privatkundenberatung. Seit 1996 ist Rainer Beckmann Partner und Geschäftsführer der ficon börsebius Invest GmbH in Düsseldorf.

Rainer Beckmann
T +49 (0)211 86689 0
beckmann@ficon-boersebius.de

Impulse für Ihr Vermögen, Beratung mit Persönlichkeit

Die **ficon börsebius Invest GmbH** wurde 1990 gegründet und wird heute von den beiden Partnern Rainer Beckmann und Jens Hartmann, die 1996 in die ficon eintraten, verantwortet. Die ficon börsebius zählt zu den größeren unabhängigen Vermögensverwaltern in Nordrhein-Westfalen. Im Jahre 2015 stellte sich die Firma neu auf, und es wurde eine Fondsvermögensverwaltung für die Mitglieder des Kölner Investmentclubs Börsebius Zentral i. L. eingerichtet. Im Zuge dieser Maßnahme wurde auch der Name um den Clubnamen Börsebius erweitert. Neben der Betreuung vermögender Privatkunden zählen die Gründung und Betreuung von Stiftungen sowie das Management von zwei Investmentfonds zum Angebot. Unter dem Motto „Impulse für Ihr Vermögen, Beratung mit Persönlichkeit" arbeitet das Team individuell und kundenorientiert vom Standort Düsseldorf aus.

ficon börsebius

ficon boersebius
Invest GmbH
Blumenstr. 30
40212 Düsseldorf

T +49 (0)211 86689 0
F +49 (0)211 86689 29

Dr. Reiner Braun
T +49 (0)30 884 795 0
braun@empirica-institut.de

Diplom-Volkswirt **Dr. Reiner Braun**, stellvertretender Vorstandsvorsitzender der empirica AG Forschung und Beratung (Berlin), Studium der Volkswirtschaftslehre an den Universitäten Osnabrück und Bonn, Promotion an der Universität zu Köln. 1994 bis 1998 war Herr Braun Projektleiter bei der empirica GmbH, Bonn. Von 1999 bis 2003 war Herr Braun als selbständiger Autor und Berater tätig, im Jahr 2003 wurde er in den Vorstand der empirica AG Berlin berufen. Die Arbeitsschwerpunkte seiner Tätigkeit liegen im Bereich Wohnungsmärkte, Einkommens- und Vermögensanalysen sowie Altersvorsorge.

Forschung & Beratung seit 1990

empirica

empirica ist ein unabhängiges wirtschafts- und sozialwissenschaftliches Forschungs- und Beratungsinstitut. 1990 gegründet beschäftigen wir heute 25 Mitarbeiter.

empirica ag
Dr. Reiner Braun
Kurfürstendamm 234
10719 Berlin

T +49 (0)30 884 795 0
F +49 (0)30 884 795 17

braun@empirica-institut.de

Unabhängigkeit, Kreativität und Engagement sind Kernbegriffe unserer Philosophie. Wir erarbeiten individuell konzipierte Gutachten und Beratungspakete, wobei wir die Aufgabenstellung und Ziele unserer Auftraggeber immer auch kritisch hinterfragen.

empirica arbeitet an der Schnittstelle von Forschung, Politik und Praxis. Eine solide empirische Basis ist das Fundament für eine zielgerichtete Beratung. Dazu verknüpfen wir quantitative und qualitative Methoden der empirischen Forschung.

Uwe Eilers ist Vorstand und Mitgründer der Geneon Vermögensmanagement AG. Als Bankkaufmann und DVFA/CEFA Investmentanalyst verfügt er über eine Börsenerfahrung von über 25 Jahren in weltweit gehandelten Aktien und Anleihen sowie deren Derivate. Er sammelte seine Berufserfahrung bei Daiwa Securities, Lehman Brothers und Cantor Fitzgerald in Frankfurt und London. Neben der Wertpapierexpertise besitzt Herr Eilers langjährige Erfahrung mit Wohn- und Gewerbeimmobilien sowie deren Finanzierung. Eine langfristig ausgerichtete partnerschaftliche Zusammenarbeit ist Kern seiner Kundenberatung. Er wurde 2011 in den Vorstand des Verbands unabhängiger Vermögensverwalter www.vuv.de gewählt. Überdies ist er seit 2009 ehrenamtlich als Handelsrichter am Landgericht Frankfurt tätig.

Uwe Eilers
uwe.eilers@geneon-vermoegen.de
+49 (0)40 688 796 680

Unabhängig, transparent und fair:
Wir arbeiten dauerhaft zum Wohl des Kunden!

Die **Geneon Vermögensmanagement AG** ist als unabhängiger Vermögensverwalter mit Erlaubnis nach §32 KWG Mitglied im Verband unabhängiger Vermögensverwalter. Die Firma hat Büros in Hamburg, Neustadt/Rbg., Frankfurt und Königstein/Taunus.

Der ganzheitliche Beratungsansatz führt zu einer Erarbeitung eines individuellen und passenden Gesamtkonzepts für den Kunden. Das Grundgerüst der Vermögensanlage kann aus Immobilien, Aktien, Anleihen, Rohstoffen und sonstigen Investments bestehen. Als typischer Mittelständler hat Geneon einen langfristigen Ansatz in der Zusammenarbeit. Nur ein dauerhaft zufriedener Kunde empfiehlt weiter und bleibt der Gesellschaft über eine lange Zeit treu.

GENEON
VERMÖGENSMANAGEMENT

Geneon Vermögensmanagement AG

Rombergweg 25 A
61462 Königstein

T +49 (0)40 688 796 680
F +49 (0)6174 255 790 1

Web
www.geneon-vermoegen.de

Christian Fegg
T +43 (0) 662 868 426 70
christian.fegg@
schoellerbank.at

Christian Fegg hat 1986 seine Bankkarriere begonnen. Nach seiner bankfachlichen bzw. betriebswirtschaftlichen Ausbildung ist er 1991 zur österreichischen Schoellerbank nach Salzburg gewechselt. Fegg war dort als Chefanalyst bis Anfang 2014 tätig. Im Januar 2014 ist er in den Vorstand der Schoellerbank Invest AG aufgestiegen. In dieser Eigenschaft ist er auch Mitglied des Steuerungsgremiums, das in der Schoellerbank die Entscheidungen für die Asset Allokation der Bank trifft. Herr Fegg ist zudem Autor mehrerer Fachbücher, die sich mit dem Wesen und den Vorgängen an den globalen Finanzmärkten beschäftigen.

180 Jahre Erfahrung im Private Banking

Schoellerbank
Private Banking

Schoellerbank AG
Makartplatz 3
A-5027 Salzburg

T +43 (0) 662 868 421 30
F +43 (0) 662 868 420 26

www.schoellerbank.at

Die Schoellerbank, gegründet 1833 und eine der führenden Privatbanken Österreichs, gilt als Spezialist für anspruchsvolle Vermögensanlage. Sie konzentriert sich auf die Kernkompetenzen Vermögensanlageberatung, Vermögensverwaltung und Vorsorgemanagement. Die Schoellerbank ist mit zwölf Standorten und 316 Mitarbeitern die einzige österreichweit vertretene Privatbank. Sie verwaltet für rund 22.00 private und institutionelle Anleger ein Vermögen von rund 8,8 Milliarden Euro.

Die Ergebnisse unabhängiger Markentests bestätigen die gute Arbeit der Schoellerbank. Seit vielen Jahren gehört sie zu den besten Vermögensverwaltern im deutschsprachigen Raum. Das liegt zum einen am hohen Qualitätsstandard der Schoellerbank. Zum anderen ist es der tägliche Einsatz ihrer Berater, die Erwartungen der Kunden zu übertreffen. Um eine nachhaltige und ertragreiche Geldanlage zu erreichen, setzt die Bank konsequent auf ihre bewährte Anlagestrategie: „Investieren statt Spekulieren". Dadurch konnte die Schoellerbank in der Vergangenheit für ihre Kunden sehr gute Erfolge erzielen und Krisen gut meistern.

Kim Felix Fomm ist Head of Portfolio Management bei dem digitalen Vermögensverwalter LIQID. Er ist gemeinsam mit den Investmentexperten von HQ Trust für die Entwicklung der Anlagestrategien und -produkte zuständig. Fomm befasst sich seit neun Jahren mit Investmentstrategien für hochvermögende Anleger. Als Analyst der BHF-Bank war er in den Bereichen Investmentanalyse und Asset Allocation tätig. Seine Analysen lieferten die Entscheidungsgrundlage für Anlagen in alternative Investments und Investmentfonds. Im Anschluss an seine Banklehre studierte Fomm Betriebswirtschaftslehre an der Frankfurt School of Finance & Management und an der HEC Montréal.

Kim Felix Fomm
T +49 (0)30 8892 06 87
fomm@liqid.de

Die neue Generation privater Vermögensverwaltung

LIQID ist eine digitale Vermögensverwaltung, die privaten Geldanlegern Zugang zu Anlagestrategien, Anlageklassen und Konditionen bietet, die bisher ausschließlich Hochvermögenden vorbehalten waren. Bei LIQID investieren Anleger bereits ab 100.000 Euro in global diversifizierte Anlagestrategien, die von HQ Trust, dem Multi Family Office der Familie Harald Quandt, verwaltet werden. Zusätzlich bietet LIQID Direktanlagen in illiquide Anlageklassen wie Private Equity an. Depotführung und Handelsabwicklung liegen bei der Deutsche Bank Wealth Management, Deutsche Bank AG.

Hinter dem im Februar 2015 gegründeten Unternehmen LIQID Investments GmbH steht ein international erfahrenes Team von 22 Finanz- und Technologieexperten unter der Leitung des Unternehmers und ehemaligen Bertelsmann-Bereichsvorstands Christian Schneider-Sickert und des Private-Bankers Dr. Kyros Khadjavi. Bestehende Investoren von LIQID sind u. a. Project A Ventures, DvH Ventures und HQ Trust. Im Beirat wird LIQID vom früheren Metro-Chef Dr. Eckhard Cordes, dem Strategieexperten Dr. Daniel Stelter sowie dem Schweizer Mathematik-Professor Enrico De Giorgi beraten. Mehr zu LIQID unter: www.liqid.de.

LIQID

Liqid Investments GmbH
Fasanenstraße 71
10719 Berlin

T +49 (0)30 8892 06 87

www.liqid.de

Andreas Fritz
T +49 (0) 030 844 147 35
af@hansen-heinrich.de

Andreas Fritz verantwortet seit 2012 den Hansen & Heinrich Universal Fonds. Nach seiner Ausbildung bei der Berliner Volksbank eG, arbeitete er von 1998 – 2000 als Wertpapierberater bei der Berliner Bank AG. Im Jahr 2000 bestand er die Börsenhändlerprüfung und wechselte zur Schnigge AG. Dort arbeitete er erfolgreich als Börsenhändler für Aktien und Optionen. Seit 2003 nutzt er dieses umfangreich erarbeitetes Wissen zum Wohl der Mandanten der Hansen & Heinrich AG. Neben seiner Verantwortung für den Hansen & Heinrich Universalfonds entwickelt er die Optionsstrategien für individuelle Vermögensverwaltungsmandate. Außerhalb seiner beruflichen Tätigkeit ist er Dozent für Wirtschaft an der Hochschule für Wirtschaft und Recht in Berlin.

Hören. Handeln. Halten.

HANSEN & HEINRICH
AKTIENGESELLSCHAFT

Hansen & Heinrich
Aktiengesellschaft
Berkaer Straße 43
14199 Berlin-Schmargendorf

T +43 (0) 30 844 147 36
F +43 (0) 30 844 147 360

www.hansen-heinrich.de

Die **Hansen & Heinrich AG** wurde 2001 in Berlin gegründet. Sie bietet eine umfassende Betreuung für Privatpersonen und Stiftungen. Dabei agiert sie als unabhängiger „Problemlöser" für alle Finanzfragen. Hansen & Heinrich bietet dazu neben der klassischen Vermögensverwaltung zusätzliche Dienstleistungen. Zur Unternehmensgruppe gehört eine Tochtergesllschaft, die speziell bAV-Lösungen für Unternehmen und Unternehmer anbietet und eine, die Immobilienvermögen verwaltet.

Im Rahmen des Portfoliomanagements werden zwei Publikumsfonds beraten, drei standardisierte Fonds-Vermögensverwaltungen und die individuelle Vermögensverwaltung angeboten. Die Anlagepolitik der Hansen & Heinrich AG ist auf eine ausschüttungsorientierte und werterhaltende Strategie ausgerichtet. Die Maximen der Verwaltungstätigkeit basieren auf einer überregionalen Diversifikation, einer strikten Qualitätsausrichtung und auf laufenden Erträgen. Abseits von reiner Benchmarkorientierung wird eine individuelle Zielrendite definiert, die den Wünschen und Zielen des Anlegers entspricht. Im Optionsgeschäft hat sich Hansen & Heinrich eine umfangreiche Expertise erarbeitet. Das Konzept der umfassenden Betreuung gepaart mit kontinuierlicher Performance trägt Früchte für die Mandanten und die Gesellschaft.

Christoph Hochuli (47) ist Partner bei Wergen & Partner Vermögensverwaltungs AG. Nach seiner Banklehre bei einer Schweizer Kantonalbank absolvierte er ein berufsbegleitendes Studium am Institut für Finanzplanung in Zusammenarbeit mit der Fachhochschule Aargau zum Swiss-Certified Fiancial Planner. Christoph Hochuli verfügt über 25 Jahre Erfahrung in der Beratung und Betreuung von nationalen und internationalen Privatkunden, Familienunternehmen und Firmenkunden bei diversen Schweizer Banken (u.a. auch in diversen Führungspositionen). Zuletzt war er als Kundenberater im Range eines Directors im Bereich Private Banking Deutschland bei der Credit Suisse AG tätig.

Christoph Hochuli
T +41 (0)44 289 88 98
christoph.hochuli@wergen.ch

Verantwortung für Ihr Vermögen

Wergen & Partner Vermögensverwaltungs AG ist eine unabhängige Schweizer Vermögensverwaltungsgesellschaft mit Sitz in Zürich und bietet eine massgeschneiderte und unabhängige Vermögensverwaltung für vermögende Privatkunden an.

Die Ziele der Kunden – unter Berücksichtigung ihrer entsprechenden Risikofähigkeit und Risikowilligkeit – stehen im Zentrum. Der Werterhalt und die Erhaltung der Kaufkraft der Vermögenswerte sind jedoch das Hauptziel der Anlagepolitik, und das Handeln basiert auf einer langfristigen Strategieausrichtung. Die Vermögen werden nach vorher festgelegten Investmentbandbreiten verwaltet und laufend überwacht.

W
Wergen & Partner
Vermögensverwaltung

Wergen & Partner
Vermögensverwaltung
Bahnhofstr. 12
CH-8001 Zürich

T +41 (0) 44 289 88 99
F +41 (0) 44 289 88 90

www.wergen.ch

Rolf Kuster
T +423 235 65 57
rolf.kuster@vpbank.com

Rolf Kuster (geb. 1978) ist Investment Strategist im Group Investment Research der VP Bank Gruppe. Er ist innerhalb des Analysten-Teams, das für die Meinung und Empfehlungen zu allen Finanzmarktthemen und Anlageklassen zuständig ist, für die Einschätzung der Aktienmärkte und Rohstoffe verantwortlich. In seinen Aufgabenbereich fällt dabei auch die Selektion von passiven Anlagelösungen wie Exchange Traded Funds oder Indexfonds. Rolf Kuster hält einen Master in Accounting und Finance der Universität St. Gallen (HSG) und ist CFA Charterholder.

VP Bank – Tradition und Qualität seit 60 Jahren

VP BANK

VP Bank AG
Aeulestraße 6
LI-9490 Vaduz
T +423 235 66 55
F:+423 235 65 00
www.vpbank.com

Die **VP Bank** wurde 1956 gegründet und gehört mit 800 Mitarbeitenden per Mitte 2016 zu den größten Banken Liechtensteins. Heute ist sie an den Standorten Vaduz, Zürich, Luxemburg, Tortola auf den British Virgin Islands, Singapur, Hongkong und Moskau vertreten. Die VP Bank Gruppe bietet maßgeschneiderte Vermögensverwaltung und Anlageberatung für Privatpersonen und Intermediäre. Aufgrund der gelebten offenen Architektur profitieren die Kunden von einer unabhängigen Beratung: In die Empfehlungen einbezogen werden sowohl Produkte und Dienstleistungen führender Finanzinstitute als auch bankeigene Investmentlösungen.

Die VP Bank ist an der Schweizer Börse SIX notiert und hat von Standard & Poor's ein «A–»-Rating erhalten. Die Bank verfügt über eine solide Bilanz und Eigenmittelausstattung. Ihre Ankeraktionäre sind langfristig ausgerichtet und garantieren dadurch Kontinuität, Unabhängigkeit und Nachhaltigkeit.

Achim Lange ist Dipl.-Mathematiker (FH) und Abteilungsleiter Portfoliomanagement. Nach siebenjähriger Tätigkeit für eine Hamburger Privatbank wechselte der diplomierte Mathematiker im Jahr 2006 zur Hamburger Sparkasse. Als Leiter Portfoliomanagement ist der gebürtige Norddeutsche für die strategische Portfolioausrichtung im Private Banking verantwortlich. Seine langjährige Erfahrung mit institutionellen Kunden findet Berücksichtigung in der Ausrichtung und Optimierung der Kundenportfolios. Auch das Management verschiedener Fonds wie des Hamburger Stiftungsfonds und des Währungsfonds UI fallen in seinen Verantwortungsbereich.

Achim Lange
T +49 (0)40 3579 - 9276
achim.lange@haspa.de

Vermögen braucht Vertrauen

Die **Hamburger Sparkasse AG (Haspa)** ist die führende Bank für Privatkunden und mittelständische Firmenkunden mit rund 150 Filialen in der Metropolregion Hamburg. 1827 gegründet um den Sparsinn zu fördern, entwickelte sie sich im Verlauf ihrer Geschichte zu einer Bank für alle Hamburger – vom Kind mit seinem ersten MäuseKonto bis hin zum Private-Banking-Kunden. Jeder zweite Einwohner und jedes zweite mittelständische Unternehmen in Hamburg ist Haspa-Kunde. Mit rund 5.000 Mitarbeitern und 350 Ausbildungsplätzen ist die Haspa einer der größten Arbeitgeber und Ausbilder der Stadt. Die Haspa übernimmt Verantwortung vor Ort und fördert das Gemeinwesen mit rund 5 Millionen Euro jährlich. Der Unternehmensbereich Haspa Private Banking ist inzwischen auf 15.000 Kunden mit einem betreuten Anlagevolumen von 9 Mrd. Euro angewachsen. Hinzu kommen Haspa-eigene Publikums- und Spezialfonds in einem Volumen von 2 Mrd. EUR.

Haspa
Hamburger Sparkasse

Hamburger Sparkasse AG
Adolphsplatz 3
20457 Hamburg

T +49 (0)40 3579 0
F +49 (0)40 3579 3418

www.haspa.de

Dr. Wolfgang Leoni
T +49 (0)221 145-2573
wolfgang.leoni@ oppenheim.de

Dr. Wolfgang Leoni ist seit April 2013 Vorsitzender des Vorstands der Privatbank Sal. Oppenheim. 2009 in den Vorstand berufen, verantwortet er als Chief Investment Officer bis zum März 2016 das Portfoliomanagement für die institutionellen und privaten Kunden von Sal. Oppenheim. Zuvor war Leoni in der Geschäftsführung der Oppenheim Kapitalanlagegesellschaft für die Bereiche Asset Allocation, Aktien, Renten, quantitative Produkte und Trading Desk zuständig. Leoni studierte an der Universität Konstanz Volkswirtschaftslehre und war in der Forschung und Lehre an den Universitäten Siegen und Gießen tätig. Nach seiner Promotion waren das Bankhaus B. Metzler, Bank in Liechtenstein sowie die Deka Investment (Manageme-nt) GmbH berufliche Stationen.

Privatbank seit 1789

SAL. OPPENHEIM
Privatbank seit 1789

Sal. Oppenheim jr. & Cie. AG & Co. KGaA
Unter Sachsenhausen 4
50667 Köln

T +49 (0)221 145-01
F +49 (0)221 145-1512

www.oppenheim.de

Sal. Oppenheim wurde 1789 gegründet und ist heute eine der führenden Privatbanken in Deutschland. Das Kölner Bankhaus bietet als Vermögensverwalter Lösungen für vermögende Privatkunden und institutionelle Anleger. Diese Lösungen stellen die besonderen individuellen Bedürfnisse der Kunden in den Mittelpunkt und basieren auf einer produktunabhängigen Beratung sowie einem unabhängigen Investmentprozess, der Anforderungen privater wie institutioneller Kunden gleichermaßen berücksichtigt. Mit Standorten in ganz Deutschland steht Sal. Oppenheim für die Individualität und Expertise einer Privatbank sowie für Kundennähe, Kontinuität und Verantwortungsbewusstsein.

Stephanie Lindeck (35) ist seit 2012 als Ökonomin im Makro-Research bei der Bank Julius Bär Europe AG tätig. Mit Prognosen zur Wirtschafts-, Zins- und Währungsentwicklung für das gesamte Anlagenuniversum der Julius Bär Gruppe bildet das Research-Team ein wichtiges Fundament für die Anlagenentscheidungen und Kommunikation. Zuvor unterstütze sie den wissenschaftlichen Stab des Sachverständigenrats zur Begutachtung der gesamtwirtschaftlichen Entwicklung und arbeitete in verschiedenen Positionen in der Abteilung für Angewandte Ökonometrie und Internationale Wirtschaftspolitik an der Frankfurter Goethe-Universität. Auf das Doppelstudium der Betriebswirtschaftslehre in Bad Homburg und Paris folgte ein Zweitstudium der Volkswirtschaftslehre an der Universität Frankfurt am Main.

Stephanie Lindeck
T +49 (0)69 907 43 561
stephanie.lindeck@ juliusbaer.com

Ihre Privatbank mit starken Schweizer Wurzeln

Die **Bank Julius Bär Europe AG** ist eine 100%ige Tochtergesellschaft der Julius Bär Gruppe in Zürich - die international führende Privatbank mit starken Schweizer Wurzeln. Damit ist Private Banking die Kernkompetenz der Bank. Dank der offenen Produktplattform bietet die Bank ihren Kunden eine individuelle und unabhängige Vermögensberatung, die hohe Eigenkapitalquote sichert Stabilität. Die Bank kombiniert die Expertise eines weltweiten Research-Teams mit der regionalen Nähe zu den Kunden. So ist die Bank Julius Bär an den Standorten Frankfurt am Main (Hauptsitz), Düsseldorf, Hamburg, Kiel, Mannheim, München, Stuttgart und Würzburg vertreten.

Julius Bär

Bank Julius Bär Europe AG
An der Welle 1
60322 Frankfurt

T +49 (0)69 90 743-500
F+49 (0)69 90 743-570

www.juliusbaer.de

Prof. Dr. Stefan May
T +49 (0) 30 89 021 474
stefan.may@quirinbank.de

Professor Dr. Stefan May leitet seit Anfang 2014 das Asset Management der auf Honorarberatung spezialisierten quirin bank AG. Gemeinsam mit dem Finanzinstitut entwickelte er ein wissenschaftlich basiertes Konzept der Vermögensverwaltung und richtete das Asset Management der quirin bank neu aus. Zuvor war der promovierte Volkswirt bei der HYPO Bank International SA, Luxembourg, als Direktor für das Portfoliomanagement verantwortlich sowie bei der HYPO Capital Management als Wertpapieranalyst, Investmentstratege, Portfoliomanager und Vermögensverwalter tätig. Seit 1995 ist der gebürtige Regensburger zudem Professor für Banken, Finanzmarktanalyse und Portfoliomanagement an der Business School der Technischen Hochschule Ingolstadt.

Die Honorarberater

quirin bank

quirin bank AG
Berlin – Hauptsitz
Kurfürstendamm 119
10711 Berlin

T +49 (0) 30 89 021 300
F +49 (0) 30 89 021 452

www.quirinbank.de

Die **quirin bank AG** ist die erste Honorarberaterbank Deutschlands. Das Geschäftsmodell ist darauf ausgerichtet, Anleger unabhängig, fair und transparent zu beraten. Hierzu gehören komplette Kostentransparenz und die Rückvergütung aller offenen und versteckten Provisionen. Das Institut beschäftigt 200 Mitarbeiter und betreut Kunden mit einem Anlagevolumen von rund 2,7 Mrd. Euro.

Die Honorarberatung der quirin bank ist Kern eines neuen fairen Banksystems: Sie löst den Interessenkonflikt herkömmlicher Bankberater, die oft verkaufen müssen, was die höchste Provision bringt. Die quirin bank lässt sich dagegen direkt vom Kunden bezahlen und ist daher unabhängig in der Beratung. Auch in der Vermögensverwaltung verfolgt das Institut innovative Ansätze. Unter dem Titel „Markt – Meinung – Wissen“ wurde ein Konzept entwickelt, mit dem sich Anleger durch prognosefreies Investieren die faire Rendite des Marktes sichern können. Als verbraucherfreundliche Alternative zum Provisionsvertrieb erhält die Honorarberatung auch immer stärkeren politischen Rückenwind – so trat zum 1. August 2014 das Honoraranlageberatungsgesetz in Kraft, dessen Anforderungen die Bank nicht nur erfüllt, sondern maßgeblich vorantreiben hilft.

Prof. Dr. Thomas Mayer ist seit 2014 Gründungsdirektor des Flossbach von Storch Research Intitute. Zuvor war er in verschiedenen Funktionen für die Deutsche Bank tätig, unter anderem als Chefvolkswirt. Weitere Stationen waren Goldman Sachs (1991-2002) und Salomon Brothers (1990-91). Bevor er in die Privatwirtschaft wechselte, arbeitete der promovierte Volkswirt für den Internationalen Währungsfonds in Washington (1983-90) und beim Institut für Weltwirtschaft in Kiel (1978-82). Thomas Mayer ist ein gefragter Konferenzredner und Buchautor. Im FinanzBuch Verlag ist 2016 sein jüngstes Buch „Die neue Kunst Geld anzulegen – Mit Austrian Finance zu einem besseren Portfoliomanagement" erschienen.

Prof. Dr. Thomas Mayer
+49 (0)221 3388 291
thomas.mayer@fvsag.com

for independent thinking.

Das **Flossbach von Storch Research Institute** wurde im Sommer 2014 als unabhängiger Thinktank in Köln gegründet. Gründungsdirektor ist Prof. Dr. Thomas Mayer, der zuvor unter anderem als Chefvolkswirt bei der Deutschen Bank tätig war. Das Institut arbeitet als Schnittstelle zwischen Wissenschaft und Praxis – wissenschaftlich fundiert, gleichzeitig relevant, was konkrete Handlungsoptionen betrifft. Es gibt drei Forschungsschwerpunkte: makroökonomisches Research (Geldordnung, Notenbankpolitik, Staatsverschuldung), Unternehmensanalyse (Managementqualität, Pensionslasten der Unternehmen) und Behaviorismus. Das Team scheut sich nicht, unpopuläre, weil unbequeme Positionen zu vertreten, wenn es davon überzeugt ist, dass es die richtigen sind.

Flossbach von Storch
RESEARCH INSTITUTE

Flossbach von Storch AG
Ottoplatz 1
50679 Köln
T +49 (0)221 3388 291
F +49 (0)221 3388 299

research@fvsag.com

Nicolas Michel
T + 423 (0)237 07 70
nicolas.michel@walser-privatbank.com

Nicolas Michel leitet den Bereich „Investment Research" im Konzern der Raiffeisen Privatbank Liechtenstein AG (bei der Konzernmutter Walser Privatbank AG). Als ständiges Mitglied des Anlageausschusses gestaltet der gebürtige Würzburger die volkswirtschaftliche Ausrichtung und Kapitalanlagepolitik wesentlich mit. Neben der makroökonomischen Analyse und deren Implikationen für die langfristig erfolgreiche Kapitalanlage ist er verantwortlich für die Ausarbeitung der konzernweiten Kapitalmarktmeinung sowie die Weiterentwicklung quantitativer Investmentstrategien. Sein Studium zum Dipl.-Kaufmann mit den Schwerpunkten Bank und Kreditwirtschaft sowie Geldpolitik absolvierte Michel an der Julius-Maximilians-Universität in Würzburg. Berufliche Erfahrung sammelte er u.a. bei HSBC Trinkaus & Burkhardt und Allianz Global Investors.

Stabilität, die Zukunft hat

RAIFFEISEN
PRIVATBANK
Liechtenstein

Raiffeisen Privatbank
Liechtenstein AG
Austrasse 51
9490 Vaduz
Liechtenstein

T +423 (0)237 07 70
F +423 (0)237 07 77

www.raiffeisen.li

Seit 1998 widmen wir uns der Betreuung und Beratung vermögender Privatkunden. Als Privatbank, die sich auf die Bedürfnisse deutschsprachiger Kunden spezialisiert hat, können wir auf jahrelange exzellente Bewertungen unabhängiger Tester zurückblicken. Der Fuchs-Report führt die Raiffeisen Privatbank Liechtenstein AG in seiner ewigen Bestenliste auf Platz 1 im Schweizer-Franken-Raum und auf Platz 6 in der Gesamtwertung.

Stabilität und Sicherheit stehen bei uns im Vordergrund. Als Privatbank an einem der stabilsten Bankplätze der Welt bieten wir unseren Kunden umfassende Beratung in der Asset Protection. Gerade in unsicheren Zeiten volatiler Märkte und eines schwieriger gewordenen Anlageumfeldes hat der nachhaltige Erhalt und die Absicherung von Vermögen an Bedeutung gewonnen. Hierfür bieten wir umfassende Lösungen.

Neben Privatanlegern betreuen wir auch externe Vermögensverwalter. Wir fungieren dabei als Depot- und Abwicklungsbank und unterstützen unsere Partner bei der Strukturierung bzw. Umsetzung spezifischer Anlageformen. Das Vertrauen externer Finanzdienstleister in unsere Bank ist ein weiterer Nachweis unserer Professionalität.

Carsten Mumm leitet die Abteilung Kapitalmarktanalyse bei der Privatbank Donner & Reuschel. Der 41-jährige verantwortet die Erstellung der hauseigenen Kapitalmarktmeinung und kapitalmarktrelevanten Publikationen. Im Zuge der Fusion der beiden Bankhäuser Conrad Hinrich Donner in Hamburg und Reuschel & Co. Privatbankiers in München im Jahr 2010 führte Carsten Mumm die beiden Asset Management-Einheiten zusammen und leitete den Bereich bis 2016. Der gelernte Bankkaufmann und studierte Diplom-Volkswirt ist seit 1998 im Bereich Kapitalanlage beschäftigt. 2006 qualifizierte er sich zum Chartered Financial Analyst.

Carsten Mumm
T +49 (0)40 302 17 55 65
carsten.mumm@donner-reuschel.de

Unsere Welt dreht sich um Sie.

DONNER & REUSCHEL – Im Jahr 1798 wurde die Bank von dem 24-jährigen Hamburger Kaufmann und Reeder Conrad Hinrich Donner gegründet. 2010 schlossen sich die Hamburger Conrad Hinrich Donner Bank und die im Jahr 1947 gegründete Münchner Traditionsbank Reuschel & Co. zu Donner & Reuschel zusammen. Das Bankhaus mit Sitz in Hamburg und München bietet moderne Bankdienstleistungen für private Kunden, Unternehmer und institutionelle Anleger: von der Finanzierung und Vorsorge über den soliden Vermögensaufbau bis zum dauerhaften Erhalt und Ausbau von Vermögenswerten. Ein hohes Maß an Sicherheit und Stabilität ergibt sich aus der Partnerschaft mit der Signal Iduna Gruppe. Mit ihr hat das Bankhaus einen finanzkräftigen Partner an seiner Seite. Der Unternehmergeist und die klaren Wertvorstellungen der Gründerfamilien Donner und Reuschel prägen die Privatbank bis heute, denn unsere Stärke ist der Stil, den wir seit Jahrzehnten kultivieren: privat, diskret und sehr persönlich. Unabhängigkeit und Fairness sind die Grundpfeiler unserer Beratung, die mehrfach mit Bestnoten ausgezeichnet wurde. Auf dieser Basis entwickeln wir individuelle Lösungskonzepte, denn im Zentrum unserer Aktivitäten stehen die Ziele, Wünsche und Anforderungen unserer Kunden.

DONNER & REUSCHEL
PRIVATBANK SEIT 1798

DONNER & REUSCHEL
Aktiengesellschaft
Ballindamm 27
20095 Hamburg
T +49 (0)40 302 17 55 00
F +49 (0)40 302 17 354

Friedrichstraße 18
80801 München
T +49 (0)89 23 95 55 00
F +49 (0)89 29 11 80

www.donner-reuschel.de

Christian Nemeth
christian.nemeth@zkb-oe.at

Christian Nemeth ist Leiter des Asset Managements und Vorstandsmitglied der Zürcher Kantonalbank Österreich AG. Gemeinsam mit seinem Team kümmert er sich im Rahmen der Vermögensverwaltung um die Positionierung der Kundenmandate. Im Zentrum der Überlegungen steht dabei die taktische Ausrichtung der Portfolios, aber auch die Titelselektion zur Umsetzung der aktuellen Markteinschätzung. Vor seinem Engagement bei der Zürcher Kantonalbank Österreich AG war Christian Nemeth unter anderem als Chief Investment Officer bei der Deutsche Bank Österreich und der Bank Sal. Oppenheim (Österreich) tätig. Weitere Stationen der Karriere des studierten Betriebswirts waren die Creditanstalt, Capital Invest und Oppenheim Asset Management.

Unsere Werte: Persönlich. Kompetent. Verantwortungsvoll.

Zürcher Kantonalbank Österreich AG

Zürcher Kantonalbank
Österreich AG
Getreidegasse 10
5020 Salzburg

T +43 (0)662 8048 0
F +43 (0)662 8048 332
www.zkb-oe.at

Die **Zürcher Kantonalbank Österreich AG** ist ein auf Private Banking – insbesondere die professionelle Betreuung von wohlhabenden Privatpersonen und Familien, Stiftungen sowie Unternehmern – in Österreich und Süddeutschland spezialisiertes Institut. An den beiden Unternehmensstandorten Salzburg und Wien sind mehr als 80 Mitarbeiter beschäftigt. Aktuell verwaltet die Bank ein Kundenvolumen von rund 1,3 Milliarden Euro und verzeichnet ein jährliches Wachstum von 15 bis 20 Prozent. Beim österreichischen Dachfonds Award 2015 des GELD-Magazins wurden Portfolios des Hauses mit den Plätzen eins, zwei und drei ausgezeichnet. Die Zürcher Kantonalbank Österreich AG ist eine 100-prozentige Tochter der Zürcher Kantonalbank, Zürich. Das Schweizer Traditionshaus blickt auf eine mehr als 140-jährige Geschichte zurück und gilt als sicherste Universalbank der Welt. Als einziges Universalbank-Institut weltweit besitzt die Zürcher Kantonalbank, Zürich, ein Triple-A-Rating aller drei großen internationalen Ratingagenturen (Moody's, S&P und Fitch).

Dr. Arne Frhr. von Neubeck, LL.M., studierte Politik, Wirtschaft und Recht an den Universitäten Würzburg und Dijon. Nach einem Master-Studiengang zum Europäischen Recht an der Juristischen Fakultät in Würzburg promovierte er ebendort zum Dr. phil. Im Zuge seiner unternehmerischen Tätigkeit im vermögensverwaltenden Bereich entwickelte er im Rahmen einer diversifizierten Asset-Allokation Konzeptionen zur Kapitalsicherung im Sachwert Kunst. Hierfür gründete er u. a. The Global Fine Art in Augsburg als Kunsthandelshaus, deren Geschäftsführender Gesellschafter er ist. Von Neubeck ist Interviewpartner, Podiumsgast, Referent und Publizist rund um das Thema Kunst als Anlageform.

Dr. Arne Frhr. von Neubeck
vonneubeck@tgfag.de
+49 (0)821 448 069 85

Kunst ist eine Asset-Klasse, aber nie nur ein Investment.

The Global Fine Art GmbH (TGFAG) ist als Kunsthandelshaus auf dem Kunstmarkt tätig. Sie berät private und institutionelle Investoren in der nachhaltigen Anlage in Kunst. Die Verknüpfung der besonderen Aspekte des Kunstmarktes auf der einen mit den individuellen Bedürfnissen von Kapitalinvestoren auf der anderen Seite sind die wesentlichen Aspekte ihrer Tätigkeit. Netzwerk und Beratung zielen dabei auf einen Rundum-Service von Bedarfsanalyse, Kaufempehlung, Kaufabwicklung, Einlagerung und Verwaltung. Dafür kooperiert die TGFAG mit Experten aus allen Bereichen des Kunstmarktes. Das sind etablierte Galeristen ebenso wie erfahrene Kuratoren, langjährige Sammler oder Vertreter aus der Wissenschaft. Mit zum Netzwerk gehören Versicherungen, Zollfreilagerbetreiber oder Experten aus dem juristischen Bereich für spezielle Fragen zum Steuer- bzw. Erbrecht. Das Augsburger Unternehmen baut im Genre Fotografie eine eigene Sammlung auf und stellt, gemeinsam mit seinen Kunden, die Werke für Ausstellungen zur Verfügung. Damit handelt die TGFAG im Einklang mit Künstlern und ihren Galerien. Details finden Sie unter www.tgfag.de.

The Global Fine Art GmbH
– Das Kunstinvestment.

Kurzes Geländ 7
86156 Augsburg

T +49 (0)821 448 069 85
F +49 (0)821 448 069 87

Web www.tgfag.de

Thomas Neuhold
T +43 (0)1 502 203 26
thomas.neuhold@
gutmann.at

Thomas Neuhold (35) kam vor zwölf Jahren direkt nach Abschluss seines Betriebswirtschaftsstudiums zur Gutmann Kapitalanlageaktiengesellschaft. Im Rahmen seiner Studien an der Wirtschaftsuniversität Wien und an der Universität Maastricht spezialisierte er sich auf die eher mathematischen Bereiche Finanzierung und Operations Research. In den ersten drei Jahren seiner Laufbahn bei Gutmann arbeitete Neuhold im Risikomanagement, bevor er 2007 die Leitung des Anleihemanagements der KAG übernahm. Neben seinem Abschluss in Betriebswirtschaft absolvierte er auch ein Geschichtsstudium an der Universität Wien.

Geld. Und wie man es behält.

Gutmann
PRIVATE BANKERS

Bank Gutmann AG
Schwarzenbergplatz 16
A-1010 Wien

T +43 (0)1 502 200
F +43 (0)1 502 202 49

www.gutmann.at

Die 1922 gegründete **Privatbank Gutmann** ist auf das Asset Management und die Vermögensverwaltung für Private und institutionelle Kunden spezialisiert und Marktführer in Österreich. Gutmann steht zu 80 Prozent im Besitz der Familie Kahane, weitere 20 Prozent werden von Partnern gehalten. Mit dem partnerschaftlich-unternehmerischen Geschäftsmodell der Bank wird ein hohes Maß an Qualität, Engagement, Beständigkeit und Unabhängigkeit in der Betreuung erzielt. Die Bank Gutmann betreut Kunden aus Österreich, Deutschland sowie Zentral- und Ost-Europa. Der Hauptsitz der Bank befindet sich in Wien, daneben ist Gutmann in Salzburg, Budapest und Prag mit einer Geschäftsstelle vertreten. Das verwaltete Kundenvermögen beträgt 18,8 Mrd. Euro zum 30.06.2016. Dieser Wert hat sich seit Ende 2008 mehr als verdoppelt.

Ebenfalls zur Gutmann Gruppe gehört die Gutmann Kapitalanlageaktiengesellschaft. Die Gutmann KAG bietet umfassende Lösungen für Investmentfonds an und entwickelt dabei maßgeschneiderte Fondslösungen (Master-KAG) sowohl im Bereich von Publikumsfonds als auch von Spezialfonds. Die Kernkompetenzen der Gutmann KAG liegen u. a. im Asset Management, im Renten- und im Aktienbereich.

Thomas Paul (46) ist Gründer und Vorstand der Böker & Paul AG. Nach einer Banklehre war er viele Jahre bei verschiedenen Kreditinstituten in der Vermögenberatung tätig. Seine fachliche Ausbildung ergänzte er durch ein universitäres Studium an einer Privathochschule zum Diplom-Kaufmann sowie einem wissenschaftlichen Weiterbildungsstudium zum Certified Financial Planner (CFP®) an der Frankfurt School of Finance & Management. Seit rund 25 Jahren betreut Herr Paul Privatkunden und Familienunternehmer. Darüber hinaus ist er im Beirat des Centers of Asset and Wealth Management an der WHU – Otto Beisheim School of Management, Vallendar, und in diversen Investmentkomitees und Beiräten vertreten.

Thomas Paul
T +49 (0)2602 94946 14
thomas.paul@boekerpaul.de

Es gibt keinen Besitz der Nachlässigkeit vertrüge. Thomas Mann

Nach diesem Leitspruch agiert die **Böker & Paul AG** mit Sitz in Montabaur/Westerwald. Die Kanzlei ist ein unabhängiges Finanzdienstleistungsinstitut und bietet Ihren Mandanten eine honorarbasierte Finanzplanung, operatives Vermögensmanagement in allen Segmenten von Wertpapieren bis hin zu Immobilien und Unternehmensbeteiligungen, sowie ein umfassendes Vermögensreporting und -controlling.

Die individuelle strategische Planung, die alle relevanten persönlichen, familiären und finanziellen Aspekte berücksichtigt ist der Ausgangspunkt einer professionellen und mehrwertschaffenden Beratung. Das Ziel sind belastbare und nachhaltige Lösungen, die sowohl die wirtschaftlichen als auch die rechtlichen und steuerlichen Belange berücksichtigen. Dies geschieht regelmäßig in enger Abstimmung mit den weiteren Partnern der Mandanten. Die Kanzlei bietet ein Dienstleistungsprofil, welches weit über die klassische Vermögensverwaltung in Wertpapieranlagen hinausgeht.

BÖKER & PAUL
KANZLEI FÜR VERMÖGENSMANAGEMENT

Böker & Paul AG
Kanzlei für Vermögensmanagement
Stauffenbergallee 3
56410 Montabaur

T +49 (0)2602 94946-0
F +49 (0)2602 94946-11

www.boekerpaul.de

Ajang Rezayati
T +43 (0)5574 513 291
ajang.rezayati@raiba.at

Ajang Rezayati ist Senior Private Banker bei der Raiffeisenbank in Bregenz. Seine Karriere begann im Corporate Finance, ehe er in den Wertpapierhandel wechselte. Mit dem Fokus auf Aktien und Derivate war er in sämtlichen Kundensegmenten (teils in Führungspositionen) in diversen Bereichen von Brokerage bis Eigenhandel tätig. Er ist lizenzierter Händler für die Börsen Frankfurt, Wien, Zürich und Budapest und absolvierte seine Finanzanalystenausbildung bei der ÖVFA in Wien. Neben der Finanzwelt steht der Mensch selbst im Mittelpunkt seines Interesses. Das Studium der Philosophischen Anthropologie, ein Integrales Coaching Zertifikat sowie viele weitere Ausbildungen runden seine Erfahrungen ab und sind neben dem fundierten fachlichen Knowhow Grundlage des Mehrwerts seiner Beratung.

Unabhängigkeit wahren, Verantwortung übernehmen, transparent zusammenarbeiten.

Private Banking
Raiffeisenbank in Bregenz.

Private Banking
Raiffeisenbank in Bregenz
reg. Gen.m.b.H.
Kornmarktstraße 14
A-6900 Bregenz

Telefon: +43 (0)5574 513 294
Fax: +43 (0)5574 513 288

www.rib-privatebanking.at

Bereits seit 1904 ist die Raiffeisenbank in Bregenz Partner der Menschen und ihrer Wirtschaft in der Bodensee-Region. Wirtschaftlich erfolgreich, nachhaltig und sozial engagiert, ist sie heute Teil der größten Bankengruppe Österreichs. Mit der Raiffeisen Kundengarantiegemeinschaft garantiert sie ihren Kunden über die gesetzlichen Vorgaben hinaus die Sicherheit ihrer Einlagen bis zur vollen Höhe. Damit bietet die Raiffeisenbank in Bregenz ein einzigartiges Angebot in puncto Sicherheit.

Das Private Banking Team hat sich auf die ganzheitliche Beratung vermögender Privatkunden spezialisiert. Unter Einsatz eines großzügigen Zeitinvestments werden maßgeschneiderte Lösungen für komplexe, individuelle Kundenanforderungen ausgearbeitet. Basis des langjährigen Erfolgs ist die Zusammenarbeit mit einem starken internationalen Netzwerk und namhaften Partnern. Unabhängigkeit in der Beratung bleibt bei alldem ein unverzichtbares und stets gewahrtes Gut.

Verlässlichkeit prägt die Genossenschaftsbank seit Jahrzehnten – durch ihren kontinuierlichen und aktiven Kontakt zu ihren Kunden lebt sie diese auch heute. Hochkarätige Vorträge und Veranstaltungen runden die umfassende Begleitung der Menschen durch die Raiffeisenbank in Bregenz ab.

Dr. Jörg Richter, CFP, CEP, CFEP zählt zu den führenden Experten in Vermögensfragen. Dr. Richter ist Gesellschaftergeschäftsführer der Dr. Richter | Kanzlei für Vermögen GmbH. Der gelernte Sparkassenkaufmann studierte Wirtschaftswissenschaften mit dem Schwerpunkt „Private Finance" und promovierte über „Grundsätze ordnungsmäßiger Finanzberatung". Er gilt als Pionier der Honorarberatung, die Interessenskollisionen durch Provisionen der Produktgeber verhindert. Dr. Richter ist einer der ersten deutschen Certified Financial Planner und zertifizierter Berater in der Vermögensnachfolgeplanung. Mit seiner Kanzlei berät er Unternehmer, vermögende Privatkunden und Stiftungen. Schwerpunkt sind die Entwicklung von Vermögensstrategien und die langfristige Begleitung bei der Umsetzung dieser Strategien.

Jörg Richter
T +49 (0) 511 360 770
info@dr-richter.de

Vermögende suchen Berater – keine Verkäufer

Dr. Richter leitet zudem das **Institut für Qualitätssicherung und Prüfung von Finanzdienstleistungen GmbH (Dr. Richter | IQF)**, Hannover. Er ist Partner der Private Banking Prüfinstanz, die u. a. jährlich über 100 Banken bezüglich ihrer Beratungsqualität in verdeckten Tests untersucht. Ebenso ist er Mit-Initiator des Fuchs-Performance-Projekts, das die Leistungen von gut 100 Vermögensverwaltern tagesaktuell beobachtet.

Dr. Richter ist assoziiertes Mitglied am Zentrum für Asset & Wealth Management an der WHU Otto Beisheim School of Management, Vallendar. Ebenso ist er Dozent und Lehrbeauftragter an verschiedenen Fachakademien und bekannt aus einer Vielzahl von Veröffentlichungen und Beiträgen in Fachmedien, Rundfunk und Fernsehen.

DR | RICHTER

Dr. Richter | Kanzlei
für Vermögen GmbH
Ferdinandstr. 2
D-30175 Hannover

T +49 (0) 511 360 770
F +49 (0) 511 360 7799

www.dr-richter.de

Roland Rupprechter
T +43 (0)50 414 12 58
roland.rupprechter@
hypovbg.at

Roland Rupprechter (MBA) arbeitet seit 2002 für die Hypo Landesbank Vorarlberg als Leiter Asset Management und verantwortete die Einführung der Global Investment Performance Standards sowie die Konzeption neuer quantitativer Investmentstrategien. Er studierte Banking and Finance an der Wirtschaftsuniversität Wien und erhielt von der EBS Universität für Wirtschaft und Recht in Frankfurt/Main die Auszeichnung zum Quantitative Investment Analyst (EBS/DBG). Zuvor erhielt er ein Diplom in Finance der Swiss Banking School Zürich. Vor und während dieses Studiums arbeitete er 7 Jahre als Leiter des Portfolio und Asset Management der St. Galler Kantonalbank in St. Gallen. Roland Rupprechter publizierte zahlreiche Artikel zum Themengebiet der quantitativen Investments und dozierte an der Bankakademie St. Gallen im Fach Portfolio- und Kapitalmarkttheorie.

Vermögen braucht Verantwortung

HYPO LANDESBANK VORARLBERG

Vorarlberger Landes- und
Hypothekenbank AG
Zentrale Bregenz
Hypo-Passage 1
A-6900 Bregenz

T +43 (0)50 414 10 00
F +43 (0)50 414 10 57

www.hypovbg.at

Die **Hypo Vorarlberg** wurde 1897 gegründet und ist seit 1996 eine Aktiengesellschaft mit dem Land Vorarlberg als Mehrheitseigentümer. Die Universalbank mit Sitz in Bregenz verfügt über 17 Filialen in Vorarlberg und ist auch in Wien, Graz, Wels sowie St. Gallen (CH) mit Standorten vertreten. Dank ihrem bodenständigen Geschäftsmodell mit Fokus auf organisches, maßvolles und risikobewusstes Wachstum zählt die Hypo Vorarlberg zu den besten Regionalbanken Österreichs. Seit vielen Jahren werden auch mit Erfolg Private Banking- und Vermögensverwaltungs-Kunden betreut, zunehmend finden sich darunter große institutionelle Organisationen. In der Summe beschäftigt die Bank mehr als 700 MitarbeiterInnen, davon sind rund 60 im Private Banking und Asset Management tätig. Eine Reihe maßgeschneiderter Anlagestrategien – insbesondere mit einer offenen Architektur für Best-in-Class-Produkte von internationalen Anbietern – bildet die Basis der vielschichtigen und innovativen Produktpalette. Die gesamten Kundengelder von Privat- und Firmenkunden betragen derzeit rund 7,8 Milliarden Euro (Stand: 30.6.2016), das vom Asset Management verwaltete Vermögen (Vermögensverwaltung, Spezialfonds etc.) liegt bei knapp 900 Millionen Euro. Als einzige österreichische Bank ist die Hypo Vorarlberg nach den internationalen Performance Standards GIPS zertifiziert.

Tarek Saber, Head of Convertible Bonds & Lead Portfolio Manager Convertible Bonds mit Sitz in London, kam 2014 von Avoca Convertible Bond Partners LLP, wo er die Position des CEO und CIO inne hatte, zu NN Investment Partners. Saber hat über 27 Jahre Erfahrung mit Wandelanleihen. Bei NN IP verantwortet er das Management der Convertible Bond-Portfolien. Weitere Stationen im Bereich Wandelanleihen umfassten Schroder Securities/J Henry Schroder, NatWest Markets und Prudential-Bache Securities in London. Saber verfügt über ein schottisches Higher National Diploma in Maschinenbau (Mechanical Engineering) und hat sich an der London Business School auf Fixed Income & Bondmärkte, Financial Futures und Optionen und Investment Management spezialisiert.

Tarek Saber
T + 49 (0)69 5095 49 15
birgit.stocker@nnip.com

Für uns zählt, was Ihnen wichtig ist.

NN Investment Partners (NN IP) ist der Asset Manager der NN Group N.V., einer an der Börse (Euronext Amsterdam) gehandelten Aktiengesellschaft. NN IP hat seinen Hauptsitz in Den Haag, in den Niederlanden und verwaltet weltweit ca. Euro 197 Milliarden (USD 219 Mrd., Stand: 30. Juni 2016) Assets under Management für institutionelle Kunden und Privatanleger. NNIP beschäftigt mehr als 1.100 Mitarbeiter und ist in 16 Ländern in Europa, im Nahen Osten, Asien und den USA vertreten. Am 7. April 2015 hat ING Investment Management zu NN Investment Partners umfirmiert. NNIP ist Teil der NN Group N.V., einer an der Börse gehandelten Aktiengesellschaft. Weitere Informationen erhalten Sie unter www.nnip.com und www.nn-group.com

NN investment partners

NN Investment Partners B. V.
German Branch
Westhafenplatz 1
60327 Frankfurt am Main

T +49 (0) 69 509 54 90
F +49 (0) 69 509 549 31

www.nnip.com

Karsten Seidel
T +49 (0)69 945 196 341
karsten.seidel@klgates.com

Karsten Seidel ist Partner im Frankfurter Büro von K&L Gates LLP und Mitglied der Praxisgruppe Steuerrecht. Er berät Unternehmer und vermögende Privatpersonen rechtlich und steuerlich in Bezug auf ihre Vermögens- und Nachfolgeplanung. Dies umfasst steueroptimierte Vermögensstrukturen, Stiftungslösungen, Weg- und Zuzug sowie internationale steuerliche und rechtliche Aspekte. Weitere Tätigkeitsschwerpunkte sind die Strukturierung und der An- und Verkauf von Immobilienvermögen sowie die Besteuerung von Kapitalanlagen. Außerdem berät er in steuerstrafrechtlichen Verfahren und Selbstanzeigen. Weiterhin begleitet er regelmäßig steuerliche Außen- und Betriebsprüfungen und führt für seine Mandanten finanzgerichtliche Verfahren.

Erstklassige Rechtsberatung – überall.

K&L GATES

K&L Gates LLP
OpernTurm
Bockenheimer Landstr. 2-4
60306 Frankfurt am Main

T +49 (0)69 945 196 0
F +49 (0)69 945 196 499

K&L Gates LLP ist eine der führenden internationalen Wirtschaftssozietäten. Die Kanzlei ist in den wichtigsten Regionen Europas, der USA, Asiens, Australiens, des Nahen Ostens und Südamerikas mit rund 2.000 Rechtsanwälten präsent und lokal bestens vernetzt. Wir sind auf die Beratung in wirtschaftsrechtlichen Mandaten und die professionelle Begleitung von nationalen und grenzüberschreitenden Projekten und Transaktionen spezialisiert. Wir bieten ein effizientes und schlagkräftiges Transaktions- und Projektmanagement. Wir stellen hohe Anforderungen an die juristische Qualität unserer Arbeit und entwickeln wirtschaftlich sinnvolle und maßgeschneiderte Lösungen für unsere Mandanten.

Jochen Stanzl ist Chef-Marktanalyst bei CMC Markets in Frankfurt. Davor war er über 15 Jahre bei der BoerseGo AG als Finanzmarktanalyst tätig und hat unter anderem die Portale GodmodeTrader, Jandaya und die Investment- und Analyseplattform Guidants mit aufgebaut und als erfolgreiche Kanäle in der deutschen Trading-Community etabliert. Sein analytischer Fokus liegt auf der Kombination aus technischer und fundamentaler Analyse von Währungen, Rohstoffen, Anleihen und der weltweiten Aktienmärkte.

Jochen Stanzl
T +49 (0)69 2222 44 049
j.stanzl@cmcmarkets.com

Trading neu definiert

CMC Markets ist einer der führenden Anbieter von Contracts of Difference (CFDs) weltweit. Pro Jahr wickeln die Kunden rund 30 Millionen Transaktionen über die Handelsplattform ab. CMC Markets ist, gemessen an der Kundenzahl, der führende Anbieter von CFDs in Deutschland. Das Angebot in Deutschland umfasst CFDs auf über 10.000 verschiedene Werte aus über 20 Märkten. Gehandelt werden können CFDs auf Indizes, Aktien, Anleihen, Rohstoffe, über 340 Währungspaare und rund 1.000 ETFs. Alle Instrumente können long und short getradet werden. Kunden können auf der Plattform auch binäre Optionen in Form von Binaries und Countdowns handeln. Innovation trägt bei CMC Markets den Namen „Next Generation". Mit der Einführung dieser Handelsplattform im Jahr 2011 hat sich CMC Markets quasi neu erfunden. Alle Aufträge der Kunden werden vollautomatisiert und im Millisekunden-Bereich ohne Einfluss eines Händlers, also No-Dealing-Desk ausgeführt. Attraktiv ist das Angebot, gerade was das Thema Kosten angeht, besonders für sehr aktive Trader. CMC Markets gibt in Abhängigkeit vom gehandelten Volumen Gutschriften an seine Kunden weiter. Die 1989 von Peter Cruddas in London gegründete Unternehmensgruppe verfügt heute über Büros u.a. in Deutschland, Australien und Singapur. CMC Markets ist seit Februar 2016 an der Londoner Börse notiert.

CMC
cmc markets

CMC Markets
Niederlassung Frankfurt a.M.
der CMC Markets UK Plc
Garden Tower
Neue Mainzer Str. 46-50
60311 Frankfurt

T +49 (0)69 22 22 440 00

www.cmcmarkets.de

Nicolai Tietze
T +49 (0)69 9103 09 82
nicolai.tietze@db.com

Nicolai Tietze ist Produktexperte für Zertifikate und Hebelprodukte bei der Deutschen Bank AG. Er ist mitverantwortlich für die Produktpalette und den Vertrieb von Hebelprodukten und Zertifikaten. Außerdem schreibt er Kolumnen für verschiedene Finanzportale und ist ein begehrter Interviewpartner. Nach einer Banklehre und einem Betriebswirtschaftsstudium an der ESB Business School in Reutlingen und London startete Nicolai Tietze seine berufliche Laufbahn 2002 bei der Deutschen Bank als Aktienhändler.

Hebelprodukte, Zertifikate & Anleihen

Deutsche Bank
X-markets

Deutsche Bank AG
X-markets-Team
Große Gallusstrasse 10-14
60311 Frankfurt

T +49 (0)69 9103 88 07

www.xmarkets.de
x-markets.team@db.com

Unter dem Namen **X-markets** vereint die Deutsche Bank sowohl den Handel als auch den Vertrieb von strukturierten Produkten. Das breite Leistungsspektrum mit über 150.000 Produkten umfasst Optionsscheine, Knock-out-Produkte, Anlage-Zertifikate und Anleihen. Es werden nahezu alle Basiswerte abgedeckt, die von weltweiten Indizes über Aktien und Renten bis hin zu Währungen und Rohstoffen sowie Edelmetallen reichen. Investoren und Trader finden auf www.xmarkets.de alles, um erfolgreich handeln und investieren zu können. Dazu gehören ein umfangreicher Service und viele innovative Tools.

Stephan Witt arbeitet seit 2007 bei FiNUM. Private Finance. Er ist Kapitalmarktstratege FiNUM.Private Finance AG mit Sitz in Berlin. Der gelernte Bankkaufmann versteht sich als Banker vom ersten Tag der Ausbildung an und verfügt über zehn Jahre Kapitalmarkterfahrung. Bei der FiNUM ist der Hamburger als Leiter der Verkaufsförderung mit zuständig für das Wertpapiergeschäft sowie ständiges Mitglied im Anlageausschuss der Gesellschaft. Stephan Witt ist mehrfach zitierter Experten in Print- und Digitalmedien rund um den Kapitalmarkt.

Stephan Witt
T +49 (0)30 856 213 26
s.witt@finum.de

Die individuellste Begleitung für anspruchsvolle Menschen.

Die **FiNUM.Private Finance AG** gehört mit knapp 1,5 Milliarden Euro betreutem Kundenvermögen und über 15.000 Kunden zu den führenden unabhängigen Finanzdienstleistern in Deutschland.

Aktuell agieren rund 100 Berater unabhängig und unterliegen keinen Absatzinteressen anderer Unternehmen des Finanz- und Versicherungsmarktes. Das garantiert eine Beratung, die ausschließlich Kundeninteressen und -zielen gewidmet ist. Als unabhängiges Vermögens- und Finanzberatungsinstitut betreut FiNUM anspruchsvolle Privatkunden sowie Freiberufler und Geschäftskunden. Zentrale Bestandteile der Unternehmensphilosophie sind ein langfristiger Beratungsansatz und die Fokussierung des FiNUM.Beraters auf die ganzheitliche Betreuung.

FiNUM. Private Finance

FiNUM.Private Finance AG
Tauentzienstraße 7b/c
10789 Berlin

T +49 (0) 30 856 213 0
F +49 (0) 30 856 213 21

www.finum.de

Armin Zinser
T +33 (0)1 53 20 32 90
armin.zinser@prevoir.com

Armin Zinser, Jahrgang 1956, diplomierter Rechts- und Wirtschaftswissenschaftler (INSEAD) hat mittlerweile mehr als 35 Jahre Erfahrung im Bank- und Fondsmanagement und ist seit 2009 für die Aktienstrategie im Hause der Société de Gestion Prévoir verantwortlich. Dabei verwaltet er die Gelder der Versicherung, welche in Aktien veranlagt werden sowie die beiden Publikumsfonds Prevoir Gestion Actions (A1T7ND) und Prevoir Perspectives (A1XCQU). Der Aktienspezialist lebt seit mittlerweile 30 Jahren in Paris. Bevor er 2009 zu Prévoir ging, baute er bei der OECD den Pensionsfonds auf und aus. Davor managte er verschiedene Fonds bei AXA IM sowie bei Bank Leonardo und war unter anderem auch für die Landesbankengruppe im Bereich Industriekreditgeschäft für mittelständische Unternehmen tätig.

Der Qualität verpflichtet - aktives Investieren schafft Mehrwert

PRÉVOIR
Assureur Solutions Vie

Société de Gestion Prévoir
20 Rue d'Aumale
75 009 Paris
Frankreich

T +33 (0)1 53 20 32 90
F +33(0)1 53 20 32 91

www.sgprevoir.com

Die **Prévoir Gruppe**, ein konzernunabhängiges, eigentümergeführtes, und mittelständisches Versicherungsunternehmen mit Sitz in Paris unterhält auch Niederlassungen in Portugal, Polen, Vietnam und Kambodscha. Das Unternehmen hat sich auf den Bereich der Altersvorsorge spezialisiert und blickt auf eine mehr als 100-jährige Tradition zurück. Die in 1959 gegründete Tochtergesellschaft Société de Gestion Prévoir verwaltet neben dem Vermögen der Versicherung, circa 4 Milliarden Euro wovon 1 Milliarde Euro in Aktien veranlagt sind, auch die Publikumsfonds des Hauses und ist ein regulierter Finanzdienstleister. Die Gruppe wuchs in den vergangenen Jahren kontinuierlich und umfasst mittlerweile 1.350 Mitarbeiter, davon alleine 900 Berater.